U0031254

川普和川普主義

分裂的美國

關中 著

「新冠疫情將永遠改變世界秩序。」——季辛吉

"The Coronavirus Pandemic will forever alter the world order." —— Henry Kissinger

目　錄

作者對川普四年來的觀察和評論

序言

　　2020 年終於過去了，因為新冠疫情給全世界帶來了很大的災難，不僅造成上億人感染和超過 200 萬人死亡，而且也拖垮了大多數國家的經濟發展，加上民粹主義當道，給社會平添了許多動亂。不幸中的大幸是科技和醫療的進步，減少了很多的傷害，否則情況會更壞。此外政府治理能力也是成功降低感染的重要因素。

　　對我個人來說，去年的確不是好年，幾乎整整病了一年。剛過 80 歲便接受這種嚴峻的考驗，的確有苦難言，但心中一轉念，認為自己仍然好命，有最好的醫生治療，有家人的照顧支持，還有一些好友的關心和鼓勵。在接近春節時，醫生說我已接近康復了，所以過了春節，我就可以「牛轉乾坤」了。

　　好在我個性十分淡定，並且有看書的興趣，在住院四個多月的時間中，我看完了有關美國總統川普的三本書，分別是波頓（John Bolton）的《事發之室》（The Room Where It Happened）和伍華德（Bob Woodward）的《恐懼》（Fear: Trump in the White House）和《憤怒》（或熱情，Rage）。依我的習慣，我看書是做筆記的。這三本書吸引人的地方有三點：一是對川普個人的了解是經由第一手的資料，二是二位作者的權威性，波頓擔任了一年半川普的國安顧問，這本書對了解美國總統的理念和風格經由波頓詳細的「回憶」，有最直接和真實的認識，何況波頓本人是非常的專業和敬業，他滿腔

熱血希望對國家有所貢獻，可惜川普以私害公的作為，令他失望，可說壯志未酬。至於伍華德在美國新聞界是金字招牌，他 29 歲時便與另一同事伯恩斯坦（Carl Berstein）合寫的《總統的人馬》（All The President's Men），揭發 1972 年尼克森總統包庇的「水門事件」（Water gate）而一舉成名。他以後又寫了 18 本書，其中 9 本是訪談總統，他寫書的特點是嚴守消息來源，並讓事實說話，不太去表達自己的判斷。所以被他訪談的人信任他，可以暢所欲言，讀者對他的作品的公信力更是深信不疑。他的作品大多是暢銷書，他本人也獲得兩次美國新聞界最高的榮譽普立茲獎（Pulitzer Prize）。

三是從這兩位作者對川普和他團隊的描述，使我們對美國當前面對的問題有較深入的了解。不看這三本書，不會了解為什麼美國的民主如此倒退，甚至國家陷於分裂的危機。看了這三本書，才會知道由於川普亂政，到川普主義所代表的力量和意義。川普和美國的建制派是勢不兩立的，建制派是美國成為世界霸權後的全球主義者，川普主義則是美國原汁原味的孤立主義者（孤立主義是美國人的 DNA）。他只當半個美國的總統，他只想攏絡和鞏固支持他的 7,000 多萬選民，他要做這社會中下階層的代言人。無論反對他的人——自由派、民主黨、主流媒體——怎麼罵他，都不會動搖支持他的「被壓抑而熱情」的選民。即使在 1 月 6 日，國會被支持川普的暴民侵襲之後，他的民意支持度仍在 40% 上下，這是他的基本盤，鐵板一塊。

這次的大選，有人說川普是被疫情打敗，川普自己也認為如此，但更嚴重的是這個疫情揭露了一個早已破碎的國家真相——腐敗的菁英階層、僵化的官僚體制、殘酷的貧富差距、系統化的種族歧視、政治上的對立和政黨的惡鬥——這些問題都存在已久，但執政者只能坐視其惡化，而拿不出解決辦法。

上次大選（2016 年），川普贏得僥倖，但策略是成功的。這次他

在去年上半年還信心滿滿，認為條件比 2016 年好太多了，可以輕易取勝，但沒想到拜登能拿下 8,000 萬票。這次拜登勝選的關鍵是全力鼓勵選民投票，告訴選民「投票才能改變未來」。拜登的副手賀錦麗（Kamala Harris）也為民主黨加分，她是亞非裔的第二代。拜登能衝到 8,000 萬票以上，是超出他的意料，更是川普不敢相信的，所以他才會大叫他的勝選被拜登作票給偷走的。好在美國的選務人員嚴守行政中立，司法人員嚴格執法，未能如川普所願，要把選舉官司打到最高法院，那裡他有 6：3 的優勢，說不定可以讓他「扭轉乾坤」。

美國今日的分裂已非一日之寒，要化解和促成團結，絕非短時間可以奏效。拜登當選的一項優勢是他年紀已大，如心不在爭取連任，便可以專心致力於促進國人團結的工作。一如伍華德勸川普的苦口婆心，要站在對方的立場來思考問題，要以同理心來將心比心。川普怕得罪白人選票，又怕妨礙他的經濟上揚。拜登如不爭取連任，便不會有這種顧慮，拜登是一位正人君子，應把握機會為國家做出貢獻，在大家不看好的情況下，他如能比照這次大選的經驗，出奇制勝，將是民主之幸、美國之福。

這三本書各有特色，波頓的書偏重在外交方面，尤其在中東、北韓和中國上著墨甚深。伍華德的第一本書，因是訪談川普團隊的成員，是間接了解川普的作為，重點在種族和司法方面。其第二本書，有一半是介紹川普的重要部屬，如國務卿提勒森（Rex Tillerson）、國防部長馬提斯（James Mattis）、司法部長賽申斯（Jeff Sessions）、調查局長柯米（James Comey）等人，後一半才是和川普的 18 次訪談（包括電話訪談），重點在司法、疫情和種族問題上。三本書均對川普的人事問題和行事作風予以介紹和評論。尤其伍華德和川普在疫情和種族問題上的對話十分精彩，一位是白人至上的種族主義者，另一位是開明的自由派和媒體人。伍華德是步步進逼，川普是含混應付，形同

雞同鴨講，不過雙方均很有風度。川普本希望能得到一本肯定和讚揚他的書，但他知道已不可能，只能說，他不在乎，反正他已習慣了（不被肯定）。

我以分類的方式介紹三本書的內容，因為川普的思考模式是跳躍式的，兩位作者也深受其影響，往往一個主題會出現在不同的章節裡，或一個時間內，會談到幾個不同的主題。作者的用心是存真，但卻苦了讀者，要連結一個問題，經常要忽前忽後去尋找其關聯性和因果關係。

由於長期觀察和閱讀有關美國的新聞和報導，我在過去四年中，也寫了 300 篇的短文，特別從其中選出了 100 篇作為本書的一部分，可以補充這三本書中未提到的若干細節問題。

退休後每年寫一、二本書，完全是自己的興趣，自刊分送一些好友。但在整理這本書的過程中，我一直在想為什麼像美國這種老牌的民主國家會出現一位川普這樣的總統，除了他個人的狂妄、自大、驕傲和口不擇言、謊言連篇之外，難道美國在制度上沒有任何辦法去阻止或防止他的倒行逆施和胡作非為。在他身旁的人經常會說，他不像是一個總統，或那不是總統所當為之類的話，但卻無人可以改正這種狀況，最後不是自行求去，或被川普羞辱的辭退。這些有成就的人，無論是大企業的 CEO，如提勒森（Rex Tillerson）、柯恩（Gary Cohn）或軍方的名將，如馬提斯（James Mattis）和凱利（John Kelly）都是四星上將，似乎都無法和川普建立信任感，推心置腹的為國家做些事情，實在是件不可思議的事。這不是我們自己曾經在政府工作過的人，可以想像的事。為什麼會在白宮發生，難怪波頓要用《事發之室》來作為他回憶錄的書名。

我希望有較多的人能了解美國白宮的實際狀況，以及美國今日面對的種種問題，畢竟這類的書在過去是不多見的。感謝時報文化出版

企業股份有限公司董事長兼總經理趙政岷先生的協助出版，書中有任
何錯誤之處，尚請不吝指正。

關中謹識 2020.2.14

第一章

川普和川普主義

川普的政治學：分裂美國

川普四年執政，留下來的是一個分裂的美國，比他四年前更為分裂，也被美國媒體認為是美國近代史上最為分裂的國家。

在過去五位總統中，有四位連任，川普是六位中的第二位未能連任者（另一位是老布希 George Bush）。但川普在選前不但決心要爭取連任，甚至有信心他會連任。他拿到了 7,400 萬票，比 2016 年的 6,200 萬票還多出 1,200 萬票，他的信心不是沒有根據的，他的選舉策略是成功的。但他沒有想到，他的競選對手，他認為是一位很弱的對手，民主黨的拜登竟然拿到了超過 8,000 萬的選票，在選民票和選舉人團票數（306 > 232）上都打敗了他。他們兩人的得票均創下了美國選舉的紀錄。這是一場空前激烈的選戰，川普有十分堅強又熱情的支持者。民主黨和拜登在選前一年在不被看好的情勢下能夠激發美國反對川普的選民，踴躍出來投票，是一個了不起的成就。

這次選舉的結果使我們認識和了解了美國今日的一些問題，而不是只有拜登和川普的輸贏而已。我們可以簡單的認為，這是川普個人的失敗，但深一層的去看，它代表的意義不止於此，它還代表著一個分裂的美國，以及美國的孤立主義者仍將繼續反對美國的全球化和全球主義政策。

《紐約時報》專欄作家史蒂芬斯（Bret Stephens）早在 2019 年 9 月 21 日便告訴我們，川普主義就是「自閉、自大和吹噓」，這是一個太簡化的說法。固然川普的人格、品德和言行已被大家公認是令人不堪的。尤其他的無能和失德更令人難以置信，他最大的缺點便是謊言連篇，媒體和著作統計他在就任三年，就做出了 16,241 次虛假或誤導性的陳述，平均每天 15 件。

當伍華德（Bob Woodward）在 2018 年 9 月 11 日出版《恐懼：

川普入主白宮》（Fear: Trump in the White House）一書，這本書是以匿名訪問川普政府中重要人士，真實性極有信譽。

就在這本書出版之時，《紐約時報》刊登了一篇讀者投書，把川普形容的一無是處。這位投書者稱，「我是川普政府中抵抗運動的一分子。」他說，「我們首要職責是對這個國家負責，但總統卻持續荼毒這個國家的健康。」作者批評川普衝動魯莽、行為反覆無常、指稱媒體是「人民公敵」，並一反美國傳統、反自由貿易、反民主、反移民。作者指出川普的領導風格異於常人，經常製造對立，離題咆哮，會議極無效率。

作者在揭發川普不欲人知的一面後，還特別表明他們這些成熟的人已竭力阻止川普的胡作非為，他還透露內閣中醞釀援引憲法第 25 條修正案，如有半數閣員同意，可向國會提出罷免總統。

這篇投書之爆炸性可想而知，川普推文指責該官員「叛國」，並要求《紐約時報》交出此人。CNN 列出一份 13 人的可疑名單，其中川普最親近的人幾乎無一倖免，包括川普的妻子和女兒，也包括副總統潘斯、白宮幕僚長凱利和司法部長塞申斯。

* * *

在與川普共事過的人對他的評價，幾乎都是「沒有道德、沒有原則、沒有章法、信口開河、出爾反爾、謊話連篇、顛倒是非、為達目的不擇手段、倒行逆施、胡作非為、醜陋和下流。」

包括他的家人也出書，承認川普的家族造成川普嚴重扭曲的人格特質，「說謊成性就是他的生活方式」，並說川普高度自戀，「不能讓川普毀了我們的國家」。

美國前國務卿奧布萊特（Madeleine Albright）說，川普是法西斯主義者（Fascist）。《紐約時報》專欄記者紀思道（Nicholas

Kristof）說川普下台後，將以「重犯」（felon）的身份終其一生。《紐約時報》2019 年 4 月 3 日的社論指出，美國製造了一個貪腐的總統，應深刻檢討。

《紐約時報》另一位專欄作家里昂哈特（David Leonhardt）在2019 年 1 月 5 日就指出，川普已不適任當總統，他問美國人民「我們還在等待什麼？」他對川普的指責：

1. 將自己的利益置於國家之上。

2. 用總統職權圖利自己的事業。

3. 接受外國的金錢贈與。

4. 把他和一個敵對國家的關係向美國人民說謊。

5. 放任其屬下，利用職務自肥。

不止於此，

1. 破壞美國的權力制衡，使自己免責。

2. 迫害政敵，袒護同夥。

3. 企圖阻撓司法。

4. 一再動搖公眾對民主制度的信心，包括媒體、聯邦執法和聯邦司法。

川普造成的混亂掩飾了一個更大的問題，美國從來沒有一個這樣不適任的總統，在 2019 年我們都要為一個問題而困擾——我們怎麼辦？

簡單的答案是等待，等待對他的調查結案，在 2020 年由選民做出決定。但這又太危險，去掉一個總統比讓他留任的代價小的多。

川普一再顯示為了幫助自己而不惜傷害國家，他將傷害美國全球的利益及國內憲法制度的核心價值，他製造傷害的危險是與日俱增。

彈劾川普的理由不是他的思想，也不是他的政策，而是他的不誠實（perfidy）和怠慢（negligence），他破壞法律，違反了他憲法上的

誓詞。

他列出川普的四大罪狀：

1. 以總統職位圖謀私利。

2. 違反競選獻金法。

3. 阻撓司法。

4. 破壞民主。

　　　　　　　* 　 * 　 *

2020 年 10 月 19 日，《紐約時報》以社論 ──「終止國家危機」──呼籲美國人民，唾棄川普。全文內容摘要如下：

川普毀滅性的任內已嚴重傷害了美國和世界，他濫用權力，否定政治上反對者的合法權利，破壞長期使國家團結的制度，把自己的利益凌駕在公共利益上，他表現出對美國人民和自由令人痛心的冷漠，他不配當美國總統。

本報社論不輕易對一民選的總統做出判決，在川普任期內，我們曾指控他是種族主義者和排外主義者，我們曾批評他破壞了自第二次世界大戰以來的共識、聯盟體系和全球關係，這些是美國犧牲了許多生命去建立和維持的。我們也一再沉痛表示他以分化的言辭和惡意的攻擊對待美國人民，當美國參議院對他的濫權和阻撓司法調查拒絕判定時，我們只能把憤怒寄望在選票上。

11 月 3 日是一個轉捩點，這是一攸關美國未來的選舉，以及美國公民要選擇什麼道路。

美國民主的韌性已經歷了川普第一任期的痛苦考驗，再四年，傷害可能是無可挽回的。

當美國人民在等候投票時，川普正在聲嘶力竭的攻擊民主程序的正當性，史無前例的，他將拒絕權力的和平轉移，意思是說，他的勝

選是唯一合法的結果，如果他選輸了，他將在法院、在街頭來挑戰美國人民的判斷。

在美國總統的近代史上，川普的作風是史無前例、無出其右。2016 年大選時，他以痛斥美國的病態，激發選民的熱情反應。但過去四年的教訓，是他不能解決我們國家的問題，因為他就是我們國家最迫切的問題。

在一個日益多元的國家中，他是一個種族主義者；在一個相互連結的世界中，他是一個孤立主義者。他是一個表演者，永遠在吹噓他沒有做到的事，承諾他不會做到的事。他對建設無興趣，只會做一大堆破壞的事，他就是一個把事情搞砸的人。

當世界對因應氣候暖化已有時不我予之際，他不僅不採取行動，放棄國際合作，還打擊對排放二氧化碳的限制。

他沒有提出一個合理的移民政策，但卻對合法和非合法的移民進行殘忍的打壓。

當代總統也有非法或做出錯誤的決定，如尼克森用國家權力對付其政敵，雷根對 AIDS 的輕忽，柯林頓因說謊和阻撓司法而被彈劾，小布希在沒有證據下去攻打其他國家。但川普在一個任期內的胡作非為便已超越幾十年的其他總統的總合。

川普是一個沒有人格的人，他一再違反他的誓約——維持、保護和防衛美國的憲法。

當前，在此危險時刻，將由美國人民由選票來決定、來維護、保護和防衛美國的憲法，即使支持共和黨總統的人們。

* * *

在川普鼓動攻擊國會事件之後，《紐約時報》的專欄作家佛里德曼（Thomas Friedman）在本年 1 月 21 日寫了一篇對川普四年執政的

總結，「一個失敗總統的結局」（The End of a Failed President）。

我們經歷了真正瘋狂和恐怖的四年，一位總統四年來沒有羞恥，被一個沒有骨氣的政黨支持，被一個沒有正義的網路擴散和放大，不斷放出沒有任何事實根據的陰謀論。不講倫理的用「社交媒體」去洗腦人民，即使新冠疫情再嚴重，他也不會有任何憐憫之心。

但奇怪的我們的制度居然沒有崩潰，只是引擎已經過熱了，只是上週我們已發現這個機器的鎖鏈已經鬆掉了。川普對我們國家公眾的生活，制度承受傷害的能力有多大，一時尚難以斷定，這真是一個可怕的經驗。

這不是川普從未做過任何好事，而是他留給我們國家的是更加分裂、更為衰弱。加上現代歷史上從未有過的「陰謀論」（conspiracy theories），我們全國人民都需要去重新發現我們是誰，以及如何來團結我們。

川普最令人驚奇的特點是經年累月的反面教材（down side），他破壞規範，以謊言和惡毒感染他能接觸的人，他從未從正面（up side）來反省自己，或對他反對的人說些好話。

性格決定命運，但也決定我們的命運。如果我們每一個人都從正面做事，我們就可以重新站起來，未來不是命運，而是選擇，讓未來埋葬過去吧！

＊　＊　＊

1月6日，川普支持者攻擊國會之後的民調顯示，高達70%的人民認為川普四年的任期使美國民主體制大受傷害；認為國家的走向錯誤，贊成把川普解職者占52%，反對者45%；認為攻擊國會是罪犯者占70%，也有21%認為這些人「自有理由」。

但NBC和《華爾街日報》（Wall Street Journal）在拜登就職前

夕所做的民調顯示，74% 共和黨支持者不認為拜登勝選，73% 受訪者認為美國未來四年將持續分裂，只有 24% 的人相信未來四年可以團結。NBC 以「兩極化」、「悲觀」和「痛苦」來形容美國的當前和未來，並指出，這是 22 年來首次出現對未來悲觀大於樂觀的現象。

此一民調在 2021.1.10-13 進行，其他有關的數字頗為令人不安，川普的支持率為 43%（僅比大選減少了 2%），共和黨人支持川普的高達 87-89%，98% 認同川普的表現。認為拜登沒有合法贏得選舉的，一般選民為 35%，共和黨人為 74%，獨立選民為 30%，民主黨人為 3%。另 ABC 和 Ipsos 1 月 10 日的民調顯示，共和黨人支持彈劾川普的只有 13%。

從以上的訊息，很清楚的告訴我們，美國已是一個分裂的國家，除了美國的民主制度出了問題之外，川普個人的觀念和作風也要負很大的責任。他只關心照顧和討好支持他的選民，反對、厭惡和打擊不支持他的選民。他用盡一切辦法去鞏固和凝聚他的支持者，同時也用盡一切辦法去分化和離間他的反對者。換言之，他只當一半美國人民的總統，但他深信，這一半選民對美國建制派或「深層政府」（deep state）的不信任、恐懼和憤怒的力量，足以支持他繼續連任。他的估計並沒有錯，如果沒有新冠疫情，如果他能在疫情處理上成功，他還是會當選的，因為除了他個人的因素之外，還有更深層背景，下面將介紹。

* * *

美國今日的衰落不在其經濟和軍事力量，而在其政治，尤其是國家領導人的品格和能力。50 年前一位美國作家鮑德溫（James Baldwin）曾說過，「要為一個國家做體檢，可從這個國家人民選出代表和保護他們的領袖來判斷。」我們不禁會問到，為什麼美國的民主

制度會產生這種惡行惡狀的領導人，這代表美國的制度出現了嚴重的缺點。

川普四年亂政，證明美國病得不輕，除了經濟上的貧富不均，政治上的對立和分化，種族問題的惡化，制度上的不合理未能改善之外，川普本人的傲慢和偏見，不但說明了他治理國家的能力不足，而且本身就是美國最大的問題，尤其他綁架國會共和黨議員，使國會失去監督政府的動能，是對民主體制嚴重的傷害。

川普對美國另一個最大的傷害是使人民和世界失去了對美國的信任，根據 PEW 的調查，美國人民相信政府的只有 17%，美國在世界的聲望，在 2018 年有 70% 對美國沒有信心。從歐巴馬時代到 2018 年底，在德國下降了 27%、加拿大下降了 26%、法國下降了 25%。

更令人匪夷所思的是在敗選之後，川普還用盡一切方法來給新的政府製造困擾和難題，惡意的設置種種障礙。尤其他的國務卿蓬皮奧（Mike Pompeo）還利用這段空檔的時間，頻頻給新政府製造絆索和陷阱。這種反常的行為已不是正常的人所當為，這一切只能說明這個政府有多麼的墮落和無恥。

川普主義的形式：「部落主義」和「文化革命（戰爭）」

美國大選揭曉後，一般人的看法是川普是被新冠疫情打敗了，因為美國人民確診和死亡的人都高居世界第一，川普也自認是疫情害了他，他早在去年 7 月就向伍華德抱怨是疫情打斷了他的選情，他是被中國害的。

事實上，疫情並沒有打碎美國，而是揭露了一個早已破碎的國家、腐敗的統治階層、僵化的官僚體制、擴大貧富差距的經濟、政治上的兩極化和政黨的惡鬥、種族問題的惡化。這些問題都已存在已久，但迄無有效的處理。

川普就是利用美國人民，尤其是中下階層這種不滿、憤怒和仇恨而當選的。他在 2016 年以後來居上之勢，僥倖當選就是他能煽動這種情緒，變成熱情的力量。伍華德訪談川普的書名是《Rage》，第一次看到中文的譯名是《憤怒》，但我看完了這本書之後，我認為中文用《熱情》較為適當，因為川普說他的長處就是「能激發熱情，永遠都是。」（I bring rage out, I do bring rage out, I always have.）

川普的可怕，不在他個人，而在有這麼多熱情和忠誠的人民支持他、擁戴他，甚至崇拜他。但川普的出發點是邪惡的，他把美國社會分化和對立，他本人和政府的政策對美國的傳統價值和基本立場和政策予以顛覆和對立，並把美國的基層撕裂為白人邊緣人和有色人種邊緣人，誤導他們並放任他們相互仇視。

川普的作為不僅破壞了美國的民主制度，更使對民主的信仰受到難以癒合的重創，他只為了自己的連任，把一場選舉竟搞到社會撕裂，到處可聽到「毀憲、竊取選舉、政變、叛國、內戰」等說法，最後終於在 1 月 6 日得到證實，這些說法不完全是空穴來風，而是「陰謀論」

的具體呈現。

在 1 月 6 日國會確認選舉人團拜登以 306 票勝出川普的 232 票之前，拜登宣布勝選，但川普不認輸，要打法律戰。在 1 月 20 日之前，美國同時有兩位總統，一位尚未就職，另一位不接受選舉結果，美國已分裂為兩個國家。

英國《金融時報》（Financial Times）認為川普不承認敗選的時間愈長，對美國民主的破壞愈大。川普堅稱這是一場「被竊取的選舉」，這種說法傷害美國制度的合法性。任何穩定的民主制度的基礎都是權力的平順交接，川普的作為已踐踏美國立國以來的優良傳統。

面對被川普四年來撕裂的美國能否振衰起敝，該報十分悲觀。該報名評論人沃爾夫（Martin Wolf）認為拜登很難扭轉川普任內建立的財閥和民粹主義的結合，更難改變川普主義在共和黨內留下的烙印。

美國這種深度的被分化和撕裂可能超越了我們的想像，54% 美國人自認美國政治分歧最大的威脅是其他美國人，有人說美國正走向文化戰爭。拜登在就職演說中，曾提到要「終結不文明的戰爭」，也有人說，美國正在進行「文化革命」。川普 2020 年 7 月 1 日推文，指出「黑人的命也是命」（BLM）運動是「仇恨的象徵」。他在 7 月 3 日在總統山（Rushmore）演說時指責，「左派的暴徒」的行為的目的在消滅美國的文化。《紐約時報》則稱，川普在發動一場「全面性的文化戰爭」。

美國「文化革命」的現象

1. 清算歷史

對擁有歷史光環的領袖人物和英雄，揭發他們黑暗的一面，如殖民、蓄奴，不但予以醜化，還以行動去破壞他們的紀念碑和雕像。如指華盛頓和傑佛遜的蓄奴、老羅斯福的白人至上主義、波士頓的哥倫

布雕像被斬首、波特蘭的華盛頓的雕像被拉倒。清算歷史有「自我授權」（self-empowerment）的效應，他們認為經由這種運動，可以改變自己不平等地位的根源。主張拆除的人還辯稱，「德國沒有希特勒紀念碑，只有紀念被納粹迫害地方的紀念，為什麼我們要保存迫害種族人士的銅像」？

2. 泛政治化

支持反體制，反菁英的人士已形成「繭房效應」（cocoon effect），對不支持他們主張的人敵視甚至威脅，他們喊出「沉默就是暴力」（silence is violence），使得一些企業不得不以行動，逃避這種不理性的憤怒，如強生（Johnson & Johnson）下架美白產品、HBO下架《亂世佳人》電影。這種以「種族主義」包裝的對立，背後的基礎是階級矛盾，似乎這兩大陣營，必定要走向部落戰爭。

3. 反體制、反菁英

左右兩派都對現有體制不滿，極右派認為美國已被「深層政府」控制，造成社會的極不平等。極左派認為美國已是一個「警察國家」，為了白人的利益而欺壓少數民族，主要是黑人。加上「假新聞」氾濫，民眾進入「後真相時代」，謊言充斥，真相不分，人人都是記者，人人都是法官，一切都懷疑，一切都反對。

4. 陰謀論盛行

美國自2001年「九一一事件」後，就流行「監守自盜理論」（Inside Job Theory），認為是美國政府自己設計的事件。美國加州大學貝德教授（Christopher Bader）在2016年的調查，發現近半的美國人對「九一一事件」懷疑。這表示美國極度不信任政府，也證明美國人民對陰

謀論的熱衷。2019 年的民調對美國政府信賴的只有 17%。

　　「Q Anon」是陰謀論的主要來源，而且是對任何重大事件都能即時反應。他們以最簡單和直接的方式來解釋任何問題，比爾·蓋茲（Bill Gates）和索羅斯（George Soros）是受害人，而且沒有任何證據，但仍有大批的人相信他們的說法。川普支持者只相信川普講的話，對於不利川普的指責，通常以「那又怎麼說主義」（Whataboutism）來淡化或一筆帶過。

5. 暴力傾向

　　極左和極右立場鮮明，彼此仇恨在不斷累積，任何言語上的衝突都易引發肢體的動作。據稱為了自衛，美國槍枝店的生意好到不行（美國人槍枝和人口的比例是 120：100）。支持川普的另一股力量是「驕傲男孩」（Proud Boys），他們強烈主張西方沙文主義，仇恨非白人移民，身上掛滿了槍枝，殺氣騰騰。

6. 極端主義組織興起

　　川普曾點名左派的「反法西斯」（Antifa）的「本土恐怖主義」，而「布加洛」（Boogaloo）是極右派的「加速主義」，認為美國需要第二次內戰，兩名「布加洛」的分子曾謀殺兩名警察。這一運動代表一部分美國人對體制改革失望，走上虛無主義。FBI 已發出警告，指「布加洛」正企圖挑戰另一波暴動。

　　「布加洛」從 2012 年起出現在美國極端網路論壇 4 Chan，支持任何人加速美國內戰或社會崩解的運動。他們在 Telegram 上宣稱，現在正是他們的時刻。

美國部落主義的危機

在一個高度權力碎片化的國家，不同派系將行政問題泛政治化，相互糾纏無法處理，形成惡性循環。社會上對重大問題非但無法形成共識，而且彼此不同的立場，愈加對立、分歧，造成國家分裂的結果。

這種現象被稱之為「部落主義」（Tribalism），它是反民主的，代替了民主共識，破壞了民主的體制。透過社交媒體，製造了無數個部落，彼此不相往來，但卻盛行陰謀論，對政府不信任，並以激進主義搶占道德高地，來正義化其不法的言行，支持川普的人多屬此類，成為分化美國的主要力量。

2018 年，耶魯大學教授蔡美兒（Amy Chua）就指出部落主義已籠罩美國。他說，部落主義者認為「社群認同是重於一切的」（group identity is all）。賓州大學卡本特（Michael Carpenter）教授最近在《外交事務》（Foreign Affairs）上，以「部落主義正在殺死自由主義：為何我們對政治分化屈服」為題。指出社交媒體網路已在取代社會網路，民主社會正在變得政治兩極化，中產階級正在被掏空。這些都會使得身份政治愈來愈強盛，最終使部落主義成為社會主流。部落主義最明顯的效應就是製造不自由、不寬容的民粹主義風氣，使所有的對話變成不可能，使社會走向極端化。

過去主流社交媒體推特和臉書由於其「演算法」（Algorithm），只會提供用戶喜歡看的東西，已經在促進部落主義。自 1 月 6 日國會暴亂事件後，主流媒體社交平台相繼封殺川普及其支持者的帳戶，川普的支持者立即轉戰至其他平台，如 Gab、Parler、MeWe 等。據稱 Gab 平均每小時增加 1 萬個帳戶，更有當日增加 50 萬個帳戶的紀錄，整體流量增長約 40%。Parler 在 1 月 8 日有 21 萬次下載，按日上升近三倍。這種所謂社交媒體的部落大遷移正在方興未艾。

剛過世的波蘭思想家包曼（Zygmunt Bauman）認為社交媒體與

傳統社群的巨大區別，改寫了人與人之間關係的概念。社交媒體不能提供真正對話的機會，會使對話的風氣消失，使部落主義文化更加深化。

川普利用美國人民對政治的無知和冷漠，加上其本身對科學和專業的不支持，還進一步把黨爭泛政治化，他不但把部落主義發揮得淋漓盡致，而且使美國更加分裂，他對美國民主政治的傷害是難以估計的！

今日的美國面對兩大威脅，一是來自中國的威脅（美國自編自導），二是內部種族問題（結構性因素）。

去年美國「布魯金斯研究所」曾公布一項調查報告，指出1980年時，美國白人占人口的79.6%。到了2018年，白人已降為60.4%，非白人接近40%。依此趨勢，未來20年之內，白人將不到人口的一半，尤其30歲以下的白人，將成為明顯的少數。這種人口結構的變化將從根本上改變美國的政治。這也是川普利用美國白人的憂慮感，高舉白人至上而形成的川普主義的主要因素之一。

川普主義的本質：孤立主義

支持川普的力量不能僅以民粹和反智，或者白人至上的種族主義者視之。事實上，這股力量代表的是另一種政治勢力，川普能在大勢對其極端不利的形勢下，能拿下 7,400 萬的選票，是不可低估的實力。

除了川普個人的人格特質引人非議之外，其實他代表的是美國的孤立主義，有別於過去七十年來美國的全球主義。他的思想和作法不為美國的建制派接受，甚至指責他背叛了美國的價值觀，但川普和他的支持者卻認為美國的自由主義和向外推銷美國的文化和價值是錯誤的。美國沒有義務為了維持一個美國帝國或霸權犧牲了美國自己國家安居樂業的生活方式。

川普過去四年的政策可以明顯的看出，他是政治上的孤立主義者，經濟上的保護主義者，以及軍事上的收縮和避免戰爭。在文化上，他不但不去推銷美國的民主、自由和人權，相反地，他還反對干涉其他國家內政，無論是盟國或敵國，無論是大國或小國。

我已介紹過，川普的政策是美國外交四大派別中的傑克森主義和傑佛遜主義，而非過去七十年或一百年美國成為世界強權之後所奉行的漢米頓主義和威爾遜主義，這兩個主義代表的是自由貿易、重商主義和向外推銷美國民主和自由的價值，必要時還以軍事手段強行干涉他國的內政。

川普在 2016 年大選時，便已明確表示他不認同美國這種政策。他認為全球化的結果使美國吃了大虧，使美國產業空洞化，人民失去工作。美國為了保護盟國，付出太大的代價，大家都在占美國的便宜，搭美國的便車。他一直問，為什麼第二次大戰結束這麼久了，美國還在保護德國、日本和南韓？冷戰也結束了三十年了，為什麼還要保存「北約」？重要的，還是美國在付錢！為什麼美國要當傻瓜 ?! 當美國

軍方辯稱，這些都是為了保障美國的安全，也可防止第三次世界大戰，川普完全不接受這種說法，他要結束這種「無休止的戰爭」。他認為其他國家的事情可以由他們自己解決，無需美國勞師動眾到 7,000-8,000 浬外去準備打仗。美國在中東可以花 6-7 兆美元，但美國需要的基本建設卻 1 兆都湊不出來，他質問美國前朝的政府到底在為美國人民做了什麼事?!

川普的這種說法聽在美國建制派和自由派是離經叛道，但在美國基層，認為被剝削、被犧牲的人民卻深受感動。他們不但未享受到美國偉大的福祉，反而對未來有極大的危機感，貧富差距、移民壓力、種族對立。美國事實在分裂中，一個美國兩個社會，加上政黨的惡鬥，進一步在撕裂美國。

支持川普的民眾是主張高度個人自由，反對政府干預，他們認為民主黨背離了美國的傳統價值，過於左傾，為了平等而犧牲了美國崇高的理想，一個建立在基督教文明的白人至上的純潔美國樂土。由於美國人口結構的變化，白人的比例在下降，他們的確有很深的危機意識。

川普的作法是為了自己的連任而擴大利用這種危機感來凝固他的選票，但這對美國是不利的。拜登政府如何來化解這股力量、促進團結將是一個重大而艱鉅的使命。

拜登政府面對最大的挑戰還是在經濟上如何減少貧富的巨大差距。美國學者派里（Marcia Pally）指出，美國的「基尼係數」（Gini coefficient）（貧富不公平）指數是西方國家最高的（85.1%）。美國收入最高的 20% 人口擁有全國 84% 的財富，收入最低的 40% 人口僅占 0.3% 的財富。這樣子的數字豈不讓這些人把希望寄託在川普身上。拜登如不能在短期內使美國經濟翻轉，給生活在「鏽帶」地區的人民機會和希望，川普的支持者難免不會「捲土重來」的。

在本質上，美國是一個內向的（inward-looking）民族，美國人民其實並不關心外交問題，他們認為美國是為美國人民而存在，不是為其他國家的利益服務。美國由一個孤芳自賞，不假外求的國家變成國際強權，完全是被動形成的，主要是兩次世界大戰，造成了美國全球主義的地位。固然，美國樂於享受這種唯我獨尊，可以領導世界的榮耀，但每當美國遭受到重大失敗或打擊，如越戰的失敗、中東戰爭的泥淖，美國人民就會懷念過去光榮孤立的美好時光。不要忘記季辛吉（Henry Kissinger）的名言，「美國的外交政策是由國內因素決定的。」

學術界和實務界（如外交官）有些人認為美國人是個務實的民族，他們以追求國家利益、擴大美國的影響力為外交的主要目的。固然美國重視民主、自由、人權，但為了和平和安全，也不得不與專制和獨裁國家打交道，如俄國、中國、沙烏地阿拉伯等。在外交上，言行不一是常態，很多事，既不能揭發，也不需要深究，對美國來說尤為重要。

但我始終認為美國是一個意識形態很重的國家，意識形態是美國人怎麼看自己，怎麼看他人，以及美國在國際社會上要扮演什麼角色的問題。最明顯的例子，就是美國的「例外主義」（exceptionalism）。因為美國人自認自己太優秀，可以為其他國家的榜樣，美國所做的事都是對世界有利和有益的，所以，美國能做的，其他國家不能做，否則不僅違反美國的利益，也破壞世界的秩序。舉例來說，台海兩岸的「現狀」是由美國決定的，台灣和大陸都無權決定，當然這一情況，今後可能有變，這是當前美國焦慮的原因，也是一再製造台海問題的主要原因。

美國外交的正當性建立在自利、利他和意識形態上，為什麼會有「利他」的因素，因為美國的外交菁英，必須要告訴美國人民，美國在海外維持強大駐軍，甚至打仗，都是不得已的。美國不是為了權力

和財富，更不是為了取得土地和資源，而是為了民主和自由，為了正義和公理，為了解救被壓迫的人民，為了保障人權。基本上，美國有自由派和保守派之分，自由派支持大政府，主張推廣美國的價值和推動改革；保守派偏好小政府，不喜歡政府管得太多，認為國內的民主和改革比干預他國的事物重要。美國由民主黨和共和黨輪流執政，兩黨之內都有自由派和保守派，民主黨較重視社會平等，共和黨較重視個人自由。美國成為世界霸權之後，在外交上，兩黨傳統上較有一致的立場，但這種超黨派的立場，近年來已出現鬆動，國內政治的政黨兩極化，在川普時代已形成分歧和對立。

　　進一步去了解美國外交和政治人物的立場要從美國意識型態中的派別去分析，美國學者米德（Walter Mead）把美國外交政策依其意識型態，分別以四位偉人為代表，即漢米頓主義（Hamiltonism）、威爾遜主義（Wilsonism）、傑佛遜主義（Jeffersonism）和傑克森主義（Jacksomism）。

　　簡單的介紹，漢米頓主義是重商主義，重視經濟和貿易，尤其是海上的航行自由；威爾遜主義是理想性主義的代表，重視國際秩序、法律和道德；傑佛遜主義重視國內的民主和自由，反對大政府、反對介入國外事物，更反對戰爭；傑克森主義代表美國的民粹主義，崇尚個人主義，獨立性、勇氣和尚武精神，他們自認代表美國的進取和開拓精神，對菁英主義不具好感，他們認為重要的是能道出人民的感受，他們不喜歡複雜的道理，只喜歡簡單的本能、信仰和情感。

　　美國二百四十五年的歷史，大部分時間是由漢米頓主義主導美國的外交政策，美國在二十世紀介入國際事務之前，美國一直有極強烈的孤立主義傾向。即使美國參加了第一次世界大戰，威爾遜主義誕生，但在第二次世界大戰之前，美國又退回了孤立主義達二十年之久。直到第二次大戰結束，美國成為繼英國之後的世界霸權，建立了以美國

模式打造的國際社會結構和秩序。迄今七十年來，一直是漢米頓主義和威爾遜主義在主導美國的外交政策，這就是川普主義所反對的美國的「深層政府」（deep state）。嚴格地說，美國歷史上只有兩個的「大戰略」，一是 1823 年的門羅主義，正式宣布整個美洲是美國的勢力範圍，並把美國與歐洲國家分割；二是 1947 年的杜魯門主義，正式宣告美國介入全球事務，以全世界的安全為美國的安全，並由美國領導，以自由世界對抗共產主義。杜魯門主義代表的就是漢米頓主義和威爾遜主義的結合，過去這七十年來傑佛遜主義和傑克森主義在美國外交上並不是美國的主流思想。

　　儘管川普個人的個性狂妄、自大、吹噓、恫嚇，但事實他代表的正是長期被壓抑的傑佛遜主義和傑克森主義。他是美國近代唯一沒有對外發動戰爭的總統，而且在中東撤軍，反對美國繼續留在「北約」，以及在日本、南韓駐軍。他反對美國的建制派，否定前朝政府的若干重大政策，並將美國當前的衰弱和困境，歸咎美國外交政策的失敗，他反對全球化，反對參與國際組織和國際協議。他的「美國第一」就是要重視美國自己的利益，而不是「包裝」的利他主義，他所有的作風都是民粹主義，他爭取和鞏固他的支持者的作法就是講出他們的感受，他從不講長篇大論的道理，只用推文傳達簡單的訊息。從這些特點我們還看不出他代表的民意是什麼嗎？這就是「川普主義」，現代版的傑佛遜主義和傑克森主義。

第二章

川普施政

外交政策

根據川普在競選時的言論，美國外交政策可能改變的內容將是：

1. 從積極擴張主義到「新孤立主義」。

2. 從全球秩序優先到「美國經濟優先」。

3. 從聯盟的不對等關係到「對等同盟關係」。

為什麼川普要走向孤立主義？他的道理很簡單，請看他自己的說法：

「美國在全球推行民主二十年，我們得到了什麼？這二十年來，我們以國際警察和民主鬥士自居，大力推動民主。我們美國人拿著槍和美金，在二十年內，相繼幹倒了伊拉克的薩達姆、利比亞的格達費、敘利亞、埃及、烏克蘭、土耳其、希臘。請問我們美國人得到了什麼？我們的商人不敢去中東和非洲做生意，在巴西奧運會上不敢打著國旗，在中東石油產區只要承認自己是美國人，直接就是作找死的行為。得罪了普丁，得罪了歐盟，得罪了中國。我們美國控制了高科技，居然在國際貿易中幹不過中國，只得捨棄世貿組織去搞 TPP……。

請支持我，我們要光榮孤立，誰有錢就和誰做生意，我們要過好日子。」

美國自立國以來，一直就有深厚的孤立主義精神，因為美國得天獨厚，東西有大洋的屏障，南北無強國，美國人可以過著自給自足的好日子。美國走向擴張主義和帝國主義是兩次世界大戰的結果，尤其第二次世界大戰後，美國成為主宰世界的超強。七十年來，美國已習慣於擔任世界警察和推銷美式民主的工作和角色。但美國忽略了時代的變化，也未能克制自己的權力，造成了川普所說的，「我們得到了什麼？」的困境。

每當美國在國際社會上遭遇挫折或戰爭失利時，美國人就會懷念

「孤立主義」的時代。在美國帝國主義者的心態中,他們不甘心美國退居為一個「正常的國家」,尤其以平等對待其他國家。殊不知無限制擴張的帝國主義是財政上無法長期負擔的;不平等對待其他國家只會使美國朋友愈來愈少,敵人愈來愈多。何況美國也沒有辦法阻止其他國家強大,這些道理有誰比川普說得更明白呢?!

川普外交政策可能造成的國際新形勢:

1. 中國的活動空間增大,影響力大增。
2. 與俄國改善關係有助緩和中東局勢。
3. 日本、韓國對美國的依賴將受影響(美國的「亞洲再平衡」戰略和 TPP 的調整)。
4. 中國、俄羅斯和伊朗將填補地區的權力真空。
5. 美國與拉丁美洲國家關係將面臨考驗(尤其是墨西哥)。
6. 美國軟實力的下降(民主、自由、人權號召的褪色,美國還是一個開放和包容的國家嗎?)。
7. 美國可能會降低對歐洲的承諾,避免介入中東紛爭,也可能避免在亞洲衝突和對立,這些地區留下的權力真空必將由俄國和中國填補。

中、俄兩國均對川普勝出表示欣慰,習近平表達了「雙方不衝突、不對抗、相互尊重、合作共贏」的立場,普丁表示已準備和美國修好與合作。

川普認為「北約」(NATO)已經過時,認為歐洲國家在國防上花錢太少,美國占 GDP 的 3.5%,德國只占 1.2%(目標為 2%)。但軍方反對,5 月在布魯塞爾,他痛罵「北約」國家長期失業,28 個會員國中,有 23 個沒有付該付的錢,他說,「對美國人民和納稅人而言,這是不公平的。」

　　川普也決心要退出「巴黎氣候變遷協定」（Paris Agreement），但最反對的是他的女兒伊凡卡（Ivanka Trump）。川普常說，伊凡卡是民主黨人，充滿了自由主義的思維，但他並沒有要求他們節制，反而非常倚重。他們夫妻可以在白宮辦公室內來去自由，甚至主動參加一些會議。有時伊凡卡不在時，川普還特地找她過來，白宮幕僚長浦博思（ReincePriebus）自認把共和黨全國委員會管理的井井有條，但川普的白宮似乎是設計來推翻一切的常規和秩序。浦博思曾建言，庫什納（Jared Kushner）不應在白宮掛名公職，又有辦公室。

　　2017 年 4 月 27 日，國家經濟委員會主席柯恩（Gary Cohn）召集相關首長在白宮會商「巴黎協定」，討論的結果，支持退出的為浦博思、特別助理巴農（Steve Bannon）、白宮法律顧問麥甘恩（Don McGahn）。反對退出的為國務卿提勒森（Rex Tillerson）、國安顧問麥馬斯特（H.R. McMaster），會後柯恩說巴黎協定死定了。

　　當天下午，川普對外宣布美國將退出「巴黎氣候協定」，他說，「我的良知不允許我支持處罰美國……我被送來代表匹茲堡的公民，不是代表巴黎的公民。」

＊　＊　＊

　　九一一事件後，美國情治機關大幅擴張，祕密監視成為生活常態。

　　2017 年 5 月，美國得到一個「深刻的機密」，北韓正以驚人的速度加強其核武和飛彈的研發計劃，一年之內將擁有彈道飛彈。美國國防部已訂出最高級密的初步戰爭計劃，但對外卻隱瞞真相。

　　一個多月後，7 月 3 日，北韓成功發射了第一枚洲際彈道飛彈火星 14 號（Hwasong-14）。9 月 3 日，北韓進行了一次最強大的核武地下試爆，比 1945 年廣島的原子彈威力至少大 17 倍。

　　2016 年，大選期間，川普曾說，他會讓中國把金正恩「很快地消

失」，他稱金正恩是個「壞孩子，但別低估他。」

「中央情報局」（CIA）曾檢討 2003 年美國攻打伊拉克的代價，美國人死亡 4,530 人，伊朗人 10 萬人以上（保守估計），美國花費至少 8,000 億美元，甚至可能上兆。但中東情勢仍然不穩定，還使得伊朗崛起。布瑞南（John Brennan）在 2013-2017 年擔任 CIA 局長，他以伊拉克的「錯誤」，認為 CIA 失職。麥馬斯特主張對北韓要及早動手，時間拖越久，威脅就越大。美國軍方已開始做兵推演習。

川普對北韓發出的評論，經常相互牴觸，從開戰和希望和平。5 月時，他說在合適的情況下和金正恩見面，會很榮幸。

但軍方對北韓有戰略規劃，麥馬斯特在國安會中，一再強調，川普不會接受北韓核武化。國防部長馬提斯（James Mattis）和參謀首長聯席會議主席鄧福特（Joseph Dunford）的立場是不求戰，以圍堵來維持現狀。

2017 年 9 月 19 日，川普首次在聯合國大會演講，他把金正恩取名為「火箭人」。他說，「如果美國被迫自衛，勢必要完全摧毀北韓。」金正恩三天後反唇相譏，說「害怕的狗叫得特別兇」，說川普「肯定是個流氓、土匪，喜歡玩火，我肯定會馴服這個神經不正常的美國老番癲。」

事後川普祕書波特（Rob Porter）問川普，美國的終極目標是什麼？這件事如何了解？川普答稱，你不能示弱，你必須投射力量，金正恩必須被說服。他的結論是「這是男子漢對男子漢的對決」。

川普和提勒森在北韓問題上的歧見在媒體上沸沸揚揚，提勒森公開宣布的「四不政策」：一、美國不尋求改變北韓政權，二、美國不尋求共產政權垮台、三、美國不尋求南北韓加快統一過程，四、美國不會找藉口進行進攻北韓。

參議員葛藍漢（Lindsey Graham）向白宮幕僚長凱利（John

Kelly）和麥馬斯特提出一個驚天建議，應由中國負責把北韓除掉，或換上由中國控制的政權。他建議川普正色告訴中國，「全世界夠危險了，我們不會讓這個政權以核武來威脅我們。」

2018 年 1 月 19 日，川普主持國安會議，商討南韓問題，川普問到，「我們在朝鮮半島維持龐大軍駐軍，我們得到什麼？」「還有，我們從保護台灣又得到什麼？」

馬提斯和鄧福特都說，好處太大了，美國在很需要的地區得到一個穩定的民主國家盟友。南韓經濟地位居全球第十一位，GDP1.5 兆美元，與俄國相當。馬提斯強調，美國這樣做是為了防止第三次世界大戰。由於「前進部署」（在韓 28,500 名部隊）使我們有能力防衛本土。

川普反駁說，「我們和這些國家貿易，損失那麼多錢，我寧願把錢花在我們國家身上。」「其他國家幫我們承擔安全任務，只是因為他們拿了我們很多錢，他們等於偷我們的錢。」

鄧福特說，在南韓的前進部署大約 20 億美元，南韓分攤 8 億多美元，美國在保護本土上，每年收到 40 億美元的補貼。

川普說，「如果我們不笨的話，就會富裕多了，我們根本像呆子，尤其在『北約』上面，我們在中東花了 7 兆美元，竟然湊不出 1 兆美元在國內進行基礎設施建設。」

2018 年初，CIA 研判結論，北韓打擊美國的能力還不足。

川普曾與南韓總統文在寅（Moon Jae-in）電話對話。他批評美韓自由貿易協定，180 億美元貿易赤字以及 35 億美元維持駐韓美軍的費用，他總結就是南韓占了美國的便宜。

文在寅說，貿易和安全不可分，他刻意示好，表達希望合作，達成諒解。川普又提出薩德（THAAD）反飛彈一事，要求南韓付錢。川普的表現，表達他不喜歡文在寅。川普身邊的幾位重臣，私底下開

玩笑，總統對南韓的惱怒和凶悍，竟都超過美國的敵國。

* * *

2017 年 4 月 4 日，敘利亞總統阿薩德（Bashar Al-Assad），以沙林毒氣攻擊敘利亞叛軍，川普批准了他第一次的軍事行動。4 月 7 日對敘利亞發射了 59 枚戰斧飛彈。當時川普正與習近平晚宴，習近平在被告知此事後的反應是「我了解，好呀，他活該。」

這次行動，川普幾乎受到舉世稱讚，讚許他反應明快和果決，連他的政敵馬侃（John McCain）也稱讚他，尊重軍方的建議。但俄國總統普丁（Vladimir Putin）指責美國此一攻擊是「非法的侵略行為」。

川普是最反對阿富汗戰爭的人，美國每年在阿富汗花費 500 億美元。多年來，CIA 在阿富汗有一支 3,000 人的絕對機密祕密部隊，藏身在阿富汗的恐怖分子，遠比在伊拉克的人多。在撤軍和留守的爭論中，與塔利班（Taliban）達成協議成為唯一的「脫身」之計。

對伊朗核武協議，川普稱之為「我生平僅見最爛的協議之一」，在 2016 年競選期間，他就說，這是他的第一號優先。國務卿提勒森說，基於實用和原則，希望維持此一協議，並說，伊朗並沒有違反協議。川普說，「這是我的核心原則之一。」CIA 局長蓬皮奧（Mike Pompeo）也說，在技術上是說得過去的。

俄國私下警告馬提斯，如果波羅的海發生戰爭，俄國一定動用戰術核武對付「北約」。麥馬斯特後來寫了一份 27 頁的進攻伊朗計劃。

8 月 18 日的國安會議，司法部長賽申斯（Jeff Sessions）支持退出阿富汗。賽申斯曾是參議院軍事委員會委員，指出美國在阿富汗一路錯到底，如今塔利班已控制阿富汗半壁江山，現在就退出吧！

蓬皮奧被中央情報局的資深人員提醒，阿富汗不僅是帝國的墳場，也會葬送一個人的大好前程，麥馬斯特希望維持原案，增派 4 千軍力。

　　川普破口大罵，是你們（軍方）製造出這種情勢一團亂，你們也沒有能力補救，只會愈弄愈糟。他說，「我要退出，你們給我的答案卻是愈陷愈深。」

　　馬提斯說現在撤出將加速阿富汗政府的崩潰，留下來的真空也會使凱達組織趁虛而入，成為恐怖分子的庇護所，也會製造另一個伊斯蘭國。川普說，你們告訴我必須這麼做，我就這麼做吧，但我依然認為你們錯了……我們毫無收獲。」他誇大其詞的說，「我們已經花了好幾兆美元，我們犧牲了那麼多性命。」麥馬斯特簽署的結論是，「勝利是無法達成的。」

　　7 月時，川普說，伊拉克、阿富汗和敘利亞這三大作戰地區有如泥淖，讓他煩透了。他說，「我們還在這些國家浪費巨大的資源，我們應該逕自宣告勝利，結束戰爭，把部隊撤回來。」7 月 25 日，川普又斥責麥馬斯特，他說對盟國沒有興趣，他又強調要從南韓撤軍，麥馬斯特已萌生去意。

　　阿富汗一直是令川普煩心的問題，2017 年 9 月在聯合國大會上，亞塞拜然總統阿利耶夫（Ilham Aliyev）提到中國人正在阿富汗大量開採銅礦。阿富汗總統也曾對川普說，該國有很多值錢的礦場，如鋰和稀土，誇張的估計，礦物資源可能高達數兆美元。

　　川普在一次會議中，大怒地說，我們花了幾十億美元打仗，中國卻去採礦。阿富汗要把礦場送給我們，我們都不去拿，你們這些傢伙只會坐在那裡。

　　柯恩說，採礦沒那簡單，要有法律依據和土地所有權，光是開礦的基礎建設就要幾十億美元。川普說，我們可以找公司去投標，這是巨大的商機。

　　在另一次會議中，川普又提到此事，問為什麼還不做？麥馬斯特說，國安會還在評估它。川普大吼，「我不需要他媽的什麼評估，我

要你們進去，礦產這些東西，它是免費的！誰要做？」商業部長羅斯（Wilbur Ross）自告奮勇，說他可負責，川普立刻核准。

沒有任何事能比從別的國家拿到錢以及完成一件好的買賣，更能讓川普開心。

2018 年 2 月 7 日，麥馬斯特召開會議，聽取羅斯的報告，他說經與阿富汗礦物部聯絡，得知中國在簽訂合約之後，一直尚未行動。麥馬斯特補充說，這些礦區多在塔利班控制地區，最理想的狀況，也要花十年的工夫才能推動。

2018 年初，情報機關曾向川普簡報阿富汗情勢，美軍沒有在領土上進展，也沒有奪回失去的土地，由於塔利班一再攻擊首都喀布爾，所以沒有兵力可用來收復土地，況且巴基斯坦也沒有配合，如果美軍撤走，會出現更多的叛亂，甚至爆發內戰。

川普特別怪罪兩個人：一是前總統小布希（George W. Bush）發動的中東戰爭，這是蠻幹，也是錯誤。第二個人是麥馬斯特，他認為麥馬斯特被中東人所騙，他說這些軍人不懂生意，沒有成本觀念。他仍然堅持必須全面退出。

8 月 18 日，川普開除了巴農，「他說我們對北韓沒有軍事方案，我 X 他媽的？」巴農在接受媒體訪問時，指川普對北韓咆哮威脅，要以「砲火與怒火」（Fire and Fury）對付之，根本是唬爛。

8 月 21 日，川普透過電話宣布阿富汗策略，「我的直覺是退出，但目標是打贏，但我們不會談論部隊人數或進一步的軍事計劃。」川普談話的次日，提勒森向塔利班喊話，「你們贏不了戰場勝利。我們可能贏不了，但是你們也贏不了。」結果就是繼續僵持。

凱利接任白宮幕僚長後發現，白宮亂得一塌糊塗，他必須建立秩序和紀律。總統經常只找兩、三個人討論之後就做出決定，根本沒有決策和協調決定的程序，混亂和失序還不足以形容亂局。

9月起，凱利和川普的蜜月期就結束了，凱利說總統精神不平衡，總統根本不了解任何事情，他根本不知所云。

* * *

從川普競選時的言論可知他是一位孤立主義者，反對美國的全球主義和過度對外的干預政策，所以他對外交政策上興趣不大，也少有作為。在他四年任期內，他真正關心的只有兩件事，一是自中東撤軍（這是他競選時的承諾），二是和中國的貿易戰。至於他和北韓金正恩的「一年三會」和「二十七封情書」，我認為是川普的作秀，只為了媒體的效益，以他的身份也是一場鬧劇。

除了參加每年一次的 G7 和 G20 高層會，可以和一些國家的領導人見面外，川普和其他國家，尤其是歐洲的盟國和國際組織均很少接觸。川普把外交當作交易，一切講求「成本效益」，他反對美國在海外駐軍，他決心要脫離中東「無休止的戰爭」，甚至他揚言要在他第二屆任內要退出「北大西洋公約」。

川普最有興趣的兩件事是與中國的貿易協議和與北韓的和平協議，這兩者如成功將大大有助他的聲望，也有助於他爭取連任。但他大張旗鼓的作法，除了製造話題之外，並未能實現他的目的。相反的，他對盟國的冷漠和對國際組織的輕視，使得美國的國際地位下降，美國的全球影響力的衰退。

波頓和伍華德的三本書中，只有波頓在外交問題上有較多的敘述，除了中東、中國和北韓外，其他國家和地區均輕描淡寫，甚至一筆帶過。其中有兩個特例，一是委內瑞拉，代表美國對拉丁美洲國家動亂的典型個案，二是烏克蘭，這是證明川普「以私害公」的例子，與外交關係不大。

中東

沙烏地阿拉伯和以色列

在川普陣營中，他的 36 歲女婿庫什納（Jared Kushner）占了一個獨特的、中心的角色。他在白宮正式的名銜是資深顧問，但事實上扮演祕書長的地位，深深介入總統的工作。

在川普政府 2017 年初期，川普要求庫什納處理一些外交上最重要和敏感的工作，如與沙烏地阿拉伯的聯繫、北韓和中國的貿易問題，以及以色列與巴勒斯坦的衝突。這種作法立刻淡化了國務卿提勒森以及干涉了他和馬提斯指導或控制川普在外交上的計劃。

川普說，如果庫什納不能找到解決中東和平的方案，也沒有人能做到。庫什納主張以經濟來迫使以阿合作，提勒森認為這些國家不缺錢，不能用錢來買到和平。庫什納強調他與以色列總理納坦雅胡（Bibi Netanyahu）有 20 年的交情，提勒森聽到想吐、胃痛。

但庫什納說服川普就任後第一次出訪到沙烏地阿拉伯和以色列，庫什納設計了一個巴勒斯坦組織總統阿巴斯（Mahmoud Abbas）表示願意與以色列合作追求和平的錄影帶。提勒森告訴川普這些是捏造的，川普說不是捏造的，他們能讓這些人接受錄音談話。

川普一向支持以色列，但最近對納坦雅胡不滿，他曾在納坦雅胡早先訪問白宮時說，以色列是中東和平的障礙，而不是巴勒斯坦。第二天早上，川普私下會晤阿巴斯，指責「他是兇手、騙子，戲弄了我。」但在外出面對媒體時，川普說彼此都要講對方的好話，我只是讓你知道我的感受而已。

川普回國後在 2018 年 9 月關閉了巴勒斯坦解放組織在華府的辦公室，並取消了幾乎所有對西岸（West Bank）和加薩（Gasa）的支持，等於 1 年 3.6 億經由聯合國對巴勒斯坦難民的補助。

美國對中東的戰爭始自 2001 年的恐怖攻擊事件。川普一直反對

在中東「無休止的戰爭」，但對撤出美軍和撤出後的安排，始終沒有一致的計劃。

敘利亞

2017年4月美國對敘利亞以化學武器，殺害平民予以報復後，敘利亞透過土耳其監禁了一名美國牧師。土耳其總統額多幹（Recep Tayyip Erdoğan）為了一個國營銀行的案子，希望美國能撤銷調查，結果雙方達成政治解決，美國牧師獲釋回到美國，但川普把功勞記在他女兒伊凡卡（Ivanka Trump）身上。

對這個做人情給額多幹的事，令波頓十分反感。川普說，「民主像一輛有軌電車，你駛到想到的地點，然後下車。」

川普對土耳其表示，如果土耳其想處理 ISIS 的其他部分，美國就會離開敘利亞，土耳其同意，但需要美國的後勤支援。波頓了解川普決心要從敘利亞撤軍，因為這是他的競選承諾，但波頓認為這是一個錯誤的決定，不只是 ISIS 的威脅繼續存在，而且會大為增強伊朗在此一地區的影響力。事實上，法國和以色列都反對，美國國會也反對。國防部長馬提斯（Jim Mattis）在 12 月辭職，並留下一封長信，詳細說明了他對中東，尤其是敘利亞的看法，總結就是不同意川普的政策。據波頓說，川普從未看過這封信，他太討厭馬提斯了。

2018年聖誕節，川普前往伊拉克勞軍，在閒暇時聊天，大談八卦，這方面伊凡卡和庫什納（Jared Kushner）非常內行，談到 2020 年川普和川普愛將、駐聯合國大使海莉（Nikki Haley）可能搭檔參選的事。

在與當地指揮官和美國駐伊拉克大使的談話中，川普希望在今後2-4 個星期內消滅 ISIS，有序的從敘利亞撤軍，以及為了對抗伊朗，美軍留在伊拉克的必要。

在此期間，由於一些人士的發言和媒體的渲染，又造成了美國和

土耳其的緊張關係。波頓指出這些困擾基本上來自川普本身思想的矛盾，而川普又往往被媒體誤導。川普沒有連貫和一致的戰略，只有隨波逐流、下意識的反應，而且隨時會爆發意外，為他工作只能在點點滴滴下，取得一些成果。

而且川普經常無厘頭的提出一些問題，使人啼笑皆非。對美國未能在敘利亞和阿富汗獲得勝利，他始終不解。直問到，為什麼韓戰結束後，美軍還在南韓？波頓對他講過這段歷史，但川普毫無興趣，波頓形容為只要有人不同意按下按鈕，川普就會像錄音帶一般，重複他的台詞。

對土耳其的態度也是一夕數變，最後川普告訴波頓，「我不想捲入內戰，他們是天敵，土耳其人和庫德人戰鬥了很多年，我們沒有捲入內戰，但我們還在結束 ISIS。」

在波頓辭職後不久，2019 年 10 月 6 日白宮下令美軍撤出敘利亞，波頓認為川普的決定是徹底破壞了美國的政策和美國在世界的信譽。

阿富汗

阿富汗是川普的痛楚，這是他對「大人軸心」（Axis of Adults）不滿的主要理由之一。他認為在阿富汗既定目標既沒有實現、發展的方向也不對，他認為 2017-2018 年美國在軍事上是失敗的。

川普反對美國在阿富汗駐軍有兩個理由：一是他競選的承諾「要結束無休止的戰爭」，二是美國花費太多金錢在阿富汗。

波頓並不認同「無休止的戰爭」，他說既沒有開始戰爭，不能僅憑自己的話就可結束戰爭，他說主要的原因是恐怖主義和核武的結合。波頓說他在 2018 年 5 月 10 日才開始參與有關阿富汗的討論，當時他的老友曾任美駐聯合國大使、阿富汗大使的哈里札德（Zalmay Khalilzad）以國務院特使的名義負責與塔利班談判。

對阿富汗，川普說，「讓俄國去照顧他們，我們在 7,000 浬之

外，……這是一場恐怖的表演，在某個時候，我們必須下車。」「我不明白為什麼我們要在敘利亞殺死 ISIS ？俄國和伊朗為什麼不這麼做？我玩這個遊戲已經很久了，我們為什麼要殺害由伊朗和俄國控制的 ISIS ？」「我們為什麼要保護南韓避免受北韓的攻擊？」「我們花的時間愈長，我們的戰爭愈多，我不喜歡輸掉戰爭，我不喜歡成為我們的戰爭，即使我們贏了，也一無所獲。」

馬提斯提醒川普，「你就職那天就是你的戰爭。」川普說，「我上任的第一天，就應該結束它。」一個月之後，川普又說，「我應該依照我的直覺，而不是我的將軍。」

川普說他想在他第二年任滿前，撤出阿富汗的美軍。到了第三年，他將擁有戰爭權。波頓說，美國一旦退出，就要決定如何防止對美國的恐怖攻擊。川普說，如果阿富汗對美國發動攻擊，他將把這個國家夷為平地。

12 月 7 日，在早餐會上，波頓建議要設法回答三個問題：一、阿富汗政府在美國離開後會垮台嗎？二、恐怖組織對美國撤軍將如何反應？三、恐怖組織在多長的時間內，會對美國發動襲擊？

川普最大的願望就是從阿富汗撤軍，雖然軍方都反對，為了達到這個目的，國務卿蓬皮奧指示他任命的特使去和塔里班談判，對此波頓反對，因為塔利班是與阿富汗政府對立的。波頓認為美國得了精神分裂症，一方面要達成共識，另方面想取得塔里班和阿富汗政府的合作，這都是不可能的事。

美國留在阿富汗的目的有二個：一是防止 ISIS，建立反恐平台，二是牽制伊朗和巴基斯坦的核武，但必要時保留撤出。

蓬皮奧任命的美前駐阿富汗大使哈德勒扎德（Zalmay Khalilzad）繼續與塔利班談判，希望將美國軍隊降至零的協議。波頓認為過於幼稚，除非該國沒有恐怖活動，除非可以阻止 ISIS 建立基地，以及可以

驗證，波頓認為從長遠來看，阿富汗並沒有那麼重要。

　　川普談問題離不開錢，有一次他忽然談到了非洲，他問到，「我們為什麼在非洲？」他希望完全離開非洲，他抱怨尼日利亞（Nigeria）在 2017 年從美國得到了 15 億美元，但他們不會購買美國農產品。

　　為了反對自阿富汗撤軍，國防部長馬提斯常說阿富汗的士兵為自己國家英勇奮戰，川普對此不悅，問到誰付錢給他們，才發現每年美國的支出是 65 億美元，川普說「他們是全世界收入最高的士兵。」

　　川普跳躍式的談話，從阿富汗、波蘭、韓國、塔利班、非洲、德國、「北約」到印度（喀什米爾）。談到韓國時，他說如果沒有得到 50 億美元，就趕快離開那裡，我們與韓國的貿易損失了 380 億美元，我們要走了。

　　川普急於和塔利班達成協議，但又擔心自己會承受比他預期更多的政治風險。8 月底，波頓建議他把美國保留在反恐任務最低的級別 8,600 人，川普認為可以接受，而且以後經常使用這個數字。

　　不過，對美國政府和塔利班談判和達成協議，波頓自始至終都不同意。他對川普說，塔利班不會遵守協議，這是每個人都知道的事。

　　美國已決定 9 月 8 日在大衛營和塔利班以及阿富汗總統分別見面，但在阿富汗一次襲擊事件，美國死傷了 11 個人，川普立即取消了該次會談，塔利班說這對美國造成的傷害超過任何人。

　　波頓對這種情勢仍堅持他的看法，就是阿富汗人想要一個民選政府，而不是神權的統治的決心仍然堅定。我認為波頓過於樂觀，也過於主觀，這是美國人的想法，未必是阿富汗人的想法。這是為什麼美國選擇去和塔利班談判，而不是阿富汗政府的原因。

　　美國和阿富汗塔利班（Taliban，神學士組織）在 2020 年 2 月底簽署了協議，這場號稱美國歷史上最長的戰爭——18 年，終於可望劃下句點。

在 2001 年九一一事件後，美國出兵阿富汗，目的在消滅發動恐怖攻擊的蓋達（al Qaeda）組織和其領袖賓拉登（Osama bin Laden）。結果賓拉登逃往巴基斯坦，蓋達組織分散潛伏到山區，美國扶植了一個新的政府。2003 年初，美國防部長倫斯斐（Donald Rumsfeld）宣稱任務完成。

事實上，美國在阿富汗的戰爭並不順利，塔利班的分子一直繼續對抗美軍，雖然塔利班本人於 2011 年被美軍捕殺，但美軍卻陷入一場永無結束的戰爭（endless war）。美軍陣亡 2,300 人，受傷 2 萬多人，至少 50 萬阿富汗政府軍，塔利班戰士和平民的傷亡，美國約花了 1 兆美元（《紐約時報》稱 2 兆美元）。

美國在阿富汗戰爭中的「失敗」有三個基本原因：一是美國的自大和過分樂觀，二是巴基斯坦的支持塔利班政權，三是阿富汗人反對被美國占領的強烈心態。

有關美國自大的例子是為了早日恢復阿富汗的安定，美國曾希望與阿富汗各種勢力共同協商，包括塔利班，但因當時美國國防部長倫斯斐極力反對而未能成功。結果美國今天談判的對象僅有塔利班組織，美國支持的阿富汗政府竟然被排斥在外，真是情何以堪。

美國外交政策中有一非常天真和幼稚的想法，對於打仗的國家，不僅要摧毀敵人，還要幫助「建國」——以美國的模式。結果，美國在阿富汗既未消滅塔利班組織，也未能完成「建國」的目標，如今只好認賠了事。

歷史一再重複，但人類卻不能記取教訓，當年（1960-1970 年代）美國在越南也是同樣的作法，落得一個慘敗的下場！

為什麼要在他人的國家中去建立「自己模式」的國家呢？美國人為什麼相信該國的人民會支持呢？美國認為自己的制度最好，難道一定要別的國家全盤接受嗎？

　　我過去認為美國是過於理想化，也肯定過它「兼善天下」的動機。如今，我認為這個國家得了一個「自戀」的不治之症。

伊朗

　　為何面對危機和挑戰，美國的反應總是麻木不仁，毫無作為。川普更是沒有戰略思想、沒有立場、沒有原則，更嚴重的是說變就變，他是個講大話的巨人，卻是採取行動的侏儒。2019 年美國處理伊朗問題的經過，結果是白忙一場，一切回到原點。

　　美國在 2018 年 5 月宣布對伊朗制裁，11 月生效。據波頓說，美國對外制裁不堅定、不一致，主要的原因是財政部的不合作。財政部長梅努欽（Steven Mnuchin）基於兩個理由：效果遞減和破壞美元地位。波頓認為制裁要有效，必須要做到迅速、全面、嚴格執行和軍事手段。

　　梅努欽之不配合但卻有恃無恐，就是川普對他信賴有加，他們二人似乎有非常特殊的關係，通常梅努欽在制裁中放水，或為外國企業辯護，川普也不會指責他，好像他們二人有種默契。白宮的「大人軸心」都不喜歡梅努欽，因為他經常主動要來參加與他無關的重大討論，甚至主動打電話給川普要來參加。白宮一位幕僚長說，梅努欽很少在財政部上班，財政部的許多人都不認識他。

　　其次是美國歐洲盟國的不配合，川普一直抱怨歐洲人做得不夠，這是事實。但原因是他們始終不認同川普對伊朗的政策，如退出核武協議，尤其是法國馬克宏曾強烈抨擊川普。

　　其三是制裁本身有漏洞，就是美國給若干國家的石油豁免權。波頓稱，美國為其他國家爭取利益，卻忘卻自己國家的利益，這是不可理解的。

　　最後也是最重要的是川普本人缺乏一致性、堅定信和決心，結果

就是既定的政策一再被削弱。

與美國相反的，伊朗在中東一直在擴大它的力量，它積極援助各種反美的力量，包括阿富汗的塔里班，伊朗的目的是提高「最大抵抗力」。美國把中國、俄國、北韓和伊朗列為主要的威脅，反而使這四個國家更加團結對抗美國。

好戰的波頓說，要阻止伊朗取得核武，美國必須準備使用武力，美國不能再複製北韓的例子（25 年一事無成）。對於制裁和最大壓力政策，他認為也是無效的，只有全面改變伊朗政權，才會有效。波頓進一步指出，美國的作為只有使伊朗更加大膽，因為他們認為美國不會認真報復。

使問題更加複雜的是，歐巴馬政府時的國務卿凱瑞（John Kerry）也在與伊朗接觸，他勸伊朗遵守核武協定，等到 2020 年後民主黨執政。對此，川普氣得暴跳如雷，他引用「洛根法」（Logan Act）（禁止私人與外國政府談判）要把凱瑞繩之以法，但他不了解因為違反美國憲法，「洛根法」是無效的。

2019 年 5 月起，伊朗開始挑戰美國，先是攻擊油輪，再是攻擊沙國的兩個泵站。對此，川普都無反應，他只說他有令人難以置信承受風險的能力。

在沒有告知其部屬的情況下，川普要求日本首相安倍晉三介入美伊爭端。5 月 21 日川普到日本國事訪問，他對安倍說，伊朗的通貨膨脹率為 100%，國內生產總值為負 10%，他說伊朗快死了，必須要達成協議。他說他可以在一天內進行談判，也準備好必要時開戰。

川普透過安倍想與伊朗接觸這件事，不但波頓反對，認為一定不會成功，歐洲國家也對此不滿。果不其然，安倍使命失敗，伊朗的反應是重責美國。伊朗最高領導人哈米尼（Ayatollah Khamenei）在推文中指出：

1. 他不認為川普是一個值得信賴的人，我對他沒有回應，也不會回答他。

2. 伊朗根本不相信美國在尋求真正的談判。

川普回應哈米尼的推文，十分溫和，他說感謝安倍與哈米尼會面。「但我個人認為，甚至考慮達成協議還為時過早，他們還沒準備好，我們也不是。」

安倍對任務失敗表示歉意，川普安慰他，說自己只是想找點樂子，沒想到安倍會成功。他說日本購買更多美國農產品，對他個人而言確實更為重要。

6月，伊朗的攻擊仍在繼續，先是沙國電廠被炸，再是美國第二架無人機被擊落，美國軍方建議在伊朗沿海地區襲擊三個地點。川普同意並說，「什麼都不做是最大的風險」，並與國會溝通取得支持。但在攻擊發動前最後 10 分鐘，川普又決定取消攻擊，他的理由是造成 150 個伊朗人死亡和損失一架無人機是不成比例的。他擔心在電視上這 150 個屍袋造成的反效果。事後發現，他只是聽到一位白宮律師的分析，便作了這個決定，事先未與任何其他人討論過。

對這個結局，波頓為之氣結，他說這是他見過任何總統最不合理的事情。白宮幕僚長凱利（John Kelly）問波頓，當美國真正陷入危機時，將會發生什麼事情？蓬皮奧說，今後誰還會相信美國。波頓去找川普理論，指出這 150 個人的傷亡完全是推測性的，何況國防部已將攻擊地點由三個減到兩個。川普不想聽，他沒有做任何解釋，也沒提出其他理由，只是重複對死去伊朗人電視畫面的擔心，他安慰波頓說，「不要擔心，我們以後還是可以發動攻擊。」

川普發了推文試圖轉移目標，重點是：

1. 歐巴馬與伊朗達成的協議是給他們 1,500 億美元，外加 1.8 億的現金。他給伊朗一條通往核武的自由之路，我加強了對伊朗

的制裁，伊朗已更加脆弱。

2. 伊朗擊落一架無人機，我知道攻擊會造成 150 人死亡時，在攻擊 10 分鐘前，我停止了攻擊。

3. 美國有世界上最好的軍隊，伊朗永遠不會有核武器。

參聯會主席鄧福特（Joseph Dunford）推文說，對伊朗人來說，「只要不傷害美國人，就做你想做的事。」當媒體問到波頓的角色，川普說「他做的很好，但姿態太過強硬，但唯一重要的是我。」波頓說，人們會懷疑他還能待多久？

7 月底，在批准對伊朗外交部長扎里夫（Javad Zarif）的制裁後，川普又推文，重點是：

1. 可悲的是伊朗只了解力量，而不是好和同情，美國是世界上最強大的軍事力量，僅在過去兩年就投資了 1.5 兆美元。

2. 美國沒有忘記伊朗炸死 200 多名美國人。

3. 伊朗人對美國的任何攻擊，都將受到壓制性力量的報復，再也不會有凱瑞和歐巴馬了。

8 月 23 日在法國的 G7 高峰會，川普毫無興趣，因為伊朗是法國最重視的問題，馬克宏想邀請伊朗參加，可能的人是伊朗外長扎里夫。川普有些心動，他問波頓，這是個好主意嗎？波頓回答說，不是。波頓說他一再講過，一旦美國減輕了對伊朗的壓力，就很難再將其恢復。為了阻止川普和扎里夫見面，波頓幾乎疲於奔命，但他已下定決心，只要川普和扎里夫見面，他就當場辭職。川普說，「我仍然認為我會見他的，這將是私下進行的，也許只是一次握手。」最後，川普沒有和札里夫見面，波頓又鬆了一口氣。

蓬皮奧也很氣餒，他說川普在全世界拉攏，直到找到一個同意他的人為止。他和波頓有一個共同的看法，就是梅努欽和庫什納在執掌美國的外交政策。

又一架無人機被擊落了，川普依然無動於衷。

歐洲

歐洲和「北約」

2018 年 7 月，川普在歐洲的三場高峰會，一是布魯塞爾的「北約」會議，二是英國倫敦的美英「特殊關係」會談，三是在赫爾辛基和俄國普丁的會面。

川普說，「所以我有『北約』，我有英國，我還有普丁，坦白說，普丁也許是其中最簡單的，誰會想到？」波頓說，川普沒有什麼國際大戰略，也沒有一致的作法，他的想法就像點點滴滴的群島，就像房地產的交易。我們可以幫助他辨別或創建，這是優點，也是缺點。

波頓的工作之一是川普的國外重要會議，他一定先去做準備。他要去俄國時，川普問他，你必須要去嗎？你不能打電話嗎？當波頓解釋後，他沒有反對。但波頓很奇怪，川普為什麼會問這個問題，因為這是一個常識的事。他去問白宮幕僚長凱利（John Kelly），答案是他怕你超越他。波頓感到對一位總統來說，這真是很荒謬的事。

川普希望普丁訪問美國，但俄國並無此意，對見面的地方俄國希望維也納，美國希望赫爾辛基，最後決定在赫爾辛基。川普說，「俄國人想要什麼，告訴他們我們會做到他們想做的任何事情。」6 月 8 日，川普到加拿大夏洛瓦（Charlevoix）參加 G7 高層會，川普想邀請俄國重新加入，但其他國家都反對。川普拒絕會議的聯合公報，表明他不承擔任何責任。他對加拿大總理杜魯道和法國總理馬克宏都不喜歡。

「北約」高峰會

「北約」一直是一個成功的威攝機制，美國始終是壓制一切的力量貢獻者，這主要是為了美國的利益，並不只是捍衛歐洲而已。「北

約」的缺點是冷戰結束後，歐洲國家放棄了自衛的責任。美國的「歷史終結」與「和平紅利」也不無責任，直到 2001 年九一一事件才結束這種幻想。

歐巴馬時代，曾批評歐洲國家「搭便車」，2014 年「北約」曾達成協議要在 2024 年前將國防預算提高到 GDP 的 2%，最強大的德國迄今只占 1.2%。川普批評德國是可怕的合作夥伴，川普在 2016 年競選時，稱「北約」已經過時。2017 年 4 月說，他將在他任內解決此一問題。2017 年「北約」峰會時，他在講稿中，刪除了「北約」第五條（共同防禦），造成了「北約」的危機。

在「北約」高峰會上，川普毫不留情的批評「北約」成員國，他說：

1. 「北約」很重要，但對歐洲更重要。

2. 在 29 個會員國中，只有 5 個國家支付了 GDP 2% 的國防經費。

3. 歐盟不接受美國產品，這是美國不允許的事。

4. 「北約」成員說要制裁俄國，但德國付出數十億美元購買俄國天然氣（北流 2 號）。

5. 德國僅支付了 GDP 的 1.25%，到 2025 年也僅增長到 1.5%。

6. 美國為「北約」支付了 90% 的費用，但什麼都未發生。

7. 烏克蘭沒有幫助美國，而是幫助了歐洲，成為歐洲和俄國的邊界，但德國沒有幫助烏克蘭。

8. 他不想看到媒體報導高峰會的成功，大家都很高興，但我不開心，歐洲在玩弄美國。

川普揚言「北約」會員國必須要在明年 1 月 1 日前，達到支出 GDP2% 的目標，不能拖到 4-5 年之後。當晚川普推文又說，「今天在『北約』取得了巨大成功，自我當選之後，會員們又支付了數十億美元，偉大的精神！」

波頓稱這次「北約」之行是一個瘋狂的旅程。

倫敦

　　波頓和川普一樣支持英國脫歐，波頓說這是英國的生存問題，對美國也至關重要。英國脫歐的基本動力是公民對歐盟機制的控制權日益喪失，民主主權的喪失愈來愈明顯，但美國政府中幾無人在乎，多麼大的悲劇！

　　川普稱美英關係為「最高特別級別」，除了官方儀式外，川普特別去蘇格蘭特恩貝里（Turnberry）打球，渡過一個悠閒的假期。

赫爾辛基

　　7月16日，川普與普丁會談，川普交待不要作紀錄，據轉述90%的時間都是普丁在講話，重點是：

1. 俄國想離開敘利亞，普丁喜歡以色列總理內塔尼亞胡。
2. 不在乎美國是否退出伊朗核武協議。
3. 在貿易問題上，普丁認為美國過於強硬。
4. 希望美國在俄國做更多的生意，普丁說歐盟和俄國的交易量是美國的20倍。

　　總結，只有各自表述，沒有協議，沒有讓步，沒有改變。這點讓波頓鬆了一口氣。

　　會談也談到了選舉干預，普丁說只要有互惠關係，俄國就可讓美國人員到俄國做他們的工作。對俄國商人布勞德（Bill Browder），普丁說他給了希拉蕊競選經費，這筆錢是從俄國偷走的，約4億美元，川普對此十分有興趣，但波頓提醒他，這可能是一個陷阱。

　　對選舉干預問題，普丁希望雙方能對此事有一個共同的解釋，並說彼此都應該保證不再有網路攻擊。普丁說，「俄國從未干預過，也不會干預包括選舉在內的美國內部事務。」

　　在記者會上，一位美國記者問普丁，為什麼美國人會相信他對美

國 2016 年大選的否認？普丁回答說，「川普總統信任我，還是我信任他，你們從哪裡得到這個想法？他捍衛美國的利益，我也捍衛我們俄國的利益⋯⋯你能舉一個例子可以最終證明這種勾結的事實嗎？這完全是胡說八道。」

普丁提出了 1999 年的司法互助條約，美國可以利用該條約，俄國也能利用該條約追究布勞德的涉嫌罪行。

普丁還表示，他曾希望川普贏得 2016 年大選，因為他希望美俄關係恢復正常。

波頓給川普提供了四點建議：一、美國一直支持國際法院，二、從來沒有任何「俄國勾結」，三、俄國干預是不可接受的，四、不會在 2018 年發生。

波頓認為這絕不是與俄國建立關係的方式，普丁應為他所獲得的解脫而大笑。賴斯（Condoleezza Rice，小布希 George W. Bush 總統的國安顧問），打電話給波頓說，普丁與人打交道有兩種方式，污辱他們或稱霸他們，但不可讓他得逞。

俄國

「破壞俄國」，代表波頓的戰略思考。在 2018 年下半年，尤其 10-12 月，他全力推動美國退出「中導條約」（INF）和其他美俄核武相關的條約，為此他走訪歐洲各主要國家尋求支持，並親自與普丁會晤，表達美國的立場。他的「專業和敬業」得到普丁的稱讚。在這些問題上，川普並不熱心，但也願配合，但波頓最後終於達到目的，美國在 2018 年 12 月 4 日宣布退出 INF。

第二件事是他推動建立美國的網路戰略，第三件事是他起草了美國總統的新的行政命令，避免經由國會立法而陷入政黨鬥爭，使總統更及時有效行使制裁。這這些過程中，他也整頓了國安會，使能發揮

更大的功效和效率。

　　波頓稱自在小布希政府任職時，他便想讓美國退出「中程導彈條約。（INF），他的理由是：

1. 美國一直遵守，俄國一直違反。
2. 除美俄外，該條約無法約束其他國家，如中國、伊朗、北韓、印度和巴基斯坦。
3. 在技術上已過時，僅能遏止陸基飛彈，不包括空中和水下發射的飛彈。

　　但他遭遇的困難來自：歐洲國家的反對、俄國的反對、美國國防部的反對，以及川普的冷淡。但他鍥而不捨，還到莫斯科直接與普丁會晤。

　　普丁見到波頓的第一句話是美國老鷹標誌上的橄欖枝（另一個爪子是箭頭）是否已經被老鷹吃光了？波頓說，的確我沒有帶來新的橄欖枝。

　　普丁當然不滿美國退出 INF，但他真正感興趣的是「接下來會發生什麼事？」是不是美國要在歐洲有什麼新的部署？他同意中國的問題，但他認為 INF 對美俄兩國有利。

　　對伊朗的制裁，普丁認為美國的觀點，會減少該國人民對政府的支持，相反地，他認為反而會鞏固對政權的支持。近兩個小時的討論，普丁說他和波頓都是律師出身，可以談到天亮。11 月 11 日，普丁在巴黎告訴川普，他和波頓有很好的交談，並稱讚波頓非常專業和敬業。

　　川普對 INF 的立場是儘早退出，但歐洲盟國希望不要太早宣布，波頓建議在 12 月 4 日「北約」外長會議上宣布，川普擔心，拖延會使美國在俄國心目顯得軟弱。

　　在 12 月 1 日阿根廷 G20 高峰會上，梅克爾抱怨美國沒有與俄國政治對話，並要求延後 60 天進行，川普同意，但仍然在 12 月 4 日先

行宣布，並在 2019 年 2 月 1 日實施。俄國的反應是立即暫停任何新的軍備管制談判，美國軍方稱波頓為「核武器協定殺手」，波頓欣然接受。

波頓與川普討論美國應退出的條約或協議，包括巴黎氣候協定、海洋法公約、開放天空條約、不批准全面禁止核試條（美國自 1992 年以來就未再試驗），維也納條約法公約、國際刑事法院公約等（事實上，美國在這方面的紀錄是可恥的，只要不符合美國私利，即使美國簽訂了，國會也不會批准）。

第二件事，從 2016 年美大選期間，波頓就把俄國干預美國選舉的事視為憲法結構上的「戰爭行為」，他說普丁斷然否認這件事令他沮喪。他認為美國必須採取攻勢，對敵人採取進攻性的網路行動，只有強力威攝，才能保障和平。

波頓說，他花了五個月的時間，才公布新的網路戰略，但他也承認在這一工作上，國防部有自己的立場，不但不希望接受包括白宮在內任何人的監督，並在談判中採取「全有或全無」的作法，這種立場只會激怒其他的參與者，波頓預言國防部長馬提斯（Jim Mattis）將不能久任。

第三件事在波頓主持的總統委員會中，他說，在過去十九個月，數十次毫無成效的下層會議之後，新政府未能建立自己的規則，仍沿用歐巴馬時代的作法。他擬定了一份總統備忘錄草案，希望賦予政策制訂者更大的靈活性和自主性，最後由總統決定。

結果除了馬提斯不同意外，其他主要參與者都同意，或沒有不同意，8 月 15 日川普簽署了，工作得以重新啟動。

波頓還起草了有關總統權力行使的「行政命令」，不必經由國會立法，不必陷入黨派爭議，不會拖延時間。9 月 12 日波頓向川普報告這一構想，波頓說這是一種表達我們勤奮，反駁指責政府執行無力，

避免國會拖延和積極捍衛選舉誠信的作法。川普問到這是誰的主意？波頓說是他的，川普「哦！」了一聲，立刻簽署了。

到 9 月底，波頓已建立一個選舉安全政策的框架，不僅在網路安全之外，還可確保期中選舉（2018 年 11 月）的成功。事後證明，在 2018 年外國干預美國選舉已大幅減少。

這段時期，對俄國的反制工作也在加強，除了 2017 年對俄國併吞克里米亞的經濟制裁外，如關閉舊金山和西雅圖俄國領事館、驅逐 60 多名俄國外交官（情報人員）。

川普稱讚這些是重大成就，但波頓說這些成就幾乎都遭到川普的反對，至少是抱怨，而且還把責任推給下屬。他或許一些措施太過苛刻，有一次他請國務卿蓬皮奧打電話給俄國外交部長，說一些官僚已經發布了制裁措施。川普認為批評外國政府的政策和行動，會增加領導人之間良好私人關係的困難，這反映他很難將私人關係和官方關係分開。波頓說，不管川普本人的態度如何，他們都為了保護美國不受到傷害而做出更大努力。

委內瑞拉

這個事件代表美國對它勢力範圍內國家的傳統作法，對不喜歡的政權，必欲去之後快，不管是發動政變或支持反對派進行鬥爭。記得有一位總統和他的國務卿有段精彩的對話，那位總統大罵一個拉丁美洲國家的領導人是「狗娘養的」（son of a bitch），他的國務卿提醒他，即便是狗娘養的，也是他養的，總統笑著說，你說的也是。

在中南美洲有三個國家最令美國頭疼──古巴、委內瑞拉和尼加拉瓜，波頓稱之為「暴政三駕馬車」。這次委內瑞拉事件是因為現任總統馬杜洛（Nicolas Maduro）的反對者國民議會主席瓜伊多（Juan Guaido）在 2019 年 1 月 11 日宣布 2018 年的總統大選是非法的、無

效的，並宣布自己將 1 月 23 日成為臨時總統。美國看到有機可乘，全力支持瓜伊多，發動群眾，推翻馬杜洛政權，但軍人支持馬杜洛、古巴、俄國和中國也支持，何況據稱委內瑞拉積欠俄國和中國的債務高達 600 多億美元，這兩個國家怎麼可能讓馬杜洛垮台呢？

一開始，川普認為必要時美國可以使用武力干預，因為距離美國不遠，波頓認為美國國會不會支持使用武力，只能全力資助反對派來推翻馬杜洛政權。在這個工作上，波頓十分積極，他寄望於 5 月 1 日，瓜伊多發動的最大一次群眾運動中，達到推翻馬杜洛的目的。為此，馬杜洛政府公開指責波頓在領導委內瑞拉的反對派發動政變，波頓實至名歸，至感振奮。

結果 5 月 1 日的聚會並未成功，波頓解釋說，是因為反對派的經驗不足，戰術上犯了錯誤，爭取軍方叛變的失敗，以及美國的介入太少。但他認為這次起義非常接近成功，以後還會繼續。

在這次事件中，反而看到川普冷靜和鎮定的一面。這次川普的「直覺」證明是對的，他認為馬杜洛太聰明、太強硬，不會垮台。他說瓜伊多太弱，也沒有他所需要的東西，還勸波頓不要參與太多，他認為反對派已經被擊敗。波頓說，美國只有兩個選擇：成功或失敗，結果以失敗結束。

波頓不是沒有抱怨，他說川普一開始說了很多的大話，但看到形勢不如預期，便開始責備他人（當然是波頓）。波頓說這是川普典型的作法。

在我看來，這是一場典型的鬧劇，花了五個月的時間，一事無成，白忙一場。難道美國沒有事先做政策評估和利弊得失分析嗎？這本是波頓的工作和責任，但他帝國主義的思想和好戰的性格，使他迷失了自己，或許他很想利用這個機會，如果成功的推翻了馬杜洛政權，他將揚名立萬，留名青史。可惜上天沒有給他這個機會，從這個事件，

也可證明，今日的美國已無心、無能、無力去處理一個弱小國家的動亂。

烏克蘭

2019 年 4 月烏克蘭總統大選一位年輕的喜劇演員佐倫斯基（Volodymyr Zelensky）以壓倒性的得票（73%）擊敗現任親俄的總統。波頓看到的是美國的機會，可以在東歐爭取一個親美的國家，牽制俄國在歐洲的影響力，所以他全力以赴的一再訪問烏克蘭和其周圍國家，並力主美國應積極支持和支援烏克蘭。但在這一過程中，他發現川普本不重視烏克蘭，後來他發現可以利用傳說中，俄國和烏克蘭在 2016 年選舉時支持民主黨參選人希拉蕊（Hillary Clinton），拜登也涉及的案子，他委託他的私人律師朱利安尼（Rudy Giuliani）去調查此事，並在電話中請新任總統協助。本來美國已決定軍援烏克蘭 2.5 億美元，川普卻用來作為交換條件。波頓為了美國的利益，在東歐跑斷了退，但川普只為個人的恩怨和選舉的目的，公然行走法律邊緣地帶。最後，川普以波頓不支持他個人的利益，而希望波頓離開。波頓終於獲得解脫，但他認為川普在烏克蘭找到他可以為所欲為的機會，將來必將面對彈劾。

烏克蘭是前蘇聯聯邦中最強大的國家，2014 年俄國併吞了克里米亞之後，俄國軍隊在烏克蘭東部地區布署並支持烏克蘭內部的分裂力量，企圖控制該國。2008 年時小布希總統曾希望將烏克蘭納入「北約」，但被德、法兩國反對。波頓認為如不及早將烏克蘭納入「北約」，烏克蘭將承受俄國的重大壓力。

川普在就任頭兩年很少關注烏克蘭，美國對俄國併吞克里米亞採取不承認的政策，波頓認為美國應積極爭取烏克蘭。從 2018 年 8 月起，他十分努力於加強美國與烏克蘭的關係，但川普十分冷淡。當俄國與

烏克蘭發生海上衝突事件，他的反應是「讓歐洲人去管，我不想管。」

2019 年 4 月 21 日烏克蘭總統選舉，佐倫斯基以 73% 的選票當選。新的總統並不親俄，使波頓認為大有可為，但此時他發現川普正在與他的好友和私人律師朱利安尼討論有關 2016 年大選，他的對手希拉蕊與烏克蘭的關係，他的另一對手 2020 年大選的拜登和他的兒子（Hunter Biden）也有關聯。儘管沒有任何證據，但川普像挖到了金礦一樣，突然興奮起來，外加朱利安尼指控美國駐烏克蘭大使的娃娜諾維奇（Marie Yovanovitch）一直在保護希拉蕊，川普立即下令將其免職。

朱利安尼希望與佐倫斯基見面，討論上述的問題，波頓對此深表不滿，他認為這是妨礙司法公正審理案件的作法，是法律上無法接受，道德上不被允許的行為。

5 月 10 日朱利安尼對《紐約時報》有下列的說法：「我們不會在選舉插手，我們在調查中，這是我們必須做的權利，選後有什麼非法的，有人說這是不適當的，但這不是外交政策。我們要他們調查，他們已在做，也有人請他們停止，我將向他們說明為什麼他們不應該去阻止的原因，因為這些資訊將對我的客戶非常有幫助，並可能對我們的政府有幫助。」

川普完全接受朱利安尼的觀點，川普認定烏克蘭配合俄國破壞美國大選，即「俄國勾結」。在這種情況下，川普對烏克蘭更無好感。他說，烏克蘭令我失望，我對幫助他們沒有興趣！

7 月 25 日佐倫斯基又在國會選舉中大勝，川普致電道賀，這通電話將成為未來川普是否被彈劾的關鍵。電話內容大致如下：

1. 川普：我們為烏克蘭做的很多，比歐洲國家多，歐洲國家應該做的更多，例如德國。美國一直對烏克蘭非常好，但由於發生了一些事情（朱利安尼的陰謀論），這不是互惠的。佐倫斯基：你是絕對正

確的。法國和德國沒有對俄國制裁，美國在制裁上做了很多。感謝美國的軍事援助，希望購買更多的武器。

2. 川普：我希望你能幫我一個忙，人們說烏克蘭找到了CrowdStrike 伺服器，我希望我的總檢察長給你打電話，並深入了解。佐倫斯基：這對我作為總統非常重要，我已準備好進行未來的合作……我想和你建立個人關係。我的一位助手剛剛與朱利安尼交談，朱利安尼將來烏克蘭，我將與最好的人在一起……調查將公開坦誠的進行。

3. 川普：關於拜登兒子停止起訴的說法很多……他吹牛說已停止了起訴，聽起來太可怕了。佐倫斯基：下任檢察總長將是我的人，調查是為了真相，如果你有其他資訊請提供我們。貴國前大使的娃娜諾維奇很不好，他並不支持我。

4. 川普：我會告訴朱利安尼和司法部長巴爾，我相信你會弄清楚的。佐倫斯基：我對這個案子很認真。

波頓說 7 月 25 日的這次通話，將使川普未來面對彈劾或其他法律問題。他還特別提到 1992 年，老布希總統爭取連任失敗後，有人建議他去調查克林頓（Bill Clinton）與外國的關係，但老布希（George Bush）斷然拒絕這種想法。如今，川普卻完全相反。

川普不正當的作為包括想把軍援烏克蘭和「朱利安尼幻想」綁在一起，作為壓迫烏克蘭配合的手段。新的烏克蘭政府迫切需要美國的軍援，美國也同意了一筆 2.5 億美元的軍購（後來追加到 4 億），但川普卻刻意不發，還說要「北約」去付這筆錢。

事實上，川普是運用其白宮幕僚長穆爾瓦尼（Mick Mulvaney）去阻止這筆撥款，穆爾瓦尼來自管理和預算局，他的繼任者也聽他的。當波頓去質問時，他們辯稱因為和可能凍結的年度 40 億對外經濟援助有關。波頓說這是胡說，他在離職前至少有近十次去和川普爭論，均不得要領。但是在國會壓倒性的支持下和媒體強大的壓力下，川普

終於在 9 月 9 日放行，這一天正是波頓辭職的一天。

波頓真是盡忠職守，在 8 月底他又去烏克蘭，得知佐倫斯基表示該國不會介入美國國內政治。波頓也對烏克蘭在航空事業上與中國合作表示不滿，並說如此美國將難以與該國合作。他還分別訪問白俄羅斯等周圍三個國家，他認為美國應重視這些國家，協助他們對抗俄國。

波頓認為利用美國政府去謀取個人利益是不能接受的，他認為軍援烏克蘭和朱利安尼事件是應該分開處理的，他這個觀點和他實際上的作法，是造成他不被川普信任而離職的原因。

事實上，川普是以幾近羞辱的方式迫使波頓離職，9 月 9 日下午，在白宮總統辦公室，川普對波頓說，「很多人不喜歡你，他們說你是洩密者，而不是團隊合作者。」波頓說，洩密者另有其人（蓬皮奧），而不是他。川普又說，「你有一架自己的飛機。」波頓說，「我沒有，所有的公務旅行都搭乘軍機。」此時，波頓站起來說，「如果你要我離開，我會離開。」川普說明天早上再說吧！第二天，波頓送出了辭職信，結束了他一年半的國安顧問。

＊　＊　＊

在 7 月 25 日，川普和烏克蘭總統通話公布的紀錄中，伍華德問到事後來看，是否他授人以柄，來傷害自己？川普不認為如此，他反而認為他這樣做應該得到稱讚，因為沒有人會想到他會如此做。

伍華德說，如此你不是給了他們證據了嗎？川普答稱，「假定我沒有這個紀錄，我會生活在爆料者假的報告中說我做了很壞的事。」

伍華德追問，「就政策而言，你認為美國總統應該和外國領袖討論調查他人嗎？這是不對的事，是不是？」

川普說，讓我解釋，拜登是貪污的。伍華德緊抓著這是一個政策問題，但川普一直打斷他。「當我們要給一個國家一大筆錢時，我們

必須要堅持不能貪污。我另外還想到為什麼德國、法國他們與烏克蘭關係更密切，為什麼不多付錢？」

伍華德不想讓川普改變話題，他對川普說，容我堅持，我認為重要的核心的問題在於……，川普說，沒有這回事，這個電話沒有一點錯誤的。

伍華德仍在堅持，你認為美國總統可以與外國領袖討論調查這種事是正確的嗎？你說要與檢察總長調查你的政敵，不是嗎？川普說，「不，不，不，我是要他們調查貪污，他們做的事是貪污，我只要求他們調查貪污的事……。」

伍華德說，「我了解你在防守，我只問政策問題。」川普辯稱，「我必須說清楚，我只要求調查貪污，我們如何在外國調查貪污？我們無法做到是因為我們沒有管道，我們把上億的錢給一個外國，我們應該有權去調查貪污，我堅決相信這點。」

伍華德說，「我了解你要說的重點，我在問你政策問題，美國總統去跟外國領袖去談調查任何人是好的政策嗎？」川普說，「貪污，是的，貪污。」伍華德說，「但是指名一位政治對手。」川普說，「如果政治對手貪污，他們應讓我們知道，看看他的兒子……。」伍華德說，「你認為那是總統的工作嗎？」川普又打斷伍華德的話，「總統的工作是調查貪污，如果有貪污，我們給上億的錢給一個國家，這個國家應該讓我們知道是否有貪污。」

伍華德問，「你從未想到這個問題的另一面嗎？」川普說，「沒有，根本沒有」，伍華德說，「是零？」川普說，「如果沒有貪污，但的確有貪污，你可看看拜登的錄音帶，他們有交換條件（quid pro quo），這才是關鍵。」我只說這個，我和佐倫斯基的談話是完美的，但發生了其他的事，一個告密者失蹤了，另外第二個爆料者也不見了，第一個爆料者報導我的通話說有 8 個交換條件，完全不是事實。

伍華德稱川普說的事實是混亂的，爆料者仍在法律保護中，川普試圖把這個問題交給眾院情報委員會主席席夫（Adam Schiff）處理。

伍華德鍥而不捨的追問，「我只問政策問題，你會希望美國下一任總統去跟外國領袖討論調查政治對手嗎？」川普仍是一貫的說法，「我會希望下屆美國總統去調查貪污，事實上我們和烏克蘭有一個條約，因為過去烏克蘭是一個非常腐敗的國家，我們有條約，我們必須去執行。」

伍華德問，「你知道嗎？為什麼我在問這些問題？」川普又說，「這些是十分有趣的事。」伍華德說，「不錯，是的。」

川普說，「他們捏造假的對話，聽起來很可怕。」他指的是9月26日席夫（Adam Schiff）在眾院情報委員會聽證會上提出的爆料者的報告，像是一個有組織的犯罪勒索，修理的很簡單，這就是總統通話的要點。席夫還故意模仿打電話像是黑社會老大的樣子，他是在表演，但也給了川普攻擊的機會。

伍華德還是堅持，「當你發表通話紀錄後，你給了你的敵人有機會來整你。」川普說，「不會，剛好相反。如果我沒有這份紀錄，我現在會有非常大的麻煩。」因為有爆料者，報導的都是假的。伍華德說，爆料者的資料沒有具體證據，不能證明什麼。伍華德認為他和川普的對話已經變成對抗，川普不接受伍華德指稱他作為總統不該做的事，這樣討論下去不會有結果，伍華德想改變方式來說服川普。

他以尼克森為例，如果當時他能企圖道歉，事情就可能過去了。但川普說，他永遠不會做這種事，因為他沒有做錯事，如果他做錯事，他才會道歉。

伍華德說，依他幾十年的經驗，如果川普道歉，這種事就可過去。但川普說，如果他道歉，將會成為災難，因為等於承認他做錯了事，但他沒有。

伍華德說，「你明白的要求拜登被調查。」川普說，「不是，我是要調查貪污。」伍華德問，「這個世界上，你最相信誰？」川普笑了，先說不知道，最後說是他的家人。

伍華德說，「問問他們，你是否應道歉？」伍華德始終認為要求拜登被調查是不適當的，許多共和黨的人士也認為如此。但川普堅持不同意這種說法，他說如果他沒有這份紀錄，他們會捏造故事，我就無法防衛自己。

「你上次道歉是什麼時候？」「我不記得，應該很久了。」「重點是我不會犯錯。」（註：川普的最近道歉是 2016 年 10 月釋放 Access Hollywood 錄影帶。）

川普認為反對他的人都恨他，這點他是深信不疑的。

北韓

2017 年 1 月 26 日，國安會亞洲政策部門負責人博明（Matt Pottinger）被川普召去討論北韓問題。川普說在交接時，歐巴馬告訴他，北韓是最大的、最危險和最花時間的問題。北韓已擁有核武，正在研發洲際飛彈（intercontinental ballistic missile），可以打到美國，川普想聽聽博明的意見。

博明說歐巴馬政府對北韓採取的「戰略耐心」（strategic patience）是一個災難，他認為美國的戰略是希望北韓政權自行瓦解來求取談判。

在一個月內，博明提出了他的計劃，共有九點，但大致可分為三部分，從接受北韓為一核武國家，到政權改變，由 CIA 祕密進行和軍事進攻。

3 月 17 日，川普決定對北韓採取「極限施壓」（maximum pressure），用盡一切手段來達到北韓「去核化」（denuclearization）。

在經濟施壓上，切斷與北韓有關係的 48 個國家的賺錢能力，阻止 100% 的北韓媒的出口，關閉北韓在國外的事業，包括餐館，鎖定北韓的漁業，切斷石油進口。

川普第一批任命的官員中，曾任三屆眾議員的蓬皮奧（Mike Pompeo）被任為中央情報局（CIA）局長。從 3 月初，蓬皮奧找到了一位服務了 29 年，剛剛退休的韓裔美人 Andy Kim。這位金先生首先建議 CIA 的工作過於分散，對特殊目標應集中人力，協同合作，才能產生效果。美國過去與北韓接觸太少，蓬皮奧表示願支持金任務取向的專案小組。

事實上，當年 CIA 反對美國公開入侵伊拉克（2003 年），認為可交由 CIA 私下進行，否則美國不會損失這麼多人和金錢。如今，有馬提斯計劃的軍事進攻、提勒森的外交努力，加上 Andy Kim 的祕密行動，只待川普一聲令下，便可解除北韓對美國的威脅。

* * *

川普第一年任內，馬提斯一直擔心的是北韓問題，北韓正以驚人的速度發展核武和洲際彈道飛彈，目標針對美國。馬提斯在內部會議中報告美國有能力攔截北韓的飛彈，但會不會引發核子戰爭，使得馬提斯心神不寧。

在白宮的會議中，川普的指示是隨機的、衝動的和未經深思熟慮的。馬提斯私下告訴他，你不公開說明，但我卻得不到任何指示，除了推特之外，沒有人可以有權殺害上百萬的人民，但就我而言，不能只靠川普的推文。

馬提斯說，「就我而言，沒有人有權可以殺害 100 萬人，然而這是我必須面對的。」「戰爭不能與道德責任分開。」核子武器是用來嚇阻的，不是用的。使用它是瘋狂的，但他必須想到不可想像的來保

衛美國。

即使有這種計劃，馬提斯不認為川普會對北韓發動「制先攻擊」（pre-emptive attack），改變北韓政權需要 80 個核武，斬首攻擊也一直在更新。為了擔心爆發戰爭，馬提斯經常去教堂禱告，他會說，「我的上帝，我還沒準備好。」他決心要在戰爭發生之前，爭取和平。

2017 年 7 月 3 日，北韓發射了第一個洲際飛彈可打到美國的阿拉斯加、夏威夷和西海岸。7 月 28 日又發射了一個射程達 6,200 浬的洲際飛彈，可以打到美國本土大部分，國務卿提勒森說北韓已失控了。

9 月 4 日，北韓進行了第六次的核武試驗，估計為廣島原子彈的 17 倍威力。9 月 22 日，川普推文說，「北韓的金正恩顯然是一個瘋子，他不顧人民死活，不斷進行核子試驗。」第二天，北韓外交部長 Ri Yong Ho 在聯合國大會上稱川普為「邪惡總統先生」（Mr. Evil President）並說打擊美國本土是不可避免的。川普稍後回應推文說，「剛聽到北韓外長在聯合國的講話，如果他是反映小火箭人（Little Rocket Man）的想法，他們活不了多久了。」

川普公開說過許多次因為他與金正恩見面而阻止了與北韓的戰爭。他對伍華德說，金正恩預期與美國一戰，他已完全準備好了。這是川普在 2019 年 12 月 13 日對伍華德說的，在 2019 年 12 月 30 日的會晤時，川普又說，「若不是我是總統，美國已經在大戰中了。」

但在 2020 年 2 月，川普的說法是那會是一個壞的戰爭，也是一個艱苦的戰爭，柯茨（Dan Coats）說，「我們都知道我們走上了衝突的路上。」金正恩在與 CIA 局長蓬皮奧（Mike Pompeo）第一次見面時說，當時他是準備打仗，「十分接近」。

蓬皮奧事後對人說，我們永遠不知道是真的或只是恫嚇，無論如何，美國必須做好準備。

＊　＊　＊

川普於 2017 年 11 月訪問南韓，他直接到美軍基地。美駐韓司令布魯克斯（Vincent Brooks）首先帶他參觀可容納 46,000 人的韓福瑞軍營（Camp Humphreys），並說花了 100 億美元建造，南韓負擔了 92% 的經費。川普問到為什麼他們不全部付？布魯克斯解釋因為敏感的通訊設備必須由美國廠商承包。

布魯克斯並展示美和南韓的軍力，美軍約 3 萬人，南韓約 62 萬人，戰時可動員為美軍 72 萬人、南韓 337 萬人。在過去 15 年，南韓在國防上花費了 4,600 億美元，即將以 135 億購置新式武器。

經過韓國三星集團時，川普說，我說過這是一個富有的國家，他們應該支付所有的費用，川普在南韓國會發表了 35 分鐘的演講，被認為可與當年雷根的演講相比。他稱讚「韓國的奇蹟」，經濟規模為北韓的 40 倍，他也不忘記為自己吹噓，說美國也在創造經濟奇蹟，美國股市之強勁前所未有。

川普也向北韓展示軍力，他說目前在韓國半島有三艘世界上最大的航空母艦，以及核子潛艇，往北走 240 浬就是監獄國家北韓不幸的起點。北韓可怕的生活就是強迫勞動、飢荒、營養不良、酷刑、強暴、謀殺和領袖的個人崇拜。

川普說，美國不尋求衝突或對抗，但也絕不逃避。美國不會允許美國的城市被摧毀的威脅。他對金正恩喊話，危機在你的良心，你的武器不會使你更安全，只會使你的政權更為危險，你在錯誤道路上的每一步，只會增加你的危機。

＊　＊　＊

前曾敘及的 Andy Kim 得到白宮的指示是找出北韓要的是什麼？

Andy Kim 初步了解是北韓的核試和挑釁性的講話，主要是「國內消費」，要維持人民對金正恩的擁戴，他估計北韓並不排除對外接觸，只是如何去做和何時去做，並不清楚。

在川普訪問南韓之後，事情開始有了變化。在 11 月 29 日發射另一個洲際飛彈之後，2018 年 1 月金正恩除了強調他要保護國家之外，另一個目的是要改善北韓的經濟。

在同時，南韓總統文在寅（Moon Jae-in）也表示要改善與北韓的關係。由於 2020 年 2 月南韓將主辦冬季奧運，文在寅正式邀請北韓參加，北韓接受邀請。

感受到這種機會，川普派副總統潘斯（Mike Pence）到亞洲訪問，希望能祕密與北韓接觸，但潘斯在旅途中譴責北韓核武，原訂的會晤在 2 小時之前被取消。

南韓總統派其國安顧問 Chung Eui Yong 在 3 月 5 日與金正恩會晤，3 天後 Chung Eui Yong 訪問白宮，向川普報告金正恩的四點承諾：一、答應北韓的去核化，二、不再進行核試，三、不反對美與南韓的軍事演習，四、極願與川普見面。

川普說他願意與金正恩見面，並請 Chung 去宣布這一訊息。在白宮草地上，Chung 在黃昏後宣布「與總統川普一致，我們樂觀繼續以外交程序來探討和平解決的可能性。」

這一宣布是個大新聞，媒體多予肯定，川普至為滿意。但一些外交建制的人士並不看好，並認為美國得不償失，在提升北韓國際地位和對其政權「合法化」外，美國並未得到任何收穫，何況他們認為北韓不可能放棄核武。

在兩年內，川普和金正恩會談三次之後，伍華德問到川普是否增強了金正恩的權力。川普回答說，第一，我們見面了，這是很大的交易；第二，我沒放棄任何東西，也未停止制裁；第三，我也沒給他任何東西。

Andy Kim 還提到一件事，2002 年 12 月，柯林頓總統本要去北韓訪問，但被剛當選的小布希（George H.W. Bush）總統（尚未就任）阻止，這件事的意義是北韓希望與美國新的政府接觸。

國務卿提勒森正在訪問非洲五國的途中，接到白宮幕僚長凱利（John Kelly）的電話，請他速回，因為川普要開除他。提勒森趕回華府，預備上午 9 時到辦公室，但 8：44 其下屬告訴他，川普已發推文，宣布提勒森的去職，由 CIA 蓬皮奧接任。

提勒森從未被告知為什麼他被解職，川普也未給他任何理由，早先曾透露在 2017 年 7 月 20 日在國防部的 TANK 會議時，他曾罵過川普為一「他媽的白痴」（fucking moron）。

當天早上在白宮的記者會上，川普感謝提勒森的服務並說他是位好人，他說他與提勒森討論這件事（去職）很久了，我們相處的很好，但我們在許多事上觀點不同。

提勒森有被出賣的感受，他說川普打破了他當初接受這一職務的三項承諾。川普在當天中午打電話給提勒森，說他講了提勒森的一些好話，並說，「我知道你從未想做這個工作」，你可以回家到你的牧場，那是你真正想去的地方。提勒森下午在國務院講了 5 分鐘的告別演講。他說，我們每一個人必須要選擇我們想要做什麼人，我們想要如何被他人對待以及我們如何對待他人，他從頭到尾未提川普。

蓬皮奧上任，川普就叫他代表川普去北韓會見金正恩。Andy Kim 建議蓬皮奧不要去和金正恩爭論。到了北韓，先是北韓第二號人物的金永植（Kim Yong Chol）接待，金重申了北韓的四項承諾，不久，金便帶蓬皮奧去見金正恩。

雙方一坐下來，金正恩便說，我們曾非常接近開戰，蓬皮奧說南韓告訴我們你們打算去核化，這是真的嗎？金正恩說，作為一個父親我不願我的孩子在他們有生之年，背袱著核子武器過日子。他們二人

很快同意不希望升高緊張情勢，這對任何人都沒有好處，所以我們來尋求解決辦法。蓬皮奧建議高層會談，金正恩表示同意。接下來雙方討論北韓的四項保證。Andy Kim 感覺金正恩一下子就放鬆了，而且十分自然。

川普和金正恩開始通信，雙方均十分熱情，5 月 8、9 兩日，蓬皮奧又去北韓與金正恩晤談並進餐，當蓬皮奧離去後，北韓釋放了 3 名美國人犯。在歡迎這 3 名美國人歸國時，川普說，感謝金正恩，並說已在一個新的基礎上開始雙方關係。

* * *

波頓可能是最反對川金會的人，他認為美國總是被北韓欺騙，但美國積習不改，不能記取教訓。川金會是美國送給北韓的大禮，除了免費會面，提高了、合法化了北韓的地位，美國將一無所獲。他說他看得愈多，就愈感到沮喪和悲觀。

小布希政府的「六方會談」和柯林頓政府的「框架協議」均未能阻止北韓的核武化，他對川普對金正恩的熱情感到噁心。國務卿蓬皮奧（Mike Pompeo）說，川普一開始就迷戀金正恩。

4 月 12 日，波頓去南韓會見青瓦台（Blue House）國家安保室長鄭義溶，又到日本會見國家安全保障局長谷內正太郎。南韓總統文在寅致電川普，說金正恩已承諾「徹底無核化，並將關閉豐溪里核試驗場，並同意一年內實現無核化。文在寅還說他會推薦川普獲得諾貝爾和平獎。

北韓另一友好的動作是釋放三名美國人質，雖然這從來不是川普關心的議題，美國對北韓的回報是終止美韓的軍事演習，他認為演習太花錢，又得罪北韓，沒有必要。

北韓對波頓也無好感，2002 年時曾稱他為「人類敗類」，如今想

把波頓與川普分開。

北韓副外長崔善姬（Choe Son-hui）攻擊副總統彭斯（Mike Pence）為「政治假人」，波頓主張取消川金會。

加上北韓先遣人員未能準時到達新加坡，為避免受辱，川普發了推文，通知北韓終止 6 月 12 日的會談。但另一個推文又將責任推給了中國，指「中國未能採取必要行動（執行邊境的制裁），來幫助我們獲得和平。」

川普每週聽取情報簡報，但大部分時間都是川普在講話，波頓曾幾次建議改善，但始終無效。

但川金會取消之後不到 12 個小時，川普又決定如期舉行，川普說他收到了一封極其熱情的信，他不想冒險失去現在的動力。他說，「這是一個巨大的勝利，如果我們達成交易，那將是歷史上最偉大的交易之一，我想使他（金正恩）和北韓非常成功。」波頓聽了幾乎窒息。

川普還發推文駁斥《紐約時報》的報導，說川普政府內部對反對與北韓打交道存在「零分歧」。

北韓首席談判代表金英哲（Kim Yong Chol）到白宮，帶給川普一封信，川普很喜歡。在一個小時的會談中，大部分時間都是川普在講話，他經常說，「我是個演講者，我喜歡說話。」

6 月 8 日，川普到加拿大夏洛瓦（Charlevoix）參加 G7 高層會，川普想邀請俄國重新加入，但其他國家都反對。川普拒絕會議的聯合公報，表明他不承擔任何責任。他對加拿大總理特魯多和法國總理馬克宏都不喜歡。

新加坡外長巴拉克里希南（Vivian Balakrishnan）說，美國放棄了三件事：一、給北韓的禮物。二、最大壓力。三、重要的是中國。

川普抱怨說金正恩一直在與中國和俄國會面，使美國處於不利地位。他說，「我們只需要對中國採取更多制裁，包括開放邊界。」

波頓不同意與北韓簽署協議，在沒有具體回報的情況下，美國不應該同意有關戰爭結束的言辭。他說川普帶我們進入死胡同，美國一個接一個的認輸，一無所獲。

川普對金正恩說，他認為一對一的會議非常積極，希望今後兩人可直接電話聯絡。金正恩問川普對他的評價如何？川普說金非常聰明，相當機密，是一個非常真誠的人，而且很有個性。金正恩說，在政治上人們就像演員。

金正恩堅稱自己致力於北韓的無核化，川普認為金正恩徹底改變了一切。金正恩將美韓關係歸咎於過去美國政府的敵對政策，川普同意他的說法，並說美國有一些非常好戰的人。在停止軍演上，川普說金正恩為美國節省了許多錢，川普說金是唯一重要的人。金說為什麼他們的前任未能做到這一點？川普說他們很愚蠢。

川普說波頓曾經是鷹派，現在已變成鴿派，他一直在 Fox 新聞上，主張與俄國、中國和北韓開戰，但事實不是如此。金說他們需要一張照片證明他不是個壞人，波頓聽了幾乎窒息。

6 月 13 日返回美國的途中，川普推文，說現在每一個人都比他上任那天感到更加安全，北韓不再存在核威脅，與金正恩的會面是一次有趣和非常積極的經歷，北韓具有巨大的未來活力。

川普從新加坡回到美國的一週時間內，欣喜若狂，他說他和提勒森和馬提斯將永遠做不到這一點，蓬皮奧和波頓做得很好，他很高興不再有戰爭遊戲。但他說金正恩身上有惡毒的痕跡，他提起金正恩對他一位官員開槍的惱怒表情，他希望在 2018 年國會期中選舉前，得到北韓的好消息。

國務卿蓬皮奧為了加快與北韓談判的步伐，7 月 6 日赴平壤，他沒有見到金正恩，與金永哲的會談「令人沮喪，幾乎沒有進展」。他離開北韓後，北韓將他的會談形容為「令人遺憾的」，並說美國是「單

方面和惡徒式的無核化要求」。蓬皮奧說北韓希望在無核化之前提供「安全保證」，他認為這是為了削弱美國的制裁，是標準的拖延戰術。

川普說他不明白美國為何參加韓戰以及為什麼在南韓仍然有這麼多軍隊，他說「我們將不再是笨蛋」。川普顯然在壓制不好的消息，尤其在國會期中選舉之前，對北韓繼續測試導彈，他說「他們已經這樣做了多年」。

川普一直認為中國在支持北韓的頑固立場，他認為他會解決與中國的貿易問題，然後其他問題都會解決，波頓說他是在做夢。

在 7 月 25 日，波頓主持的會議上，檢討新加坡川金會的成果，結論是沒什麼。蓬皮奧指出北韓沒有朝向無核化邁出重要的一步，而且「成功的可能性為零」。波頓完全同意。

金正恩在 8 月初向川普發送了他著名的一封「情書」，批評自新加坡以來缺乏進度，建議很快再聚一次。川普立即說，「我應該與金正恩會面，我們應該邀請他來白宮。」當天川普推文說，「謝謝你的來信，我期待很快見到你。」

波頓和蓬皮奧決心不惜一切代價，阻止這次會晤，在 11 月期中選舉前，誰知道川普會放棄什麼？他們認為這將是一場巨大的潛在災難。

蓬皮奧本來在 8 月底還要去平壤，但北韓說除非他有全新的提議，包括結束戰爭宣言、無核化也不在議程上，否則金正恩不會見他。川普隨後發出推文：

1. 我已要求國務卿蓬皮奧此時不要去北韓，因為我感到我們在尊重北韓無核化方面沒有取得足夠進展。

2. 由於我們對中國的貿易立場更加嚴格，我不認為它們會像過去一樣幫助無核化進程。

3. 國務卿蓬皮奧期待不久將來前往北韓，最有可能在我們與中國

的貿易關係解決後。在此期間，我謹向金主席致以最誠摯的問候，我期待著很快見到他！

幾天後，川普說，「制裁應盡可能強大，不要給他們任何呼吸的空間，加大制裁力度。」

由於川普一直不了解中國與北韓的關係，波頓寫了一個「習近平可能在說些什麼？」試圖喚醒川普或讓他思考。川普讀了「劇本」，但沒有做出反應。波頓的版本內容如下：

1. 你不能相信川普。

2. 美國人只有短期的想法，他們不穩定且不一致，因此不能信任。你要保持核武計劃，這是你獲得財政援助和繼續執政的唯一途徑。

3. 你要做的就是繼續隱藏你的核武、導彈和生產武器。我們將購買更多的伊朗石油來抵制美國的制裁。

4. 為了欺騙美國，請繼續交還其軍人的遺骸，他們對這種事會非常感動。

5. 我正在與川普進行貿易戰，幸運的是川普被華爾街的人士包圍，我會以購更多的大豆，使他們退縮。

6. 下次我們見面時，我會提出日本都無法提供的援助方案。

7. 金正恩，你想站在歷史勝利的一邊，那就是中國，美國人不是我們的朋友。

8 月底，由於媒體報導美國軍方在北韓問題上存有紛歧，川普發出推文稱，北韓正承受來自中國的巨大壓力，中國也向北韓提供大量的援助，但這沒有幫助。總統認為他與金正恩的關係非常融洽，美中貿易爭端將由川普和中國偉大的習近平主席及時解決，他們之間的關係和紐帶仍然很鞏固。

　　波頓認為這些大部分是可笑的，川普想見金正恩，他不想聽相反的話。他對波頓說，「你有很多敵意，當然，我最有敵意，但你有更多敵意。」波頓說，無論川普怎麼說，他們把下次川普會又推遲了五個星期。

　　國務卿蓬皮奧終於在 10 月中旬和金正恩見了面，金一直抱怨美國的經濟制裁，但他提不出任何新的想法，結論就是重新開始工作層級的討論。

　　至少在 11 月期中選舉前，沒有發生重大災難。

＊　＊　＊

　　川普對北韓金正恩真是情有獨鐘，在 2018 年 6 月新加坡會後，又安排於 2019 年 2 月 27 日河內二會及 2019 年 6 月 30 板門店 DMZ 三會。而且經常講些肉麻的話，何止不像個總統，簡直是天真和幼稚，一如北韓人所說，他和金正恩的關係「化學反應神祕的令人讚嘆！」

　　美國對北韓一向是兩手策略，一方面談判，一方面制裁。川普表示，在北韓無核化之前，他不會取消制裁，否則他看起來像個傻瓜。他又說，他是唯一可以和金正恩達成協議的人，他對美國國務院北韓特使比根（Stephen Biegun）說，「告訴他們，我有多愛金正恩主席，還要告訴他們我想要什麼。」

　　對河內的川金會，他說有三種可能的結果：一件大事、一件小事，或「我離開」，但他拒絕「小額交易」。國務卿蓬皮奧先去看了金正恩，金提議北韓放棄寧邊（Yongbyon）核設施，換取聯合國自 2016 年的制裁。波頓認為這個交易不成比例，川普認為不能完全取消，應按百分比減少。

　　金正恩抱怨北韓沒有法律保障其安全，川普問要什麼樣的保證？金正恩沒有具體回答，只說沒有外交關係，只有 70 年的敵對和 8 個

月的人際關係，他又問，如果美國軍艦進入北韓領海，會發生什麼事？
川普說，可以打電話給他。

　　另一次的交談中（透過雙方代表，美方為國務卿蓬皮奧，北韓為
金英哲），川普說他想做一次完整的交易。金正恩說，他能做的就是
他已經提出的建議。川普說，如果美國接受金正恩的建議，對美國的
政治影響將是巨大的，他可能會輸掉選舉。金正恩說，他不希望川普
做出任何在政治上傷害他的事情。

　　川普問波頓如何才能「制裁」一個 7,000 英里之外國家的經濟？
波頓回答說，「因為他們正在製造可以殺死美國人的核武和導彈。」

　　越南政府也表達了他們的意見，指出美國仍然不知道如何與北韓
及其同類打交道，美國花了無休止的時間與自己進行談判，並在對手
還沒有意識到之前，就放棄了自己的立場。北韓人充分利用想要達成
交易一方的心理，使自己得利這方面是專家。美國是一個完美的範本。

　　另一個關鍵的錯誤是不斷事前向媒體介紹談判取得了怎樣的成
功，提高了媒體對達成協議的期望，並誇大達成協議的結果。

　　問題是，波頓認為，川普堅信每個人都想與他交談，每個人都在
為「達成協議而死」。

　　看到有一段文字，波頓為之痛心疾首，什麼時代，什麼世界還有
這種殘暴的政權。由於談判不順利，金正恩已處決若干參與談判的人
士，比根的對口金英哲（Kim Hyok Chol）被處死，首席談判代表金
永哲（Kim Yong Chol）被勞改，連一位女性翻譯也被入監（早先傳
說被處決）。《華盛頓郵報》（The Washington Post）還吃美國政府
豆腐，「看來川普不穩定的外交，包括波頓，使一些人被殺。」

　　為表達對美國的不滿，北韓副外交部長崔頌熙（Chei Son Hui）
開始抨擊蓬皮奧和波頓，指稱由於這些人不妥協的要求製造了「敵對
和不信任的氣氛」，但川普和金正恩的關係「仍然很好，而且化學反

應神祕的令人讚嘆。」她並表示，金正恩將很快決定是否恢復核武和彈道導彈的試驗。

鑒於美國與北韓關係的變化，南韓總統文在寅和日本首相分別於 4 月 11 日和 4 月 26 日到白宮和川普會晤，但兩者關心的不同，南韓是擔心「陽光政策」受阻，日本擔心美國退讓。

一碰到南韓和日本，川普就不會忘記「算帳」，他的理由是美軍在這些國家是為了保護他們，而不是「集體防禦」或「相互安全」，所以他們必須付出代價。他說美國已為了南韓花了 5 兆美元，他提出了一個公式，即成本加上 50%，這樣算下來，南韓每年應付美國 50 億美元（目前為 10 億），並在 2018 年 12 月 31 日到期，日本每年應付美國 80 億美元（目前為 25 億）。在討論這些問題時，他一直問，「為什麼我們還在這些國家中？」

5 月 27 日，川普訪問日本，拜訪日本新的天皇德仁，6 月初又到大阪參加 G20 會議。波頓說，在世界各國領導人之間，川普和安倍的私人關係最好，他非常欣賞安倍的「抵抗力」，他們也是高爾夫的球友。

2019 年 6 月 30 日，川普和金正恩在板門店「非軍事化地區」（DMZ）又見了一次面，雙方僅同意應再次恢復工作層級的對話。令波頓氣餒的是他認為北韓擁有美國想要的東西，而川普個人擁有他想要的東西，這代表川普的外交觀是不對稱的，他無法區別個人利益和國家利益之間的區別。

在這段時間，又發生了南韓與日本的爭端，日本指稱南韓破壞了兩國之間 1965 年關係正常化的條約。南韓稱是基於其最高法院的判決，不得不對日本提出賠償要求。日本斷然拒絕，認為此一問題已在 1965 年條約中解決，日本建議可援引 1965 年條約中的仲裁條款，南韓拒絕接受。日本把若干高科技物資停止向南韓出口（所謂白名單），

南韓威脅取消雙方的「軍事情報總安全協議」。

　　日韓危機無解，雙方都無退讓的跡象，波頓建議雙方考慮一個月的「冷卻」（cooling off），但雙方都很悲觀，川普已表明，他無意介入此一爭端。

　　波頓對北韓問題十分悲觀，對於 30 年美國歷任總無法制止世界上最嚴重的核武擴張是美國外交政策很大的失敗，如果早日採取行動，這種威脅是可以避免的。如今，他只希望美國在機會消失之前，阻止這一悲劇。

＊　＊　＊

　　在 2018 年 6 月新加坡會晤後金正恩和川普的通話，在密度上和情感上都在增加。

　　6 月 15 日川普寫信給金正恩的信，說美國的媒體對金正恩和他的國家十分尊敬。7 月 13 日希望金正恩接待蓬皮奧國務卿，他有三個目標：一是釋放猶存的美國戰俘，二是允許美國技術專家訪問金正恩和承諾關閉的飛彈試驗場，三是就可以查證的非核化達成協議。

　　7 月 6 日，金正恩回信給川普，認為新加坡的第一次見面和共同聲明是有意義旅程的開始，希望對川普不變的信任和信心將會強化未來採取具體行動的程序。

　　7 月 30 日，金正恩又寫信給川普，表達對雙方未能終止戰爭狀態的遺憾，希望有一個正式的宣言。

　　8 月 2 日，川普說是推動雙方共同承諾的時候了，包括完全的去核化。

　　8 月 12 日，金正恩說，下次見面將可計劃出一個安全和堅實的未來，相信二人的努力會帶來滿意的結果。

　　9 月 6 日，金正恩寫了一篇最長也最具體的信，開始對非核化提

出條件，過去，美國對條件均予拒絕。

9 月 21 日，金正恩又說，他對川普的信心和尊重永遠不會改變。對持懷疑態度的人士而言，將一定證明他們是錯的。

12 月 24 日，川普回信只有五句話，希望下次見面在非核化上達成真實的進步。

12 月 25 日，金正恩寫了一篇長信，以幾乎羅蒂克的文采來形容他們第一次的新加坡會面……當我們進入新的一年之餘，全世界都會期待我們另一次歷史性的會見，使我想起有如一場如夢似真電影的感受。伍華德稱他看到這一段，他實在不敢相信。

12 月 28 日，川普回信感謝金正恩的熱情和思想，深信兩國將達成偉大的成果，也只有他們二人才能做到，川普建議下次會晤的地點為河內或曼谷。

2019 年 1 月 5 日，川普致函金正恩，祝他生日快樂。

1 月 17 日，金正恩將派一特使去華府安排下一次會面，並表示希望新的一年將雙邊關係提升到一個新的更高層級。不久，北韓特使金正哲（Kim Jong Chol）來到華府，雙方決定第二次會面的地點和時間：2 月在河內。

1 月 18 日，川普寫到我們一起做出歷史性的大事，我會不久與你見面。與以往信件不同的——打字並寫上真誠的（sincerely），這次是川普手寫，並簽上「你的朋友，唐納川普」（Your friend, Donald J. Trump）。

2 月 19 日，川普又致函金正恩，並附上 4 張他們上次會面時的相片。

2019 年 2 月 27 日和 28 日，雙方高層會在越南河內舉行，雙方本準備在最後一天舉辦簽約儀式，但並未成功。新聞報導說，北韓本來承諾要拆除寧邊核子科學研究中心，但未同意拆除其他更重要的設

施。美國本來準備解除一些經濟制裁，但並未準備全部解除。川普對伍華德說，他的版本是他直覺感覺金正恩並未準備做到川普希望他做到的。金正恩說他準備放棄一個他的核子基地，但他有五個。川普對金正恩說，一定要五個全部關掉。金正恩說，寧邊是我們最大的。川普說，那是你們最老的，因為我知道所有的基地超過我所有認識的人，你了解嗎?!但金正恩不肯退讓，川普問金正恩，「除了發射火箭之外，你有做到別的事嗎？我們去看一場電影，去打一場高爾夫球！」

川普對金正恩說，「你並沒有準備達成交易。」「你是什麼意思？」金正恩完全被嚇到了。川普又說，「你不想達成交易，我就要走了，你是我的朋友，我認為你是一個好人，但我們必須要走了。」

蓬皮奧認為川普的用意是我們不要打仗，我們是朋友，我們可以彼此信任，我們會想出辦法。這次會晤被報導為一次「失敗」的會談。

在河內會談後，川普和金正恩的信件依然親切但次數減少了，他們的關係愈來愈關注去核化的進展。

3月22日，川普致函金正恩，保證永遠的友誼，上次我們分手時，我已說過你是我的朋友，永遠都是。

6月10日，金正恩寫了一篇冗長奉承的信給川普，提及新加坡和河內的會晤是光榮的時刻，也是珍貴的回憶。這種珍貴的回憶是我對你堅定的尊敬以及驅使我採取行動當我們走向未來相向而行之時，我相信你我之間深刻和特別的友誼將會產生神奇的力量……解決我們獨特的問題方式沒有人試過，我們在寫新的歷史，今天的現實是沒有一個新的方法並採取行動，解決問題的願景是暗淡的。我相信這一天早日到來，我們來做出偉大的事。

兩天後，6月12日，川普回信願與金正恩再次見面，也對金正恩吹捧一番。川普推文建議下次見面可在日本G20高層會之時，希望在南北韓交界處非軍事化地區（DMZ）握個手，說聲Hello也好。

　　6月30日，川金二人在南北韓交界處見面，川普問到，你願意我走進去嗎？金正恩表示歡迎，川普走到雙方的交界點。這是第一次，美國總統進入北韓，雙方都認為這一步又把彼此關係拉近，但並無實際效果。

　　6月30日，川普致函金正恩，感謝他邀請進入北韓，並說媒體稱讚他的遠見和勇氣。《紐約時報》上首頁刊登了一張大型的照片，川普加上了一句話，「主席，你的偉大相片，偉大時刻。」

　　7月2日，川普在信中，附上了22張相片。

　　8月5日，金正恩給川普寫了最長的一封信，信中的語氣禮貌，但傳達的訊息是川金的關係已冷卻了，聽起來像是一個失望的朋友或愛人的抱怨。

　　金正恩抱怨美與南韓的軍事演習並未完全停止，他問到，這些演習的目標是誰？他們想打敗和攻擊誰？他們的目標就是我們，這不是我們的誤會吧！

　　金正恩說南韓的軍力不是北韓的對手，但他不喜歡美國的軍事角色。金說我被冒犯了，我不願掩飾我這種感受。

　　8月9日白宮記者會上，被記者問到這件事，川普說昨天他接到來自金正恩一封非常美麗的信，是一封非常正面（positive）的信。記者追問，信中說了些什麼？川普說，我樂於把信交給你，可能以後我會的。

　　CIA一直找不到這封信是何人寫得，他們認為這封信是一經典之作。

*　*　*

　　2019年12月5日，伍華德在白宮訪談川普，川普給伍華德看了一些他和金正恩的照片，伍華德說這些只能作為書中的紀錄，我要聽

你說的，尤其是策略方面。我訪問了九位總統，只有政策是重要的，它是骨幹（spine）和定義（definition）。

川普說，我同意，但政策是可以變的，我喜歡彈性，有人說我善變，我的確是，不像有的人堅持一項政策碰到了厚實的牆，所以你能改變就容易多了，無需去硬衝那個牆。

伍華德提到 CIA 曾形容金正恩的狡猾、奸詐，但十分愚蠢。川普說，「我希望你寫下來，也寫下我的答覆。我不同意，金正恩是狡猾、奸詐，但他非常精明，也十分堅韌。」「為什麼 CIA 如此說他呢？」伍華德問。川普說，「因為他們不知道，他們沒有概念，我是唯一懂的人，我是金正恩唯一交往的人，他不和其他人打交道。」

川普特別秀他跨越南北韓交界線的照片，一直強調沒有人曾跨越過那條線，那是一件不容易的事，他是第一位美國在職總統能做到的。

伍華德說，「雙方關係仍然是危險的，你同意嗎？」川普說，「但已比以前好多了，因為金正恩喜歡我，我也喜歡他，我們合得來，這不代表我的天真，也不代表我會認為一切完美，金正恩是一個非常堅強的人，而且精明，十分精明。」

川普並不否認金正恩的暴力和邪惡，他說金正恩「告訴我所有的事，他殺了他的叔叔，砍了他的頭放在胸口……。」川普還指著一張照片說，「看，你看他笑過嗎？」

伍華德轉到實質問題，問到，「我了解，我們曾接近與北韓開戰。」川普說，「沒錯，比任何人想像的還要接近，他（金正恩）比任何人都清楚。」「你有告訴他嗎？」伍華德問。川普說，「我不想對你說這些，但是他（金正恩）知道，我們有很好的關係，我用另一個方式來說，我們來看將會發生什麼事。」川普說，「過去二年，北韓沒有進行核武或洲際飛彈的試射，最後一次 ICBM 的試射是在 2017 年 11月。」

　　川普說，「我不能告訴你結果是什麼，以及如何結束。」「金正恩會試射短程飛彈，每個國家都有短程飛彈，那不是什麼大事。」

　　伍華德說許多外交政策人士說川普在沒有正式、書面的條件下會見金正恩是讓步太多，「你是否給了金正恩太多的權力？」「如果他又試射 ICBM，你會怎麼辦？」川普說，「如果他試射，他就會麻煩大了，大到不可想像。」

　　川普離題透露一些不尋常的事，一種祕密新武器系統，「我已建立一種武器系統，全國都無人知道，這套東西普丁和習近平都沒聽說過，這是令人難以置信的。」後來，伍華德打聽到美國的確有一種祕密新武器系統，但沒有人會透露細節，他們也驚奇川普會洩漏它。

　　我們談到北韓，最近威脅要送給美國一個聖誕節禮物——一位發言人說美國兜售的對話只是一個愚蠢的花樣而已。伍華德問到為什麼雙方言語交惡經過一年之久，川普卻轉向與金正恩見面？川普說，這是很複雜的，我常問到一個問題，為什麼我們要防衛南韓？我們有 3 萬部隊在南韓，我們損失很多錢，南韓又很富有，我說，我們在保護你們，我們讓你們生存。

　　伍華德驚訝川普會用這種極端的表達，南韓的生存是靠美國的「允許」（permit）。川普繼續說，我們為什麼要這麼做，為什麼我們要在乎？我們距離 8,500 哩遠。美國軍方認為在南韓駐軍維持了亞洲和平幾十年，和南韓的聯盟是對美國有利的。川普說，他也問過日本首相安倍（Shinzo Abe）同樣的問題，美國建制派不喜歡這個問題，由此可證明建制派有多麼愚蠢。

　　伍華德試圖將對話拉回到金正恩，問到第一次在新加坡見面發生了什麼事？川普說，他從未見過有那麼多攝影機。我沒花錢就得到了這麼大媒體的報導，有人說我只花了希拉蕊所花費的 25%，但得到了 60 億的媒體效應。

伍華德問，到底在新加坡你能回憶的是什麼？川普仍在談媒體效應。伍華德不得不強調他重視的是實質問題，例如川普如何看待金正恩？這時一位助理拿來一張 16x20 的照片，川金二人坐著相視而笑。

川普說，金正恩承諾向韓國半島無核化努力，他也簽了協議，但他也有困難，有時會退卻。川普舉例說，一如一個人很愛他的房子，捨不得賣掉它。

川普說，新加坡的會談非常重要，我和金正恩十分合得來，是很大的化學作用。川普私下形容和金正恩的見面，有如見到一位女人，在 1 秒鐘，你就會知道將會發生什麼事，不需要花你 10 分鐘，或 6 個星期，它只需要不到 1 分鐘。

伍華德問到金正恩有沒有說到他們受到威脅？川普說，一點都沒有。川普轉到另一個主題，他說在貿易上他已重創中國，中國在經濟成長上將會變成負數，川普又轉到俄國，他說美國本可與俄國發展很好的關係，但一個假的俄國調查使得關係倒退。俄國普丁曾對我說，這對俄國是一羞辱，這使得你很難和我們合作。我說，你說得對。

我們在一些其它問題上來來回回，最後談到阿富汗，川普的將軍們反對川普撤軍的主張，他們甚至說寧可在阿富汗打仗也不願在白宮打仗，川普無奈的說，你們的意思是在阿富汗還要打 100 年嗎？

訪談結束時，川普把那張海報大小的照片給了伍華德，還不忘提醒伍華德，「他從來不笑，我是他唯一和我笑的人！」

川普和金正恩在 2018-2019 年的信件有 27 封，伍華德拿到了 25 封，第一次在本書中揭露。信函中華麗和誇張描述了二人如何形成私人和情感上的結合。

川普親口對伍華德說這些信是「情書」，不止於此，他們二人決定為朋友。到底是真是假，大概只有歷史才能告訴我們。

第一次會晤是川普建議在 2018 年 5 月 17 日，但他警告如果達不

成協議，金正恩的命運將和格達費（Muammar Gaddafi）一樣。北韓副外長（Chol Son Hui）的回應是，見面與否完全在美國的決定和態度。5 月 24 日，川普取消了此次會見，並致函金正恩，基於北韓的公開敵意，此時見面並不適當。5 月 29 日金正恩寫信給川普，強調會見的重要性，6 月 12 日，雙方終於在新加坡見面。

川普告訴伍華德，那個場面真是驚人，媒體的攝影機之多是他一生僅見，比好萊塢頒獎還壯觀。

在一對一的會談之後，川普事後告訴大家，他發現金正恩遠比精明還要精明。川普說，他稱讚北韓有巨大的潛力，希望他領導北韓走向偉大，可能成為世界偉大的經濟強權之一。會談後，雙方簽署了一個簡要的四點協議，最重要的便是北韓重申朝向韓國半島的完全無核化。川普稱他將保證北韓的安全，並在記者會上宣布美國將停止與南韓的軍事演習。川普說，我們將停止這種戰爭遊戲。還可為我們省下很多錢，而且，這是十分挑釁的。

但川普和金正恩 391 個字的協議並沒有結束北韓的核武，只是北韓與南韓在 2018 年 4 月簽署的重申而已。與 1992 年和 2005 年，和柯林頓與小布希政府簽署的協議相比還不具體。民主黨參議院少數黨領袖舒默（Chuck Schumer）說，「好像是川普認為他說的事情就會成為事實。」

川普宣布取消美韓軍演，使馬提斯大吃一驚，因為這是一個動員，18,000 美軍和 50,000 南韓部隊的年度軍演。他告訴川普軍隊訓練的重要性，他們必須要做好戰爭的準備。川普說，自從布希打仗之後，美國已過於強調恐怖主義和戰爭了。馬提斯說，這是為什麼九一一之後，美國沒有再遭受恐怖主義攻擊的原因。川普說，「我老是聽這些，你的意思，我們要到全世界各地去打仗。」馬提斯說，不是這個意思。

馬提斯對川普發出的訊息表示憂心，他說美國現在做的是如何摧

毀美國，如何從我們的盟國孤立我們，如何把美國拉下來，而且運作得還很好，我們在美國內部彼此宣戰，這是對我們不利的。

川金三會之後，美國和北韓關係似在惡化，雙方外交層級於 2019 年 9 月在瑞典的斯德哥爾摩（Stockholm）談判，但失敗。會後北韓談判代表 Kim Myong Gil 說，「如果美國不做好準備，我們不知道會發生什麼可怕的事。」北韓威脅美國要在 2019 年底送給美國一個「聖誕禮物」。

2020 年 3 月，川普寫信告訴金正恩有關新冠疫情的事。在 4 月 18 日的記者會上，川普說他收到了金正恩的回信，「那是一個好的問候，我相信我們相處的很好。」然而，北韓外交部否認金正恩曾送出任何信件。

2020 年 4、5 月間，金正恩神祕的消失了 20 天，引發一些預測，包括他的健康等。在 4 月 30 日的記者會上，川普拒絕討論這一情勢。

金正恩在 5 月下旬復出，北韓媒體報導，金曾主持重大會議。軍方已提出「進一步強化核戰嚇阻保衛國家的新政策」。該國家媒體也報導，附上金正恩坐在一講台上，北韓也在準備採取行動來強化北韓砲兵的打擊能力。不久，北韓又關閉了與南韓共同使用在「非軍事化地區」（DMZ）的聯絡辦公室。

不知多少次，川普對伍華德強調他與金正恩達成的真正成就，「不會有戰爭的」。

國務卿蓬皮奧認為美與北韓是處於一個合理的好的位置中，雖然是不穩定的。但他注意到川金二人會談和來往的信件中，金正恩從未提到美軍 3 萬人駐在南韓的問題。蓬皮奧的結論是，北韓也要美軍留在南韓，因為對中國是一個牽制。

中國

波頓從地緣政治和經濟的立場，定位中國是美國的重大威脅，並已對美國造成巨大傷害，但他說為時不晚，還來得及補救。

他認為阻止中國經濟成長是打敗中國最好的方法，他指出美中貿易不是數字多少的問題，而是中國經濟結構性的問題，後者才是談判的重點。

他主張全面封殺「華為」，因為「華為」是國安問題，不是單純的商業問題，他自認在這方面他的貢獻很大。他認為川普對台灣問題「消化不良」（dyspeptic）。川普不重視台灣，說台灣是他用的筆尖，中國是他的大辦公桌，他擔心川普會放棄台灣。

在波頓的回憶錄中，對美中關係大部分在敘述兩國貿易談判的經過，有很多精彩的對話。

美國經濟和地緣政治與中國的關係將決定二十一世紀國際事務的型態，鄧小平 1978 年的經濟改革和美國 1979 年承認中國是兩個關鍵點。美國和西方對中國的戰略建立在兩個前提上：一、市場經濟，廣泛融入國際經濟社會，帶給中國的繁榮將是中國不可逆轉的改變。二、中國富裕了，便會走上民主，中國民主化了，便會避免在區域競爭和全球稱霸，就會避免「修昔德底陷阱」，如此世界大戰，熱的或冷的，就不會發生。

但這兩個前提基本上都錯了，經濟上，中國加入 WTO 後，作用剛好與預期的相反，不但不遵守現行的規定，反而走上重商主義（違反自由貿易原則）路線，竊取智慧財產權，強迫技術轉移，對外商、外資歧視，以腐化作法進行債務外交，如「一帶一路」，並以陳舊和威權方式處理國內經濟，在自由市場經濟活動中謀求政治和軍事利益，以軍民一體方式使民營事業成為軍事和情報的工具，對外國民營企業進行侵略性的電子戰。

　　政治上，中國走上背離民主，為毛澤東以來最極權的政府。以香港為例，在中國看不到民主的種子，對少數民族和宗教的破壞，以臉部辨識建立對人民的社會信用，令人不寒而慄。

　　中國的軍力在擴大中，建立了世界頂級的攻擊性電子戰系統。成立了藍水海軍，增加了核武和彈道飛彈以及潛艇核武，並發展太空武器，設計反介入，區域阻絕「戰略」，把美國海洋驅離亞洲海岸，改革和現代化傳統作戰能力。

　　目睹中國這幾年的改變，波頓認為已構成對美國和全球盟友戰略利益的重大威脅，歐巴馬政府坐視這些變化而未採取行動。

　　美國對幾十年前錯誤的決定，覺醒得太慢，遭受了嚴重的經濟和政治傷害，好在現在為時不晚，還來得及補救，美國不必驚恐，一如當年日本偷襲珍珠港後，山本五十六的名言，「驚醒巨人之後，後果難料。」

　　重點在經濟，阻止中國經濟成長是打敗中國最好的方法。對這點，川普政府怎麼去做，內部意見不一。波頓希望將對中國貿易政策放在一個廣泛的戰略架構中，他提出一個「自由和公開的印太」區域，將南亞和東南亞結合起來，避免被吸入貿易的黑洞。

　　川普對貿易的看法：貿易逆差就是輸了，貿易順差就是贏了，關稅可以減少進口，增加收入。

　　波頓首次接觸中國貿易的問題是中國電信大廠「中興」（ZTE）公司嚴重違反美國對伊朗和北韓禁運被美國司法部門起訴的案件，他和商務部長羅斯（Wilbur Ross）主張依法辦理，但國務院認為太過嚴厲，而有所保留。

　　幾週後，川普在財政部長梅努欽（Steve Mnuchin）支持下，改變了這一決定，對「中興」從輕處理，川普還打電話給習近平做一個人情，這就是川普的風格，隨個人喜愛而做出重大決定。川普在推文

中，還說對「中興」的處置不會讓中國許多人失去工作。波頓說，「我們什麼時候開始關心中國人的工作了？」（When had we started to worry about jobs in China?）

川普喜歡在其辦公室找少數幾個人討論問題，同樣的問題一次又一次，今天一個方案，過幾天又有一個方案，令作者感到頭痛。

意見不一的例子比比皆是，例如對美中貿易逆差，經濟顧問委員會主席哈塞特（Kevin Hassett）認為只有 500 億美元上下，但賴海澤（Robert Lighthizer）則訂的價格較高，川普說，「這樣中國才願談判。」

在中國是否是匯率操縱國，納瓦羅（Peter Navarro）堅持是，梅努欽堅持否定，川普最初支持梅努欽的看法，但後來又改變，這種事一再發生，一天比一天多。

這種事也與當事人有關，梅努欽是財政部長，但對參與貿易談判極有興趣，他的立場是傾中，急於達成貿易談判。有一次川普罵他，「不要去當談判者，去處理比特幣（Bitcoin）。」梅努欽不甘示弱，反駁說，「如果你不讓我參與貿易談判，也好，你的經濟團隊將執行你要的，無論是什麼。」這不代表川普對賴海哲的表現滿意，有一次被川普痛斥，「你還沒做成任何交易！」

川普的問題之一是公私不分，以處理「中興」（ZTE）案為例，「中興」案是個個案，在法律上完全成立，但川普決定只罰款了事。他還推文指責《華盛頓郵報》和《CNN》製造假新聞，他把「中興」案視為貿易談判的一部分，他不但給了「中興」一個緩刑（reprieve），而且一條生路。但美國得到了什麼回報呢？

另一方面，川普日益認為中國將影響美國 2018 年期中選舉和 2020 年的大選，並希望他落選。美國也公開指稱中國和俄國干預美國選舉，中國了解美國急於達成協議，在結構性的問題上拒不讓步，對

於美國白宮幕僚之間的意見不一，也胸有成竹。

2018 年 10 月副總統潘斯（Mike Pence）在「哈德遜研究所」發表了一篇對中國嚴厲指責的演講，潘斯自認是有史以來對中國最大膽的演講（the boldest China speech ever）。川普支持潘斯所說，但他不希望影響他和習近平的私人關係。他還說，「其他總統不認為討論金錢是適當的，只有我知道如何去討論金錢。」

11 月期中選舉接近了，但貿易談判進展很慢，重點轉向至布宜諾艾利斯（Buenos Aires）舉行的 G20 峰會，川普認為這個峰會是和習近平親自談判的好機會，賴海哲則擔心他會失去分寸。

在 12 月 1 日美中雙方的餐會上，除川習外，各方有 7 位代表，中國方面表示，中國希望雙方有「戰略定位」，中國無意挑戰和代替美國的地位，不希望雙方衝突或對抗，希望「雙贏」的解決辦法。

美國方面意見不一，賴海哲認為與中國進行自由貿易協定等於自殺。梅努欽高興中國購買大批美國農產品。波頓形容有如美國是一個第三世界國家向「中華帝國」爭取提供物資和商品。

波頓對美中貿易談判的看法是，任何數字不具有真正意義，基本問題是美中雙方結構性的問題，談判要從這方面開始，如此才能了解中國有無改變其經濟運作方式的可能。他建議如果中國不改變其竊取智慧財產權的作法，美國應禁止所有中國的商品進口。在這方面，美國政府需要更多的立法授權，但這場仗值得去打。川普聽了頻頻點頭，贊同波頓的主張。

晚宴從 5：45 開始，習從攜帶的卡片中，一一宣讀中國的立場和主張，可以看出中方做了很仔細的作業。習說他希望有更多六年的共事，川普說有人說美國憲法限制總統的任期為兩任並不合理，應為川普取消。在晚餐中，習又說美國的選舉太多，他不希望換由他人來做美國總統，川普點頭同意（在後來 12 月 29 日，習與川普通話時，又

表示希望美國修憲，可以使川普連任）。習駁斥了《百年馬拉松》一書所說中國想控制世界，取代美國地位，並說那不是中國式的戰略。中國尊重美國的主權和亞洲的利益，只希望 14 億中國人民享有較好的生活。

談到實質問題，習陳述中國的立場：

1. 美國應撤回川普所加的關稅，至少從 25% 降為 10%。

2. 不會有競爭性貨幣的操控。

3. 同意不從事電子侵占。

4. 貿易戰沒有贏家。

川普回應說只希望中國增加對農產品採購，如果中國同意，所有的關稅都可減少。智慧財產問題另外擇時處理。川普要求中國減少一種藥品芬太尼（fentanyl）的出口，習予以同意。川普提出要求中國釋放一對劉氏夫妻（Victor and Cynthia Liu），因為他們的父親 Liu Changming 涉案在美，而被當作人質。但當習近平指出他們均具有雙重國籍時，川普聳動肩膀，就不再提這件事了。

在結束宴會時，川普宣布賴海哲將負責完成交易，他女婿庫什納（Jared Kushner）也加入談判，這時所有中國人都笑翻了。川普還特別介紹美方人士，說賴海哲和納瓦羅（Peter Navarro）（他的出席必然令中方不悅）是鷹派，梅努欽和庫德洛（Larry Kudlow）是鴿派，波頓和蓬皮奧（Mike Pompeo）是「不碰錢」的（They don't care about the money）。中方未如川普一樣提出這樣的「名單」，這個餐會進行了超過 4 個小時。

回到華府，我們評估這次會談的結果，川普十分高興，因為全球股票大漲。梅努欽還在爭取談判代表，問到到底是誰在負責？川普已指定賴海哲為談判代表，並對梅努欽說，這有什麼不對？財政部是不同的工作，他告訴梅努欽把美元穩定，去幫助賴海哲。他要求賴海哲

把購買中國農產品提高到 2 倍或 3 倍，並說如果得不到好的交易，就算了，我們還可再加關稅，川普稱這次交易為有史以來最大的交易。

到了 3 月，川普說有了實質的進展，但川普真正要的只是達成交易，而不是解決結構性的問題。波頓也不認為中國在三個月內，會在結構性問題上讓步。

到了 5 月，有了決定性的發展，中國在已有的協議上，在結構性問題上改變了立場。如果如此，將是談判上的重大挫敗，賴海哲和梅努欽認為中國的談判代表劉鶴（Liu He）業已失勢。

賴海哲說一周前在北京，他已發現中方已在一些重大承諾上撤退。劉鶴說，協議的文字太不平衡，中國讓的多，美國讓的少，使他們承受了極大的壓力，談判又陷於僵局。

6 月 18 日，大阪 G20 高峰會之前，川普和習近平通話，川普以想念習開始，說他最受歡迎的事就是與中國達成貿易協議，這是一件政治大事。兩人同意各自的經濟隊伍要繼續會談，在到達 G20 會場時，川普對媒體說，「我們成為好朋友，我和家人的北京之旅是我一生最難忘的回憶之一。」記者會後，習近平說，這是世界上最重要的雙邊關係，他說有些美國人做了錯誤的判斷，指稱美中關係是「新冷戰」。習近平未指明是哪些人，但川普立即認定習近是指民主黨人，他說民主黨人對中國有很大的敵意。突然，他又談到美國大選，希望中國的經濟能力影響大選，要求習近平幫助他當選。他強調農民的重要以及增加中國對大豆和小麥的採購對選票的影響。波頓說他可以把川普這些話一五一十的印出來，但政府在印刷前的檢查並未允許。

川普說到 5 月談判的失敗，希望中國能回到原先立場，並一直鼓吹這是一個最刺激、最偉大的交易，但習近平似未聽進川普的熱情陳述。他冷冷地說，把這個不平等的交易比作凡爾賽條約（Treaty of Versailles）的羞辱（humiliation），把中國的山東省從德國手中拿回

來，但又交給日本。習板著臉說，如果中國與美國貿易談判中，承受同樣的羞辱，將招致中國愛國情緒的反抗，而且直接針對美國。談到歷史，川普提到在第二次世界大戰，美國打敗日本，中國欠美國一個恩情。習接著「教訓」（lectured）美國人說，中國如何打了 19 年的仗，主要是靠自己打敗日本的侵略。波頓說，習的話是無意義的，中共在戰時，大部分時間是打遊擊，只是想削弱國民黨軍隊。戰爭結束是因為美國用了原子彈。習近平是從中共立場對歷史的解釋，但這點川普並不了解。

貿易問題談到尾聲時，川普提出對剩下的 3,500 億美元的逆差（川普的算法），美國不再徵收關稅，但他又回到對習強求盡量多買美國農產品。

習近平同意重啟談判，歡迎川普的讓步，不再加徵關稅，並同意雙方以農產品優先為基礎。川普聽後大喜，稱讚習說，「你是中國 300 年來最偉大的領袖」，幾分鐘後又加上「中國歷史上最偉大的領袖」。

大阪會後恢復的貿易談判，進展並不順利，在梅努欽和賴海哲反對下，川普在 7 月 30 日推文，「中國很糟糕，是 27 年來最壞的一年，答應要買美國農產品，但迄今尚無動作，這就是我們與中國的問題，他們就是搞不定，在過去 3 年，我們的經濟比中國強大很多。」

「我們還在與他們談判，但他們總是在最後，為了他們的利益來改變交易，他們大概是想等到大選後民主黨的「瞌睡蟲」（Sleeping Joe）當選，那麼他們可以做成一筆大交易，就像過去 30 年來一樣，然後繼續……。」「撕裂美國，比過去更大、更嚴重，問題是他們在等待。然而，如果我當選連任，他們得到的交易將遠比現在的不利，或者達不成任何協議。我們有一手好牌，過去（我們的）領袖們從未有過。」

　　談判繼續，但中國沒有跡象採取行動，賴海哲、梅努欽去了一次北京，8月1日在白宮向川普報告。川普沒有好話，一開始便說，「你們不該去的，使得我們示弱。」事實上先早他已考慮增加關稅，並對波頓說，「我比你知道的更像你。」（I'm much more like you than you know）（應指對中國的強硬立場）。

　　此時，川普已更加相信中國在等待2020年大選結果，並相信川普會輸（they want the President to lose）。川普最後說，「我要加徵關稅，他們只想纏住我。」並開始討論是否對中國進口美國商品開徵另一個3,500億的關稅。川普對梅努欽說，「你話說太多，不要害怕。」賴海哲基於某些理由，擔心與中國貿易戰會傷害歐洲。這句話，只能火上加油，讓強忍住不發的川普，大罵「歐盟比中國更壞，只是小了點。」（The EU is worse than China, only smaller）

　　川普決定以推文宣布下一輪的加稅。「我們代表剛從中國回來，他們就未來貿易交易從事建設性的談判，本來我們認為在三個月前已經與中國達成交易，但不幸的，中國在簽字前決定重新談判。」

　　「最近，中國同意大批購買美國農產品，也未實現。不止於此，我的朋友習主席說要停止進口芬太尼到美國也未兌現，使得許多美國人繼續死亡。貿易談判仍在進行，但自9月1日起，美國將對中國進口的其他3,000億美元，小徵10%的關稅，這不包括已經開徵25%關稅的2,500億美元商品。」「我們期望與中國在廣泛的交易上繼續積極的對話，我們感覺我們兩國的未來將非常光明！」

　　這個重大的決定造成川普經濟團隊很大的焦慮，到波頓9月10日辭職前，就維持這個狀況，以後的談判在12月達成一個交易，在實質上，並無突破。

　　2018年12月1日，習近平與川普在布宜諾斯艾利斯的冗長晚餐時，加拿大政府在溫哥華（Vancouver）逮捕「華為」的執行長孟晚舟

（Meng Wanzhou），因為涉及嚴重違反對伊朗制裁及「華為」財務上的缺失。

此一逮捕在媒體上大幅報導，許多中國的美國友人至為不滿。在12月7日白宮的聖誕晚宴上，川普提到孟晚舟案，細數此案對中國的壓力有多大。他在桌子對面對波頓說，我們逮捕了「中國的川普女兒」（the Ivanka Trump of China），波頓湊近一點對他說，「我還不知道 Ivanka 是一個間諜和騙子。」川普抱怨「華為」是中國最大的電信公司，波頓說「華為」不是一個公司，而是中國情報單位的一支，他這麼一說把川普比了下去。在當天晚宴，川普談到維吾爾（Uyghurs）時，波頓可以感覺在處理中國問題上，川普的想法和他有多大的不同（in a different circle），他懷疑要用什麼辦法去讓川普放棄姑息，回到較為積極的方式，一如川普讓賴海哲去領導貿易談判。

在若干場合，川普使事情變得更糟，他認為「華為」案也可作為貿易談判的另一個籌碼，不顧「華為」案的罪行和對全球 5G 電信系統安全上的極大威脅，這是川普醉心於得到一個大的交易，扭曲所有其他問題的「貿易黑洞」（the black-hole-of-trade）現象。「華為」是極大的國家安全問題，把它當作貿易誘餌的想法會使我們的朋友失望和困擾。梅努欽經常抱怨一些干擾貿易法的事，川普有時聽他的，有時不予理會。有一次，他對梅努欽說，「史蒂夫，中國人已看透你的恐懼，這是為什麼我不派你去和他們談判。」（Steve, The Chinese see fear in your eyes. That's way I don't want you negotiating with them.）

貿易談判繼續進行，我們開始起草行政命令來保護美國電信系統和資訊科技事業的安全。在這方面，每一步，我們都要與來自可能傷害對中國貿易談判的挑戰。美國行政系統的經濟政策官員並不認為「華為」是一個威脅，它只是另一個競爭者，我們只是要採取保護主義幫

助美國公司而已，一次又一次，我們克服了這個阻力。在幾次白宮的會議上，波頓引用周恩來在第二次世界大戰時對國民黨的政策「打打談談」（fighting white talking），他說習近平為何反對我們接受周恩來的說法呢？對波頓的發言，梅努欽沒有反應，川普卻說，「我同意你的說法」（I don't disagree with John），但他並不積極。

我們在提醒盟國有關「華為」的威脅時也遭到相似的困難，我們也針對邪惡的，建立在債務外交上的中國「一路一帶」計劃，警告第三世界國家，不要上了中國的當，而悔不當初。2018 年 12 月波頓在傳統基金會，發表川普政府對非洲政策的演講，強調美國對非洲國家遭受中國不公平待遇的關心。在歐洲，許多國家與「華為」關係密切，已難以脫身，英國在強森（Boris Johnson）首相執政後，才開始改變立場，但因已過度依賴「華為」，脫身緩慢。這些合理的困擾使得我們儘力儘速進入 5G 市場，目前我們只能減少對「華為」偏袒的後果。

日本的立場堅定，川普 5 月訪日時，安倍說中國是中、長程最大的戰略挑戰，他們完全不顧現有的規則和秩序。他們企圖片面改變在東海和南中國海的現狀是無法接受的，安倍鼓勵川普維持並加強美日關係共同對抗中國，這是如何與一個親近盟友進行的戰略對話。澳大利亞總理莫里森（Scott Morrison）也是頭腦清楚，對「華為」的看法和波頓大致相同，紐西蘭也採取強硬路線。

我們必須承認在了解「華為」通盤戰略上為時已晚，但這不是加重我們早期錯誤的藉口，即使在我們討論這些問題的時候，中國仍然強硬。在中國非法拘留加拿大公民，只是表現他們可以為所欲為，加拿大政府面對國內強大壓力，杜魯道（Justin Trudeau）總理處境困。從來不是美國朋友的前總理方慧蘭（Chrystia Freeland）居然說，加拿大根本無需理會美國的引渡條約。潘斯、蓬皮奧和波頓敦促加拿大要堅持，強調美國會盡一切力量支持他們，包括直接提出中國虐待加

拿大公民。我們指出，當一些人稱讚中國和平崛起，和成為一個負責任的合夥人時，它就如此表現，如果美國不能阻止中國成為主宰的力量，那還得了。這將是一個長期辯論的國安議題，把它綁在貿易上，是在貿易和國安上貶低了自己。

5月初，商務部長羅斯已準備將「華為」列入商務部的「實體清單」（entity list），一如對「中興」的作法，除經特許，禁止美國公司對「華為」出售產品。但在5月15日，另一次白宮會談時，梅努欽說，如此將把「華為」封殺，雖然他講的不是事實，但波頓巴不得真的如此。由於5個月來密集的貿易談判已近破裂，梅努欽顯得心神不定，他說羅斯草擬對「華為」的新聞稿過於偏激。羅斯說，可否讓他高聲朗讀，由大家來決定。他朗讀後，川普說，「真是他媽的好聲明」，「好極了」，還可加上「總統同意」（It's a fucking great statement. It's beautiful. Add "with the approval of the President."）。梅努欽雖不放棄，但已被擊敗，他粗魯的對川普說，「我給了你我的建議，但你接受了不對的人的意見。」（I gave you my advice, and you followed the wrong person.）

5月18日川習電話，習在「華為」上向美施壓，川普說「華為」可成為交易的一部分，習警告說如果處理不當，「華為」將傷害整個美中關係。習厚臉皮的說，「華為」是傑出的中國民間企業，與美國電訊業大公司「高通」（Qualcomm）和「英特爾」（Intel）有重大關係。習要求對「華為」解禁，他願親自與川普共同處理此一問題，川普似乎已經軟化，結束通話後，他就推文表示對這次通話的喜悅。習近平在G20會議中，繼續施壓，說可把解決「華為」作為貿易談判的一部分，川普隨後改變他早先立場，說他允許美國公司立即出售產品給「華為」。如此，他已完全否定了羅斯的主張，一如先前對「中興」之例。好在會議後，我們又反轉這一切，川普的輕描淡寫已意義不大，

但在中國人眼中，看到川普的表現，他們會有什麼感想呢？中國未能及時在我們防止傷害之前，咬住川普的讓步，是我們的幸運。

　　幾小時後，波頓電告梅努欽知會此事，梅努欽說「在『華為』這件事上，我們必須保護總統，人們認為『中興』之案，他為了貿易出賣了國家安全，如果我們讓他在『華為』上故技重施，我們會得到同樣的罵名，甚至更壞。」這段話在當時是真實的，今天依然如此。

＊　＊　＊

　　2018 年 10 月前副總統奎爾（Dan Quayle）在一次香港之行後告訴波頓，中國已益加侵略性，逮捕（綁架）香港商人，有些人從此不知去向，商界已噤若寒蟬。奎爾認為中國如此囂張的原因之一，是與香港從英國回歸中國 1997 年時相比，當時香港的經濟占中國的20%，如今只占 2%，這個數字的確驚人。

　　香港不滿的情勢上升，不安的情緒是中國從「一國兩制」上退卻，香港將成為中國另一個城市。一個香港政府提出的引渡法，觸發暴亂，2019 年 6 月大批抗議活動已在進行。波頓第一次聽到川普對此事的反應，在 6 月 12 日，在聽到前一個星期天，示威的群眾達 150 萬人，川普說，「這個事情不小」（That's a big deal），但緊接著說，「我不願被捲入以及我們也有人權問題。」（I don't want to get involved and we have human rights problems too.）

　　這個事件大致結束了美國對中國施壓遵守與英國的協定，突顯了中國對國際條約的不尊重，對沉湎於一個貿易交易希望的人應有所啟發。

　　波頓希望川普能利用香港形勢作為對中國談判的籌碼。我應早知道，在 6 月 4 日川普在英國訪問，當天是天安門事件十三週年，但川普拒絕發表白宮聲明。梅努欽告訴川普，他擔心這種聲明會影響貿易

談判，要把它淡化處理（water it down）。這些話已經夠糟了，川普還加上他根本不要任何聲明，他不正確的說，「那是 15 年前的事了，誰在乎它？我只想達成交易，其他的我都不要。」（That was fifteen years ago. Who cares about it? I'm trying to make a deal, I don't want anything.）這就是這回事。

當中國任命的港首林鄭月娥（Carrie Lam）宣布停止推動引渡法後，事實上等於封殺，但抗議未曾稍歇，示威群眾 200 萬人，眾口一致，要求林鄭月娥下台。

6 月 18 日川普與習近平通話，他認為香港發生的事情是中國的內政問題，他已告訴他的顧問們不要以任何方式、形式和形狀，公開討論香港問題。習表示感謝，並說香港發生的事的確是一個純正的中國內部事務。他說引發示威的引渡法，是要杜絕香港現行法律的漏洞（loopholes），只施用在罪大惡極的刑事案件。習也強調香港的穩定和繁榮，對中美有利，他人不應介入、干涉香港內政。川普聽了後沒有講話，就這樣香港的命運將會從美國議程上消失。

然而此時，蓬皮奧指出，已有一些有關香港情勢的法規報告，需要國務院表示意見，這是無法閃躲的。蓬皮奧說，「週日會議誰來發言，我和我們其中之一。」（What are you going to say on the Sunday talk shows?）（or me? Or any of us?）到了 8 月中旬，愈來愈多的媒體報導有關中國可能在香港鎮壓，波頓向川普簡報他們知道的事，川普說他可能推文討論此事。波頓勸告他，如果這樣做就引用公開的資料，正如經常如此，他忽略了我的警告。他的推文是：「我們的情報告訴我說，中國軍隊已朝向香港邊界移動，大家都會平靜和安全！對香港發生的問題，有些人指責我和美國，我想不出這是什麼原因？」（Our intelligence has informed us that the Chinese Government is moving troops to the border with Hong Kong. Everyone should be calm and safe! Many are blaming me, and the United States, for the problems going on in Hong Kong. I can't imagine why?）波頓稱在高層（deep state）防止漏洞上，他已盡了力。

　　8 月 15 日在討論出售台灣 F-16 戰機結束後，川普又推文，「我十分了解習近平，他是一個偉大的領袖，深受人民愛戴，在『艱難工作』（指國家領袖）上，他是個好人，我毫不懷疑他能很快和人道的解決香港問題，他能做到。」

＊　＊　＊

　　中國也忙於壓迫少數民族，例如西藏，幾十年來都是如此，中國對維吾爾的壓迫正在進行，川普曾在 2018 年白宮聖誕餐會上問過波頓，為什麼中國對待維吾爾人要招致我們的制裁？羅斯當天早上告訴波頓因為貿易談判的事，川普不會考慮對中國制裁。維吾爾問題已進入國安會（NSC）程序，但尚未準備討論，使情況變得更糟的是在大阪 G20 開幕午餐會上，只有通譯者在場。根據譯者轉述，習對川普解釋為什麼在新疆要設集中營，川普說習應勇往直前，他認為是十分正確的事。博明（Matt Pottinger）告訴我在 2017 年訪中時，也發生類似的事。川普說應把維吾爾事從可能制裁的中國的名單中剔除，至少在貿易談判進行的時候。

＊　＊　＊

　　川普對台灣是特別的「消化不良」（dyspeptic），聽多了華爾街銀行業者在中國投資賺錢發財的故事，川普喜歡的一個比較是把他使用的筆尖（sharpies）說，「這是台灣」，然後指著「毅力」（Resolute）的辦公桌說，「這是中國」。

　　11 月 8 日會議上，楊潔篪對我習慣性的說法，台灣是美中關係中，

最重要、最敏感的問題。他說美中的重大利益在阻止台灣獨立，否則雙方將成為共犯，這點我絕對不相信。楊滔滔不絕的說「一中政策」，他誤導了對中國有利。在布宜諾艾利斯（Buenos Ailes）晚宴時，習曾敦促美國在台灣問題上謹慎，川普同意他將小心從事，意思是說我們各自逃生（We escaped our lives），我很高興這一討論結束的這麼快。

在大阪 G20 上，習近平又回到台灣問題，說台灣涉及中國主權和國家完整，警告說會破壞雙邊關係的平衡。他要求川普要親自注意此一問題，大概是要川普負責的意思。激怒波頓的，習要求美國不得讓台灣總統蔡英文訪問美國，或對台灣出售武器，這兩者習認為對台海的穩定有重大關係，習的大部分立場和《台灣關係法》衝突。事實上，台灣並不好戰，相反的，奎爾告訴我近年來台灣一直縮減軍備，近年來已減少一半，我認為這是一個巨大錯誤。

蓬皮奧正在擱置一個有關出售 F-16 戰機給台灣的國會通知，他擔心在川普對台灣出售武器的顧慮，這次他可能會拒絕，由於軍售烏克蘭的敏感處境，這個顧慮是對的。我們為了說服川普，設計了把前南卡羅林那州眾議員穆爾瓦尼（Mick Mulvaney）拉進來，因為南卡是波音公司的製造基地之一。8 月 13 日會議中，我們解釋此一軍售的重要性和勢在必行，這批軍售不需美國補貼，也用不到援外款項，台灣願付足 80 億美元並給南卡製造許多工作。我們還說儘快進行，否則會受到香港動亂影響。川普問到，「你們有沒有想過不做這筆軍售？」（Did you ever have any thought to not making the sale?）答案當然是沒有。川普最後說，「好吧。但安靜的去做。John（指波頓），你不會去發表演講吧，會嗎？」（Okay, but do it quietly. John, you are not going to give a speech about it, are you?）波頓壓根沒想過這種事，但他可能應該去做。

我離開白宮之後，當川普在敘利亞放棄了庫德人（Kurds）時，

有人預測誰會是下一個被放棄的？台灣是名單上最接近上面的，只要川普在位一天，這個情況都不會改變，前景堪慮（not a happy prospect）。

＊　＊　＊

2020 年初，冠狀病毒流行病如驚雷一般來自中國，毫無疑問，中國延遲、隱瞞，甚至捏造和歪曲該病毒的起源、時間、傳播等資訊，加上對異議個人或組織的壓迫，妨害了世界衛生組織等取得正確資訊的努力。此外，中國還積極展開假新聞的活動，目的在爭辯病毒（SARS-COV-2）和冠狀病毒（COVID-19）並非源自中國。

2020 年為美國大選年，川普對處理疫情的表現不可避免的將成為大選話題。一開始，政府製造一種疫情受到控制的印象，2 月 25 日國家經濟委員會主席庫德洛（Larry Kudlow）說，「我們控制了疫情，我不會說是 100%，但接近 100%。」（We have contained this, I won't say airtight but it's pretty close to airtight.）外界對這種武斷說法的反應是負面的。川普想用他自己的方式解釋，但這一個公共衛生的危機，削弱了他和國家的信譽。他的言論像是對政治損害的控制，而非對負責任的公共衛生的建議。對涉及中國在疫情中的角色而言，川普均刻意避免，因為他擔心的始終是能否達到貿易協議，以及影響他和習近平的關係。

波頓的觀點是公共衛生（包括全球公衛）是重中之重，他在國家安全會議裡，重組團隊（生物安全小組），發揮了應有的作用。但波頓在這一方面的努力並未得到川普的重視，4 月中旬《紐約時報》有一報導，對該會給予肯定。

「國家安全會議負責追蹤流行病的小組在 1 月初收到了情報報告，預測病毒將在美國傳播，並在數週內提出一些建議，例如回家隔

離、關掉像芝加哥這樣大小的城市，但直到 3 月，川普都沒有採取行動。」基本上來說，在計算新冠病毒所付出的人力和經濟成本後，可得出兩個驚人的結論：

第一，我們必須盡一切努力，保證中國和它關於病毒起源的假新聞戰不能得逞，讓它的大謊言策略在 21 世紀繼續存在。我們必須說出中國行為的真相，這點是川普一向不願做的，否則美國將在未來承受惡果的風險。

第二，在過去數十年來，生物（和化學）戰略被低估為「窮人的核武」（從於北韓、伊朗等在世界上發生的事情），我們必須把這兩種武器視同和核武一樣。事實上，結合生物安全單位和大規模毀滅性武器單位，正是波頓要做的。這一重組不是降低生物安全的重要性，而是強化生物科技威脅對美國國家安全的重要性。

* * *

2018 年 11 月 8 日，中國國防部長魏鳳和訪問美國，馬提斯陪同，他的任務不僅是避免戰爭，而且還要防止戰爭。中國已建立核武打擊力量，不僅只是嚇阻，而是一支有效的武力。

接待這位貴賓，馬提斯知道他必須非常小心，堅定但要文雅。馬提斯對魏鳳和說，美國不是中國百年來恥辱的參與者，只有 1949-1972 年冷戰時代的一小段例外，中美之間不是敵人，美國人民事實上對中國有感情。

馬提斯開始談判重點，他告訴魏部長，你是否知道是美國創造的世界使得中國勤勞的人民得利，走出貧窮，與美國的貿易，幫助中國實現了巨大的現代化。魏部長說，我們知道，我們非常感謝美國，絕對的。馬提斯說，很好，我希望我們能找到合作的辦法。

馬提斯和魏鳳和第一次見面是在 2018 年 6 月新加坡的「亞洲國

防部長會議」，接著就是馬提斯訪問中國，受到熱情的接待，如今 6
個月後，馬提斯決定要與魏鳳和討論實質的問題。

　　魏鳳和在路途中，首先提出對美國兩年一次在夏威夷舉行的大規
模國際海軍演習，未邀請中國參加，表示失望。馬提斯回答說，在此
次軍演之前的兩個月，你們違反了習近平對歐巴馬的承諾，不再武裝
化（指南中國海），不論是習近平騙了歐巴馬，或是你們軍人不服從
文人指揮，都是令我擔心的。魏說，這些都是防禦性的。馬提斯說，
我曾經被防禦性和攻擊性武器打傷過，這沒有什麼區別。

　　「基本上，我希望與你合作，我在尋找合作的方法，但如果你們
決定要找我們麻煩，我們一定會對抗。」馬提斯的觀點是南海島嶼軍
事化是中國大計劃的一部分，上海將取代紐約在 2030 年成為世界的
金融中心，台灣將被併入中國的一部分，中國達到此一目標的方法便
是威攝或武力。

　　馬提斯在晚餐後，敘說兩國關係，「記著，美國人從未想去圍堵
你們，我們希望你們按規則行事。基本上，是當兩個核武超強彼此有
敵意的情況下，如何化解彼此的分歧，這是我們這個時代的基本問題，
全世界都在屏息以待。」他提到上個世紀的兩次世界大戰，「我們會
笨到和歐洲人一樣嗎？他們在二十世紀，兩次使全世界捲入戰火，我
們是否可以避免呢？」

　　馬提斯指出在過去 200 年來，太平洋區域曾面對各種力量，「沒
有任何一個國家可主掌太平洋。歷史已 100% 的告訴我們，如果你們
將可控制太平洋，你們將會成為有這個想法的第四個國家。」他是指
歐洲殖民主義者、法西斯主義者（日本）和蘇聯共產主義者，當必要
時，美國不會畏戰。

　　如果你們想要打仗，我們會應戰，我們會和任何人作戰，甚至他
媽的加拿大。但我已經歷過足夠的戰爭，我也給戰死者的母親寫了太

多的信，我不想再寫了，我想你也不需要寫這種信。

　　馬提斯了解中國絕大多數的軍人並無實戰的經驗，除了 1979 年短暫的攻打越南之後，再也沒有打過大戰。他要魏知道，戰爭對中國將是特別的艱鉅。

　　馬提斯還說，我最喜歡打戰的國家是沒有實質經驗的國家，戰爭和訓練之大不同是他們未曾經歷過的震撼。我帶領過的部隊，80% 有過受傷的紀錄，但我寧可不再讓他們再去經歷另一場戰爭。

＊　＊　＊

　　2020 年 5 月 22 日，伍華德電訪川普，首先他問到川普與習近平的關係。川普說，他對中國十分強硬，所以習不快樂。伍華德問，是什麼事改變了你？川普說，我要中國同意我們派人去（伍華德說他試了兩次），但習不同意。伍華德說，習對川普不買賬，問川普如何看這件事情？

　　川普說，「習並沒有對我不客氣，只是他是個驕傲的人，他認為他們自己可以處理這種事。」川普說，或許中國人不想控制疫情，因為我們已在貿易上重創中國。

　　伍華德十分驚奇，他從來沒有想過，川普會認為習近平有意的讓疫情擴散。

　　事實上，川普的國安團隊對中國一向極不友善，接任波頓的歐布萊恩（Robert O'Brien）更是劍指中國，毫不留情，他一直認為中國在隱瞞疫情。

　　他對中國有一長篇的分析，要點是：

1. 中國對武漢封城，不准居民到上海和北京和其他重要城市，但同時開放武漢居民去歐洲，把疫情帶給歐洲，再經由歐洲帶給美國。

2. 中國已把疫情重新設計為一種生化武器，他們想利用新冠肺炎取得地緣政治上的優勢，來取代美國在世界上的領導地位。

3. 從 2020 年起，中國以「戰狼（wolf warrior）外交」取代防守性的外交。

4. 中國在向全世界提供一個較好的選擇，中國式的結合資本主義、商業主義和共產主義的政府，證明比自由民主的制度更有效率，從處理新冠肺炎上就可做出比較。

5. 如果美國失掉了經濟上的優勢和經濟上的力量，美國將會落後中國，而且無法追趕上來。

歐布萊恩的結論十分悲觀，甚至是可怕的。

經濟和貿易

「川普經濟學」（以競選時的言論為例）的要點包括：

1. 貿易保護政策。
2. 對內減稅，對外增加進口關稅（一般 20%、墨西哥 35%、中國 45%）。
3. 創造投資與就業。
4. 產業回歸。
5. 擴大基礎建設。
6. 維持弱勢美元與低利率。

川普的貿易政策是他競選政見中較具體，也較易推動的政策，由於對美國利益和勞工權益的重視，他認為美國已簽署的自由貿易協定，對美國的貿易和勞工都是不利的。一方面使美國在貿易上產生大量逆差，另方面又造成美國勞工的失業。所以他一定要重新檢討這些自由貿易協議，包括 TPP 和 NAFTA，甚至必要時，還可退出 WTO。

如果美國強力推動反自由化的保護主義政策，勢必會引起其他國家的反彈和反制，並可能觸發貿易戰爭，結果將是兩敗俱傷，導致全球貿易成長下降，世界經濟進一步萎縮。

川普經貿政策概要

經濟：透過改革使美國經濟在未來 10 年經濟成長維持在 3.5%，創造 2,500 萬個新增就業機會。

貿易：(1)主張公平談判，為美國創造就業機會，增加工資及減少美國貿易赤字。(2)主張重新協商「北美自由貿易協定」（NAFTA）、退出「跨太平洋夥伴協定」（TPP），甚至曾揚言退出「世界貿易組織」

（WTO）。⑶主張製造業遷回美國，增加國內就業。

稅收：⑴承諾全面減稅，特別針對工人及中等收入的美國人，包括提高標準扣除額、個人所得稅課稅級距從 7 個簡化為 3 個、廢除遺產稅。⑵企業所得稅由 35% 降至 15%，自海外遷回的美國企業則一次性徵稅 10%，引導企業遷回本土，增加就業機會。

對外關係：⑴將中國列為匯率操縱國。⑵威脅對中國商品徵收 45% 的關稅，對墨西哥商品徵 35% 關稅。⑶若中國不停止不公平的貿易行為，主張用盡一切合法手段來解決爭端。

2016 年大選期間，川普說工業界失去就業機會是「政客造成的災禍」，是「領導階級崇拜全球主義，忽視美國主義的後果。」

幾乎所有的經濟學家都不同意川普的觀點，但他找到一位支持他的觀點的學者納瓦羅（Peter Navarro）。白宮國家經濟委員會主席柯恩（Gary Cohn）認為貿易赤字並非壞事，因為不僅使美國人可以買到廉價商品，美國還可有更多的錢花在其它產品、服務和儲蓄上，這就是全球市場的效率。

納瓦羅的論點是，美國貿易赤字是因為中國等外國的高關稅，操縱貨幣匯率，竊取智慧財產權，經營血汗工廠和不良的環保所造成的，他強烈支持對進口鋼鐵課徵關稅。

柯恩辯稱，當前美國 84% 的國內生產毛額在服務業，美國的零售業已經不存在。我們的貿易赤字下降是因為我們的經濟萎縮，如果我們做對的事，我們的貿易赤字會更大。他引用哈佛經濟學者林賽（Lawrence Lindsay）的說法，要從整體經濟上來看貿易赤字，全球市場給美國人極大的好處，柯恩以具體數字說明自願離職最多的人是製造業工人。

但川普並不接受柯恩的說法，柯恩問他為什麼有這種落伍的觀點？川普說，「我就是這麼想的，我有這種觀點已經 30 年了。」

對抗柯恩的除了納瓦羅，還有巴農、白宮主管移民的米勒（Stephen Miller）和商務部長羅斯（Wilbur Ross）。站在柯恩這一邊的，除了財政部長梅努欽（Steven Mnuchin）外，還有年輕的總統祕書波特（Rob Porter）。

從 G20 高峰會回國，川普寫下他的感想，「貿易是不好的」（Trade is bad）。

4 月，川普宣布要徵收鋼鐵和鋁的關稅，國防部長馬提斯有不同意見，他在給川普的備忘錄中，指出美國軍方在鋼鐵上的需求只占全國的 0.5%，但他擔心會影響美國與盟國的關係，尤其是南韓。

6 月 26 日，白宮討論關稅問題，白宮首席經濟顧問科恩（Gary Cohn）反對的理由是對美國經濟不利。他說，美國是消費驅動的經濟，如此會導致物價上漲，將會影響經濟成長。管理和預算局局長穆爾瓦尼（Mick Mulvaney）同意科恩的說法，並說會造成失業。

川普說全世界都在占美國便宜，現在必須改變，我寧可不要南韓。美國付錢養 3 萬名軍隊保護南韓，我們是每個人都要搶的「撲滿」（piggy bank），川普興致很高，說不用擔心。

科恩仍不死心，他說美國不是一個鋼鐵生產國，是貨物製造國，如果增加鋼鐵的價格，我們的貨物就會漲價，就會失去競爭力。

7 月 21 日川普對納瓦羅（Peter Navarro）說，你來負責鋼鐵的談判，並說美國貿易談判代表賴海哲（Robert Lighthizer）和商務部長羅斯（Wilbur Ross）太弱，只有納瓦羅是強硬的。他還說，不要提我他媽的那些將軍了，只是一批「娘娘腔」（pussies），他們關心他們的盟國比貿易談判多。

4 月 25 日（星期三）川普決定美國退出「北美自由貿易協定」（NAFTA），美國和加拿大、墨西哥三國彼此的貿易，每年超過 1 兆美元。波特說，這需要程序，要在 180 天照會其他簽約國，川普說，「我

才不管這樣東西，我要把行政命令在星期五放在我的桌上。」

麥馬斯特說，這將是沒有必要的惡夢；凱利說，這將後患無窮；農業部長普度（Sonny Perdue）對川普說，NAFTA 對美國農業利益貢獻良多。

川普一直催辦，波特把退出的文件寫好，但他依然相信會引起美國和加、墨兩國的經濟和外交關係。他去找柯恩商量，柯恩說他會把文件從川普的桌上偷走。

波特同意，他說川普的記憶需要一個觸發器，沒有觸發器，他可能記不起這些事。

5 月 4 日，普度說如果美國對中國課徵新關稅，中國必將以同樣的方式報復。他說，中國人知道如何精準製造經濟和政治的疼痛，美國還在幼稚園階段，相形之下，中國已經是博士。

幾天後，羅斯提出貿易赤字重要的理由是美國經濟不穩定，衰退的指標。波特仍在抗拒，說所有的保護主義政策都不符合美國的經濟利益。國防部提出的報告顯示，美國軍方對鋼鐵的需求只占鋼鐵需求量不到 0.5%。

8 月 25 日，川普決定來個大清倉，一次解決「北美自由貿易協定」、「美韓自由貿易協定」和「世界貿易組織」三大問題。川普說他已說破嘴了，做吧，做吧，三個通通退出。但國安團隊一致反對，尤其是「美韓自由貿易協定」。9 月 5 日，川普自己準備了一封信函稿。依規定在 180 天前提出照會，退出美韓協定，在反對無效後，柯恩乾脆把這封信抽走。

川普又召集開會，決定全面開徵 25% 的鋼鐵關稅，沒有任何國家可以豁免，經過辯論，直到梅努欽提出警告，稅制改革未通過前，開徵關稅是過不了國會這一關的，川普只得讓步先爭取稅改案。

柯恩和貿易代表賴海哲（Robert Lighthizer）忙了好幾個月，讓

川普同意以智慧財產權對中國進行調查，總統的權力來自 1974 年貿易法的第 301 條款，得對從事不公平貿易的國家實施懲罰性的貿易限制。他們認為中國人無所不偷，估計已偷走了 6,000 億美元的智慧財產權。

賴海哲有一年的時間判定是否應對中國正式調查，如果確定，川普有權課徵關稅、實施制裁，屆時歐洲、日本和加拿大將加入美國，對中國發動大規模的懲罰。川普同意簽署備忘錄，並發表談話。

8 月某一天，川普卻反悔了，他說剛和習近平通話，他不要以中國為目標。他說，「在北韓問題上，我們需要他們幫忙……我要把演講稿中提到中國的字句通通拿掉。」他不想破壞與習主席的交情。

波特說明，2 頁長的備忘錄中提到中國五次，而且只提到中國。川普說，「不、不、不，我不要專門只談中國，我們說對全世界一視同仁。」

波特解釋，根據法律規定，必須針對特定國家，在這個個案就是中國，我們不能迴避事實。川普說，「好了，好了，我可以簽，但講話時我不提到中國。」結果他在公開聲明中，只提到中國一次。

柯恩知道川普最堅持的是關說，在他提出的 17 頁報告中，指出小布希在 2002-2003 年也曾課徵鋼鐵關稅，只增加稅收 6.5 億美元，占年度歲入 1 兆 7,800 億元的 0.04%。現在開徵 25%，估計收入為 34 億美元，將占 2018 年 3 兆 7,000 億美元歲入的 0.09%，但會使得鋼鐵業失去數以萬計的就業機會。川普的決定，是「我們試試看，如果不行，我們再取消。」

北美貿協是川普鍥而不捨的目標，他的談判理論是必須先說 No，才會得到 Yes。柯恩說，這是高度風險的策略，不成功，便成仁。柯恩了解川普有六次破產的經驗，似乎毫不介意。

柯恩另一次和川普討論時，拿出商務部的一份研究報告，「如果

你是中國人，真的想要摧毀美國，只要不賣抗生素給我們就行了，因為美國是不生產抗生素的，美國使用的抗生素 96.6% 來自中國。」

川普討厭「世界貿易組織」（WTO），說是最爛的組織，美國輸掉的案子多於一切。柯恩拿出一份文件，顯示美國在 WTO 的案子，贏了 85.7%，比平均數字還高。川普說，「胡說八道，這個數據不對。」

凱利得出結論，納瓦羅（Peter Navarro）是問題的亂源。柯恩主張要開除他，但波特說總統喜歡他，不會同意的。

2018 年 1 月，在白宮有一場激烈的辯論，主題是對中國課徵關稅。支持者為納瓦羅、羅斯，反對者為柯恩和波特，各自的理由和過去提過的完全一樣，但顯然川普心意已決，並指柯恩和波特是全球主義者，這點是和他主張的美國第一是背道而馳的。散會前，他說他已簽了對中國啟動 301 條款的調查，這是先於課稅的作法。

年輕有為的波特，因多年前的家暴被媒體披露而辭去了現職，川普推文說，「人們的生活只因媒體傳開就給毀了。」一位對川普還能發生一些節制的人就消失了。

不滿川普處理關稅的作法以及白宮的內鬥，柯恩也在 3 月 6 日辭職。

哥倫比亞大學教授，諾貝爾經濟學獎得主史迪格里茲（Joseph E. Stiglitz）曾著有《不公平的代價》一書，揭露美國經濟發展上的不公平，造成社會嚴重的分裂，他曾說，「美國如今是 1% 的民有，1% 民治和 1% 的民享。」

最近他寫了一篇〈揭開川普經濟的真相〉（2020.2.25）一文。他說，美國在川普執政後，經濟成長和股市表現都不錯，但在國民健康，即人民的幸福和富足上，美國的表現是已開發中國家中最差的，美國人民的壽命在下降，美國人民缺乏健保的比率在兩年內從 10.9% 上升至 13.7%。美國人民「絕望死」（deaths of despair）的比率在 2017

年是 1999 年的 4 倍。

美國家庭的可支配所得平均值在 2017-2018 年幾無變化，全職男性勞工實質工資比 40 年前低 3% 以上，美國女性就業率比其他開發國家低 10% 以上。

川普以減稅來增加投資，但結果只對大企業有利，造成政府財政赤字增加（2019 年近 1 兆美元），美國一年對外舉債近 5,000 億美元，對外淨負債額一年增加 10% 以上。

川普聲言打貿易戰會贏，但美國的貿易赤字不減反增，2018 年的貿易赤字比 2016 年增加了 25%，也是創歷史新高。其對中國的貿易也是如此（增加了近 25%）。美國雖然與加拿大、墨西哥重新簽訂了北美貿協（NAFTA），但並無助於改善貿易環境。

尤其嚴重的是川普政府不重視氣候變遷，在這方面造成的損失已創歷史新高，2017 年達到 GDP 的 1.5%，超過任何其他國家。

美國經濟會衰退嗎？過去一年多來，美股屢創新高，失業率創歷史新低，似乎一片榮景。使得川普意氣風發，對自己的政績大肆吹捧，但美國前聯準會主席葉倫（Janet Yellen）已提出警告，「冠狀病毒可能使美國經濟陷入衰退。」

芝加哥大學教授拉姜（Raghuram Rajan）也說，引發美國經濟衰退的原因，不是利率，也不是熱錢，而是意外，這個意外可能就是冠狀病毒。

川普上任來的美國經濟只是虛張聲勢。事實上，美國已陷於「經濟空心化」危機，有三個指標可以供參考：

一是企業大舉負債，卻無力償還。去年美國製造業和服務業等非金融業的負債，高達 47%，為美國 35 年來的新高。

二是殭屍企業占上市企業的 8%（指市價超過 5 億美元，償債能力低的企業）。

　　三是政府和企業的槓桿率一路上揚（指負債占資產比重），已將近 100%。相反的，民間消費卻降到 80%，這代表美國政府和大企業為罪魁禍首，只會造成美國經濟的泡沫化。

　　美國真正的危機是日益擴大的貧富差距，美國政府在玩金錢遊戲，最終受苦的人是美國的人民，尤其是中下階層。

司法問題

由於川普在 2016 年贏得大選之後，美國民間一直對川普和俄國的關係十分好奇。一方面是情報系統認為俄國干預美國的選舉，另方面是川普對俄國，尤其是普丁的友善。川普希望調查局為其澄清，但未能如其所願，加上司法部（檢察總長）又成立特別檢察官進行「通俄門」（Russia gate）的調查，使川普大為不滿，終其四年任期，川普一直和司法情報系統進行「非理性的鬥爭」。

川普不滿的對象包括調查局長柯米（James Comey）、情報總監柯茨（Dan Coats）、司法部長（檢察總長）賽申斯（Jeff Sessions）和特別檢察官穆勒（Robert Mueller）。

早先，FBI 局長柯米（James Comey）曾向副檢察總長羅森斯坦（Rod Rosenstein）簡報俄國調查的最高機密。FBI 有四位川普競選幹部的資料，調查局已進行了 10 個月，初步了解川普本人並未直接介入。柯米也表示，總統並未在調查之列，但發現涉案的人士，謊言連篇，為什麼如此呢？羅森斯坦認為其中必然有詐。

在午餐會上，調查局長柯米為討論主題，賽申斯指責柯米對外洩密，羅森斯坦也聽說柯米未有說實話，當白宮祕書長浦博思（Reince Priebus）加進來，說為什麼還不儘快開除柯米，餐會未有結論，但戰火已經燃燒。

當天下午 5 時，川普召見賽申斯和羅森斯坦，川普說柯米私下三次告訴他不在「通俄門」的調查中，但他為什麼不公開說明呢？川普問到，「這到底是怎麼一回事？」

調查局一向的作法是不輕易公開說明案情，不僅這是傳統作風，而且會考慮到如果有新的發現，他們將如何自圓其說？

羅森斯坦首次參與白宮的討論，他保持緘默，他見識了川普的長

篇大論、口不擇言，他發現重要的一點是川普並不反對通俄門的調查，但他堅持要開除柯米。川普還展示了他給柯米的信函，要求他主動辭職。羅森斯坦表示他不贊成川普以寫信的方式，因為信中無法證明柯米有何不法，如此只能招致外界懷疑，川普問那該怎麼辦？

羅森斯坦說開除柯米要有充分正當性，在 2016 年柯米曾宣布對希拉蕊電郵案無罪，但又公開指稱希拉蕊在處理敏感和高度機密文件上的「極為大意」（extremely careless）。羅森斯坦認為 FBI 不應做此判斷，而且僭越了司法部的權力。這件事便足以傷害了對 FBI 的信心，只有去掉柯米，才能恢復 FBI 的地位。

川普聽了很高興，立刻請羅森斯坦起草，並在次日早上送達。羅森斯坦連夜趕寫，重點在未經審判，便透露給媒體，這是一個結束的案子，他認為這對聯邦檢察官是一個教訓。

白宮法律顧問一直催辦說，川普一早就在等這份證據，但羅森斯坦必須經由正當程序，並有賽申斯的信件，直到下午 1 時才送到白宮，柯米正在洛杉磯演講，在電視上看到「柯米被開除了」(Comey Fired)。當天下午 6：30 川普召見 FBI 副局長麥卡比（Andrew McCabe），請其暫代局長，並暗示可能由他真除。

開除柯米，引起外界批評，《紐約時報》稱川普開除柯米，是水門案的迴響。許多法律學者說，固然總統有權開除任何官員，但不是為了貪腐或不法企圖而無需這麼做。白宮在聲明中說，開除是羅森斯坦的主意。羅森斯坦對此不滿，電告麥甘，說這不是事實，我可能會作證，也可能辭職，他表示他不會被捲入假的事件中。川普電告羅森斯坦，建議他可以開記者會說明。羅森斯坦不同意這種作法，如果被問到，他會忠實的說柯米的離職並不是他的主意。

川普對柯米十分苛薄，連柯米從加州回到華府的飛機，也要追查，並禁止他出入調查局。柯米曾寫了許多與川普的會話和電話，顯示他

認為川普是不誠實、腐敗和企圖阻撓司法。柯米和麥甘均未告訴羅森斯坦他們對川普的極不信任。

5月11日，柯米被開除後兩天，《紐約時報》報導在一個私下晚宴中，川普要求柯米效忠，但柯米猶豫，這是1月27日的事。據報導，川普要求「誠實的效忠」（honest loyalty），柯米回答說，「你會得到的」（You'll have it.）。

羅森斯坦看得出柯米在抗拒，麥卡比知道這件事，他還保存了一個三頁半柯米的備忘錄，他形容該日的對話是一場災難，雙方像是在玩拼圖。柯米對川普說，他了解他隨時可能被開除，但他仍願撐下去，他對川普說因相信他永遠會告訴事實，他不會玩花樣、不會洩密、不搞不正經的事。

5月16日，《紐約時報》對柯米備忘錄的內容爆料，在2月14日川普曾要求柯米放過前國安顧問弗林（Michael Flynn），對川普這又是一次難堪。但對羅森斯坦來說，《紐約時報》知道的事，他都不知道，這代表FBI已脫離了司法部的掌控，恢復到當年胡佛局長（Edgar Hoover）的時代。他也感受到FBI對「通俄門」有其自己的立場，認為美國政府高層同情俄國。

羅森斯坦想任命一特別檢察官來處理「通俄門」，來重建調查的可信性，麥卡比完全同意，但要找一位處理此事的特別檢察官並不容易。幾十年來，獨立調查有很大的權力，如1970年代尼克森的水門案、1980年代雷根的伊朗案、1990年代柯林頓的白水案，他們無需向司法部報告，也不被監聽。但如今不同了，一個特別檢察官只是司法部的一個職員而已，因為賽辛斯已被要求撤換，這個特別檢察官便在羅森斯坦的監督之下，一位特別檢察官最重要的是他的獨立性，但對羅森斯坦來說，要能受其控制。

羅森斯坦感到夾在川普和FBI之間（依照司法部的傳統，副

檢察總長監督調查局的業務），他對雙方都不信任，他也不喜歡華府的政黨對立氣氛，他決心要走中間路線，他找到了穆勒（Robert Mueller），他曾擔任過 FBI 局長 12 年，以正直聞名。當羅森斯坦找他出任特別檢察官時他拒絕了兩次，但最後回心轉意，羅森斯坦指示他核心的任務是找出任何與俄國合作的證據。

2017 年 5 月 17 日，羅森斯坦任命穆勒為特別檢察官調查「俄國干預 2016 年總統選舉」及「起訴由此調查的聯邦罪行」。

任命穆勒後，羅森斯坦對白宮法律顧問麥甘說，川普應該高興，因為穆勒會加速辦案的結案。此案是針對川普身邊的人，不是川普本人，當川普知道此事時，大叫「這是我總統職務的結束，我完蛋了。」（This is the end of my presidency, I'm fucked.）

白宮當晚發出川普的聲明，指稱經由調查將證實已經知道的事實，我的競選與任何外國無關，我希望這件事早日結案。第二天早上，川普推文指稱為什麼對希拉蕊和歐巴馬沒有特別檢察官去追查不法，「通俄門」是美國歷史上對一位政治人物僅有最大的「獵巫」（witch hunt，指政治迫害）。

5 月 18 日，是至今白宮最壞的一天，川普的憤怒超過任何以前其內圍人員所僅見，他顯然已失去控制。為什麼是穆勒？我沒有找他當 FBI 局長，他如今有了斧頭可磨了，每個人都想整我。

特別檢察官的權力有多大，他問波特（Rob Porter），他的祕書也是律師，答覆是幾乎是無限的。川普說，他們將花幾年時間來挖取我的一生和財務，他們是衝著我來的，這都是賽辛斯（Jeff Sessions）的錯，羅森斯坦不知他在搞什麼，他是民主黨人，他來自馬利蘭（Maryland）。事實上，羅森斯坦一生都是共和黨。

川普一直站著，在屋中走來走去，他近乎瘋狂的叫喊，「我必須一戰」。我是總統，我想開除誰就開除誰，他們不能因為我開除柯米，

就來調查我。柯米是罪有應得，每個人都討厭他，他可怕極了。

星期天，羅森斯坦把穆勒和麥卡比同時找來，面告麥卡比無需介入此一調查，麥卡比強力抗議說他沒有利益衝突。羅森斯坦說這是為了觀感的考慮，麥卡比不宜介入。當麥卡比離去後，羅森斯坦面授機宜給穆勒，絕對不可讓麥卡比得到任何訊息。

自從穆勒被任命為調查「通俄門」的特別檢察官後，川普就不斷攻擊他，但川普在參院最親密的好友葛藍漢（Lindsey Graham）卻持不同看法。他認為穆勒是一個好的選擇，在兩黨都被尊重，2018 年 4 月葛藍漢還連署一個法案保護穆勒的工作。

川普反對穆勒調查不僅只是推文，他還兩次命令白宮法律顧問麥甘（Don McGahn）去找羅森斯坦，告訴他穆勒有利益衝突，不能擔任此一職務。但麥甘並未遵照川普的指示辦理。

葛藍漢與川普認真討論此一問題，他對川普說，「如果你做了這件事，即使在你當選之前，你也不適任當總統。」川普說，「我做了許多不好的事，但我沒有做這件事。」葛藍漢說，「如果你沒有做這件事，為什麼你要反對穆勒的調查呢？」

2019 年初，葛藍漢又對川普說，「你和我都不能證明你的清白，只有穆勒的調查可以還你的清白。」「如果你對我誠實，我相信穆勒的正直，你就會沒事。」「如果我看錯了穆勒，我會第一個說出來；如果你對我不誠實，我也會第一個說出來。」

川普仍不承認，他說他沒有和俄國通話，也沒有與俄國合作。葛藍漢仍不放心說，「總統先生，只有一件事會讓我反對你，那就是你真正與俄國人合作過。」川普說，「我沒有。」葛藍漢說，「我相信你，因為你與自己的政府都不能合作，你為什麼要去與俄國政府合作呢？」川普大笑說，「這才是事實。」

但在媒體界，以及民主黨和反對川普的人，始終認為穆勒的調查

是另一個水門事件。在華府，不少人期待穆勒的調查會使川普受到彈劾。穆勒的團隊沒有任何消息外洩，但只會使人認為一定有更大的問題。《華盛頓郵報》和《紐約時報》也繼續做媒體調查，經常發表頭條新聞，報導有關穆勒調查的事。

一般公眾的認知始終認為穆勒調查案是另一個水門事件，可以終結川普的總統任期。印有「這是穆勒時代」（It's Mueller Time）成為運動衫的圖案。事實上，這是羅森斯坦的時代，他以鐵腕監督此案的進行，絲毫不准鬆懈。

穆勒的檢察官們都了解川普可以命令羅森斯坦開除穆勒，如果羅森斯坦拒絕，川普也可開除羅森斯坦。川普的策略是以恐嚇、推文，稱這一調查是一「獵巫」。川普引起爭議的 2017 年與普丁在漢堡見面時，把譯者的「小抄」自己收起來。檢查官們曾討論，事實上是開玩笑，是否據此發傳票給川普，他們知道如果他們做的話，一定會被開除。

在經過內部長期討論後，穆勒決定不傳川普來作證，因為他們了解發出傳票後的法律官司可能進行好幾個月，甚至一年，或者川普直接開除穆勒。

穆勒的副手澤布里（Aaron Zebley）負責最後的定稿。他說，這個報告不能結論總統犯法，也不能證明無罪（exoneration）。

2019 年 3 月 24 日，新任總檢察長巴爾（William Barr）電告參議員葛藍漢要給他一「提示」（head-up），說穆勒的調查是歷史性的，而且很長，包括 19 位律師，約 400 名 FBI 人員和專業人員，2,800 張傳票，500 張搜索狀，以及 500 名證人。

巴爾說你不會相信吧，經過 2 年的調查，發現川普與俄國並無合作，川普本人和其部屬與俄國干預 2016 年選舉也無不法情事。至於川普有無干預司法部分，目前尚無結論。格藍漢對於「也不能證明無

罪」認為是「無端的」（gratuitous）。一如2016年調查局長柯米（James Comey）在宣布希拉蕊（Hillary Clinton）電郵案無罪時，附帶說明她是「極端的粗心大意」（extremely careless）。

在妨害司法上，穆勒的報告中也說明依事實和法律無法證明有罪，至此本案已告結束，只待完成定稿正式公布。即使有「不能證明無罪」的瑕疵，但巴爾的信中也說明：沒有進一步的起訴，對總統沒有犯罪指控，以及沒有繼續調查。他將這個好消息簡要向川普報告。

當天下午4點46分，川普在佛羅里達棕櫚灘國際機場發表談話，他說經過這麼長的時間，經過許多人受到傷害，經過很多不幸的事情……終於證明沒有與俄國勾結這回事，這是完全證明無罪。川普問格藍漢如何看待這一事件？葛藍漢說很少總統在第一任內可以做第二次總統，但是你做到了，今天是你新總統的第一天。川普說，這樣看待是最好的方式。葛藍漢說陰霾已經消失了，在飛機上，川普陷入沉思，這完全不是他的風格。

轉乘直升機回到白宮的途中，據報已有大批記者在等候，川普說他們是野獸，他們現在是全美國最傷心的人。格藍漢提醒川普要簡單應付他們，不能多講話。川普下了飛機對記者說，「我只想告訴你們，美國是地球上最偉大的地方，多謝你們。」川普說他使記者們大吃一驚，一時無法回應。「這是我生平第一次沒有被記者問了120個問題。」

第二天，《華盛頓郵報》的標題是，「穆勒發現沒有陰謀」。《紐約時報》是「穆勒發現沒有川普—俄國的陰謀」。穆勒448頁的報告於4月公布，但這一新聞已被巴爾的4頁報告給淹沒。穆勒雖有不滿，但也無可奈何，因為巴爾是他的上司。

對穆勒調查報告和巴爾早先的簡要報告的不滿意見是必然的。參院司法委員會在5月1日，民主黨攻擊巴爾以政治手段處理穆勒報告，

像是川普的辯護律師而不是司法部長。幾天後，超過 700 位過去聯邦的檢察官發表一項文件，聲稱若非司法院的包庇，反對起訴現任總統，任何其他人都會受到阻撓司法的多種重罪。一位資深的美國地區法院法官華頓（Reggie B. Walton）指稱，巴爾扭曲了穆勒報告的發現，他懷疑司法部是否對穆勒報告有所修正。

　　川普從未放鬆他對穆勒調查的攻擊，2019 年 5 月 23 日，巴爾宣布對涉嫌對川普競選時從事間諜活動的調查，其中涉及若干執法人員和情報機關的官員，對此引起若干情報首長的不滿。巴爾向他們保證，只是想進一步了解一些實際情況而已，絕對不是另一次「獵巫」。

　　穆勒在 7 月 24 日在眾院司法委員會作證，但他的表現令兩黨議員都很失望，他好像對自己的報告都不熟悉，無助於幫助大家進一步了解其內容。

　　穆勒的調查起訴了 34 人，包括川普的律師科恩（Michael Cohen）、競選主席曼那福（Paul Manafort）、副主席蓋茨（Rick Gates）、前國安顧問弗林（Michael Flynn），以及一些俄國人士，但川普本人全身而退，對他的政敵是一大打擊。

　　川普告訴伍華德，美好的事情是一切煙消雲散，在啜泣中結束，這真是不可思議，一切化為塵土。他已化解了爭取總統連任的最大威脅，在政治上更加強大，無疑的也更加大膽。

　　2018 年 2 月 13 日，國家情報總署總監柯茨和其他情報首長在參院情報委員會對全球安全威脅出席作證，主持會議的參議員華納（Mark Warner）問到出席者是否同意中央情報局局長蓬皮奧所說，並沒有發現俄國在 2018 和 2020 年對美國選舉干預有明顯的減少。大家都同意蓬皮奧的說法。

　　但媒體報導認為情治首長的看法與川普總統不一致。《華盛頓郵報》的頭條是「俄國的目標是 2018，高層間諜的警告」，《紐約時報》

的首頁是「警告與川普總統的公開評論是明顯的相反」。

第二天的會議上，川普非常生氣，為什麼會議為公開討論？聽證會不是應該保密的嗎？柯茨說，我們也不喜歡，我們曾抗議，但參院堅持要公開聽證。

2018年7月16日，川普與普丁在高層會談後曾共同召開記者會，曾被記者問到此一問題。川普說普丁否認有這種事，川普還說，他也看不出有任何理由，俄國會做這種事。

川普的言論在國內引發抨擊，前國會議長金瑞奇（Newt Gingrich）認為川普犯了嚴重的錯誤，必須立即更正。前中央情報局局長布瑞南（John Brennan）說，已超過了高度犯罪和不端行為的門檻，他甚至指稱川普「叛國」成為普丁的囊中物。

柯茨為川普辯護，說已澄清俄國在2016年干預選舉之事。該局將繼續提供客觀的情報來維護國家安全。柯茨說沒有證據，但他對川普的疑心從未消失或減少過。

柯茨認為對國家安全機構最大的威脅是川普的專家必須經過的程序。川普認為這些都不重要，他甚至說我只需要我自己，或者3到4個我信任的人，他不喜歡評估或選擇方案。柯茨經常提醒川普，「這件事較為複雜」，但川普認為他可解決所有的問題。

國家情報總署（National Intelligence Agency）和CIA均有證據，俄國人在選舉登記體系中設置「惡意軟體」（malware），其作用是可以減少投票率。CIA局長哈斯伯（Gina Haspel）認為這是對美國毀滅性的傷害。FBI局長雷氏（Christopher Wray）說俄國2016年的干預選舉將會重演並加強。在聽取情報首長們的報告後，川普指示他們可以對外公開說明。川普對柯茨說，你應該去做這件事，並且立刻要做。柯茨嚇了一跳，這是川普僅有的一次，要求他去把情報簡報去向外界公開。

　　8 月 2 日，柯茨和情治首長在白宮新聞簡報室對外公開說明，柯茨說奉總統指示要把干預選舉和保障選舉過程安全列為特別優先事項。柯茨痛批俄國企圖破壞美國的民主價值，分化美國和盟國的關係，並且做了許多惡毒的事情。他要求俄國停止做這些事情，否則將會付出代價。

　　在下一次的情報簡報中，川普大怒，指責為什麼把責任全推給俄國。柯茨說，因為我們照你的指示去做，哈斯伯也說，我們沒有超出你對我們的指示。

　　柯茨記得艾森豪（Dwight Eisenhower）總統曾說過，白宮是他住過最孤獨的房子。柯茨發現川普是在一個空的屋子中，十分孤獨，使得他有被隔絕的感受。柯茨認為川普變得愈來愈偏執和孤獨。

　　柯茨和川普的關係愈來愈惡劣，因為川普一直要求柯茨停止或控制 FBI 對俄國的調查。川普要求柯茨去說，在 2016 年並無證據顯示俄國干預美國的選舉。柯茨不斷對川普解釋，FBI 的工作分為刑事和情報兩類，他只能在情報方面監督，無法在刑事調查中扮演任何角色，包括穆勒的調查案。川普不同意這個這種說法，認為柯茨不肯合作。

　　柯茨在 2019 年新年發表了最新國家情報戰略，「這個戰略是基於核心原則上，尋求真實和說出真實給我們的政策決定者。」

　　這個戰略提出的警告是，「弱化第二次世界大戰後的國際秩序和西方民主理想的主導，西方增強的孤立主義傾向，及全球經濟的轉變。」「俄國努力增強其影響力和威權性大概會繼續，可能與美國的目標和優先事項在多重領域中發生衝突。」

　　柯茨的「真實」所根據的理論是川普不贊成的。1 月 29 日，他在參院情報委員會又發表了「世界威脅評估」，他認為氣候變遷是一安全威脅，俄國與中國的關係是比過去幾十年還要密切，北韓不可能完全放棄他的核武和製造能力，也不認為伊朗在發展核武。

　　第二天，白宮取消了每日的情報簡報，川普推文說，「情報人員當他們面對伊朗危險時，看起來極為消極和天真，他們是錯的。或許情報人員應該回到學校去。」

　　2019 年 2 月 7 日，參院情報委員會主席巴爾（William Barr）說，經過兩年調查，該委員會並未發現川普和俄國合作的證據。川普很高興，他請柯茨幫忙，「巴爾說他沒有看到任何證據，這是你可以做的，你是情報頭子，有很大的影響力，他人已經說了，為什麼你不能說呢？」柯茨回答稱，「總統先生，這不是我能做的事，這不是我的工作。」他又對川普解釋，FBI 是情報蒐集，而不是刑事調查。

　　《華盛頓郵報》2 月 20 日首頁報導，川普深感挫折、憤怒，對柯茨失去信心，考慮開除他。柯茨決心辭職，寫了一封簡單而具體的信，「沒有你的信任和支持，我不能有效做我的工作。」但川普拒絕柯茨辭職，認為時機不對，川普希望柯茨能在一種積極性的方式辭職。

　　在穆勒調查未公布之前，柯茨的辭職對川普傷害極大，這點柯茨心知肚明，當川普要求他留任，他也無法拒絕。但柯茨始終認為川普和俄國有所關聯，這是他對川普偏好在陰暗面做事的認知。

　　柯茨的好友副總統潘斯勸他要支持總統，要看川普好的一面。

　　柯茨撤回其辭職信後三個月以來，感覺川普對他的態度愈來愈不友善，他感到十分沮喪。2019 年 5 月 25 日，他打了電話給前國防部長馬提斯，希望聽取他的意見。已離職 5 個多月的馬提斯，認為應該站出來講出大家的想法，馬提斯說川普是危險的，不適合當總統。

　　柯茨說只是批評川普是無用的，他舉海軍上將麥克雷文（Bill McRaven）的例子，他曾在 2011 年在巴基斯坦刺殺了賓拉登（Osama bin Laden）。當 2018 年 8 月川普取消了前 CIA 局長布瑞南（John Brennan）的安全證明後，他曾在《華盛頓郵報》以公開信指責川普在我們孩子眼中使我們難堪，在世界舞台上羞辱我們，最壞的是，分

化我們的國家，他希望川普取消他的安全證明，他將認為是一個榮譽。

馬提斯說，我們不能讓我們的國家這樣走下去，這是危險的。柯茨認為如果參議員們能夠站出來可能有效，他曾任共和黨參議員16年，迄今還與6位共和黨參議員保持聯絡，但他們為了生存，不會與川普作對。他認為參院未能履行憲法上的責任，去監督和牽制總統，他們應該要求川普負責。如果川普當選連任，柯茨希望共和黨的參議員應要求總統改變他的政策模式。

7月28日，柯茨和他的太太在打高爾夫時，接到他助手的電話，告以《紐約時報》剛剛發出的訊息，川普已將柯茨免職。柯茨看到下午4點45分的推文，內容是川普已任命眾議員賴特克利夫（John Ratcliffe）擔任國家情報總監，現任的柯茨將於8月15日離職。

柯茨和川普從未決定他離職的時間，柯茨本想做到9月處理一些尚待決定的事務，為什麼選在8月15日呢，柯茨有些不解。不久，一位在情報界工作的吹哨者（whistleblower）指控川普不得體的行為，科茨的太太認為川普或他旁邊的人不希望她先生收到那篇報告，她相信柯茨會將此一報告交給國會，而不會去保護總統。

* * *

被凍結的援助烏克蘭款項增加為4億美元，川普要求烏克蘭政府調查拜登之事，導致眾議員對川普的彈劾。

2019年12月13日，眾院司法委員會通過兩件對川普的彈劾案送交全院去表決。

川普被指控壓迫烏克蘭總統去調查前副總統拜登並以4億美援作為交換條件，另一案是下令政府官員拒收傳票，被控妨礙國會的調查，在委員會中以23對17票通過。

伍華德想看川普如何面對此一彈劾，但川普一副不在乎的樣子，

甚至還很高興，和伍華德進行了一個半小時的訪談。

伍華德在川普打球時，已在等候，他急於知道川普對眾院在 12 天前通過的彈劾案的反應，川普告訴伍華德，他是一個歷史的學生，他說「我喜歡從過去學習，比從我自己和錯誤中學習要好多了。」對眾院的彈劾，川普仍然自在和輕鬆，他還把自己與尼克森和柯林頓的彈劾比較，他們兩人都很緊張，川普說他不會。

川普在 2020 年 2 月 4 日在國會發表國情演說（the Union Address），第 2 日，2 月 5 日，參院否決了眾院通過對川普的彈劾案。對濫用權力案是 52 對 48 票，對妨礙司法案是 53 票對 47 票，共和黨唯一投贊成票是羅姆尼（Mitt Romney），他認為川普濫權。

投票幾乎完全依政黨立場，即使一些共和黨參議員不認同川普的行為，但為了自己的政治生命，仍然配合黨的政策。伍華德稱川普贏了共和黨參議員的票，但並沒有得到他們的認同。

2 月 11 日，川普推文抗議司法部對其政治友人 Roger Stone 建議判刑 9 年，當日下午，司法部建議改判為 3-4 年，導致 4 位檢察官退出本案，其中一人辭職。司法部長巴爾（William Barr）在電視上，公開指稱川普的推文使他無法做事（impossible for me to do my job）。

伍華德問川普他如何看待巴爾這件事？伍華德說任何人都知道川普善於避免難題，不會理會困難的問題。果然，川普的答覆是，那是假的說法，我不稱之為推文（Twitter），我稱之為社交媒體。川普繼續以推文抱怨司法部，但他並未直接針對巴爾。

川普說，沒有社交媒體，他不會贏得 2016 年大選，他如今是臉書（Facebook）的第一名，祖克伯（Mark Zuckerberg）兩星期前還來白宮看我。在 2020 年初，川普以 8,000 萬追隨者名列臉書的第九名，還低於歐巴馬等社會名流。

伍華德想知道的是川普和巴爾的關係，但川普只講他想講的。他

說當你已是第一名，有成千上萬的人追隨你時，我已不需要廣告了。全世界第二名是印度的莫迪（Narendra Modi），但印度有 15 億人口，我們只有 3.5 億人口。

伍華德還在追問巴爾的事，川普只說，我喜歡每個人都用推文，對我來說無問題。接著，他又把主題轉到民調上，他說根據 REAL 民調，他打敗所有民主黨的候選人。

伍華德仍不放鬆，問到總統有權管理政府每一個部門，包括司法部。川普說，不錯，但我並未運用這個權力，我會讓人們自行處理。伍華德認為他不能使川普正面回答他的問題，便改個方式，建議他去和他的好友葛藍漢去研究是否公開去與巴爾一戰。川普說，他要讓大家知道他有這個權力，但他決定不去用它。他責怪媒體使人們看不到真相。

* * *

川普的好友葛藍漢（Lindsey Graham）在 2020 年 1 月擔任參院司法委員會的主席，這是參院最有權力的角色之一，因為美國所有的聯邦法官都要經過這個委員會的通過任命。

川普一直強力推動任命聯邦法官，截至 2019 年 12 月，參院已通過了 187 位川普任命的法官。

2020 年 1 月 7 日，葛藍漢向川普反映了參院司法委員會的問題。他說，過去他不知道有這麼多的法官，似乎每個市（town）就有一位法官，大多數法官是不錯的，也有一些古怪的。問題是你只需要簡單多數時，你就不必到另外政黨去爭取支持。

他說 2005 年時，在小布希總統時代，葛藍漢和馬侃和一些超黨派的 12 位參議員曾堅決反對廢除使用阻撓手段對法官的任命。一位阻撓手段者可以有效的阻擋一位法官的任命，參院的規定需要 60 票

去阻止阻撓者，表示每一位被提名的法官需要至少 60 位參議員的支持。

但在 2013 年，歐巴馬總統時代，參院多數黨領袖雷特（Harry Reid）不滿共和黨使用阻撓策略，將其廢止。其結果便是讓司法委員會變得意識形態化，使得沒有妥協的空間，如果民主黨在參院取得多數，他們也會如此。

葛藍漢說，我們也剔除了一些不好的法官，但情形會愈來愈壞，司法委員會會變得更加意識形態化，會改變參議院，參議院變成眾議院只是時間問題，更加意識形態化，更加政黨對立，更加短視。

葛藍漢說，他能做的就是不再去改變規則，他說在我們有生之年，司法委員會將基本上改變，被提名的法官必須得到黨內坦率的意識型態者的支持，因為他不需要其他政黨的支持。

葛藍漢經常談到首席大法官羅伯茲（John Roberts）對這種發展的憂心，他是一位重視制度的人，他參與的幾個 5 票對 4 票的投票決定是基於不希望法院被認為是一個政黨。

種族問題

　　美國的法律是禁止種族歧視的，這個問題在美國是一個十分敏感的問題，任何政治人物的言行如涉及種族歧視，就等於斷送了政治生命。但身為總統的川普，竟然公開辱罵國會的少數族裔的女議員，這種不理性、近乎瘋狂的舉動，只能說明美國民主的悲哀以及政治人物的墮落。

　　因為川普誓言要搜捕非法移民，引起少數族裔議員的批評，川普居然推文叫這些議員「滾回去」自己的祖國，不要在偉大的美國「惡毒的大聲喊叫，教美國人怎麼管理政府。」（2019.7.16）

　　這四位民主黨新科眾議員分別是波多黎各裔的歐佳修蔻蒂（Alexandria Ocasio-Cortez）、巴勒斯坦裔的特萊布（Rashida Tlaib）、非洲裔的普雷斯利（Ayanna Pressley）和歐瑪（Ilhan Omar），前三人都是在美國出生的。

　　川普此言一出，引發極大爭議，民主黨指責他是仇外主義、白人至上主義，四位女議員也紛紛反擊，但川普毫不在意。一位專欄作家說，對一個沒有羞恥心的人，是無法和他講道理的。

*　　*　　*

　　美國眾議院於 2020 年 7 月 16 日投票通過譴責川普的「種族歧視言論」，投票結果為 240 > 187，有 4 名共和黨議員和 1 名無黨籍議員加入這個由民主黨黨團提出的議案。

　　這是美國歷史上一百多年來，眾院首度通過的對總統的譴責案，決議寫到，「強烈譴責川普總統的種族歧視言論，此種言論對於美國人及有色人種的憎恨增加恐懼……如果美國對新住民關上大門，我們可能很快喪失全球領導地位。」並指稱川普的輕蔑言行「不屬於國會

或美國」。

不過，這一決議案並無法律上的約束力，由於民主、共和兩黨對立立場鮮明，也不會影響川普的政治基礎。一些共和黨議員試圖為川普緩頰，辯說那不是川普的原意，只是企圖把 4 位少數族裔民主黨女議員抹黑為左派社會主義分子。

川普對種族的歧視是自然流露的，這是他的天性。2017 年 1 月 12 日在討論移民時，川普竟說海地、薩爾瓦多和非洲國家是「屎坑國家」（shithole nations），導致 54 個非洲國家發表聲明，強烈譴責川普的種族歧視和仇外言論。

＊　＊　＊

美國的種族問題是愈來愈嚴重了，請先讓數字說話。

PEW（Pew Research Center）2018.2.22 報告，有 81% 的美國黑人認為種族主義是社會一大問題，比 2009 年增加了 37%。

NBC 2018.5.29 民調，64% 認為種族主義嚴重，45% 認為還會更壞。

非裔美人男性被警方擊斃與白人的比例是 21 倍。

2013-2018 年 15 個案件中，只有 1 名警官被判入監。

持有大麻（Marijuana）黑人被捕的比例為白人的 4 倍。

認為黑人受到司法上不公平待遇的白人為 51%，黑人為 78%。

黑人占人口 13%，但入監的占 36%。

哈佛大學教授 Annette Gordeon-Reed 說，非裔美人還稱不上是完整的公民（full citizen）。

黑人的失業率是白人的 2 倍，西班牙裔（Latino）高出白人 40%。

黑人的工資比白人少 30%，Latino 少 40%。

亞洲人在高科技領域，平均一年少領 8,146 元。

白人的財富為黑人的 12 倍，為 Latino 的 11 倍。

1/4 的黑人家庭沒有財富或負債。

26% 的黑人生活貧困，12% 極度貧困。

社會歧視

54% 亞洲的青少年在學校遭受霸凌，黑人為 38.4%，Latino 為 34.3%。

黑人等待 Uber 的時間比白人多 30 分鐘。

52% 的回教徒認為被監視，28% 有被懷疑檢查，21% 在機場要走不同通道。

川普於 2017 年 1 月 27 日下令對七個回教國家禁止移民進入美國（Muslim Ban 包括 Iran, Iraq, Libya, Somalia, Sudan, Syria, and Yemen）。

75% 的成年回教徒認為過於歧視，一般民眾也有 69% 採同樣觀點。

回教徒只占美國人口不到 1%，但卻涉及 14% 的宗教歧視案件。

超過 1/3 的參選人宣稱回教徒是有暴力傾向，構成立即的威脅，甚至有接近 1/3 的參選人要求回教徒放棄其宗教信仰。

2018 年 1 月 26 日《華盛頓郵報》稱在美墨邊境為阻止移民入境，美方曾多次使用催淚瓦斯（tear gas）。

2018 年 5 月 12 日《紐約時報》報導，美國對非洲移民採取「零容忍」（zero tolerance）政策。被拘留的父母必須交出他們的孩子，結果有超過 2,000 名移民的孩子被迫離開他們的父母。

美國邊檢人員虐待、強暴婦女和兒童的案件時有所聞，2018 年 5 月 23 日《The Independent》報導有 116 件。

* * *

前調查局長柯米（James Comey）說，美國文化中一直有一個放射性種族主義的湯，在美國歷史中，一再被攪動、擴散，造成奴

隸、恐怖主義、對非裔美國人的壓迫。參觀一下「非裔美國人歷史和文化博物館」（National Museum of African American History & Culture）便可發現暴力壓榨得不僅超出想像，而是無法計數的。美國已經很努力在文化上不去冒犯種族主義，但這個機制卻讓川普給破壞了。他刻意設計一個邪惡的目的，去促成支持他能量的爆發，來達到爭取勝選。但他的作法只能傷害這個國家。

* * *

2018 年 8 月 11 日在維吉尼亞州夏洛席維爾市（Charlottesville）數百名白人至上主義者與抗議者發生暴力衝突，他們高舉火把高喊「猶太人不能取代我們」，還打出納粹「血與領土」的標語。第二天，一名白人開車衝向民眾，造成一死十九傷，在電視上全部呈現。

川普首先以推文譴責暴力，呼籲團結，但在下午另一場活動上，他脫稿加了一句，「許多方面，這種情形在我們國家已經發生多年……。」在 12 月 22 日的記者會上，他加上「極左派來衝撞」集會，另一方也很暴力……，請相信我，這些人並非全是新納粹黨，也並非全是白人至上主義者……雙方都有錯，雙方也都有好人，另一邊也有許多壞人……，一個故事是有兩面的。」三 K 黨前任領導人杜克（David Duke）推文，稱讚川普，講出事件的真相。他這種說法，給人的印象是在縱容這些白人至上主義者，立即招致各方嚴厲的批評，包括一些共和黨的重量級人士在內。

美國各軍種司令在社群媒體上嚴詞反駁川普，「美國製造業理事會」（是美國總統禮聘民間企業領袖的一個團體）的重要成員一一宣布辭去。川普批評他們在「嘩眾取寵」，隨同這個組織的幾個工會宣布解散。川普非常倚重的柯恩也向川普請辭。川普大怒說，你還沒有完成稅制改革，並說他是「背叛」。

　　大家均認為他應該直接譴責那些白人至上主義者，反對種族主義者，最後在他身邊幕僚的大力敦促下，終於在電視上點名這些各種不同名稱的白人至上主義者……並說，「種族主義就是邪惡。」

　　在這個事件上，白宮沒有任何一位高層人士站出來捍衛川普。

　　對波特（Rob Porter，川普的祕書）而言，這個事件是個突破點，川普幾乎拒絕了所有幕僚的良好判斷，他只需要幾句好話，卻吝於開口，還畫出一道鮮明界線。波特說，「這不是總統應為、當為，這裡已不再是白宮，這個人目中無人，只有自己。」

　　波特從他與川普的貼身位置，僅次於希克斯（Hope Hicks），把這一切看在眼裡，他已確認川普當選總統，造成國家的分裂、敵視媒體、激化文化戰爭以及鼓勵種族主義。他認為在反對和仇視川普的人心目中，川普已成為一個「非美國人的種族主義者」，大火勢必燃燒，一發勢必燎原。他的結論是，美國全國上下幾乎陷於永久的猜忌、不信任和敵對狀態，「現在就是全面戰爭」。

＊　＊　＊

　　2020 年 5 月 25 日，明尼亞波利斯（Minneapolis）警察局警察以膝蓋壓著一位黑人佛洛伊德（George Floyd）的脖子達 8 分鐘 46 秒，這位 46 歲的黑人當場喪命。造成大規模的抗議和暴動，蔓延到 2,000 個城鎮，其規模為 1960 年代民權運動和 1970 年代反越戰爭以來所僅見，示威群眾大喊「黑人的命也是命」（Black Lives Matter），在聚會中大聲指責種族歧視和警察暴力，透過媒體，更產生了推波助瀾的效應。

　　在華府，一位距白宮僅有 1,000 尺的聖公會教堂（St. John's Episcopal Church）在地下室被縱火後於 5 月 31 日封閉。華盛頓特區市長宣布自 6 月 1 日起實施宵禁（curfew）。

　　當天下午，川普電話給州長們，強調需要使用武力對抗示威群眾，他希望用力平亂。川普說，「你必須主控，否則就是浪費你的時間；你必須逮補、審判，把這些人送到監獄多關一些日子。」

　　那天，有數百名大多是和平抗議者在聖公會教堂和白宮之間的拉法葉廣場（Lafayette Square）群聚。大約在傍晚 6 時半左右，在沒有明顯的挑釁下，警方突然衝向抗議群眾，丟出控制暴動的物品，造成爆炸聲、火花和煙幕，電視上顯示的是警方把抗議者推在地面上，射出一些化學物品，如辣椒球，騎馬的警察把抗議者推出拉法葉公園。

　　6 點 48 分，川普在白宮玫瑰花園發表講話，他表示要依法還佛洛伊德公道，但不允許暴民行動。他說，最窮社區的和平愛好者是最大的犧牲者，身為總統要為他們的安全而戰。我是你們法律和秩序的總統，我將為保護你們而戰。

　　川普說，暴動和非法行為已向全國擴散，他建議各州州長要布署國民防護兵以充分的人數來控制街道。如果市長或州長拒絕採取行動，我將布署美國軍隊，儘快幫他們解決問題。

　　在他講話之後，約晚上 7 時，川普帶領一批官員，包括國防部長埃斯伯（Mark Esper）、聯參會主席米利（Mark Milley）身著野戰軍服，白宮幕僚長米道斯（Mark Meadows）、國安顧問歐布萊恩（Robert O'Brien）、總檢察長巴爾（William Barr），還有庫什納和伊凡卡，從白宮走到聖公會教堂，被稱之為總統的教堂。

　　當總統一行到達教堂時，伊凡卡拿出一本聖經交給川普，川普拿著聖經與群眾招呼。一位記者問到，「那是你的聖經嗎？」川普答稱，「這是一本聖經。」另一記者問到，什麼是他的想法？川普說，「我們有一個偉大的國家，這就是我的想法。」

　　華盛頓聖公會主教巴地（Mariann Edgar Budde）說，「我很憤怒，所有他（川普）的言行都是煽動暴力。」聖公會教堂代理主教凱

瑞（Michael Curry）說，川普利用教堂和聖經作為政黨政治的目的。

前國防部長馬提斯（James Mattis）打破長期沉默，發表了一個聲明。他指責川普不去團結美國人民，反而分化美國人民。我們過去三年看到他刻意製造的結果，看到一個不成熟的領袖所帶來的後果。川普推文反擊，「我不喜歡他的領導風格或其它更多的地方。這點許多人都同意，還好他已經離職了。」

6 月 3 日，伍德華電訪川普。川普先問，書進行得如何？會不會使他太忙？伍華德說，川普給了他一個新的篇章。川普說，是啊！那是法律和秩序，那是我要的。川普又談到經濟好轉，開放的狀況良好，政府在疫苗和治療疫情的表現等等，並說他要派出國民軍去到一些可憐的王八蛋的地區，那些可憐的積極左派。他還有意的加上一句，「當然，在某種程度上，你也是一個可憐的極端左派，我猜想。」

伍華德主要想問的是川普對佛洛伊德案的看法，他問到川普有沒有看過佛洛伊德的錄影帶？川普說，「我看過，很可怕，我說過那是一件可怕的事。」伍華德想起了川普在佛羅里達早一些的講話，他講到佛洛伊德有 8 分鐘之久。

伍華德又問，你在哪裡看到的，是看了全部或者是一部分？川普說，「我看了不知多少遍了，我完全不喜歡它，我對這件事非常不高興，我們已採取行動，並會處理。我認為暴亂是最糟的，尤其在 Minneapolis，他們把整個城市給拆了。他們都是自由派的民主黨人，每個人都是，難以相信吧，對不對？」

伍華德問，「為什麼你決定要去發表那篇法律和秩序的演講？」川普說，「對我來說，那是很容易的事，因為我發現那裡沒有法律和秩序，他們都是民主黨的市長或州長，每個人都是，這就是他們的弱點，所以我寫得很容易。」

伍華德問，有人幫你寫嗎？川普說，「我找了三個人，讓他們提

供看法，但意見是我自己的，所有的東西都是我的。」

伍華德問到川普走到教堂和對付抗議者的事。川普說，「那完全是胡說八道，他們沒有使用催淚瓦斯。」（第一手的證人，包括記者們、攝影機上顯示的，執法人員使用辣椒粉、煙燻罐、辣椒球去驅散示威者和群眾）川普說，「這些人前一天想去燒毀教堂，有人說他們是好人，但他們是暴民，所有共和黨人都支持我。」「順便一提，昨天是我的大好日子，我們贏得了所有我推薦的人，在眾議員選區我們是 64 比 0，在我推薦之前，許多人是落選的。」（川普講的是眾議員的初選）

伍華德說，「站在那裡手拿聖經的主意，倒是很好的照片。」川普說，「那是我的主意，沒有別人，許多人喜歡這一動作。」伍華德說，「我相信許多人會喜歡，但也有很多人不喜歡。」川普說，「或許吧。」伍華德問，「你為什麼決定用聖經作為象徵？」川普說，「因為我認為他們要拆毀的這個教堂是和白宮同時建造的。第一位教區居民就是麥迪遜（James Madison）總統，我認為他們居然要做這種可怕的事……。」

新聞報導說 5 月 29 日，川普進入白宮緊急掩體（地下堡壘），稱之為總統緊急行動中心（DEOC）。伍華德問到，「你去過這一掩體嗎？」川普說，「有一陣子，因為他們希望我去檢查一下，這是件小事，而且是在白天，在白天是完全沒有事的。你知當民眾聚集鬧事時，多在晚上，只是有人要我去檢查一下，結果就變成了『假新聞』。」

伍華德又問，「你在裡面多久，或只是看一下。」川普說，「15 分鐘，只是看看，看完就上來了，而且是在白天。」

伍華德問，「那不是很舒服的地方，是不是？」川普答，「那就是，你知道，你應該下去看一看……我想那是在下午 4 點或 5 點，還在白天，很美好的。」

伍華德問，「誰建議你去的？」川普答，「一位特勤人員說，並

說我不一定現在就去，我的確也可以不去，但我去了只為檢查，這也沒有什麼不對，這不是什麼大事，我只在那裡 15-20 分鐘，只是到處走走、看看。」

伍華德說，「我了解了，你沒有再下去吧？」川普說，「沒有，我沒有再下去，我只去過一次，很快，只是一個檢查，他們把它說成是……我再說一次，鮑布，那是在白天。」川普說，「在白天，外面的人很少，幾乎沒有抗議者。」（檢察總長巴爾將在福斯新聞上說，那不是一個檢查，「情況那麼糟，特勤人員建議總統進入掩體」。）

伍華德說，警察以暴力驅散了 6 月 7 日的抗議者。川普說，不是如此，這都是你們喜歡的媒體的報導，除此之外，人們都很不高興，他們是縱火者、流氓、無政府主義者、壞人、非常壞的人、非常危險的人。伍華德說，「甚至和平抗議者？有很多和平抗議者。」川普說，「他們不多，那些是有良好組織的流氓，Antifa 在領導他們，那是一個非常有組織的活動。」（Antifa 是 Anti-fascist 的縮寫，是一個反集權的運動，它不是一個組織，沒有領導人，也沒有會費。）

伍華德說，我們將進入選舉，大家都在問，如果是一場很接近的選舉，會是一個被提出質疑的選舉，你將如何回應？大家都說，「如果被質疑的話，川普會留在白宮。」川普說，「我不會，我不想在這方面表示意見，我不想在這個時候討論這件事。」

川普改變話題，提到了伍華德正在寫他的書，他說，「如果那是一本公正的書，那將是一本偉大的書，你看過有本關於川普和邱吉爾的書嗎？它剛剛出版，作者給我的評價是歷來最偉大的總統之一。」（川普說的是 Nick Adams，一位保守派的作家寫的 Trump and Churchill: Defenders of Western Civilization）

川普又談到了他的未來，「經濟，我要再努力一次，它已經啟動，到 9 月、10 月時，經濟將開始上揚，一旦它開始上揚，明年將會更好。

到9月、10月，你將看到就業和GDP的大幅成長，到10月將會非常好，這些數字等於宣告我將贏得選舉。注意，我會比我過去的好更好，我們會乘風而起。」

伍華德問到大規模抗議的當前問題，「你已買了這整個問題的所有權，由於你寫的法律和秩序造成了種族緊張。」川普說，「法律和秩序是對的，我將看看我的機會，從你那裡得到一本好書是我的光榮，但可能不是如此，我也無所謂。謝謝，鮑布（Bob）。」

* * *

川普好友葛藍漢參議員在看到川普去教堂這一幕後，憂心忡忡，當晚告訴川普面對佛洛伊德事件所引起的暴亂，他有三個選擇：華萊士（George Wallace）、甘迺迪（Robert Kennedy）和尼克森（Richard Nixon），結果川普選擇了華萊士，前阿拉巴馬（Alabama）州長，為一極端種族主義者，一直主張種族隔離政策。

葛藍漢認為，川普應任命一個委員會來處理種族和警方的問題，再重新定位警方與社區的互動關係後，政府才能對施暴的行為採取較嚴格的作法，但川普的作法是「火上加油」。

葛藍漢懷疑，「你真的要把美國現役軍人來對抗美國人民嗎？除非你必須要這麼做？美國軍人深受人民愛戴，你當真要把他們拉進這個混水中嗎？」葛藍漢認為，如今川普的地位已非常危險，當前事件有潛力把他生吃活吞。

但川普還在要求葛藍漢以參院司法委員會主席的身分去傳喚前總統歐巴馬作證有關2016年大選的事。葛藍漢已公開拒絕並說他了解川普的挫折感，但他要小心他的一廂情願。

但葛藍漢和川普畢竟是相互需要的朋友，在6月上旬，葛藍漢對川普說，如果現在投票，你會輸掉。川普極不同意，說他完全不相信。

葛藍漢說，在教堂前的相片引起了反彈，川普也完全不同意。

　　葛藍漢對拜登（Joe Biden）的了解甚過任何其他共和黨人，他與這位前副總統有很深的交往，曾公開稱讚拜登是一位完全的正派人士。葛藍漢告訴川普不可小看拜登，你可以讓人民懷疑他的能力，但你必須證明你有解決問題的能力。

　　葛藍漢提醒川普，和 1968 年尼克森提出法律和秩序不同的是當時尼克森是挑戰者，不是現任總統。葛藍漢說川普是現任總統，必須展示他能管理、改變和改善人民生活。

　　葛藍漢提出三點建議：

　　一、以行政命令來推動警察改革。

　　二、以大型內部基建方案來重建公路和學校。

　　三、保護DACA（Deferred Action for Childhood Arrivals）（DACA為歐巴馬政策，給 70 萬沒有身分的年輕成人，因他們來美國時還是孩童的身分，這些人稱之為「追夢人（dreamers）」。川普上任後把它禁止，目前還在法院審理中。）

　　葛藍漢說，如果你能解決 DACA 問題，或以漸進方式去解決它，對西班牙裔的社區將是你司法正義改革的成功。總之，要證明你有解決問題的能力。但川普並不同意。

　　葛藍漢也在推動一個 30-40 億美元的疫苗和免疫的全球同盟對發展中國家提供新冠肺炎（COVID-19）治療，他也籌募 30-40 億美元去購買疫苗。前總統老布希（George Bush）打電話給葛藍漢，要他告訴川普如果做這件事，對他將大有幫助。葛藍漢問老布希是否要與川普通話，老布希拒絕，認為川普常常曲解他的話。

　　葛藍漢打電話給川普的競選總幹事巴斯科（Brad Parscale），巴斯科說，川普的問題是他的語氣（tone），他應該軟化一些，他認為

警政改革至為重要，一如 DACA 和基建，使大家對經濟提高信心。

在另一次會面時，川普表示他想再提出一個 3 兆美元的刺激經濟方案。葛藍漢說，不要擔心你的基本盤，選你的人不會認為你是財政上的保守主義者。葛藍漢還想推動他的方案，四大項──警政改革、DACA、基建、刺激方案──都是超黨派的，在 11 月之前，出現一個成長的經濟。

這次川普有點聽進去了。但葛藍漢又提醒川普，疫情會減弱剛才他所說的一切。川普對此感到非常不平，這種事會發生在他任內。葛藍漢說，對每個人都是不公平的，這也是總統工作的一部分，事情總會發生的。兩人同意不能再去封城（shut down），即使疫情仍然在擴大，關鍵在疫苗。

葛藍漢與川普的關係始自 2016 年大選，當時葛藍漢也在爭取共和黨提名，但他很欣賞川普，並一直為川普的盟友。如果總統認為某人為其盟友，他會接受他的批評，如果他把他當作敵人，他就永遠不會接受他的批評。

葛藍漢告訴川普，現在已經很危險了，問題的一部分是川普能否回應政治上和情緒上的壓力。在佛洛伊德事件後，葛藍漢認為在政治上已回不去了，他認為川普必須對幾個問題誠實面對。他對川普說，這是一生只有一次機會去重振美國，你只要做到三件事：DACA、警政改革、基建，你就會連任。如果你只想當一個法律和秩序的總統，就會輸掉選舉。

* * *

三天後，6 月 26 日晚 8 點 15 分，川普回了伍華德的電話。「我剛回到白宮，我正在看他們正在拆掉在華府的一個雕像，我們正在努力阻止。」（抗議者想要拆除在拉法葉公園中的傑克森總統，Andrew

Jackson，雕像，當他們通話時，警察開始使用催淚瓦斯和警棍推開抗議者。）

川普說，「我會告訴你，這種事太過分了，過分。」伍華德問，「你對所有這些事有什麼想法？」川普說，「我認為這是丟臉的事，這種事已進行很久了，但變得更直接了。我已經阻止他們，在聯邦的立場，我強力的阻止他們，有的州很笨，有的州很弱。

（川普想談他在圖沙〔Tulsa〕的動員聚會，這是過去兩個月來的第一次，由於疫情和抗議，會場人數減少，成為媒體的焦點，大肆報導。）

川普說，「這是我第一次看到有空位子的。」伍華德問，「你花多少時間準備演講？你在使用閱讀器（teleprompter），是嗎？」川普說，「大概用不到 25-35%，我準備多久？這是一個可笑的問題，我猜我一生都在準備，是不是？我不需要準備，抓起麥克風，我只想講幾個故事。他又轉到病毒上，川普說，「中國本可以阻止的，我相信他們可以阻止的。」

伍華德要多問一些抗議者的事。川普說，「我認為你可能認為他們是好人。」伍華德說，「作為一名記者，我必須去了解，人民是如何得到結論的，他們的情緒……。」川普說，「對我來說，這不是問題。」伍華德說，「你必須跳開你自己的觀點。」（to step out of your own shoes）川普說，「但你可以從你的觀點去看清事情。」伍華德笑了，「好吧！」川普說，「我不認為你必須那樣做，你可以從兩方看事情。」伍華德說，「我對你的問題是你了解人民他們熱情的「黑人的命也是命」的運動是真實的。有許多人民憤怒和痛苦。你講過，我不是那些人。那是真的，但我認為，跳脫你的觀點（設身處地為他人著想），是非常重要的。」

川普說，「沒問題，我懂了，我可以接受。」（伍華德提醒川普，

他在錄音。）川普說，「沒問題，我不在意，你可以錄音，我是一個有話直說的人。」

伍華德說，他認為人民希望聽到，總統對這個國家的黑人說，他了解他們所經歷的，然後你再提出你的辦法以及如何修復。

你了解你是一個具有白人優勢像我一樣的人，問題是能不能有一個人像你——因為你是他們的總統——走出來說，我運氣很好，我得到了利益，但有的人並沒有這種機會和利益，我了解他們的憤怒和他們強大的不滿。

川普說，「我感覺我了解這些，如果我不了解這些，我不可能去做犯罪司法改革，除了我沒有人能做到；我不可能去做「機會區塊」，對奄奄一息的區域有巨大正面的影響；我不可能去花錢支持黑人大專學校，被稱之為 HBCU。換言之，我如不是極端同情黑人所經歷的苦難，我不可能用那麼多錢去維持歷史性的黑人學校。（2019 年 12 月，川普簽署一筆每年 2.55 億美元的法案，支持 HBCU。）

伍華德說，「問題在於什麼是你的內心？我認為人們希望去了解你了解的，你身為總統責任的主要精義是什麼？」川普說，「我認為我的責任的精義是為全民做好工作。」

伍華德說，「假設我有 10 位『黑人的命也是命』的人民在這裡，我說這是川普總統，總統要說他如何跳脫自己的觀點來了解你們生活的觀點。你會怎麼說？」川普說，「我是那種寧可把事情做好，而不是說說而已的人。」伍華德說，「有時，你在處理這些事情時，你必須承擔下來。在這個國家做為總統，沒有一個比你更大的「自己」。我不是要你去說你沒有感覺的話。」「我在問你是否你了解人民的不幸、掙扎和痛苦，我認為那是真實的。如果我可以說的話，在我的年紀，對我是一大覺醒，我比你大，77 歲了。如今是在你當總統時，一個新的形式的奴役（slavery）發生了，在我們的國家。我要肯定我了

解你願和他們說什麼？你了解嗎？」

川普說，「我了解，我認為我能做的就是把事情做好。我有一些好的想法要為美國黑人社區去做，我本來做了很多，直到中國病毒把我們傷害這麼嚴重。」

伍華德說，「如果一位我的團體成員對你說，總統先生，你了解我嗎？你會怎麼說？」川普說，「我會說我真正相信我了解，這是為什麼我為黑人社區做了這麼多事。」（他又把他的成績單唸了一遍。）伍華德說，「你認為在我們國家，有一種系統性或制度性的種族主義嗎？」川普說，「我認為哪裡都有，我認為大概我們比大多數地方少，或比許多地方少。」

伍華德說，「但它是否以一種方法影響到人民的生活？」川普說，「我想是的，這是不幸的。」伍華德說，「但這裡有一個精神層面的問題，我知道你不會喜歡的。記得希拉蕊曾作過「傾聽之旅」（listening tour），你願意去做傾聽之旅去聽取人民的心聲嗎？」

川普說，「我認為我傾聽人民，我一直都在傾聽人民。我聽到人民所說的，我能用很少的錢把事情辦好，這是問題很重要的一部分。要不是我為這個國家打下強大的基礎，你就不可能有上個星期在工作上的數字以及其他。」

（川普在提到 6 月 5 日最新的統計，雖然仍有上千萬人失業，但 5 月增加了 250 萬人就業。）

川普說，「我的確聽到了人民的聲音，我的確了解他們所說的，我就去做該做的事，包括經濟的事，這對心很有療效，一個好的經濟可以解決很多問題。」

伍華德說，「你記得我在 2016 年在你被提名之前，我和 Bob Costa 來看你，我問你，你們在做旅店整修，這是你當時對我說的話。」「我激發人民的熱情，我激發熱情，我一向如此。我不知道這是財產

或是債務，不管如何，我做了，這是真的嗎？」川普說，「是的。有時我做的事比他人能做的還多，有時會使我的對手不高興。他們對我和對其他總統不同，許多總統你寫過的也沒有做很多事。」

＊　＊　＊

（伍華德談到民調似乎對川普不利。）

川普說，「你看的民調和我看的不一樣，我認為目前尚好。競選尚未真正開始，當它開始時，下幾個星期，你就會知道了。」

川普又回到圖沙集會，因為中國病毒，會場內有空位，但民眾在電視上看。他又轉到最近他在西點軍校畢業典禮的演講，他說那是一篇很好的演講，但媒體都不捧場，卻只報導他走路差點摔跤的事。因為斜坡，他走得十分小心，卻被報導他可能有「帕金森症」（Parkinson's）。川普說他被非常不公平的報導，包括民調在內。

提到 2016 年選前兩週，《華盛頓郵報》和《ABC》的民調說川普以 14% 落後對手。川普說他知道那不是正確的，川普問伍華德他如何評價 2016 年的選舉，那是不是有史以來最偉大的選舉之一。（2016 年，伍華德說川普會贏。）川普說，「如今他比當年的情勢好太多了，因為我做了許多事，而且我的對手又太弱。我稱呼拜登為「百分之一的 Joe」。」

＊　＊　＊

「黑人的命也是命」（BLM）運動引發了一年串的效應，包括刪減警察預算，禁用邦聯徽記、旗幟，推倒雕像……等，使川普大怒，他在 7 月 1 日推文痛批，BLM 運動是「仇恨的象徵」。他說，我們偉大的始終保持中立的警察，被一個痛恨且不尊重他們的市長（指紐約市長白思豪，Bill de Blasio）壓制、蔑視……，把錢花在打擊犯罪

上吧！

南北戰爭時期的邦聯旗徽記，多年來被視為白人至上主義的象徵，眾院軍事委員會在 7 月 1 日通過 2021 年「國防授權法」修正案，禁止在國防部管轄的建築物上，展現此一徽記，川普揚言要否決，但已被共和黨人勸阻，擔心會影響共和黨參議員的選票。

7 月 3 日，川普在「總統山」（4 位前總統的拉什摩爾山（Mount Rushmore），在南達克州（South Dakota）發表國慶前演說，他說，「我們的國家正在目睹一場抹殺歷史的無情運動，污衊我們的英雄，消滅價值及洗腦我們的孩子。憤怒的暴徒試著拆毀建國之父的雕像，破壞神聖的紀念碑，還在城市發動一波暴力犯罪。」川普把這些示威者定義為「來自左派側翼的暴徒」，批評這些抗議分子的行為消滅了美國文化。

《紐約時報》指稱川普發表了一場「黑暗且具分裂性的演說」，將他爭取連任定調成「對抗新極左法西斯主義」的戰鬥，川普利用國慶日發動一場「全面性文化戰爭」。《華盛頓郵報》則以「在 7 月 4 日前夕，川普消費種族和社會分裂」為題，報導川普的演說。

這場文化戰爭，雙方都有責任，在種族平權運動風潮之下，全美重新檢視歷史的聲浪幾乎席捲每個角落，從街頭到校園，許多建築被改名，許多銅像牌匾被拆除，這些人物與符號只因為代表的意義不符合當前的「政治正確」而被除名。面對破壞歷史的質疑，主張拆除的人辯稱，「德國沒有希特勒紀念碑，只有紀念被納粹迫害的地方，為什麼我們要保存迫害種族人士的銅像？」

平心而論，每個時代都有不同的背景，以單一角度去評斷過去也未盡公平，尤其不能走火入魔，否定一切，這樣只能使社會更加對立和分裂，絕非人民之福。歧視和偏見的消除不是一朝一夕的。

＊　＊　＊

川普 7 月 8 日打電話給伍華德，他說他太忙了，連呼吸的時間都沒有。

伍華德說這次是本書的第十七次訪談。川普說，我要的只是公平，我知道我不會得到，但也無所謂，我已經習慣了。但我仍然要求公平，因為沒有人比我做得多，你接到了我們加上去的新事情的新名單嗎？那是一個很長、很大的幾十種大大小小事情的名單，我自己已經收到了。

（伍華德問到，川普在 7 月 4 日國慶在總統山和另一篇在白宮的兩篇演講，他想達成的是什麼？）

兩篇都有對一些公民威脅這個國家分化性的色彩，有一種他在就職演說中使用的「美國大屠殺」（American carnage）的重新顯現的味道。就伍華德所知，兩黨總統通常在國慶演講中，都會講一些團結和激勵人心的話。在 7 月 4 日，你講了「有一些無情的競選在抹殺我們的歷史，憤怒的暴民要拆除我們開國元勳的雕像，和這些左翼的文化革命是想來推翻美國的革命。」

伍華德稱，「有些人代表那種憤怒、偏激的左派，但不會很多。」第二天在白宮的演講，川普說像美國的英雄打敗納粹，我們現在正在打敗偏激的左派、馬克思主義者、無政府主義者、煽動者、搶劫者。（伍華德說，沒有馬克思主義左派。）

川普說，「那是錯的，『黑人的命也是命』他們把它在他們網站上寫上的馬克思主義者。」

（發起人之一宣稱在 2015 年他和幾位組成『黑人的命也是命』的人是被訓練過的馬克思主義者，然而，這已不在他們網站上了。『黑人的命也是命』的話是被追求種族主義的廣大社會運動採取作為一個

改革的口號。）

伍華德問川普，「你要人民說什麼？」在你第二篇演講中，你說「我們的政府」是指你的行動和你的基地，「不要忘記，我們是一個家庭和一個國家。」川普說，「對的。」

伍華德說，「黑人的命也是命」的人民看到這些，他們說他們沒有被邀請，你把你的基地築起了一面牆包圍起來，問題是你的用意是什麼？川普沒有回答，只說，「我已經為黑人社區做了除了林肯之外超過所有其他總統的事。」

伍華德稱詹森總統（Lyndon Johnson）絕對做得更多，他推動通過1964年民權法案是一個里程碑的成就。關鍵是心，伍華德補充說。

川普說，「我為黑人社團做了巨大的貢獻。誠實地說，我沒有愛的感覺，一旦中國病毒來襲，民調的數字便一下掉到8、9、10的百分比。我不了解，我真的不了解，因為沒有人為病毒的事指責我。」（當然，許多人民，或許歷史，會指責他處理危機之不當。）

伍華德說，「這是心和精神的問題」，你有對「黑人的命也是命」的人說，他們是我們國內的少數，我們歡迎他們嗎？川普說，「門是大開的。」「我會收納所有人民，我要收納所有美國人，門絕對是打開的。」（他又回到他給美國黑人做了多少事。）

所以你的目標是？我的目標是做好總統的工作。（他又談數字，他似乎不了解我要問的是伸出雙手和療傷止痛，outreach and healing。）

川普說，「明年你會寫第三本書，明年將是很棒的一年。」伍華德說，「你知道病毒已在蔓延，絕對在蔓延。」川普說，「它在蔓延是因為我們的檢測，我們檢測了4,000萬人。」伍華德說，「陽性反應的百分比在增加，這是困難的關鍵。」（川普說，死亡率在下降，伍華德提醒川普福希（Anthony Fauci）這週公開說，死亡率下降是假

的說法，死亡率的大幅增加可能在幾週內。）

伍華德問，「問題是，我們現在在哪裡？」川普說，「我們情況很好。」「多數國家已完全躲不過病毒，我們已完全準備好。」伍華德說，「但疫情還在蔓延。」川普說，「因為我們做了 4,000 萬人的檢測，任何人有一點小毛病就去檢測，結果兩天就好了，坦誠說，這是荒謬的。」（伍華德很驚奇，川普把檢測當作小事，還批評他的衛生官員。）

伍華德說，「你有沒有找福希在你辦公室坐下來聊聊？」川普說，「他辯不過我的。」「如果不是我堅持，我們今天會死 300 萬人，而不是 13 萬人，對中國和歐洲的旅行禁令和早期的封城救了很多生命。」

伍華德說，「作為一個公民，住在這裡的人，我是竭盡所能的擔心所有的事。」川普說，「不要擔心。」「我們要出另一本書！你會發現我是對的。」

* * *

民主黨副總統參選人賀錦麗（Kamala Harris）在 8 月時沉痛的指出，美國的種族主義沒有疫苗。她說，在疫情中，美國少數族群的「痛苦和死亡不成比例，這不是偶然，而是結構性種族主義的結果」。目前，「平等、自由、正義」的價值觀受到了威脅，系統性種族歧視正在影響太多人的生活，「沒有針對種族主義歧視的疫苗，我們必須採取行動。」

疫情問題

　　美國在先進國家中疫情最為嚴重，人口只占世界 4%，但死亡的人數卻高達 22%。

　　為什麼會這樣？ 2020 年 8 月 8 日《紐約時報》作了一篇報導指出兩個原因：

　　第一，美國太重視個人主義，不重視政府管制，美國的自由主義傳統在集體行動上不易成功。

　　第二，政黨政治使公共衛生專家們無所適從，尤其是川普的言行，沒有任何其他高收入國家的政治領袖會與專家的建議，距離如此之大。川普曾說，病毒並不嚴重，預言將很快消失，並懷疑口罩的必要，鼓勵重開市場，還倡導錯誤的醫學知識。

　　一位美國流行病專家說，他很懷疑美國是否針對疫情有一個計劃或一個戰略，至少他未看到。

　　《紐約時報》針對美國的失誤和錯過機會，提出下列幾點缺失：

一、　缺乏有效的旅行管制。

二、　在檢驗上一再失敗。

三、　對口罩的爭議。

四、　對病毒和經濟關係的誤解。

五、　政府官員的信息不一致。

　　就第一點旅行管制來說，川普發布的第一個禁令是在 1 月 31 日對中國的旅客，包括外國人只要在中國停留兩個星期便不能入境美國，但兩個月後，約有 4 萬人由中國搭乘直航班機到達美國。

　　此外，在 2 月初，疫情便擴散在中國之外，大多數感染的旅客來自歐洲，直到 3 月美國才對歐洲禁令，但把英國排除在外，而英國是

當時感染最嚴重的國家。

在美國，口罩成為政治話題，由於川普拒絕戴口罩，共和黨人便跟著不戴，反而民主黨人多戴口罩。川普曾對一個戴口罩的記者說，那是「政治正確」（political correct）嗎？

在美國政治版圖上，自由派的東北部和西部，80% 以上的人戴口罩，相對的，保守派的東南部，戴口罩的人不到 50%。

對於封城和開放經濟問題，全國也不一致，首先發難的是喬治亞州的共和黨州長坎普（Brian Kemp），他在 4 月 30 日宣布解除居家禁令，因為該州的經濟已經不能再等。到底防疫情和救經濟哪個重要？芝加哥大學經濟學教授顧司比（Austan Goolsbee）說，疫情經濟學的第一規則是「最好恢復經濟的方法是控制疫情」。事實證明，美國開放愈早的地區，疫情愈嚴重。6-7 月，喬治亞的新增確認超過 125,000 人，在同一時期，超過加拿大、法國、德國、義大利、日本和澳大利亞的總合。

在政府官員的混亂和不一致，也沒有任何高收入國家和美國相比。其中最具代表的是川普自己的言行，他在疫情一開始說，「我們已完全控制疫情」，2 月底又說，「疫情很快就會消失，一天之內像奇蹟，就會消失」。不久，他錯誤的說，任何美國人都可得到檢測。7 月 28 日，他公開說謊，說美國大部分已沒有病毒。

紐約市疾病管制局一位官員說，「我們知道如何去做，但我們卻沒有去做。」

該文附有一張圖表顯示美國疫情的嚴重性。在過去一個月內，新增案例的人數：美國佛羅里達州 297, 200 人、德克薩斯州 271,300 人、喬治亞州 93,000 人、加州 255,700 人。同時間歐洲國家的新增人數，西班牙 52,300 人、法國 24,300 人、加上澳大利亞 10,300 人、日本 21,400 人。

＊　＊　＊

2019 年 12 月底，福希（Anthony Fauci）得到了訊息，中國、新的病毒、海產市場（wet market）。福希，79 歲，是美國最有名的傳染病專家，曾擔任敏感和傳染病國家研究所主任 36 年之久。在過去 40 年曾在全球最大流行病中從事第一線工作，如 1980 年代的 HIV/AIDS、anthrax、SARS、swine flu 和 Ebola。

2019 年 12 月 31 日，疾病控制和預防中心（CDC）的主任雷德費（Robert Redfield）也看到了中國武漢一個尚未明確的肺炎報告來自武漢市立健康委員會。他在第二天（2020 年 1 月 1 日）立即寫了一個 3 頁報告，題目是「不明病源中國肺炎的情況報告」（China Pneumonia of Unknown Etiology Situational Report）給衛生部長阿沙爾（Alex Azar）和其他高層衛生官員。1 月 2 日，他又將此一訊息送給白宮國安會。

雷德費也在 1 月 3 日與中國 CDC 的高主任（George Gao）聯絡，他擔心的是人和人的傳染，高主任的答覆是感染者都是同一市場的人。美國方面希望直接派人去中國實地了解，但中國表示無需外國協助，會自行處理。1 月 10 日中國發表病毒報告提供給國際社會參考。

國安會的博明（Matthew Pottinger）告訴雷德費此種病毒是無症狀傳染（asymptomatic spread），並說根據他個人的調查，武漢致死的人數已超過千人。

2020 年 1 月 23 日，中國宣布武漢封城，停止所有對外交通，總共有 3,800 萬人被隔離。但在當日白宮的例行簡報中，卻認為新冠病毒只是流感，不如 SARS 嚴重，也不會造成全球流行病。

1 月 24 日，在醫學界最權威的刊物《刺胳針》（The Lancet）上，中國科學家發表報告，指出新冠病毒為人體傳染。美國衛生部長阿沙

爾（Alex Azar）電請中國衛生部長，同意美國派人進入中國，但被中國拒絕。

中國明白表示不願在疫情上與美國合作，博明（Matt Pottinger）認為中國比冷戰高峰時的蘇聯還具侵略性和排外，但他認為中國是在隱瞞疫情。

國安會中博明和歐布萊恩（Robert O'Brien）對中國敵意最深，博明說習近平是毛澤東之後，意識形態化最強者，歐布萊恩說中國意在控制世界。他們兩人也曾堅決主張全面封殺華為，認為中國的 5G 將監視全球人民。

歐布萊恩指出中國的醫療體系不足因應疫情，中國人民不可避免的將前往美國和歐洲去防止疫情感染或接受較好的治療。

在 1 月 28 日的總統早報上，歐布萊恩說新冠疫情是川普任內最大的國安威脅。第二日，白宮宣布成立「新冠疫情工作編組」，但 1 月 30 日，川普在密西根州演講時，仍稱目前問題不大，請大家放心。

1 月 31 日，福希、阿沙爾、雷德費三位一起來到白宮親自向川普報告新冠疫情，經過反覆討論，加上博明和歐布萊恩一致建議要限制中國人進入美國，如果美國人從中國回到美國也要隔離 14 天。

在 3 月 19 日訪談中，川普告訴伍華德是他一個人決定要採取對中國人的旅行禁令，當時有 21 個人在橢圓形辦公室（oval office）。5 月 6 日，川普又對伍華德說，當時有 20-21 個人反對那個禁令，只有他堅持。伍華德稱至少有七次，川普一直重複這個說法。在全國最高級醫學和國安人員的建議下所作成的決定，川普把功勞全部據為己有。

* * *

美國對中國頒布了旅行禁令，但中國仍然拒絕美國政府人員去中國，川普決定親自打電話給習近平。2 月 6 日，川普與習近平說，美

國願在疫情上提供 100% 的協助，習近平未直接拒絕，但建議美國應參加「世界衛生組織」（WTO）的合作計劃，習告以中國的情況已在控制之中。在川普再次要求中國允許美國專家前往中國時，習近平說中國的政策是開放和透明的，中國的作為不僅為了保護自己的國家，也在幫助世界。習還提到 WHO 要求國家不要做出過分的反應。習說，這種作法只能製造更進一步的痛苦，這點是針對美國對中國的禁令。對美國的要求，中國一概不予理會。

2 月 9 日，福希、雷德費等「新冠疫情專案編組」的成員，對 25 個州長簡報疫情，雷德費稱疫情會擴大，但不會像中國那樣。福希說，這是非常嚴重的問題，大家應做好準備，但美國目前狀況還算穩定。

第 2 天，川普在公開場合三次說到病毒會自行消失的。福希也多次提到這個病毒是低危險的，美國人不必害怕，他甚至說口罩是給病人用的。

2 月 18 日在白宮的會議中，博明說北韓已關閉與中國的邊界，他說新冠病毒比美國的「極限施壓」還要有效。

2 月底，中國最後允許 WHO 組團去中國調查，其中包括兩位美國人，一位是福希的副手 Clifford Lane，該團的報告指出無症狀的傳染（asymptomatic infection）非常少，並稱讚中國或許是歷史上處理疫情最成功的國家。

Lane 給福希的報告指出中國已竭盡所能控制疫情，封城之徹底，毫無人權可言。對醫院的高科技能力也十分肯定，但該團沒有人被允許前往武漢。WHO 的報告很嚴厲的指出全球大部分國家未能在心態上和實質上採取中國控制疫情的手段。這是唯一可以控制疫情的方式。

* * *

當 2 月底，疫情已在歐洲、亞洲、中東擴散，但美國仍掉以輕心。

2月23日，川普對記者說，「我們控制得很好。」2月25日CDC的一位官員梅森尼爾（Nancy Messonnier）發出驚人警告，她說學校要關閉、會議要減少、企業應讓員工在家裡上班，對每個人的日常生活的影響將是嚴重的，這已經不是會不會發生的問題，而是什麼時候會發生和多少人會生病的問題。

川普正從印度訪問回國，他打電話給阿沙爾要開除梅森尼爾。2月26日，川普說，這只是流感（flu）。在2月27日眾院的聽證會上，阿沙爾也強調只是較為嚴重的流感，對公眾的影響不大。

2月28日，美國股市已連跌七天，為2008年的新低，當天川普在一場聚會中指稱民主黨在把新冠疫情政治化，為繼「通俄門」之後另一個新的騙局（hoax）。

2月29日，福希在電視訪問中，第一次說到「目前危險仍低，但可能會改變。」但川普、福希和雷德費均認為美國人民應照日常正常生活，無需任何改變。

2020年3月9日，股市震盪，川普推文說，「去年有37,000美國人死於流感，平均流感一年會造成27,000-70,000人死亡，但並沒有封城，生活和經濟正常運作。到目前，新冠疫情有546人確診，22人死亡，想想這個吧！」

在與共和黨參議員一場會議後，面對媒體，川普又說，「我們在疫情上做得很好，它會消失的，保持安靜，它會消失的。」

國安會的歐布萊恩注意到了歐洲疫情的蔓延，尤其是義大利，他認為美國對中國的旅行禁令十分有效，從1月的50萬人減到2月的7萬人，減少了86%。他希望歐洲國家可比照辦理，因為中國人改去歐洲的人較多了。

3月11日，白宮會議上決定對歐洲也採取旅行禁令為期30天，自該日起「骨牌」（dominoes）效應顯現，美國職業籃球宣布取消比

賽，福希在國會作證宣稱對病毒的試驗已經失敗。3 月 12 日，道瓊（Dow Jones）指數大跌了 10%，《紐約時報》的標題是「自 1987 年以來華爾街最大的潰敗」。

＊　＊　＊

3 月 13 日，川普宣布國家緊急狀況，這是他就任後的第六次。參議員葛藍漢看到一項預測將會有 220 萬人死亡，他告訴川普，我不是專家，但這些預測即使不是全對，但如果你疏忽它們，你會在歷史上留下惡名。總統先生，如果這些事情雖然正確，但你認為時間還早而無所作為，它將對你的總統大選造成致命的傷害。」

3 月 15 日，川普在白宮召集會議，同意 15 天的隔離和封城。當天川普推文說，「這是一個非常傳染性的病毒，真是不可置信，但我們已盡最大努力去控制它。」

當天，庫什納接到另一個不好的電話，美國只有 120 萬枝棉花棒（swabs）用來測試。如果沒有足夠的棉花棒，如何去測試？

雷德費認為 15 天去減緩傳染固然是對的，但是不夠的。他對朋友說，我們在與時間競賽，這是一場馬拉松，一個兩年或三年的長跑。這一病毒將在感染到 70-80% 的全球人口後，才會停止，或者這個世界能研發出生物抗體來阻止他。

3 月 16 日，川普推文「美國將全力支持這些企業，如航空公司等，他們特別受到『中國病毒』的影響，我們會比過去更強大。」這是川普第一次公開把新冠疫情說成「中國病毒」。

3 月 19 日，伍華德第八次訪談川普，他稱讚自己的領導能力，指責中國和歐巴馬，自己卻不肯負責。在 40 分鐘的電話訪談中，川普三次提到他 1 月 31 日限制中國人進入美國的決定，他說這一決定減少了大量美國人民的死亡。他說他在內外巨大抗拒下做了這個決定。

　　伍華德問川普如何告訴他 13 歲的兒子 Barron 這件事，因為幾天前川普對伍華德提起過。川普說，這是一件不好的事，它來自中國，他們應該早兩個月告訴我們，這樣全世界都不會有事了。如今已有 141 個國家被感染，我們曾說我們可以很容易地阻止它，但中國就是不做。他們等了又等，保密又保密……如今全世界都被傳染，受到了傷害。

　　伍華德認為川普已經感受到他在處理疫情上遭受到的批評，在經過穆勒長達 22 個月的調查和美國歷史上第三次的彈劾案之後，他發現真正在門後的炸藥是病毒，成千上萬的美國人民的生命和生活全在他如何處理新冠疫情的決定上。

　　川普對伍華德說，病毒一部分是神祕性，一部分是邪惡性，它傷害的是肺部。我不知道他打擊的只是老人，這兩天我才知道也包括年輕人，許多年輕人。

　　兩天前在任務工作編組的簡報中，川普說，我一直知道這是一個流行病。川普告訴伍華德，「我想要低調處理，我仍然希望低調處理，因為我不想製造恐慌。」

　　伍華德問川普他下一步要做什麼？川普回答說，我要打 20 通電話，等待我對這個問題的處理。然後我要做一件大事，我必須非常專業，我想人民會尊重將要發生的事。我坦誠認為從我召開記者會後，事情有了好轉，因為我們做了對的事，你必須說中國最早的封城是對的事中最好的部分。

　　伍華德問到川普對福希的看法，川普說他很好，也很精明。伍華德提醒川普，福希是他的艾森豪，他有沒有詳細向福希請教過去在這方面的知識。川普顯然沒有，只說白宮很忙，事情很多。伍華德認為有什麼事會比疫情更重要呢？何況川普還能撥出不少時間和他訪談。

　　川普又開始轉移話題說，美國的經濟是世界第一，從來沒有這麼

好過。突然有一天，這個事情發生了，我們必須做出決定，關閉一切，拯救上百萬的生命。你可以什麼不做，看著每天從公寓裡抬出來的屍袋嗎？

伍華德問誰告訴你這些的？川普回答說，「是我自己」。伍華德稱當川普領導國家渡過危機時，他鮮少有自我反省的表示。

伍華德又問川普，在過去兩個月中，你有沒有時間會對自己說，這是我一生領導的考驗？川普說，「沒有。」「我想可能會有，但我不這麼想，我只想把問題解決。」

伍華德提到前一個星期川普在新聞簡報中曾說過，對此一危機，「我完全不負責任」（I don't take responsibility at all）的事。川普答以「我不為此事負責，我和這件事沒有關係，我負責解決問題……我們做得很好。」

3月底，庫什納被告知在4月1日美國缺少13萬個「呼吸器」（ventilator）。這個消息令人擔心，因為這代表有13萬個病人因得不到「呼吸器」而死亡。川普知道之後下令「上天下地」（move heaven and earth）也要得到這13萬個「呼吸器」。

* * *

3月26日，一位記者問到川普有關他用來形容病毒的名字，川普說，「我講的是中國的病毒，我是那個意思，因為它是從那裡來的，這就是中國的病毒。」

當日稍後，川普和習近平通話討論病毒問題，一開始川普說中國外交部發言人說病毒是一位美國士兵傳到中國的，他說這是一個可笑的評論，雙方為此爭論。

習近平說，中國感染的人數大幅下降，新的病症都是從外國回來的。習說，病毒是共同的敵人，他已指派中國衛生部長與美國聯絡，

共商對策。

川普問習，對抗病毒什麼方法最有效？習回答稱，封城、隔離和保持社交距離是有效的方法。習說，武漢封城避免了病毒對世界其他國家的傳染，早點發現，早點檢測，早點隔離，早點治療是有用的。

習也說，如果美國官員調整他們的用語（指中國肺炎）也是有幫助的，他表達了對美國反中情緒的關心。川普說他個人和美國人民喜歡中國人民，不會容忍對中國人民的惡意。

川普問到為什麼武漢的死亡率這麼高？習說因為年紀大的人比例偏高以及人口過於集中。

雖然習近平未對美國有任何直接威脅的語氣，但和川普一起接電話的博明認為習在暗示美國官方的言語和中國提供合作的程度有因果關係（cause-and-effect relationship），他也認為中國未能依照國際協定提供病毒的樣本是荒謬的。

3月27日，川普又發現美國缺少口罩成災，庫存只有4,000萬個，僅為需要的1%。庫什納說，中國是唯一的答案，世界80%的口罩是中國製造，所以你必須決定如何去做。川普叫庫什納打電話給中國駐美大使崔天凱，亦不得要領。

3月28日，伍華德打電話給川普，前一天，川普批准了一筆兩兆美元的疫情紓困方案。川普說，「世界已被疫情所困，但我們做得不錯，你感覺如何呢？」伍華德說，領導的重任在你身上，我的問題是你的優先方案是什麼？

川普先對媒體抱怨，說他們製造了太多的假新聞，然後說他的優先方案是救人，並說那是他唯一的優先方案。

伍華德問他與習近平談話的結果如何？川普說沒有理由在這個時候把事情弄大，你知道，中國人是防禦心很強的。

伍華德說，川普曾講過每個門後面都有炸藥，當前是否有這個感

受？川普說，沒有人會知道會發生這種事，我最好的決定就是對中國和歐洲的旅行禁令，否則我們會有更大的麻煩，我們會有更多的人死亡。

伍華德說，福希預測美國可能會有 10 萬人死亡。川普說，有這個可能，如果我們沒有我的作法，可能會有幾倍的人死亡。

伍華德問到習近平的心情如何？因為他們也受到重創。川普說，他們所受到的傷害遠比你知道的多。伍華德了解川普用了「中國病毒」之後，使美國官員更加大膽批評中國。對此，川普又擔心造成兩國更大的對立，並下令阻止使用這種言語。

伍華德認為問題的嚴重性，使川普幾乎聽起來變成另一個人。

3 月 29 日，在福希建議和堅持之下，川普決定把 15 天禁令延長 1 個月。本來川普希望在復活節（Easter）開放，但看到疫情帶來的死亡人數不斷上升，川普估計可能在 10 -20 萬人之間，不得不加強隔離和避免大型聚會。但在第二天的早報時，他又老調重彈，「請安靜，它會消失的，我們會有一個偉大的勝利。」

川普不是一個守規則的人，當 4 月 3 日 CDC 宣布建議美國人應戴口罩，川普在新冠任務編組中說，「那不是強迫性的，我不認為我會戴口罩。」美國死亡人數已達到 7,000 人，每天確診的人數以 3 萬人的數量在增加。

4 月 5 日，伍華德在下午和川普電話訪談，川普說，「疫情很可怕，簡直不敢相信，你能相信它移動的速度和邪惡嗎？如果它找上了你，你的生命就會結束。如果你在不好的階層，我們這個年紀的階層。」（註：川普 73 歲，伍華德 77 歲）

* * *

伍華德準備了 14 個問題，根據他的資料來源，這些行動是需要

的。

　　第一個問題是充分動員，沒有人認為川普做得太多，永遠是不夠的。川普同意這種說法，伍華德說檢測（testing）的重要，一如跑馬拉松。

　　川普有一個習慣是不理會對方的問題，以及企圖改變會談的內容。有時，和他談話等於在聽他一個人在講話。伍華德問到，對檢測的看法是不是足夠？川普沒有回答，他抱怨民主黨的州長不公開給予他肯定。對於充分動員的事，他說他每天，整天都在與人民對話，「或許我做得不夠好，不要講出去」，這是伍華德幾乎從未聽過的川普讓步的一次。但川普很快把話題轉向紐約州長顧摩（Andrew Cuomo）說要 40 萬個「呼吸器」，但事實上，它不需要那麼多。

　　伍華德指出川普是唯一要負責任的人，「這就是你的領導能力，我只想問你，你的感覺如何？」川普說，「我感到很好，我們做了很多的工作，但我們如何努力，卻永遠得不到假新聞媒體的肯定，尤其民主黨是不要命的想在 7 個月後打敗我。」

　　伍華德說，「如果你走出去告訴大家現在是完全動員」，伍華德話沒講完，川普就急著說，「我已經做了……你看馬拉松計劃。」伍華德說，和川普談話有如雞同鴨講，他只想講他自己愛講的話。

　　伍華德提到第二個問題，是否對醫療工作者提供個人的防護設備？川普長嘆一聲說，我們聽到太多的抱怨，但我如今非常喜歡「hydroxychloroquine」（醫學名羥氯奎寧）。川普說，他不一定有用，也可能有用，但我們已準備了幾百萬份。

　　伍華德第三個問題是對失業的救助和現金給付，有沒有制度上的規劃達到一些效果？伍華德了解已接近 1,000 萬人申請失業補助金，國會已通過一筆 2 兆美元的刺激方案，失業者每週可額外領取 600 美元。

　　伍華德的第四個問題是小型企業貸款，川普說這部分很順利，但伍華德提到有些銀行並未參加……。川普又打斷的說，如果他們不參加，我們不會讓他過好日子，但 Bank of America、JP Morgan、Chase 都參加了。川普說，第一天就貸出了 1,300 億美元，此一紓困方案總數為 3.5 兆美元，必要時還可追加。

　　伍華德第五個問題，集體隔離場所。川普說，這方面也很成功。伍華德問，需不需要下達一個全國性命令？川普說，要求人民居家隔離，進行的很好。但憲法上的理由和聯邦主義者的理由很多，以不發為宜。

　　伍華德第六個問題，食物供應，有信心讓人民不缺乏食物嗎？川普說，在這方面你大概聽不到什麼抱怨吧！川普說，他已與全世界最大的廠商，從亞馬遜到沃爾瑪（Walmart）開過會，大家都說沒有問題。

　　伍華德第七個問題，國際合作，他問川普是否看到季辛吉（Henry Kissinger）最近在《華爾街日報》上寫的一篇文章「新冠肺炎流行病將永遠改變世界秩序」（The Coronavirus Pandemic Will Forever Alter the World Order）？川普說，我沒看過，他講了些什麼？伍華德說，季辛吉強調這一危機的國際性，如果處理失敗，會使世界災情慘重（Failure could set the world on fire）。

　　伍華德問，有沒有人負責與其他國家協調聯絡？川普說，國務卿蓬皮奧就是，整個國務院也是。不過，川普對伍華德說，從他們的觀點而言，這只是比「地方問題」（local problem）大一點的問題而已。

　　伍華德不太能體會「地方問題」的意思是什麼？又被川普打斷，他說在國防生產法中，請 3M 公司在過去 3 個月來，從中國運來了 1億 6 千 6 百 50 萬個 N95 口罩，但還缺少 5-6 億個口罩。

　　第七個問題，下一步是什麼？主要工作者的定義是什麼？川普答稱，我們有一特別的定義，國土安全部曾發布一個 19 頁的諮詢備忘

錄，但各州郡都有他們自己的定義。

伍華德稱對人民而言，這不夠具體。川普說，讓我來說。但川普當晚並未講，他說教堂說他們才是主要的工作者。

伍華德問空中旅行的狀況，川普說大部分都停飛了。根據交通統計局的數字，2020 年 3 月，航空公司乘載旅客 3,660 萬人，比 2019 年 3 月的 7,750 萬人，減少了一半。

伍華德追問，「誰負責關鍵區域？誰在疫苗和抗生素方面很積極和富有想像力的投入？」川普回答說是「國家衛生研究所」（National Institutes of Health），但伍華德認為沒有一位負責人在領導這個國家重大的工作。

伍華德問到有沒有和比爾‧蓋茲見面，川普說，「沒有，但可能很快和他見面。」他們兩人曾多次見面，2016 年 12 月蓋茨曾面告川普流行病的危險並建議川普優先準備。2017 年川普告訴蓋茲他想成立一個委員會來檢查疫苗不好的作用，蓋茲說不可以做這樣的事。

伍華德說蓋茲是一專家，花了自己幾十億美元的錢去防止病毒，對當前疫情他認為只有疫苗才能阻止擴散。

4 月 15 日，蓋茲推文反對川普退出 WHO 的決定，他說世界需要 WHO 比過去更甚，從此之後，兩人就未再見面。

川普又提到中國，他說福希私下建議讓中國關閉漁市場，但川普並沒有這樣做，因為怕影響他與中國的貿易談判。伍華德打斷川普的話，說這些我都知道，問題是你有沒有找到像福希這樣的專家……。

川普說，我不知道，福希也說過這不會成為問題。伍華德注意到在公開場合，福希在 2 月底的確把病毒的嚴重性予以淡化。

川普接著說，你提到的這些人也在這個問題上犯了錯誤，你知道他們是不能犯錯的，是不是？

伍華德說，絕對的，我是以一個記者的身份和你說話，我再次強

調，外界期望政府有一種第二次世界大戰那種動員的意義。但川普仍顧左右而言他，講到紐約死亡人數的降低。

伍華德無奈，只得換一個題目，問到為什麼主張小政府的共和黨不會反對花這麼多錢去緩和疫情，他們曾反對嗎？川普說，如果我聽他們的，這個國家就會關門了。

伍華德又問情報機構如何？CIA 局長哈斯派（Gina Haspel）做的如何？你知道世界上發生的事嗎？川普說，他比過去 30 幾年任何總統了解的都多。

伍華德一再強調他是在反映民眾的意見（希望川普不要不耐煩），川普說，「無論我做什麼，他們只會對你說我的不好。」伍華德稱，「即使人民不喜歡你、反對你，但他們希望在防疫上能夠成功。」

川普說，「不是，我認為有些人寧願這不會成功。如此，他們才能在選舉中打敗我。」伍華德說，「上帝不會原諒他們的」，川普說，「我也永遠不會原諒他們的。」

川普又想把對話轉到「疫情」上，他說這個問題已經解決了。伍華德仍對全面動員不放，川普說他會的。伍華德說，你可以告訴全世界和美國那些人在負責檢測、失業、救助、貸款、食物供應、國際合作、航空旅行、疫苗、中國、情報世界……如果這些讓民眾了解。

川普說，對的。伍華德說，民眾知道這是一個生存的問題，他們在談到他們的孩子，他們在說將來我要給我們的孩子一個什麼樣的世界？

川普說，我在這方面得到的民意支持度高達 60-68%（伍華德註明蓋洛甫在 3 月的民調，同意川普做得好為 60%，不同意為 38%）。

伍華德說，他要問川普一些問題，能否把你所說的事情給我一個單子。川普說，「有，我都寫下來了。」伍華德說，「唸給我聽。」伍華德聽完回頭檢查，再度強調關鍵的領域，川普不耐煩的跟隨逐項

檢查，伍華德又加上一項：人民需要一個可持續的收入來源。

　　當伍華德清理這個單子時，川普說，「很好，我很高興你告訴我這裡許多事已經做了或情況很好，但我高興你告訴我。」

　　掛上電話後，伍華德感到憂傷，因為他認為川普並不認真去做全面動員，一直想把問題推給各州，對美國從未面對這一重大複雜的緊急狀況，也沒有真正的管理理論或者將龐大的企業組織起來一起面對，這已經超過他這個記者的能力，但他為這個國家擔心。

＊　＊　＊

　　當晚，參議員葛藍漢與川普電話聯絡，他同樣的擔心川普對疫情處理得不當和不夠用心。事後，葛藍漢說川普是一隻腳在裡面，一隻腳在外面，他想當一個戰時總統，但又不想擁有超過他已經擁有的。葛藍漢說真正的缺點是檢測，福希告訴他，20-50% 的人感染了但不知道，因為並沒有症狀。唯一的方法就是檢測，如果不做檢測，將重燃病毒。

　　葛藍漢說他告訴總統，你需要一個計劃，你需要向國人解釋，你在對抗病毒上不是孤立無援，這是一個打敗病毒的計劃：你需要戰場指揮官，像在伊拉克和阿富汗一樣，有人負責檢測，有人負責疫苗，你需要一位像浦博思的人來站穩腳步。你已失去動力，你需要一個衝勁，檢測是我們最大的弱點。

　　葛藍漢對川普說，「你需要在 10 月有一個民調高峰，你需要讓經濟呈現活力，讓疫苗在望，藥品治療有效。」葛藍漢說，拜登是一個強力對手，但你的真正對手是新冠肺炎。川普說，「這大概是真的。」葛藍漢繼續說，如果你把事情搞砸了，你就不可能當選連任，如果你能處理好，你將確保當選。

　　即使和川普如此接近，葛藍漢感到他難以穿透川普的世界和發現

誰能影響他。但葛藍漢了解川普的個性，他最大政治上的威脅是人民的失業和抱怨，可是川普反應過當，太早開放經濟，這將會結束他的政治生命，因為還有另一波疫情。如果人民六個星期沒有工作，也沒有錢可領，他們將唯總統是問。

＊　＊　＊

4月6日早上8時，川普推文「已看到隧道盡頭的亮光」（Light at the end of the tunnel）。

《華盛頓郵報》4月7日報導，病毒傳染在少數民族區域（社區）呈現不成比例的迅速和普及，確診人數為白人的3倍，死亡率為6倍。

4月10日，川普預測美國的死亡率將會比預期的低，4月13日下午在記者會上，川普宣稱處理疫情，美國業已超前。他一方面指責民主黨的州長的失敗，另方面又強調美國總統的權力是全部的（total）。

伍華德在4月13日晚間到白宮與川普訪談，希望追蹤他在4月5日對川普提出的14個重點問題。川普又開始討論穆勒彈劾案和媒體，伍華德立即把他拉回主題，說先前討論的14個問題可以整合為一個全國性的回應：檢測。

川普說，我們有很好的檢測，但當天《華盛頓郵報》卻報導在檢測工作上設備的不足，並且在過去兩星期以來，顯示此一工作的體系能力只在減少，而沒有增加。

伍華德問到川普有沒有和蓋茲談話，並說聽聽他人的意見不會令你後悔的。川普說，如果找到他，他要把全國關閉兩年，我們就沒有國家了。

伍華德問到有關經濟的問題，如失業補助、小企業貸款等，川普說，這兩方面都做得很好。那疫苗呢？伍華德問，川普說，我們大概

可能已有了疫苗，但未經科學認可，還不能施打。

伍華德提到中國，被認為是疫情的發源地。川普只想談貿易，沒有人比我更強悍，我們剛達成 2,500 億的貿易協議，他們會買我們的糧食。作為今年 1 月協議的一部分，中國同意在今後兩年，增加從美國購買的 2,000 億美元的貨品。

川普又說穆勒調查案是企圖把他從總統拉下去。伍華德說，你只想過去的事，會耽誤你現在應該做的事。川普怒氣未消，還說，那是一次失敗的改變。伍華德說，我不認為那是什麼，可能只是一種「動力」（momentum），去做一個調查。伍華德舉他為小布希總統寫了四本書的經驗，小布希就是認為海珊（Saddam Hussein）擁有毀滅性的核武，而且認為很容易解決他，這就是一種「動力」。

川普說，小布希花了不少時間在伍華德身上，結果把他自己弄得很難看。伍華德說，不是這樣，小布希不反對我這樣寫。川普說，我希望我不是在浪費時間。坦誠的說，我大可以想想其他我寧可去做的事。伍華德說，三十年來我的工作就是發現最好的可得利的說法。川普說，最後你可能寫了一本很爛的書，我能說什麼呢？我尊重你作為一位記者，但如果那是一個模範（example）的話。

伍華德說，好的，所以你的大決定現在就是如何處理疫情。川普說，我很安慰，當你出去時，你可能還不知道那是不是一個好的決定，或許疫情會消失，但可能你不會知道它是什麼。

伍華德說，我只願形容這個過程，伍華德說他和福希等專家都討論過。川普說，「福希弄錯了，在 2 月底時，他還說不會有問題，但是我喜歡他，他也喜歡我，我們關係良好。」伍華德說，對很多人來說，福希已成為一個指標性人物。川普說，「的確，他是。你不要忘記媒體不會說他犯過錯，我也不會這樣做，但的確他是錯的，我是對的。我造了牆，我限制中國人入境，幾乎每個人都在反對我，他們對我有

極大的恨意。」

川普又說，「病毒如此容易感染，真是令人難以相信。前幾天，我在白宮和十個人左右開會，當一個人打了一個噴嚏，全屋子人都跑光了，包括我在內。」伍華德說，「你怕被感染，這是當然的事。」伍華德問，「你會如此擔心嗎？」川普說，「我不會，我不知道為什麼我不會擔心。」

川普談到了一個他有興趣的題目，他說，「波音（Boeing）公司是真的有麻煩了，不可能有人會一次買 50 架飛機了。」伍華德說，他們就是在程序上弄砸的（伍華德認為川普也是），川普面對的問題比波音大一萬倍。伍華德再一次告訴川普，處理疫情是他一生領導的考驗。

川普說，就決定的重要性而言，這是確定的，他表示同意。但他又說，「波音對它們公司做了什麼事，根本無從理解，事實上，也難以令人置信。」

伍華德緊咬不放，所以你有你的程序問題，你抓到了要點。「在我的書出版後，我不一定知道結果，但我想要知道程序。」川普問，何時出版？伍華德說，希望在九月或十月。

川普說，如果是一本不好的書，在我選前，你就是對的，那是件好事，那是驚人的。川普談到伍華德上一本書《恐懼》（Fear）是可怕的，「但那是我的錯，我應該早一些看到你，但當時沒有人告訴我，你曾打電話給我。如今是完全不同的賽局了，你上次電話給我時，我還在被穆勒調查圍困中，……我希望你對我比小布希好一些，因為你把他寫得像一個很笨的人，一個傻瓜，當然他當之無愧。」

伍華德說，「總統先生，你將被你如何處理這一病毒得到評價。」川普說，「我不同意，那只是我工作的一部分，我做了很多其它的事。」伍華德說，「這件事是如此重大。」川普說，「我同意，這是一個戰爭，

這像是被攻擊，但我不會完全由這件事來評價。」

＊　＊　＊

5 月 14 日，葛藍漢在福斯新聞上為川普辯護處理疫情之事，他說川普在提供資源上，無論是哪一項都是寧多勿少的。川普事後打電話給葛藍漢，葛藍漢說，「你是你自己最好的宣傳員，也是你自己最大的敵人。」川普說，「我有 900 萬人收看。」

葛藍漢說，「我不否認民眾在收看你的節目，但要控制你的訊息，如果你能在疫情上多聽取福希等的意見，在重開經濟上與州長們保持密切聯繫，民眾將很難攻擊你。」川普說，「我是做一切決定的人。」

葛藍漢說，「總統先生，所有恨你的人沒有比做所有的決定反令他們高興。」葛藍漢說，你必須聽取你召集的任務編組之外專家的意見。「你從外面買進的愈多，你甩出去的網就愈寬愈深，你得到的結果就愈好。」

川普又提到了中國，葛藍漢很清楚川普絕對相信習近平在病毒上欺騙了他，並誤導了他。這對川普很難堪，川普喜歡個人關係，喜歡與外國領導人做朋友，他認為他與習近平關係很好，但如今他和整個共和黨都反對中國。川普認為是中國拒絕提供資訊的決定，使他陷於今天的困境。」

川普在 9、10 兩天曾與普丁通話，普丁說中國是地球上最大的失控（out of control）國家，但葛藍漢看到的是時間有利於中國。葛藍漢認為未來兩週，在 4 月中到 5 月初，是對抗病毒有無進展的關鍵時刻。

＊　＊　＊

接近 4 月中旬時，川普認為封城已經夠了，必須要重新啟動經濟，

他說，「我們不能這樣下去，這是在做無法恢復的傷害。」他說，「我不能只坐在這裡，來主持世界上最大經濟體的葬禮。你們必須了解，你們是我醫療方面的專家，但我的工作要照顧到許多不同的因素。」

福希說，如果是這種情況下，我們必須要有一些計劃去進行重新開放美國。川普說，我不知道你們如何去做？你們可以做你們想要的，想出辦法去做，但我不能等待關閉，我們必須要重新開放。

3月16日，公布了重新開放的計劃。「我們國家正在進行與一個看不見的敵人的歷史性戰役，要贏得這場戰爭，我們必須承擔從第二次世界大戰以來，最大規模的企圖性動員。根據最新的資料，我們的專家團隊同意我們可以在這個戰爭中，啟動第二個陣線，我們稱之為『再次重新開放美國』（Opening America Up Again）。」

川普總統這個重大宣示，卻被第二天壞經濟消息給減弱了。第二天《華盛頓郵報》頭條新聞是「美國的失業率已升高為 2,200 萬人」，《紐約時報》的標題是「廣泛關閉把美國推到經濟的懸崖」。

到了 4 月 30 日，有 30 個州已重新開放或就要開放，雖然多數州並未有到達白宮對重新開放的標準要求。

4 月一個月，美國死亡人數超過 5 萬人，連同之前的數字，總共為 6.3 萬人。但川普不改其樂觀本性（或是習慣性的誇大其詞），在 4 月 29 日與企業界領袖的會談中，他仍然說，「疫情會離開的，它必須要走開，它將被消滅。」

5 月 6 日，伍華德下午 7 時打電話給川普，因有其他要事，川普只與伍華德談了 15 分鐘。伍華德以高爾夫球果嶺上的推桿為例，由於種種因素，沒有兩次推桿是一樣的，所以你必須為打好這次推桿調整自己的打法。川普說，「對生命也是一樣，我適用在我的身上，我確定現在要做什麼。」

伍華德說，「所以你要計算你所有的條件」，現在是病毒。川普說，

「對的，你必須把它搞清楚，否則不可能這麼順利。」

川普問，「你現在感覺如何？」川普說，「我感覺我們做得很好，我們還有六個月的時間。」（註：他說的是年底的選舉，不是國家的現狀，美國已死了7萬多人）川普繼續說，「我在主導世界上最偉大的經濟。」

伍華德告訴川普，他所接觸的人說他和拜登的選舉現在是平分秋色（擲骰子）。川普說，「可能，也可能不是。」他說，他必須是一個樂觀主義者，他必須是啦啦隊的領隊。「此外，我們有巨大的刺激辦法，這種被壓抑的需要是難以相信的。」他說，到了第四季（10-12月）我們會看到合理的數字，到了明年，將會到達前所未有的最好數字，你等著看吧。

川普說他會在選舉中得勝，「如果我們能把瘟疫（plague）徹底打垮，我就會當選，如果我能把經濟弄好，我相信我是很難被打敗的。」

伍華德問川普在1-2月時，是誰第一位提出新冠肺炎的危險警告？川普想在這個問題繞圈子，他先對伍華德說，你會看到的，又說他對中國在1月31日的旅行禁令……。

伍華德又問他與福希的關係。川普說，他是民主黨人（他從雷根政府時代到現在一直沒有加入任何政黨），但我們關係良好。伍華德說，根據他的資料，白宮國安顧問歐布萊恩（Robert O'Brien）曾在1月28日對川普說，這一疫情將是對總統最大的國家安全威脅。伍華德問川普是否記得這件事，在當時這是一個使人震驚的事。

川普的答覆又含糊了，「他先說，我不記得，又補充說如果他說了，我會記得的，他是個好人。」

5月8日，在與國會共和黨議員的會議上，川普卻對檢測和疫苗以閒聊講話的方式表達一些低貶或輕視的語氣。他先以副總統彭斯的

女祕書米勒（Katie Miller）為例，前一陣子檢測為陰性，但今天卻是陽性，可見檢測也不一定準。對疫苗，他說即使沒有疫苗，病毒也會消失的。

他又說如果有疫苗，當然很好，我也會去接種，但疫苗不會那麼快。雷德費曾對同事們說，可能要等 2-3 年才能得到疫苗。

相反的，庫什納可能尚不知道川普講的話，仍全力推動檢測。他希望到 9 月時，一個月能有 8,000 萬人接受檢測，但這也不確定，到目前為止，5 月 8 日只有 84 萬人做了檢測。

5 月 8 日勞工部發表的報告，在 4 月份的失業人口為 2,050 萬人，失業率昇高為 14.7%。美國死亡的人數已超過越戰的死亡人數，失業人口已超過大蕭條的時代，但川普的支持度仍十分穩定。

＊　＊　＊

庫什納檢討了川普和他自己的貢獻，他說川普的總統歷經了許多不同的篇章，從減稅、貿易戰、放寬管制、穆勒調查、彈劾案到流行肺炎，川普已更換了四位白宮幕僚長、四位國家安全顧問，他是位非常不尋常的總統。

庫什納傾向從遠處著手，他認為起點和中段都不重要，重要的是終點。他自認他是一個建設性的人，可以幫助推動國家前進。

5 月 15 日，川普任命史萊威（Dr. Moncef Slaoui），前 GlaxoSmithKline 藥廠的疫苗主任，來領導疫苗工作，史萊威表示在 2020 年底可提供幾億支疫苗。

幾天後，生物科技公司默德納（Moderna）宣布疫苗第一期試驗成功，史萊威曾任該公司董事，在該公司擁有 1000 萬美元的股份。

在白宮玫瑰花園的演講中，川普稱讚疫苗小組的史皮特（Operation Warp Speed）發動了歷史上最積極性的疫苗計劃。在歷

史上，從來沒有一項疫苗計劃能和他的計劃相比。但不到 1 分鐘，川普又給自己打臉，他說，「我要講清楚，十分重要的，有疫苗和沒有疫苗，我們回來了，無論如何，經濟已重新開啟。在許多場合，他們並沒有疫苗，不管是病毒或流感，你必須力戰到底。」

伍華德對川普的評價是太多的證據告訴我們川普不是庫什納講的那麼好，重要的是他經常劇變和深層的內心矛盾一直存在。

*　*　*

在福希觀點中，川普早期的幾項決定是對的：如 1 月 31 日對中國的旅行限制、3 月 11 日對歐洲的旅行限制、要求美國人民居家注意衛生、在他最初「15 天減緩傳染」（3 月 16 日），然後決定延長另一個 30 天（3 月 29 日）。

但當川普對病毒產生一種一廂情願的想法時，認為病毒會自然消失，福希會在電視上糾正這種說法。當 4 月 7 日川普又說病毒會消失，白宮的新聞祕書限制福希在電視上露面。

4 月 17 日，川普推文宣布明尼蘇達（Minnesota）、密西根（Michigan）和維吉尼亞（Virginia）均「解放」（liberated）了。福希嚇壞了，他問他的同事，到底是怎麼回事？答案是不清楚的。美好的時光已經過去了，白宮已鐵了心要重新開放全國，福希認為處理病毒已經失控了？

在川普又說了一次病毒將會消失後的白宮會議中，福希決定不能沉默，他對大家說，而不是針對川普，「我們必須小心」，「它不會消失的，它不可能自動消失，它會找上我們的。」川普又重複了他講過的一個故事，他改變了話題，強勢主導了會議。

福希事後對人說，「總統有他自己不同的管道」，「他的領導是沒有方向的」，令福希難堪的是總統旁邊的人都堅定不移的支持川普

的立場，似乎認為福希不應該對總統以那種方式講話。每當福希表達一些不同意見時，川普就會改變話題，福希私下說，川普的注意力時間像是一個負數（a minus number）。

　　川普只對一個問題有興趣，「他唯一的目標就是連任」，福希對庫什納十分失望，他像是一個啦啦隊長，每件事都是偉大的。

　　福希試圖維持他的坦白但以文雅的方式表達，有一次他對川普說，「總統先生，我真正小心以這種方式說，他們會回來的和指責你。」川普說，「誰會在乎？」「無論我做什麼，他們都會指責我。」川普從未邀請福希或其他醫療專家去給他做詳細簡報，或提供講解。福希也從不要求單獨與總統討論問題。

＊　＊　＊

　　福希對國安會議的博明（Matt Pottinger）極為肯定，他們都對中國隱瞞疫情不滿，並指 2003 年 SARS 期間也是如此，並認為中國人講話不可相信，但對新加坡、台灣、香港的表現極為稱讚，因為在隔離方面做得極好。

　　6 月 19 日上午，川普打電話給伍華德，過去兩個星期兩人均未聯絡。伍華德說他在整理本書的初稿，但在川普和習近平講話的部分碰到了一些困難。

　　川普說，「我和他通話都非常好，但自從他們把瘟疫送給我們之後，我和他就不那樣熱情了。」伍華德說他的筆記中記載習近平的助手們還出了更壞的點子，他們讓病毒去擴散，「你有什麼看法？」川普說，「我是那個說的比任何人都大聲，都更清楚的人。」如果你想知道真相，我是這一群人中的領袖。因為我認為他們可以控制病毒，但現在北京也有問題了。

　　伍華德問，「他們到底想做什麼？」「他們的動機是什麼？」川

普說，「我認為他們在阻止疫情跑到世界其他國家上，包括美國和歐洲，應該可以做得很好。」

伍華德問，「你認為他們故意的讓疫情來到美國和世界其他地區？」川普說，「有這個可能，我沒有說他們做的，但的確有這個可能。」

伍華德問，「如果他們真正有意這樣做，總統先生……」川普說，「我們在貿易協議上的墨水還未乾」，「他們買了很多東西，他們買了非常多的農產品，但瘟疫來時，墨水還未乾」。

（兩天前，《華盛頓郵報》刊載了波頓《事發之室》（The Room Where It Happened）的摘要，書中提到川普要求中國多買美國農產品，來支持他當選連任。）

川普繼續說，股票市場接近最高點，而流行病（pandemic）尚未結束。明晚我有一個在奧克拉哈馬（Oklahoma）的聚會，超過 120 萬人要求參加，但我們只能接受 5-6 萬人，一個地方 2.2 萬人，另一個地方 4 萬人，沒有人可以號召這麼多群眾。

* * *

伍華德轉變話題，「你對抗議的反應？」川普說，「我認為，弱的自由民主黨處理的市政太糟了，如果有能力的人就會不一樣。」伍華德說，「我們有一件事相同，我們是幸運的白人（privileged whitemen），你有沒有想過我們如果被關在洞穴裡會有什麼感受，我們是不是能想出辦法去了解黑人的痛苦和憤怒，以及他們對這個國家的感受？」

川普說，我完全沒有那種感覺，我為黑人社區所做的事在歷史上除了林肯之外，已經超過任何總統（這是他最愛講的一句話，在 2020 年一年至少公開講過 5 次了）。

伍華德說，「我認為這是一個事實，黑人的感受，你曾說過有兩個美國。」川普說，「這是很久的事了，在歐巴馬時代就大為分裂了，它十分寧靜的分裂，但有很大的仇恨，比現在還嚴重。」

伍華德說，「你相信這點？」川普說，「我是。」（在2016年選舉，川普已利用這種分裂——沸騰的下層逆流的憤怒和不滿。）

伍華德說，「我們談到這點，我們談到歷史時程，記不記得六個月前12月初我曾提到杜克曼（Barbara Tuchman）有名的1962年出版的《八月的砲聲》（The Guns of August）形容第一次世界大戰是一場意外的戰爭。」伍華德曾形容杜克曼書的開始給川普看，看到舊秩序而不去理解它是死在歷史的時鐘上。

「我說我的分析是當你當選時你抓著歷史的時鐘，民主黨和你的共和黨人並不知道美國面對的問題，記不記得，同意嗎？」川普說，「確定，我記得，它仍是對的。對民主黨人和共和黨的一些人是如此的，但我知道美國的狀況。」

伍華德說，「那是一種轉變（shift），而且是實質的轉變，我認為像我這樣生來就是幸運的白人，這種理解的觀點不是與生俱來的。」

川普說，「但我不需要一定要在那裡才能理解一個觀點，我不需要成為黑人才能了解黑人的觀點，我不需要必須經歷個人奴隸為的是去了解人民承受的可怕殺戮。我不需要，我不需要把我自己放在那種位置，我可以充分了解這些，但無須在那個位置上。」

伍華德問，你認為那是一種殺戮嗎？川普說，「絕對是，奴隸，絕對的。」伍華德說，「直到如今，為什麼我們不能有一個平等和機會均等的制度呢？」（你可聽到川普在錄音帶上長嘆了一聲）

伍華德說，「我在催你。」川普說，「這已是一百年的事了，甚至更多年了。」伍華德問，「你知道我在問什麼嗎？」川普說，「我充分知道，但這也很公平，這已是一百多年的事，我也走了很長的時

間，我們在種種不同的方式上也做出了不少的進步。不少的進步正在做。當我們講話時，我是說現在，比你所想像的還要多，這已進行了許多年了。」伍華德說，「我們已經談過這些，你的工作就是團結人民。」川普說，「我同意，但在我能團結他們之前，有時你必須把他們帶到一個點上。在過去很短的時間內，我們有很大的進步。不要忘記，在中國瘟疫進來之前，我們這個國家歷史上黑人有最低的失業率，而且我們在這個國家歷史上，有最好的就業人數，然後我們被瘟疫打擊。現在正在發生的事，我們正在提振經濟（他說經濟恢復不是一個『V』型，而是一個『I』型，意思是一直直線上升）。看一看工作人數，看看零售業的數字，等到你看到第三季，你就知道那會有多好，當你的書出版的時候。」

（伍華德想離開這些經濟數字，但川普不肯。）

「看這個數字」他說了又說，「兩個星期前，我們達到了歷史上的最高的就業率。兩天前，我們創造了歷史上最好的零售業增加率。」「你等著看這些數字進來吧。」

伍華德說，「對那些為生活掙扎的人……」川普說，「他們不會掙扎太久了。他們在掙扎因為我們必須轉變，因為如果我沒有轉變，我們死的人可能是 300 萬，而不是 15 萬人，那是不能接受的，300 萬條人命。」（伍華德說，他不知道川普從哪裡得到這個數字。）

伍華德說，「好了，請讓我問個問題，記著我說的，因為我想這是試圖去了解的支柱之一。如果我是一個黑人在那裡，如何我能對我自己說，川普總統了解我的不幸、我的痛苦嗎？」川普說，「等到你看到第三季，……在選舉時，我們將會有一些比任何國家都好的數字，現在正在發生。」

伍華德說，「你認為在外面那個人知道總統了解他們的感受嗎？」川普說，「我知道，讓我告訴你，我通過了犯罪司法改革，歐巴馬做

不到的。我通過了「機會區塊」（opportunity zones），我做的是別人做不到的，我做了監獄改革……。」

伍華德說，「你得到了這個國家少數民族和黑人的心嗎？他們的感受是痛苦、焦慮和憤怒，你得到他們的心嗎？這是我的問題。」川普說，「我有，在瘟疫進來之前，現在有不少工作曾經有過，黑人有過歷史上最低的失業率。」

伍華德說，「但是現在他們是……」川普說，「他們有過最好的工作，他們賺的錢比過去多。」伍華德說，「你看看民調，你看看抗議的人，你對人民說話。」川普說，「他們很快就有工作了，都會回來的。在瘟疫前，他們有前所未有的最好數字，每個人都很好。當瘟疫從中國進來後，不少人失業了，但這些工作會回來的，黑人將很快找到工作的，就像過去一樣，而且數字會更好。」

伍華德說，「但正如你知道和你說過，佛洛伊德之死觸發了人民一些想法，不只是黑人、少數民族，即使白人，像我要說的，我認為我是一個幸運的白人，我知道你也是，對嗎？」（在對話中有 3 秒鐘的停頓，「不是嗎？」伍華德催促。）川普說，「我不想介入這種討論，我已做了不少為黑人的工作，我已經做了自林肯以來最好的工作。」

伍華德說，「還有另一個問題。」川普說，「我不想討論這些，討論這些沒有意義。我能做的就是我正在做的，我做了除了林肯之外美國歷史上比任何其他總統都好的工作。我做了犯罪司法改革，我做了黑人大專學校。」伍華德說，「你得到他們的心嗎？因為這是心的問題。」（伍華德懷疑，川普是不是不懂？）

川普說，「我會在我任期結束時讓你知道，當他們找回他們工作時。在今年底，你將看到的數字是沒有人過去曾看過的。這已經發生了，兩天前，零售業創下了歷史的紀錄，現在，他們說川普是對的，那是超過『V』的。今天股市市場漲了 200 點，我們將在股票市場上

創下紀錄。流行病正在結束，我們很快就會有疫苗了。鮑布，我稍後再打給你，因為我要與一些將軍們討論一些事情。」（伍華德說，他仍然要繼續討論這些問題。）

川普說，「我不介意，我希望你忠實，如果你忠實，你將會寫一本好書，如果你不忠實，你就會傷到我。」（當晚，伍華德又打電話給川普，川普沒回電，伍華德懷疑是否這是他和川普最後一次對話。）

* * *

7月21日早上，川普突然打電話給伍華德，「打個招呼，最近好嗎？」伍華德說，「情況不好了，是嗎？」川普說，「哪一種不好？」他感到奇怪。伍華德說，「病毒」，每天確診人數在6萬人左右，死亡人數接近每天1,000人。川普說，「它爆發了，它在全世界爆發，我在上星期才注意到這一問題，但我們在控制中。」（什麼，他在上星期注意到，病毒已失控幾個月了。）德克薩斯（Texas）和佛羅里達（Florida）都很嚴重，但他的矛盾在他下一句充份顯示出來，「但我們已控制了，我們絕對是對的，但它是一件棘手的事。」

伍華德問，「你在處理新冠肺炎上會給自己幾分？」川普說，「我會給我自己非常好的分數，因為我們做的，你知道的，我們全力投入。當我接受時，沒人做好準備，也沒有任何物資。」伍華德說，「對你自己，你學到了什麼？」又一次，他回到了穆勒的調查案，「我是和假的俄國事情打仗。」伍華德仍在病毒上問到，「當去年12月，我對你說，如果病毒會殺死14萬人民時，你認為我是吸了毒了。」

川普說，「你知道我一生都聽過流行病這個字，但你永遠不會想到它像一個現代化的東西會發生。」伍華德說，「但它發生了，拜登不是你真正的對手，病毒才是你的對手，你同意嗎？」川普說？「我認為大部分是對的，是病毒、偏激的左派分子和媒體。媒體是我最大

的敵人，無論我做得多好，他們總說我們做得不好。」伍華德說，「但死了 14 萬人。」川普說，「但我們是一個非常大的國家，如果你看看中國，他們死的人更多，他們只是沒有報導而已。如果你看看俄國、印度。」（美國在此時是全世界死亡率第八高的國家。）

＊　＊　＊

伍華德說，「庫什納說你回到攻擊性了，這是策略，回到攻擊。」川普說，「我有一個非常有彈性的策略，這已經很久了，我整個一生都是彈性戰略，而且成效很好，上次大選是如此，我換了競選總幹事三次了。伍華德說，「現在是攻擊？或者是治理？你了解為什麼我問這個問題嗎？」川普說，「我在最後四個星期贏得上次選舉，但我真正的是在最後一個星期，我在最後一個星期做了許多事。」伍華德說，「好吧！那是攻擊或是治理？」川普說，「我認為兩者都是，它是治理和政治競選的結合。我們還有 105 天，對我來說，105 天是很長的時間，像是永恆。」

伍華德說，「在 7 月，還不清楚計劃是什麼？」川普提到了移民、健保和 DACA。（伍華德回到病毒、提醒他在 4 月時我們曾討論他領導的「戰略、基礎、路圖」。）川普說，「我在領導，你知道，全世界有許多偉大的領袖，但他們的國家都陷於困境，我們並未陷於困境……。」伍華德問，「計劃呢？」川普說，「我還有 106 天，那足夠長了，如果我現在提出一個計劃，人民在 100 天後不會記得，我上次贏得選舉在最後一星期。」伍華德說，「不只是提出計劃，而是執行，不是嗎？」川普說，「我在執行，我已經開始了，不是一個計劃，而是把它做到。我會把移民做到，我會把健保做到。」「我相信我們很快會得到疫苗，你會看到在下個月會公布。」

伍華德又問到川普給自己的分數。川普說，「我給自己 A，但這

還不算完成，如果有了疫苗，我就會給我自己一個 A+。」伍華德說，「你從你自己，學到了什麼？」川普嘆得很大聲，「我能處理比他人能處理的多，許多成功的人會對我說，我不知道怎麼可能去處理你處理的事。在這種反對，欺詐和非法的獵巫情況下，你能做到。」伍華德稱，「這是一件困難的工作。」川普說，「可能對我比任何人更困難。」

伍華德說，「人民關心病毒的事。」川普說，「我知道，但病毒與我無關，那不是我的錯，那是中國讓那該死的病毒跑出來的。」伍華德說，「但你有這個問題，問題是計劃是什麼？你如何去領導。」川普說，「反對我的是別人沒有的，我一生都是如此。」「我還有105 天，讓我們看結果吧，我運氣不好碰到了病毒。」伍華德說，「你主導這個國家，你主導國家利益。」川普說，「我會得到肯定嗎？大概不會，但我要得到肯定。」伍華德說，「總統有權力，特殊的權力，人民在依賴你。」川普說，「他們是有特殊權力，但在我身上，他們從未接受它。而且他們從未接受這個總統，因為他們是一群不太誠實的人民。他們在我選舉上作弊，被我抓到了。我選前選後他們都在作弊，我們抓到了，等著看會發生什麼事吧。」

伍華德說，我談過，在我的職業中，我仍努力去了解人民。川普說，「你不了解我，這無所謂，你在選舉後將會了解我。」（川普希望伍華德有一份他成就的單子。）伍華德說，「你面對的問題是，第一、第二、第三，都是病毒。」川普又展示了對他角色的矛盾，「我同意這點，但這是在我們情事高漲的時候，被打斷了，選舉早已結束了，我很容易當選。突然我們被中國病毒擊中，現在我累得要死。」川普突然打住，「再見，鮑布，祝你好運。」

7 個小時後，川普在三個月內第一次在他新冠肺炎工作編組的記者會上發表一篇長的聲明，他一個人在白宮講，沒有其他人，他語氣

也緩和了，病毒的關係，一切不是那麼美好了。「不幸的，在變好之前可能會變得更壞，這不是我喜歡講的話，但事實就是如此。」川普以非常不尋常的現實主義講出這句話。

過去川普很不喜歡戴口罩，如今他說，「戴上口罩，不管你喜歡不喜歡，它們會有影響，它們會有效果，我們需要任何可以得到的東西。」他的發言是默示承認他過去的方式並未成功。事實上，病毒已大為惡化了。

這一天是川普總統的小宇宙（microcosm），從「我們已把它控制」轉變為「在它變好之前會變壞」，這只是幾個小時的距離而已。它是最近的樣本——也是最後在本書出版之前——川普的總統充滿了矛盾，走上了不確定的途徑，在戰鬥和妥協之間搖擺，從一個聲明或行動和反對之間被橫加切斷。

＊　＊　＊

川普對疫情處理不當，引起全民公憤，連一向不涉及政治的醫學界也公開譴責川普失職。

創刊 200 多年的美國權威醫學期刊《新英格蘭醫學期刊》於 10 月 7 日以社論，譴責川普處理新冠肺炎疫情失當，呼籲美國人民用選票把他趕下台。這是該刊兩百多年來，首次對美國總統大選表達意見。

社論題為「瀕死於權力真空」，指出這個危機是一個領導能力的考驗，美國的領袖未能通過考驗，把危機變成悲劇。該刊指出，當前的議題是關於事實，而不是意見，已經發生了許多錯誤，不只是愚蠢，而是魯莽。舉例來說，口罩、社交距離、隔離和單獨分隔都有用，試圖暗示，這些方法沒用，是虛構的和危險的。

文章引用約翰霍布金斯大學的統計，中國的病故率約百萬分之 3，美國為百萬分之 500 以上。許多民主國家防疫的成果遠超過美國，美

國雖有醫療科技優勢，但政府卻沒有善盡領導的防疫之責，川普政府不相信醫療專業，衛生主管單位的政策，屈服於政治壓力而非科學事實。

＊　＊　＊

如果危機、流行病或戰爭，對這種恐懼的解藥便是「領導」。戰時領導需要兩個條件：第一是對嚴峻事實的誠實，第二是領導的能力。

川普最大的敗筆是未能誠實面對疫情的惡化，他把疫情淡化，高調推薦未經證實的藥劑，並設定重新開啟經濟的日期，如復活節（Easter）。

川普的支持者《福斯新聞》說川普的目的是給大家希望，但當預言失敗，希望很快就變成失望。最近當專家估計美國死亡人數會在 10 萬到 24 萬之間，川普較為務實的宣稱，「我希望每一位美國人民對未來的苦日子要有心理準備，我們將經歷非常艱鉅的兩個星期。」

事實上，這場抗疫之戰絕不是兩個星期的事，川普沒有必要去訂出時間，這樣只能讓人民一次又一次的失望，認為他不夠誠實。他還需要堅定的號召全民發揮美國的能力去對抗疫情。美國在遭受重大打擊時，團結一致的力量是驚人的，如珍珠港事件和九一一事件，川普應該了解這點並採取行動。

＊　＊　＊

時至今日，川普從他與新冠病毒的對決中學到了什麼？川普是一種從不學習，也從不忘記的人。問題是我們人民學到了什麼？川普的支持者學到了什麼？

有關川普的辯論已經結束，結果是他自認是「超人」（superman），但事實上，他是一個「超級傳染者」（superspreader），

不僅是病毒，而是他對這一流行病毒的看法。這種思想的病毒比新冠病毒更為可怕，這是一個對他自己、對美國非常危險的事。

　　川普對疫情的輕忽是不可勝計的，他的錯誤認知為：在流行病上表現男子氣概不是力量，拒絕戴口罩不是保障自由，封城不是剝奪我們的權利，科學家不是政客，政客也不是科學家，不是所有的事都是政治，來速爾（Lysol）是清潔劑，不是治療肺炎的藥品。我們的選擇不是口罩或工作，而是為了工作必須戴口罩，戴口罩的人愈多，才能維持正常的生活和工作。

　　川普的錯誤之一是面對流行病時缺乏領導力，病毒是生死的大事，但他始終沒有一套明確的政策和指示。迄今已證明他在處理疫情上是表現最差的領導者，也是在道德上不負責任的領導者。

　　一位專家塞德曼（Dov Seidman）分析說，面對病毒有三種人，一是不幸被感染的人，二是第一線救護的人，三是完全不遵守規則的人。但最重要的是有權力可以執行命令的人，最壞的是不重視疫情的嚴重性，不相信科學，不尊重專業的領袖人物。這就是川普，人民不知道該相信什麼，也不知道誰可以信賴。

　　川普最大的錯誤之二是不尊重「大自然」（mother nature），在流行病時，人們應問自己三個問題：一、你謙恭嗎？你重視病毒嗎？二、你會和我合作，共同解決問題嗎？三、你的回應在科學上，而不在政治上，否則你會失敗的。但川普似乎沒有這種體會，事實上，他是反其道而行，結果使美國付出了慘重的代價。

第三章

對川普亂政的解讀

　　檢討川普的亂政，我認為有五大缺失和五大迷惑。五大缺失是：
一、對國家沒有方向感，只想達成交易，爭取連任；二、以私害公，
置個人利益於國家利益之上；三、分裂而非團結美國；四、川普的人
格缺陷；五、對部屬刻薄寡恩，放縱家人干政。

　　五大迷惑是：一、與俄國的關係（「通俄門事件」）；二、對盟
國的冷漠和敵視；三、川普好戰嗎？或只是善於恫嚇；四、「川金會」
和「川金戀」的荒唐鬧劇；五、川普真正的內心世界。

五大缺失

1. 對國家沒有方向感，只想達成交易，爭取連任

　　川普從參選總統到當選執政，一直高舉「美國第一」和「美國再
偉大」的口號，但對如何做到這兩點，伍華德說他並沒有看到任何具
體的構想，沒有政策，也沒有什麼作法。

　　相反的，美國的國際地位在下降，與盟國的關係離心離德，中東
的情況依然僵持，與伊朗的關係日趨緊張，俄國與中國愈走愈近，東
南亞國家多不願在美中對立中選邊。

　　美國相繼退出了許多國際條約和協議（約 13 個），代表了美國
對國際秩序的不尊重和不接受，這種作法只能使美國在國際社會中，
日益孤立。

　　美國最大的敗筆是對盟國的不重視，對美國在二戰後所一手打造
的國際秩序的基礎——聯盟體系——竟然視若無睹，名存實亡，不僅
如此，且常常羞辱盟國的領袖，令人費解。

　　對經濟和貿易問題，川普有他的成見，他提出加徵關稅和反對自
由貿易的主張都在白宮引起激辯，白宮經濟委員會主席柯恩（Gary

Cohn）說，開徵 25% 的關稅，估計可增加 34 億美元的收入，但只占美國 2018 年歲入 3.7 兆美元的 0.09%，但會使美國鋼鐵業失去數以萬計的就業機會。

川普不喜歡「世界貿易組織」（WTO），但柯恩給他一份文件，美國在 WTO 的案子勝訴的高達 85.7%，川普說，「胡說八道」。

柯恩問川普為什麼他有這種落伍的觀點？川普說，「我就是這麼想法，我有這種觀點已經三十年了。」他的結論是，「貿易是不好的」（Trade is bad）。

在白宮內多數人都附和川普的說法，支持柯恩的只有財政部長梅努欽（Steven Mnuchin）和川普的助理波特（Rob Porter）。白宮幕僚長凱利（John Kelly）認為川普的錯誤資訊來源是納瓦羅（Peter Navarro），柯恩想開除他，但波特說不可能，因為川普十分信賴他。

美國在戰略上，把中、俄、伊朗和北韓列為對美國威脅最大的四個國家。其中，除了美國對伊朗予以極限施壓，強烈制裁之外，與其他三國仍維持相當程度的友好關係。尤其對北韓，有如在追求情人一樣，令人不解。

在中東地區，川普的首要選擇是撤軍，這是他 2016 年選舉時的承諾之一。但軍方認為在沒有完整規劃下，貿然撤軍，不但使美國前功盡棄，且會造成新動亂，最後的結果是美國與反對勢力塔利班（Taliban）達成協議撤軍，置阿富汗政府於不顧。這是一個負責任大國應有的作為？自敘利亞撤軍，也犧牲了長期為美國與 ISIS 作戰的庫德人（Kurds），難怪波頓（John Bolton）會擔心台灣的命運。

整個四年任期中，看不出川普在外交上有任何成就，他津津樂道的是美國沒有和北韓打仗。試問北韓有何能力和美國開戰？如果只因為北韓試射了幾個核彈和洲際飛彈就可威脅美國，美國世界第一的軍力，豈不是紙老虎？川普居然會被金正恩唬弄，真是天下奇聞！

其實，北韓位於中國、俄國、日本和南韓之間，是一個極佳的「緩衝」地帶，它如輕舉妄動，周圍國家也不會坐視，何須美國從 8,000 浬外來攪局。金正恩就是看準了川普畏戰的心理，佔盡了美國的便宜，一文不花的抬高了自己和美國平起平坐的地位。

面對伊朗，川普更是色厲內荏，他一再揚言要把伊朗制裁到崩潰，但伊朗卻能一再以行動挑戰美國，不但已打掉三架美國無人機，且在波斯灣襲擊油輪，炸毀沙國的油庫。美國軍方認為必須予以報復，選定三個地點用飛彈打擊，但川普竟在行動前 10 分鐘下令停止，因為他得知將會造成伊朗 150 人的死亡。對美國軍方而言，這是莫大的困擾，他們認為只能助長伊朗的氣焰。最後，川普決定刺殺伊朗的軍頭索里曼尼（Qasem Soleimani），因為他是策劃打擊美國的人物，但這是違反國際法的行為，等同「謀殺」。

對俄國，川普似乎極有好感，他第一次訪問歐洲，最想見的就是普丁，而不是美國盟國的領袖，他曾邀請普丁訪美，但普丁認為時機不宜。自 2016 年美國大選後，「通俄門」始終是美國的熱門新聞，為了此事，美國司法部還設立特別檢察官來調查此案，長達 22 個月之久。調查結果雖然說川普本人並未涉入，但也不能證明他無罪（exoneration）。

川普對本案之反應幾近抓狂，認為是對他「獵巫」（witch hunt），但他也未動用行政權力去解除司法部長和特別檢察官的職務，因為如此反而證明他心虛和畏罪。

當川普在歐洲和普丁第一次見面時，川普曾當面對普丁談到此事，普丁不但一口否認，並說這是對俄國的羞辱。川普接受普丁的說法，這點使美國人民極不諒解，尤其美國的情報機關都立場一致的指稱俄國的確干預美國的選舉。他們發現俄國利用一種「惡意軟體」（malware），可以刪除對某一方不利的選票，川普曾一再要求調查局

長柯米（James Comey）調查此事，但柯米說，該局只負責蒐集情報，而不負責刑事調查。最後川普以柯米不配合他的指示，予以解職。

美國人民和媒體一直把川普的「通俄門」事件視為有如當年尼克森總統的「水門案」，由此可使川普受到彈劾。對穆勒調查案的結果認為是政治妥協，因為川普本人並未接受傳訊，但他在選舉時的四位輔選人員均被判刑。

面對中國，川普更是說一套，做一套，他一再誇口在貿易戰中痛擊了中國，他是美國總統中對中國最強硬的，能夠迫使中國讓步。事實上，貿易戰非但沒有打垮中國，反而使中國自力更生、日益強大，對美國的貿易順差沒有減少，美國對中國的投資只有增加，所謂的「脫勾」（decouple）只是一個假象。

川普本人在這方面要負最大的責任，一方面他希望與中國達成一筆巨大的貿易協議，作為他爭取連任的政績，並為他爭取農民的選票。中國看準了他的策略，在關鍵的問題上，拒不讓步，使川普口中的「大交易」一直無法實現，使川普不快，但也無奈。

其次，川普喜歡做人情給習近平，一直強調他和習近平的關係良好。美國對中國電訊大公司「中興」和「華為」的制裁，川普都私下放水，未予以嚴格執行。美國的鷹派人士主張對兩大公司全面封殺。但財政部長梅努欽（Steven Mnuchin）以美國整個經濟的立場，反對全面封殺。他是川普極為信賴的愛將，在這一問題上，對川普影響很大。

在討論對中國的貿易戰時，美國農業部長普度（Sonny Perdue）曾說，對中國課徵關稅，中國必將報復，他說中國人知道如何精準製造經濟和政治的疼痛，在這方面中國已是博士，而美國還在幼稚園階段（2017.5.4）。也有人提醒，中國很容易打敗美國，因為美國需要的抗生素 96.9% 來自中國。

　　主張強烈制裁中國的鷹派人士，指責中國人無所不偷，估計已偷取了 6,000 億美元的智慧財產權。川普又插嘴說，「美國從保護台灣，又得到了什麼？」他反對用嚴厲的態度去批評中國。

　　川普在與中國貿易談判中，前倨後恭，先以提高關稅，來迫使中國讓步。他的經濟顧問納瓦羅（Peter Navarro）還預言中國不敢對美國採取報復行動。未想到，中國不但以牙還牙，也對美國進口商品增加關稅，而且在貿易談判中，對美國要求中國改變內部結構問題一步不讓，使美國大失所望。習近平甚至指責這是不平等條約，中國人民不可能接受。所以自 2019 年 5 月起，一切又回到原點，直到美國大選，川普心目中的這個「大交易」，始終未能實現。川普本來希望與中國的貿易協議來爭取連任，但他後來認為中國並不看好他的連任。接著新冠疫情重創美國經濟，使他的選情雪上加霜，他又把中國當作替罪羔羊，「甩鍋中國」，但事實證明對提升他的選情，完全不發生任何作用。人民只看到他的治理無能，也看到中國處理疫情的成功，相形之下，優劣立判。

　　在 2020 年 7 月，川普已感受到疫情嚴重的情況遠超過他的預期，對選情已不樂觀，他期待的經濟反彈也未實現，終於敗選。

　　川普對自己的連任本極具信心，他認為自己的條件比 2018 年時好的太多，並認為對手拜登太弱，加上他對經營自己熱情支持的選民有他獨特的方式，效果良好，對提振經濟他更有信心。但所有這些對他有利的因素，卻因一個疫情給打破了。川普為此深感不平，說自己運氣太差，會碰到這種想像不到的事。事實上，川普對疫情問題一開始過於大意，他始終在防疫和重振經濟兩者之間搖擺不定。他給了美國人民太多的謊言，失去了人民的信賴。「黑人的命也是命」的運動是壓垮他的最後一根稻草，他的「種族主義」激發了更多的選民投票持拜登。

2. 以私害公，置個人利益於國家利益之上

　　川普從就職那天便開始為下次選舉做準備工作，他的幕僚們都可感受到他在討論重大問題時，終極的目標便是如何有助於連任。他對2016年大選時所提出來的主張均十分堅持，而不考慮實際上的困難和阻力。在美墨邊境築牆這件事上，在國會中民主黨拒絕配合撥款，他便挪用國防部和反毒經費去完成。在反對非法移民上，遭到司法界和國會的強力反對，他以任命新的大法官，取得合憲的支持。在反對全球化使美國經濟和民生受到傷害的問題上，他指責全世界的國家都在占美國便宜，所以他要發動貿易戰，採取保護主義，疏離美國的盟國和退出國際組織，來表達美國的不滿。對美國所一手建立的國際社會秩序，他似乎不屑一顧。對美國為了和平與安全維持在若干盟國的駐軍，他尤為不滿，經常會問到，「為什麼我們還留在那裡？」「為什麼我們要花錢保護他們？」「為什麼我們要當傻瓜？」儘管他的幕僚，尤其是軍事將領們一再對他解釋，這些都是符合美國利益的政策，但他根本不同意這種解釋，他仍然堅持要把美軍撤回來，至少這些國家要付出這筆「保護費」。

　　川普這種違反美國國家利益的思想，主要是他認為與他的選舉有關，他在與一些國家領袖的談話中，不時會提到，希望對方要能幫助他當選。

　　為了爭取連任，川普在與外國領袖打交道時，經常以個人人情來爭取對方的支持，交換的代價是美國的利益和美國的法治。例如他曾應土耳其總統之請，在司法上解決該國一國營銀行在美國違法的案子。在處理中國電訊大廠中興和華為的案子上，他也私下放水，討好習近平。在與中國貿易談判的過程中，他多次表達以達成協議來協助他爭取連任的目的。他這種作法是為了自己的利益而傷害了美國的利益，但他卻視為理所當然。

　　川普以私害公最嚴重的例子是「烏克蘭」事件。川普從他私人律師朱利安尼（Rudy Giuliani）那裡得到一個訊息，涉及他的對手拜登家族在烏克蘭有生意往來，川普像挖到了金礦一樣，希望可以在其中找到打擊拜登的資料。他不但指示他的律師全力挖掘，並親自打電話給烏克蘭總統佐倫斯基（Volodymyr Zelensky），要求協助處理此案，並明確指派美國司法部長合作。據稱在這次通話中（2019 年 7 月 21 日），川普要求對方協助有 8 次之多。佐倫斯基口頭答應全力配合，但最後以不介入美國內政而未採取行動。

　　這件事在波頓和伍華德的描述中，是荒唐無比的，他們認為一位美國總統怎麼可能會做出這種事？伍華德在訪談中一再問到，「你身為總統可以做這種事嗎？」川普自知理虧，只好支吾其詞，說他是為了反對貪污，而不是針對拜登個人。並且堅持不能軍援給貪污的國家，因為他為了此案，扣留美國給烏克蘭四億美元的軍援，可見其「謀己之深」到什麼程度！

　　企圖壓迫烏克蘭來達到他打擊自己政敵的目的，不僅違反了美國的國家利益，因為美國一直在爭取烏克蘭倒向西方陣營，防止俄國重新控制烏克蘭。為此目的，波頓幾乎馬不停蹄奔走烏克蘭和其周圍國家，但川普卻不重視烏克蘭的地位，只關心對他自己的利益。波頓看到川普這種心態和作法，只能用痛心疾首來形容。

　　川普的這種行為已構成被彈劾的理由，波頓離職時便已預言川普將被國會彈劾。川普辭退波頓的主要原因便是認為波頓只為國事，而未在其私事上全力協助，這實在是「以私害公」最具體的例子。

3. 分裂而非團結美國

　　2016 年川普當選後，《時代》（Time）雜誌的封面便是「一個分裂的美國」（A Divided States of America），因為這一次選舉是在

極為對立和仇恨中進行的。民調中領先的民主黨參選人希拉蕊（Hillary Clinton）在選民票中多出川普近 300 萬票，但在美國的制度設計下，代表各州的選舉人團上，以 227<304 票輸掉了選舉。

川普 2016 年參選本無勝算的把握，但他策略成功，事實上也是僥倖。他的競選策士巴農（Steve Bannon）在當晚說了一句名言，「希拉蕊用了一生的準備，但川普只用了 1 秒鐘就當選了。」

即使川普僥倖當選，也有他當選的背景，主要的原因是美國人民對現狀的不滿，在思想和文化上是對美國自由主義建制派的失望，在全球化過程中造成美國的衰退和貧富差距的擴大。川普利用美國社會底層逆流的反彈和不滿，事實上是美國中下階層白人的憂慮和不安而贏得選舉。

但選舉過去，理應促進團結，化解對立，但川普卻反其道而行。

在他執政四年中，他從未想去團結美國人民，他的部屬們甚至認為他連試都不肯，在這美國歷史上的確是空前的紀錄。

川普不但不去團結美國人民，他進一步分化美國。因為他自始認為他和美國的建制派和主流媒體是對立的，是不能妥協的。他認為只要他牢牢經營支持他的基本選民，加上他執政的優勢地位，爭取連選連任是易如反掌。他的策略就是掌握主動，不斷攻擊反對他的人。

他具體的作法是：

1. 與媒體公然為敵，指媒體是人民的公敵，是「假新聞」的製造者。

2. 直接以「推文」（Twitter）和選民連絡，平均每天發出 2,800 萬臉書至少 14 條推文，他擁有超過 8,200 萬推文的支持者，四年內發出了至少 16 萬件的推文。

3. 他講話和推文是即興而為，甚至謊言也不在乎，有人評估，他一天平均有 16 次錯誤。

4. 反智、反科學、不尊重專業、不信任專家，他處理疫情的失敗便是一例。

5. 政治政黨化造成民主、共和兩黨勢不兩立。他以政治權力綁架了共和黨，使國會失去了制衡行政權的功能。他多次干預司法，自己也遭受彈劾（但因參院共和黨占多數而未成立）。

6. 有功獨享，有過推給他人，他把疫情「甩鍋」中國（2020 年 4 月共和黨曾製作一選舉策略備忘錄，其中有一點是「不要為川普辯護，只要攻擊中國」），並稱自己處理得很好，無需負任何責任（對處理疫情他給自己打『A』，如有疫苗將是『A+』）。

在製造分裂上，基本上是基於兩個理由：一是對川普而言。除了爭取連選連任，其他任何事都不重要，他只關心兩件事：實現他的競選承諾和全力經營他的選區和選民，在他的心目中，美國只有一半是他的，另外一半他漠不關心。

另一個理由是川普是一個種族主義者，對美國黑人的處境他沒有同理心，佛洛伊德（George Floyd）事件發生後，他對鎮壓抗議比「黑人的命也是命」（Black Lives Matter）還要重視。伍華德希望他能對黑人表達一些感同身受的話，他抵死不從。事實上，他是怕失去白人的選票。伍華德說美國已是一個分裂的國家了，川普說美國早已分裂了一百年了，問題是他從未想過如何來團結美國！

事實上，在佛洛伊德事件之前 2018 年 8 月 11 日在維吉尼亞州（Virginia）的夏洛蒂斯維爾市（Charlottesville）發生一次白人毆打黑人的事件。由於川普認為雙方都有錯的發言，造成各方嚴厲的批評，不僅軍方將領們反駁其不當發言，美國最大的製造業理事會的重要成員也紛紛退出。

2020 年 10 月 29 日，《紐約時報》以社論「終止國家危機」，

指責川普任內的毀滅性已嚴重傷害了美國和世界。他濫用權力，否定政治上反對者的合法權利，破壞長期使國家團結的制度，把自己的利益凌駕在公共利益上，他表現出對美國人民和自由令人痛心的冷漠，他不配當美國總統。

4. 川普的人格缺陷

很難想像美國會出現這樣一位幾乎沒有道德底線的總統，川普在文化上代表了美國白人的優越感和傲慢，他認為他無所不能，可以無所不為。

在他個人身上，我們見識到了什麼是自大和狂妄，他自認是一個「穩定的天才」（A Very Stable Genius），自稱為「天選之人」（the Chosen One），他相信自己的直覺。他可以把自己膨脹到無法想像的地步，他可以把他人羞辱到極其不堪的程度。他把自己身旁的將軍們稱之為「白痴」（idiots）、「失敗者」（losers），甚至是一批「娘娘腔」（a bunch of pussies）。他經常提出一些無厘頭的問題，但又不去追究如何處理？和他開會是非常痛苦的事，因為他不尊重制度，不信任專業，他東拉西扯，毫無章法，他很難接受不同的意見，他不喜歡他人控制他的情緒，更不喜歡部屬過於強悍（如提勒森、馬提斯、麥馬斯特，甚至波頓都因此被他逼退），最後他的團隊只剩下唯唯諾諾（yesmen）的人了。

川普的自大和偏執是異於常人的，在伍德華最後幾次訪談時，他表露無遺。當伍華德問他對疫情有沒有什麼策略時，他說，「我沒有策略，我只要把工作做好。」當伍華德問他對種族問題發言不當，需不需要道歉時，他不但拒絕，並說「重點是我不會犯錯。」

對爭取連任，川普深具信心，因為他的基本盤的支持者一直維持在 40% 以上，在 2020 年 3 月時由於經濟上升，股票市場大漲，他的

支持度曾一度高達 60%，他很得意地說，沒有任何一位民主黨參選人可以打敗他。他一方面吹噓說在主導全世界最偉大的經濟，另方面他對支持他的選民寄予厚望，說他們被壓抑的需要是難以相信的。

對疫情失控，他說病毒與他無關，那不是他的錯，那是中國讓它跑出來的。他第一次把新冠疫情（COVID-19）故意說是「中國病毒」是 2020 年 3 月 16 日。他還說，中國受到疫情的傷害遠比外界知道得多。他在圖沙（Tulsa）造勢大會上把中國病毒說成「功夫病毒」（Kung flu），他認為十分傳神和得意。

2020 年 7 月時，他的選情已不看好，但他仍然非常樂觀，他給自己對疫情的處理的分數打「A」，又說如果有疫苗就是「A+」。

對於佛洛伊德引起的「黑人的命也是命」的運動，伍華德一直希望他能表達一種感同身受的同理心，但川普始終不肯。他一直強調他為美國黑人做了很多事，歷史上除了林肯，沒有人可以超過他。他是那種寧可把事情做好，而不是說說而已的人。「我用了很少的錢，能把事情做好，而且我一直都在傾聽人民，我的責任是為全民做好工作，除了我，沒有任何人會做到。」

當伍華德問到，當你在當總統的時候，一個新的形式的奴役（slavery）已經發生了，這是一種系統性和制度性的種族主義。川普的答覆是一個好的經濟可以解決很多問題，這對「心」很有療效。我做的事比他人能做的還多，有時會讓我的對手不高興。

川普又說，「門是打開的，我會收納所有的美國人。」但他最後被伍華德逼問之下，他說了一句，「誠實地說，我沒有愛的感覺。」對這句話我有兩種解釋：一是川普一直不被美國另一半人喜歡，他說無論他做什麼好事，都得不到肯定；二是他認為他的選情受疫情打擊太大，他承認他的運氣不好，並將責任推給中國。

不過川普是一個不肯認輸的人，他對伍華德說，上次選舉他是最

後四個星期贏得選舉，真正的是最後一週，說他在最後一週做了許多事。伍華德提醒他只剩下 105 天了，川普說那是很長的時間，像是永恆。

川普最後的希望是經濟的反轉，他一直告訴伍華德，到了第三季美國的經濟會扶搖直上，不是「V」而是「I」，那將是他致勝的關鍵。

川普最大的罪惡是說謊成性，他信口開河，顛倒是非，他可以在任何時間、任何地點、任何問題上說謊。美國媒體統計，他是美國有史以來謊言最多的總統，平均一天有 16 個謊言，其中 1/4 由他的推文發出。也有統計，說川普在三年內做了 16,241 次虛假或誤導的陳述。但他自誇他是 140 個字的海明威（Ernest Hemingway），推特是他的擴音器，是他的溝通方式，也是他當選和成功的原因。當推特把字數提高到一倍 280 個字時，他高興地說，如此他更能完整的陳述他的想法和深度。

川普說謊成性，根據他的姪女 Mary Trump 的說法是來自一個說謊的家庭，已經成為習慣。他的姐姐 Maryanne Trump 更說，川普是個冷血沒有原則的騙子，當年進入大學還是請人代考。曾任川普的律師柯恩（Michael Cohen）在《背叛》（Disloyal）一書中，指稱川普的模式就是「不擇手段的要贏」，他是一個作弊、說謊、霸凌他人，充滿了種族歧視，是掠奪者、大騙子。

此外，在人格上，川普有嚴重的偏執狂（paranoid），他說「他只相信自己」，「他要做他自己（I have to be myself）」。他不相信部屬的意見，也很難接受一些好友的建議。以處理疫情來說，他本有充裕的時間去規劃和布署，但他卻錯過了機會。在這一過程中，我們可以看出他在防疫和開放經濟的反覆和掙扎，但他寧可堅持虛偽的樂觀，而不願面對嚴峻的現實。他寄望經濟的好轉會扭轉疫情的傷害，事實證明，這是不切實際的幻想。他在 7 月時對好友參議員葛藍漢

（Lindsey Graham）說，他運氣不好，碰到了疫情，但他要賭一把，這是他的個性，不服輸，不肯接受失敗，要力拼到底。

川普有很大的虛榮心，他經常說他是美國歷史上僅次於林肯的最偉大的總統。他把前任幾位總統說得一文不值、一無是處。他不重視倫理和基本做人的禮貌，他拒絕參加共和黨大老馬侃（John McCain）的葬禮，也不參加老布希總統夫人的葬禮，只因他不喜歡他們。在外交上，他對與中國達到貿易協議，以及和北韓達成和平協議十分熱衷，除了可幫助他有利爭取連任外，還可爭取諾貝爾和平獎。他曾有意給自己頒發美國最高榮譽的自由獎章，也想爭取G20會議在他的華府「川普國際酒店」（The Trump International Hotel）舉辦，但均未成功。

他的虛榮心從他和金正恩第一次在新加坡的會談上表露無遺，他說他從未看過有那麼多的攝影機，他認為這個媒體效應只花了希拉蕊25%的經費，卻得到了60億美元的廣告。

當他與習近平談判時，習說美國總統選舉只限兩任並不合理，川普說他有同感，他希望修憲取消這一限制。川普只喜歡聽奉承他的話，而且把這種話當真。他常說，許多人稱讚他，怎麼可能會做了這麼多的事，而且把最困難的問題予以解決，他陶醉在這種氣氛中，對自己更加有信心。我認為川普的虛榮心，傷害了他自己。他的對手看穿了他的「急功求利」，所以不會讓他「予取予求」。以中美貿易戰為例，中國始終拒絕與美國達成協議，不讓川普達成「最大的交易」的目的。川普錯在把政治當作生意，把國家當作市場，他明明是一位總統，卻偏要做一位生意人，他自失格調，也傷害了美國的名譽、地位和利益。

川普不僅公私不分、而且對自己的事業和政治結合也毫不顧忌，他在華府的「川普國際酒店」成為華府政商名流聚會的熱門場所。他在佛羅里達州的別墅「海湖山莊」（Mar-a-Lago）也成了觀光景點。英國《泰晤士報》（The Times）報導有200家公司和利益團體是川

普事業的基本客戶。至於川普的家人，遊走於政商之間，已被視為見怪不怪。2018 年 5 月，中美在貿易談判時，中國給了川普女兒伊凡卡 7 項特許的商標權。

川普的財物一向不清楚，2016 年前 15 年沒有繳稅的紀錄，2016-2017 年繳稅 750 美元。至於逃稅的紀錄，2015 年有 7,300 萬美元的收入，2018 年有 4 億美元的收入。

川普最荒唐的一件事是他和北韓金正恩之間的「畸戀」，美國與北韓之間長期敵對，相互威脅。但在川普任內，他選擇與北韓和解，在兩年之內和金正恩見了三次面（川金三會）。美國要求北韓「去核化」，北韓要求美國安全保障，因無具體方案，未能達成任何協議。但比談判更引人注意的是這一老（73 歲）、一小（34 歲）竟發展出一段「戀情」，是真是假，無從判斷，但的確是「肉麻當有趣」，勁爆十足。

川普說，他第一眼就愛上了金正恩，他形容有如見到一位美女，在一秒鐘就知道會發生什麼結果，他們兩人都聲稱彼此愛上了對方，因為有了一種神祕的化學作用。他們書信來往有 27 封，川普稱為「情書」。當他把他和金正恩的合照給伍華德看的時候，一直強調金正恩沒有對別人笑過，言下之意，十分自豪，直令伍華德啼笑皆非。波頓對川普這種行為，感到噁心（disgusting），他說川普的行為，何止不像個總統，簡直是天真和幼稚。

5. 對部屬刻薄寡恩，放縱家人干政

川普的用人哲學是先把對方捧上了天，然後是既不尊重專業，也不尊重專家的意見，最後還以羞辱的方式解除他們的職務。他的這種作風只能說明他無法真誠待人，連做人起碼的禮貌都不懂。

因為川普是政治素人，沒有參與公務的經驗，在當選之後經由有經驗和有聲望的人介紹、安排的重要人事十分亮眼，如國務卿提勒森

（Rex Tillerson），是美國最大石油公司（Exxon Mobil）的 CEO，個性溫和，對國際事務了解深入。國防部長馬提斯（James Mattis）是上將，曾任美軍在中東總指揮，聲望很高，外號「瘋狗」，因終身未娶，又被稱之為「和尚戰士」（warrior monk）。國安顧問麥馬斯特（H.R. McMaster）（前任為弗林，2017 年 2 月 13 日因案解職）。加上川普選舉的大將浦博思（Reince Priebus）出任白宮幕僚長，這樣的組合對協助川普應有很大的幫助，外界也予以好評，並以「大人軸心」（Axis of Adults）形容這幾位有經驗、有能力的重臣，可以順利協助川普推動國政。

當初川普延攬提勒森出任國務卿時，對其稱讚備至。提勒森說不希望被川普公開解職，只要暗示，他即主動辭職。但一年後，川普在提勒森出國訪問時卻以推文宣布提勒森離職。浦博思也在幾個月後離職，馬提斯在一年後也被羞辱的辭退。

根據波頓（John Bolton）和川普女婿庫什納（Jared Kushner）的說法，川普不喜歡他身旁的人自認比他還聰明，因為他認為自己是最能幹的人。如此看來，川普不僅不珍惜人才，還會忌才，所以最後只有唯唯諾諾的人才能為其所用。

由於 2016 年大選後，盛傳川普得到俄國的支持，有所謂「通俄門」之說，雖然川普堅決否認，但美國情報機關普遍懷疑。為此，川普始終與情報系統人員進行「非理性的鬥爭」。他指責情報人員「消極和天真」，應該回到學校去（重修）。他要求調查局（FBI）局長柯米（James Comey）為他澄清，但柯米說該局只負責蒐集情報，不負責刑事調查，川普於 2017 年 5 月將其解職。在 2 月時，川普曾要求柯米放過其愛將弗林（Michael Flynn），但柯米未同意。

2017 年 5 月，司法部長（總檢察長）賽申斯（Jeff Sessions）任命前調查局長穆勒（Robert Mueller）出任特別檢察官，調查俄國干預

美國選舉事。川普為此事抓狂，經過 22 個月後，川普被判無罪，但外界普遍認為這是一個政治妥協。

為了要讓川普對美國的國家安全有具體的認識，馬提斯在 2017 年 7 月安排川普到國防部戰情室（TANK）聽取簡報，川普聽了之後，當場咆哮說，「這些全是狗屎。」提勒森大罵，「他是個他媽的大白痴。」

浦博思認為根本的問題是川普沒有目標，和部屬沒有信任感，而且每次開會都有「腐蝕性」。他的結論是瘋人院也不過如此吧！

川普對將軍們說，他們完全不懂國防或國安事務，他說軍人不懂生意，沒有成本概念。他指責軍方未能在中東打勝仗，他說，「殺人還需要戰略嗎？」參加會議的一位官員指出川普的無知和危險觀點，令人擔心。

在白宮開會，多是川普一個人講話，而且多是重複的話，有如放錄音機一樣，幾乎沒有決策和協調的過程。對川普有了定見的事，和他爭辯根本沒有用，白宮內部的混亂，幾近使人神經崩潰，每個人有如走在懸崖峭壁的邊緣。

浦博思說川普信賴的人不是他的主要官員，而是一群製造混亂的人，包括他的女兒伊凡卡、女婿庫什納、選舉經理康威（Kellyanne Conway）和首席策士巴農（Steve Bannon），這些人全無政府公職的經驗，但卻可放言高論，成為「掠奪者」。

川普不相信專家意見的另一個理由是因為「辯不過他」。他自認無所不知，無所不能。他經常說，「我是對這個事情最了解的人」，「我是最能解決問題的人」，「我的成就超過歷史上任何人」。他還說，「他比過去三十年任何總統了解的都多」，「他能處理比他人更多的事」。

川普絕少在公眾場合稱讚談他的部屬，即使他的部屬遭受他人攻擊，他也袖手旁觀。對他的部屬，他除了大罵狗屎（shit）和白痴（idiot）外，也經常有尖酸刻薄的批評。追隨他多年的白宮幕僚長浦

博思被他形容為「一隻小老鼠，鑽進鑽出，你可以完全不理他……」，對司法部長賽申斯（Jeff Sessions），說他是「白痴、智障兒、笨南方佬」，對國防部長馬提斯，稱為世界上最被高估的將軍，只是一個公關傢伙（a PR guy）而已。

來而不往非禮也，被川普羞辱和辭退的部屬，對川普也有恰如其分的批評。

1. 浦博思（Reince Priebus）

川普喜歡以一切手段來操縱他人。

他喜歡鼓勵混亂，而且在私底下攪和。

川普認知的同理心和憐憫的心理能力是零。當你把蛇和老鼠、鷹和兔子、鯊魚和海豹放在沒有隔離的動物園裡，天下當然大亂，這就是白宮的寫照。

總統臥房為「魔鬼工作室」，早晨和星期天晚上是「鬧鬼時間」。

瘋人院也不過如此吧！

2. 馬提斯（James Mattis）

他沒有道德羅盤。

川普像一個 11 歲的小孩。

我們為什麼一直忍受這些？他什麼時候才學懂？他的行為和理解程度像小學五、六年級學生。

老天爺，不要再鬧了！

3. 提勒森（Rex Tillerson）

總統不能做決定，即使做了決定，三天兩頭又改變主意。

白宮亂得不可以，一堆人根本不知道事情該怎麼辦？

他是個他媽的大白痴。

他不知道真實和謊言的區別。

4. 凱利（John Kelly）

　　總統根本不了解任何事情，他根本不知所云。他是個白痴，想要說服他接受任何東西，根本就是雞同鴨講，白費力氣。

　　他精神不平衡。

　　他已經脫軌，我們現在處於瘋人鎮。

　　白宮根本沒有決策和協調的程序，混亂和失序還不足以形容亂局。

　　我真不知道我們大家怎麼會在這兒。

　　這是我幹過最糟糕的一份工作。

5. 柯恩（Gary Cohn）

　　川普是職業騙子、職業說謊家。

　　他喜歡讓他人互鬥。

　　他從來沒有從事他必須要有長期策略思考的生意。

　　他對做錯的事不敢承認，他不夠種。

　　他就是死不認錯。

6. 蓬皮奧（Mike Pompeo）

　　一個他媽的大白痴。

　　他在全世界拉攏，直到找到一個同意他的人為止。

7. 柯米（James Comey）

　　不誠實、腐敗、企圖干預司法。

8. 波特（Rob Porter），川普的助理

這不是總統應為、當為，這裡已不再是白宮，這個人目中無人，只有自己。

川普已成為一個「非美國人的種族主義者」。

「現在就是全面戰爭」（指美國社會猜忌、不信任和敵對狀態）。

川普是個自戀狂，看待任何事都從是否會影響他著眼。

每當有人挑戰他，他天生的本能就是，若不全力應戰，他就輸了。

川普的記憶需要一個觸發器，否則他會記不起這些事。

所有的保護政策都不符合美國的利益。

川普當選，造成國家的分裂、敵視媒體、激化文化戰爭、鼓勵種族主義。

總之，大家的結論是：白宮不像是一個「交易的藝術」（Art of the Deal），倒像是一個「拆除交易」（unraveling of the Deal）的地方。

＊　＊　＊

談到家人干政，川普不但內舉不避親，而且讓他的女兒和女婿公然介入政治，不僅在外可以代表川普參加各種活動，在白宮更是隨意行走，參加各種會議。他（她）們只是「特別顧問」而已，川普之寵愛其女兒、信賴其女婿，是無人不知的。

問題是這個第一家庭的成員，不但公私不分，而且經常以私害公，把國事當人情做。川普當選後，伊凡卡對弗林說，你幫了我爸爸做了這麼多事，你想擔任什麼職務？結果，弗林當上了國安顧問（但不久，因涉案被迫離職）。庫什納更是普遍介入人事的安排，許多人靠其引見，才能看到川普。

最離譜的事是第一夫人（Melania Trump）居然可以直接以推文

開除國安副顧問瑞卡黛爾（Mira Ricardel），而她居然不認識這位高官，只因其下屬反應對第一夫人的某項慈善活動未積極參與。

庫什納在白宮與幕僚長凱利（John Kelly）爭權，在迫使凱利辭職後，他便安排預算局長穆爾瓦尼（Mick Mulvaney）接任，以後他用錢更方便了。

庫什納還是川普選舉的操盤手，他有自己設立的三個民調機構，他的民調樣本與一般的民調不同，他是針對熱心投票的選民，而不是一般登記的選民，他認為如此才能正確判斷川普的支持度，所以他一直對選情看好。

在選舉策略上，庫什納是攻擊性的，如此才能保持主動和動力，並讓對手難以招架。對選區的經營，仍然以2016年的模式為主，即中西部的農業州和靠近東岸的「鏽帶」7個搖擺州。

他人對川普的批評，庫什納有他的解釋：

1. 川普的不可測性是他的優勢，他有極大的彈性。
2. 瘋狂但有用，沒有方向，但忍耐和堅持。
3. 他把總統這一職務，玩弄得非常自在，川普說，「記得每個門後面都會有炸藥，但傷不了他。」
4. 媒體不能影響他，他反而以推文影響媒體。他玩弄媒體，玩弄民主黨，牢牢掌握共和黨人。
5. 他不怕爭議，反而認為是展示勇氣的機會。他會使他的敵人自亂陣腳，甚至自我毀滅。
6. 任何事，他都會重視成本效益。
7. 川普的幕僚們太弱了。

波頓和蓬皮奧的結論，認為主導美國政策的只有兩個人：庫什納和梅努欽（財政部長），他是鴿派，但深受川普信賴。

五大迷惑

1. 與俄國的關係（「通俄門」事件）

在川普當選後，最困擾他的問題莫過於外界對他和俄國關係的質疑。美國人民和媒體普遍認為在 2016 年大選時，川普因得到了俄國的暗助而當選，尤其美國的情報系統更是深信不疑，因為他們發現俄國以「惡意軟體」（malware）可以減少支持對方的票數。川普不相信這種說法，還認為情報系統對他敵視，他一直對情報系統不信任，並進行長期「不理性的鬥爭」。

川普就任後，第一次訪問歐洲，他最想見的人不是盟國的領袖，而是普丁，據稱他在與普丁見面時，普丁曾給他一張便條，這是他隨行翻譯透露的。當普丁對他否認俄國介入美國選舉後，川普便接受普丁的解釋，並引普丁的話，說這是對俄國的羞辱。

川普十分關切俄國的利益，每次美軍要對中東地區發動攻擊，尤其是敘利亞，川普都要特別提醒，不要傷及俄國人員，引起俄國的報復。

最令川普痛苦的事便是司法部長（總檢察長）成立的特別檢察官去調查俄國介入選舉之事，出任此一特別檢察官的是素以正直出名，又曾擔任過十二年調查局長的穆勒（Robert Mueller）。川普知道此事後簡直像瘋了一樣，當天整日在白宮大吼大叫了一整天。他的部屬從來沒看過川普如此的憤怒和痛苦，他自言自語地說，「這是我總統職務的結束，我完蛋了」（I'm fucked），「每個人都想追殺我，太不公平了，現在人人都說我將被彈劾」，「我被揍了，為了公平決鬥，我必須反擊」，「我是總統，我可以開除任何人」，「他們將會花好幾年來挖我一生的財務狀況」。

7月8日、9日兩天，《紐約時報》（NYT）報導在2016年競選時，小川普（Donald Trump Jr.）和庫什納等人曾與一位俄國律師在川普大樓會面。俄方表示可以提供有關希拉蕊的黑材料。

穆勒從川普競選總部取得140萬頁文件，也從白宮取得2萬頁文件，總共有37人願意接受調查。

7月20日，彭博（Bloomberg）新聞報導，穆勒將調查川普的財務，包括俄國人購買川普大樓的公寓，以及2008年川普出售佛羅里達的一棟豪宅給俄國富翁。

德意志銀行與川普有往來紀錄，2018年1月8日穆勒口述一份16項的清單，是打算約談的主題，川普表示不介意跟他談話。川普的律師陶德（John Dowd）把16頁題目的答覆交給了穆勒的副手，等待穆勒來見川普。

陶德對穆勒大力反擊說，美國歷史上從未有對任何一位總統發出傳票，也沒有任何一位總統如此透明（穆勒關心的是川普的「腐敗」動機）。

川普願意作證，但陶德堅持不可，他認為那是個「陷阱」，如果川普堅持，他就會辭職，因為律師有權保護其當事人。

他的朋友勸他，這未嘗不是好事，因為可以還他清白。但川普餘怒未消，指稱這是「獵巫」，形同「政變」。

陶德去拜訪穆勒，穆勒表示案情的疑點有三：一是在2016年大選時，川普希望俄國能協助找到希拉蕊消失的300萬封電子郵件；二是涉嫌妨礙司法，如要求調查局長柯米放過弗林一事；三是川普的行為有「腐敗」的動機和敵意妨礙司法的意圖，他說思想狀態是關鍵，為什麼他會以他的方式行為？

經過長達22個月的調查，一共動用了19名律師、400名專業人士（包括FBI人員），發出了2800張傳票、500張搜索狀，傳喚了

500 名證人，完成了 448 頁的調查報告。此一調查起訴了 34 人，包括川普的律師 Michael Cohen、2016 年競選時的主席 Paul Manafort、副主席 Rick Gates 和前國安顧問 Michael Flynn，還有一些俄國人士。

川普本人經調查並無不法情事，但也「不能證明無罪」（exoneration），但司法部長宣布本案已結案，不會有進一步的起訴。

川普聽到這個好消息，正在從佛羅里達回華府的飛機上，對他來說這是一大解脫，排除了他競選連任最大的一個障礙。但在飛機上，他卻陷入沉思，陪同他的參議員葛藍漢說，這完全不是他的風格。

葛藍漢在川普因本案苦惱時，他安慰川普說，「我相信你，因為你與自己的政府都不能合作，怎麼可能會去和俄國合作呢？」川普聽了大笑說，「這才是事實！」

但美國的民意對本案卻有不同的看法，民主黨人認為司法部在包庇川普。事實上，這是穆勒的一個明智決定，他決定不傳喚川普出席作證，一方面會造成行政和司法的嚴重對立和衝擊，引發更大的政治風暴；另方面，如此將使此案曠日持久，可能拖到川普任期結束也不能結案。但此案宣判後，造成司法界的反彈，超過 700 名擔任過聯邦檢察官發表公開信，認為反對起訴現任總統的不當。一般的共識是如果換成另外的人，本案就不會如此了結，畢竟這是一個政治上的妥協。

在調查案進行期間，川普曾多次壓迫司法部長賽申斯（Jeff Sessions）並申斥他為「白痴」，也要求國家情報總監柯茨（Dan Coats）停止 FBI 對俄國的調查（事實上，柯茨始終認為川普與俄國有所關聯，這是他對川普偏好在陰暗面做事的認知），但他一直不敢開除司法部正副部長和穆勒本人，因為如此等於他畏罪，對他傷害更大。

為川普辯護的律師陶德在結案之後心有所感，他看到了川普悲劇性的缺陷，他真想罵他一句，「你是個他媽的說謊者！」

「通俄門」始終是個謎，穆勒調查案非但未解開這個謎，反而留下了人們更大想像的空間。穆勒最關心的「川普腐敗的意圖」到底是什麼？可能只有川普本人自己最清楚了。

2. 對盟國的冷漠和敵視

川普是政治上的保守主義者，是經濟上的保護主義者，是戰略上的孤立主義者。他是反全球主義、反全球化、反對美國應承擔領導世界的責任。他競選時的口號，「美國第一」、「使美國再偉大」，只針對美國人民說的，他沒有要讓美國強大去領導世界的雄心大志。在美國政治派別中，他是「傑克森主義」加上「傑佛遜主義」的品牌，即一方面主張強悍，另方面又不願介入世界事務。這個立場和從 20 世紀美國成為世界超級強國之後，一向奉行的「威爾遜主義」和「漢彌頓主義」完全不同的。後者強調的是對外宣揚民主自由和擴大自由貿易。這種巨大的反差，除了川普的個人因素之外，也代表了美國變形的民族主義，反對移民和排外，和變形的民主制度、社會分裂、走上民粹。

川普在 2016 年是以這種認知，成功的煽動美國中下階層的逆流和反彈而當選的。加上他的狂妄和自大，他認為照他的理念和作法，是可以行得通的，他甚至把美國近年來國力的衰退、經濟的不振和社會的不安的責任，歸諸於前朝政府，包括民主、共和兩黨的錯誤政策，為了其他國家的利益而犧牲了美國自己的利益，他認為全世界都在占美國的便宜，甚至美國被中國「強暴」。所以，他要「撥亂反正」，要還給美國一個公道。

但川普的思想和心態的確是個異類，他身為美國總統不可能不了解美國在世界上的重要性以及美國偉大的基本條件，如美國一手打造的國際社會結構和秩序，美國無出其右的經濟實力和影響力，美國廣

大的同盟體系和無與倫比的軍事力量，還有美國引以為傲的民主自由和支持人權的普世價值。但川普對這些美國引以為傲的基本價值觀，似乎毫無興趣，甚至不屑一顧。

川普就任後，經常會問到他的主要幕僚們，包括國務卿、國防部長、國安顧問、最高經濟顧問等一個問題，為什麼冷戰結束了三十年了，美國還在支持「北約」？為什麼第二次世界大戰結束了七十年了，美國還在日本、韓國駐軍？他的幕僚說，是為了美國的安全、世界的和平和美國的利益，至少沒有引發大的戰爭，川普聽了表示他不接受這種說法。

川普否認盟國對美國的價值，他認為盟國占了美國太多的便宜，搭美國的「便車」（free riding），而且花了美國太多的錢。他把聯盟當作一種對價關係，不但要均等，還要符合成本效益。德國總理梅克爾第一次到白宮訪問，川普就向她要錢，說美國在德國負擔了太多的軍費。梅克爾說，同盟不是建立在金錢上的。川普說，那麼我們就要召回駐德國的美軍。

川普第一次出席「北約」會議，公開大肆抨擊歐洲盟國沒有盡到自己保護自己國家的責任。他說，在 29 個「北約」國家中，只有 5 個國家（都是小國）達到國防開支每年占 GDP 2.5% 的要求，最富有的德國只占 1.2%。會後他拒簽聯合公報，其態度之傲慢和無禮，令歐洲盟國側目。

對日本和南韓，川普也不放過，他說美國已在南韓花了 5 兆美元，但南韓在貿易上賺了美國很多錢。他說，美國為什麼要當傻瓜？他自己設計了一個公式，算出每年南韓應付 50 億美元，日本應付 80 億美元的保護費。他的公式是成本加上 50% 的利潤。沒有人知道他這個算法從何而來？只能說他把同盟關係當作生意來做，其它都不重要。

根據波頓的回憶錄，在討論對台灣軍售案時，川普本有所猶豫，

可能怕得罪習近平。但鷹派人士強烈主張，並說台灣方面買得很爽快，也未要求打折，川普就答應了。但強調要安靜地去做，不要太過聲張。

川普十分重視沙烏地阿拉伯，除了沙國是中東最親美國的大國外，另外就是沙國肯花大錢買美國武器。沙國王儲涉嫌謀殺記者卡舒吉（Jamal Khashoggi）事件後，川普居然放了一馬，未予追究。結果沙國採購 2,000 萬美元武器作為回報，川普認為這是筆好的交易。

川普十分看不起歐洲盟國，他經常說，「歐盟比中國更壞，只是小了點。」在他心目中。歐洲國家已無關緊要，他對歐洲主要國家的領袖更是口出惡言。他說英國首相梅伊（Theresa May）是個傻瓜，法國總統馬克宏（Emmanuel Macron）非常非常討厭（very, very nasty），德國總理梅克爾（Angela Merkel）是笨蛋（stupid），加拿大總理杜魯多（Justin Trudeau）是不誠實和懦弱（very dishonest and weak）。

日本一智庫的負責人表示，日本已看不到美國團結盟國來捍衛共同的價值觀，並擔心把盟國當作卒子和籌碼，這種不安全感是真實的。南韓認為川普對盟友是又強又狠，中國已在告訴大家，它將成為世界的新答案，許多南韓人相信這一點。美國智庫 CSIS 的葛來儀（Bonnie Glaser）說，傳統上與美國結盟的國家，如果認為美國既不尊重他們的經濟利益，也無法保障他們的安全，就可能轉向中國。

令人不解的是美國明明知道中國是美國最大的競爭者，也是美國最大的威脅，理應結合並強化其盟國來共同對抗中國，川普卻反其道而行，並在國際組織中退群，給中國更多擴張其影響力的機會。更令人不解的是美國放棄了和傳統盟邦的友誼，卻去與中國、俄國和北韓的領袖們示好。並一再表示外交就是個人關係，他與這三個國家的領袖都極為投緣，合的來。

美國傳統上，對內民主和共和兩黨有其基本上的差異。簡言之，

民主黨較重視平等，共和黨較重視自由。但在對外政策上，兩黨的差異性就不大，因為美國以全球的安全為安全，以全球的利益為利益，所以有「兩黨一致外交」（bipartison）之稱。奈何，川普主政後，兩黨對立和鬥爭激烈，不但對外不一致，對內也不一致，甚至白宮裡的要員說，寧可到海外打仗，也不願在白宮打架。

在川普任內，美國和歐洲盟友的關係的信賴感已被破壞，因為美國在對外政策上沒有方向，也沒有共識，歐洲人認為美國已不再可靠。歐洲正在推動「戰略自主」的觀念，要減少對美國的依賴，也要扮演「平衡大國」的角色。這方面，法國的馬克宏總統最為積極。但他承認西方在沒落中，中國的力量被長期低估，未來的世界是美中競爭的時代，歐洲將無足輕重。

3. 川普好戰嗎？或只是善於恫嚇

川普給人的印象是很狂妄、自大，很容易被解讀為好戰，但事實剛好相反。他是一個反戰，甚至畏戰的人。在他四年任內，只對敘利亞攻擊兩次，加上一次以無人機擊斃伊朗的軍事強人索里曼尼（Qasem Soleimani）。

在之前談到川普對盟國的不友善，曾介紹川普在美國政治文化中代表的是和過去七十年或近一百年外交政策主流的完全不同立場。只有從這方面才能理解他的政策和主張，川普代表的是我們熟悉的美國主流、建制派或「深層體制」（deep state）的相反面，也可稱之為非主流。

川普主義是傑克森主義和傑佛遜主義的結合，有別與過去主導美國外交政策的漢米敦主義和威爾遜主義的結合。傑克森主義的內容是民族主義、民粹主義、個人主義、例外主義和反全球化。傑佛遜主義的內容是，孤立主義、和平主義、反對戰爭、不介入他國事務。這兩

種主義結合起來、就是國內事務重於國際事務，過度使用軍事力量是不符合國家利益。他們對國內民主和自由的健全，遠勝過對民主和自由對世界的推廣。

由以上兩種主義的內容，我們可以很清楚看到川普的身影，甚至也無需多做解釋了。當川普主義主導美國過去四年國家政策之時，反對它的人（民主黨、建制派）會認為，它只是一時的「脫軌」（aberration），但也有人擔心，即使川普離任，他的一些政策和主張可能仍會影響美國的政策，畢竟這是美國原汁原味的白人至上的傳統，何況川普的支持者也不少，他的 7,000 多萬熱情的選民將近美國選民的一半，這股力量是不能忽視的。如果不是疫情的攪局，川普連任的機會還是很大的。

讓我們重新整理川普的外交政策：

①反對美國在海外駐軍

堅持要從阿富汗和敘利亞撤軍，並於 2020 年完成。

不喜歡美軍常駐海外，主張應自德國、日本、南韓撤回美軍（尚未完成）。

②不重視與盟國關係

認為「北約」已經過時，沒有集體防禦和共同安全這回事，說「歐盟」成立的目的就是要對付美國。

他說，在處理中國、墨西哥和加拿大之後，就會對「歐盟」下手，他說，「我不會在同一時間與世界各國為敵。」

③反戰

反對在中東進行「無休止的戰爭」，他問到軍方，還要在中東打

一百年嗎？並說，我們要到全世界去打仗嗎？

他認為軍方是錯誤的（事實上是愚蠢的）。

我很兇，但我不會與中國、俄國和北韓打仗。

④恫嚇

「美國是世界上最強大的軍事力量，過去兩年就投資了 1.5 兆美元。」他對伍華德透露，美國有一種新武器系統，無人知道，普丁和習近平也不知道。

如果阿富汗對美國攻擊，他將把阿富汗夷為平地。

他曾對金正恩說，如果雙方達不成協議，金正恩的命運將會和格達斐一樣。

他對軍方說，如果北韓再試射 ICBM，「他們將會麻煩大了，大到不可想像。」

他說，美國不尋求衝突和對抗，但也決不逃避。

⑤重視制裁

在軍方擬定對付北韓的方案中（包括以軍力、CIA 暗中進行全面改變北韓政權），川普選擇了全面制裁、極限施壓。

對伊朗也是全面制裁（但歐洲國家不合作，中、俄也支持伊朗）。

對俄國、中國也採取部分制裁。

⑥不干涉他國內政，不重視他國民主自由和人權問題也不介入他國之間的爭端。

對香港問題，川普同意習近平所說，是中國的內政問題。

對新疆維吾爾集中營問題，川普說是正確的作法。

川普說美國也有自己的人權問題。

對日本與南韓的戰後賠償爭端，川普不願介入。

⑦反對美國在海外花費太多金錢

川普說美國在中東已花掉了 7 兆美元。

美國一年在阿富汗要花費 500 億美元，單是軍人俸給就要 65 億美元，川普說那是全世界收入最高的士兵。

美國負擔「北約」90% 的軍費，太不公平。

美國應向日本和南韓每年收取 80 億和 50 億的保護費。

反對軍事演習，認為是浪費金錢。

⑧不願輕啟戰爭，極盡克制動武

在四年內，只對敘利亞軍事基地攻擊兩次。

伊朗多次向美國挑釁，襲擊油輪，炸毀沙國的油田，以及擊落美國三架無人機。美軍已準備攻擊伊朗三個據點，但川普在 10 分鐘之前下令停止，因為將會造成 150 名伊朗人死亡。

由於伊朗軍頭索里曼尼策劃攻擊美軍，川普在 2020 年 1 月 3 日，下令以無人機將其擊斃。

⑨重視美國人的生命

聯參主席鄧福特（Joe Dunford）說，「只要不傷害美國人，他的敵人就可為所欲為。」

4.「川金會」和「川金戀」的荒謬鬧劇

如果在近代史上選出一件最荒唐的國際大事，當屬川普和北韓金正恩的一年三會和川普公開承認的和金正恩之間的「畸戀」。我始終認為這是一個鬧劇，是川普自編、自導和自演的荒唐大戲。

　　論國力，北韓和美國幾無法相比，美國是世界上第一大國，北韓只是一個中小國家，是世界上少數既窮困又封閉的國家，由於他不顧人民死活去發展核武，引起東北亞國家注意。從美國柯林頓總統，到小布希總統時代，都試圖透過周圍國家進行多邊談判，希望建立共識和機制來避免在韓國半島產生緊張情勢，但均無功而退。在經濟上，北韓依賴中國甚重，由於美國透過聯合國對北韓進行經濟制裁，北韓一向以美國為主要敵人。

　　2016年大選期間，川普曾說，他會讓中國把金正恩「很快地消失」，他說金正恩是個壞孩子，但別低估他。川普當選後，北韓外長在聯合國公開指責美國為「邪惡帝國」。2017年9月川普在聯合國演講時，稱金正恩為「火箭人」，他說如果美國被迫自衛，勢必要完全摧毀北韓。金正恩三天後攻擊川普，說他「肯定會馴服這個神經不正常的美國老番癲。」

　　2017年中旬，美國情報機關指出北韓正以驚人的速度發展核武和洲際飛彈，這個情報在7月和9月得到證實。但2018年初，CIA研判北韓打擊美國的能力不足，美國軍方已有對北韓戰爭規劃，但內部意見並不一致，國安顧問麥馬斯特主張要及早動手，但國務卿提勒森反對採取武力行動，國防部長馬提斯認為改變北韓政權只需要80個核武，但他決心要在戰爭發生之前，全力爭取和平。

　　2017年7月到9月，北韓密集試射核武和洲際飛彈，川普推文說，金正恩是一個瘋子。北韓外長宣稱北韓打擊美國本土是不可避免的。川普推文說，如果這是金正恩的想法，他們活不了多久了。

　　但到了2018年4月，雙方的緊張關係有了突破性的轉變，經由南韓總統文在寅的居中牽線，北韓表示可以接受美國無核化的要求。金正恩並致函川普，願與川普會談，結果在一年多中，兩人見面了三次，2018年6月12日在新加坡，2019年2月27日在河內，2019

年 6 月 30 在板門店「非軍事區」（DMZ）。

川金三會有實有虛，第一次有初步協議，第二次談判破裂，不歡而散，第三次只是形式而已，金正恩邀請川普從南韓踏上北韓土地。談判內容美國要求北韓完全「去核化」，北韓要求美國給予安全保證，甚至建交。但美對北韓「去核化」不夠具體且無法證實，北韓認為美國誠意不夠，非但未取消經濟制裁，軍事威脅也未減少（雖然美國答應取消軍事演習），雙方無法達成協議，只能繼續拖下去，維持工作層級的接觸和對話。

對川金三會，外界反應不一，有人認為解除了戰爭的危機是件好事，也有人認為美國得不償失，提升了北韓的國際地位和對其政權的「合法化」，但美國並未得到北韓放棄核武的保證。伍華德曾問到川普是否增強了金正恩的權力？川普說，和金正恩見面本身就是很大的交易，況且美國也沒有放棄對北韓的經濟制裁。但波頓對川金會一向反對，他主張對北韓動武，因為北韓不可能放棄核武發展，他認為川普把美國帶進了死胡同，只會一直輸下去，沒有收穫。

川金會的高潮不在兩人相會，合在兩人之間的「畸戀」，在這一年多來，兩人書信往來十分密切，共有 27 封，信中描述兩人如何形成私人和情感上的結合，川普對伍華德說，「因為金正恩喜歡我，我也喜歡他，我們合得來，這不代表我的天真，也不代表我的完美，金正恩是一個非常堅強的人，而且精明，十分精明。」他又說，「我是金正恩唯一交往的人，他不和其他人打交道。」川普指著一張照片說，「你看他笑過嗎？」川普把那張海報大小的照片給了伍華德，說，「他從來不笑，我是他唯一和我笑的人。」

川普把金正恩寫給他的信當成「情書」來看，川普說他第一眼就愛上了金正恩，他形容有如見到一位美女，在 1 秒鐘內就知道會發生什麼結果，他們兩人都宣稱彼此愛上了對方，因為在他們之間產生了

一種神祕的化學作用。波頓對川普這種行為感到噁心（disgusting），
何止不像總統，簡直是天真和幼稚。

川普把國家與國家之間的關係建立在個人關係上，本來就是不正
常的心態，如今把金正恩當作「寵姬」來看待，更是離譜。金正恩抓
住川普好大喜功、喜歡被人吹捧的個性，不斷給川普灌迷湯，使川普
樂不可支、神魂顛倒，認為北韓的事，他一個人就可搞定。

不過這段不倫之戀，終究禁不起現實的考驗，美國與北韓之間的
矛盾，不是靠金川兩人的感情可以解決的。川金三會之後，兩人便無
進一步的接觸。2020 年新冠疫情爆發，川普自顧不暇，已鮮少顧及北
韓問題。至於川金戀的真假和虛實，也少有人知道和了解，除了川普
自吹自擂之外，也鮮有人認真看待此一事件。

我個人認為這只是川普虛榮心表現之一，他要製造一個話題引起
大家注意。在第一次川金會在新加坡舉行時，川普最得意的是從未見
過有這麼多攝影機的大場面，只是這一幕就給他賺到了幾十億美元的
「廣告」收益。他常說在公眾場合講話的內容並不重要，現場的動作
和表現才重要，這就是川普的特性——華而不實。

至於他和金正恩的「畸戀」，川普真正的意圖是他可以個人魅力
化解美國和北韓的危機。2020 年 1 月，川普曾告訴伍華德在書中不能
嘲笑金正恩，他說要不是他當總統，美國和北韓可能早就開戰了。川
普也未免太高估北韓了，因為金正恩也說雙方當時已很接近開戰。我
認為金正恩是胡說八道，區區幾個核武和洲際飛彈就可與美國打仗，
他難道不知道美國要消滅北韓只需要 80 個核彈嗎？美國只因為北韓
幾句狂言，就如此緊張，那面對中國和俄國，將如何自處呢？

5. 川普的內心世界

看完了三本有關川普重要的書，也看了近百篇有關他的文章和報

導，實在很難真正了解他是一個什麼樣的人，他可能是政客、生意人，是狂人、梟雄，或兼而有之。但他既然從政，治理世界上最強大和最富有的國家，理應有他的理想、抱負和追求成就以及歷史地位。但我卻很難找到這些特質，相反的，我只感覺到，他沒有使命感，也沒有責任感，他不認真，也沒有反省的能力。更嚴重的是他沒有方向，沒有明確的目標，他只有一個目的：不擇手段的爭取連任，甚至可以犧牲國家的利益為代價。

這三本書的兩位作者，波頓（John Bolton）以他的專業、敬業和滿腔熱血，希望克服困難達成使命，他自知對改變川普不存幻想，但他終究錯估了川普，遠比他想像的「不像個總統」。伍華德（Bob Woodward）和川普在政治文化上，一位是開明的自由派，一位是極端的保守派，伍華德一直逼使川普不想講出來的話（在處理疫情和種族問題上），不是想改變川普，而是想幫助他渡過難關，也有助於美國的團結。川普不是不了解這個道理和伍華德的苦心，但他抵死不從的苦衷是他不敢得罪支持他的白人選民。結果兩人最後變成雞同鴨講，毫無交集。川普最後哀怨地說，我知道我得不到我所要的（指伍華德寫他的書），即是如此，我也無所謂。

川普 2016 年競選的口號是「美國第一」和「使美國再偉大」，美國本來就是第一，但他的意思是今後要以美國的利益為第一，這是以不平等對待其他國家的心態。換言之，其他國家的利益都要屈從在美國之下，在當前多元的國際社會中，這是行不通的。中國、俄國，甚至歐盟都不會同意，其他國家也不會照單全收，也要談條件，甚至如伊朗和北韓還可勒索美國。

「使美國再偉大」，美國已經很偉大了，還要怎麼偉大呢？莫非還要高人一等，得到全世界其他國家一致的肯定、認同和支持？莫非就是美國「例外主義」的進一步貫徹，凡事只有美國可以做，其他國

家就不能做。莫非就是「美國世紀」、「大美和平」和「美國霸權」的不可取代、不可動搖，也不允許被挑戰。

但依川普在 2016 年競選時的講話來看，他似乎認為美國已不再偉大，所以才高喊「使美國再偉大」，因為他說全世界都在欺負美國，美國被中國「強暴」（rape），全球化使美國吃了大虧，使美國許多人失去了工作……，這些都是民主黨政府的軟弱和不作為造成的，所以他要使美國振衰起敝，重新站起來。他說這些話打動了美國在經濟上處於劣勢地位的白人選民，激發了他們的危機感，使他僥倖當選。

問題在於川普任內，我們很難找到他「使美國再偉大」的政績和成就。川普非常重視經濟問題，他的作法是採取保護主義、反對自由貿易、提高關稅，和中國打貿易戰、修改雙邊貿易協議，退出多邊國際協議（包括世界貿易組織 WTO）等。在與中國貿易談判過程中，由於中國不接受「不平等條約」，美國鷹派人士甚至主張在貿易上與中國脫勾（decouple）。但這些作法均未能達成預期效果，甚至帶來反效果。以美中貿易戰而言，在美國極限施壓之下，中國拒不讓步，終至川普任期，並未達成協議。結果美國對中國的貿易逆差只增不減，美國的資本和廠商仍在擴大在中國的市場。在新冠疫情期間，美國需要的相關治療器材幾全仰賴中國供應，在控制疫情和經濟恢復上，中國的表現都超出美國甚多。美國專欄作家紀思道（Nicholas Kristof）諷刺的說，川普的作法是「使中國再偉大」，並在中國得到了「川建國」的美名。

以事後之明來看，川普的失敗在於過分高估自己的能力，他自認很懂得經濟，但未學到經濟學上「始料未及定律」（the principle of unintended consequences），缺乏應變能力。以處理疫情來說，他一開始便過於輕忽，不重視專家的意見。封城和隔離太晚、重新開放經濟又太早，造成疫情迅速擴散。到了 7 月，他才發現情況惡化但已無

法控制，他不得不承認「在情況變好之前可能會變得更壞」，這是他承認處理疫情失敗的表示。美國疫情的死亡人數使美國成為「美國第一」，他抱怨自己的運氣不好，還把責任推給中國，但似乎效果不如預期。

在處理種族問題上，佛洛伊德（George Floyd）事件之處理不當也是他的敗筆之一，川普本來就是個白人至上的種族主義者，對美國黑人的處境缺乏同理心，不但不能療傷止痛，反而火上加油。當他對暴動主張以武力鎮壓以及強調「法律和秩序」後，激發了種族對立，使分裂的美國，更進一步的分裂，證明川普沒有能力團結美國，如何使美國更偉大？

川普的自大、狂妄已成為他的商標，但更嚴重的是他的不誠實，他曾說過，「你必須否認，否認，再否認，如果你承認你就死定了。」這是在「通俄門」事件中，始終大家不相信他無罪的原因。在處理疫情和佛洛伊德事件上，他堅持不會道歉，因為他說他不會犯錯。他的虛榮心太強，只接受他人的稱讚，不接受他人的批評，因此，他永遠分不清事實和假象，只能以謊言來治國。

反對川普的人共同的認知就是他「腐化」的內心動機，特別檢察官穆勒最大的疑慮也是如此，但沒有具體證據，也只能放他一馬。

川普的談判理論是必須先說 No，才會得到 Yes，他自己有過六次破產的紀錄，對打官司這種事，他從不介意。對川普來說，沒有任何事情能比從別的國家拿到錢更能使他開心，因為他又完成了一筆「交易」。

我在看這幾本書時，常常會想到在美國這個民主程度很高的國家怎麼會出現這樣一位沒有民主素養、沒有水準的總統，這實在是非常不正常和不合理的現象。想到川普如此對美國盟國領袖的不友善，對國內政敵的惡意和痛恨，但對幾個極權國家的領袖如金正恩、普丁、

習近平等，又如此親切、「合得來」。我倒是有一個想法，莫非這才是川普的內心世界，他羨慕獨裁者，因為在他們國內沒有人敢反對他們，他們能做他們想做的事，而且還可以一直做下去。這可能才是川普心中最大的願望！

艾森豪總統曾說過，白宮是他住過最孤獨的房子。四年來，川普把白宮變成了瘋人院，他自己不但孤獨，而且益抱怨和悲哀。白宮未能讓他完成任何大的「交易」，反而重挫了他的雄心壯志！

第四章

作者對川普四年來的
觀察和評論

1 川普現象（2015.12.25）

美國總統大選，川普（Donald Trump）遙遙領先其他共和黨參選人。照目前趨勢來看，他很可能成為共和黨的提名人選，將與民主黨的希拉蕊一決雌雄。

川普是個地產商人，他對房地產的名言是「Location, Location, Location ！」換言之，房地產的價值完全看是否在精華地段。他喜歡炫富，從參選以來，一再以最聳動的言論來製造聲勢，尤其他在種族問題上的口無遮攔，引起世人側目，但在美國卻成為共和黨中下階層選民的最愛，這一現象令人擔憂，因為他的主張已經危及美國的民主價值。

造成「川普現象」的原因不外是美國近年來社會結構的兩極化，造成富者愈富、貧者愈貧的結果。加上美國反恐戰爭的勞而無功，使美國人民陷於恐懼狀態；再加上中國快速崛起，美國的霸權地位已岌岌不保，更令美國人民難以接受。川普顯然在利用這種機會，來推銷他的極端主義。這或是他的行銷手法，但他的三個 Location 成為非理性、排外和製造社會對立的手段，這實在是美國民主的惡夢。

2 我對美國大選的預測：五五波（2016.7.31）

美國歐巴馬政府全力推動的「跨太平洋夥伴關係協議」（TPP），在民主、共和兩黨總理提名大會後，幾可斷言，已經宣告失敗，因為兩黨的總統參選人均公開反對此一協議。

TPP 被視為是美國「重返亞洲」戰略的經濟支柱，由於中國大陸正在主導另一個協議──「區域全面經濟夥伴關係協定（RCEP）」，如果美國的 TPP 不能成功，而中國大陸的 RCEP 成功，美國在亞洲

的主導地位勢必受到挑戰，甚至主客易位。

在當今反全球化的風潮蔓延之際，民粹主義當道，參選總統的人均不致「逆向而行」，美國帝國主義的作為將會有所收斂。所謂的「亞太再平衡」和「北約東擴」可能會受到國內民意的影響。

在今晚的一場餐會中，一位朋友問我，美國會不會走向孤立主義？我說孤立主義是美國的基因（DNA），美國成為帝國主義是偶然的結果。固然美國有傳播福音，推銷民主的理念，但若不是兩次世界大戰，把美國拖下水，美國也不可能成為世界警察的。

美國人民是務實的，但也有其浪漫的一面，當美國處於順境時，美國人民也樂得當世界的老大，享受「We are second to none」的虛榮。但當美國處於逆境時，如越戰和中東戰爭的曠日持久，美國人民就會懷念「光榮孤立」的美好日子。美國地大物博，南北無強國，東西有大洋屏障，犯不上「管其他國家的閒事」，尤其讓自己的子弟去打仗送死，更是美國人的大忌。

為了主宰世界，美國大力推動全球化，但卻讓美國人民貧富差距擴大、中產階級消失、失業增加、收入減少，這股怨氣全發在執政者身上。川普之所以能夠竄起，靠的就是這種民怨，且氣勢一直上漲。以個人條件，希拉蕊超過川普甚多，但權貴的背景和過於精明也會帶來不少負面的效應。這場選戰，許多人看好希拉蕊，但我不這麼認為，至多是五五波。

3 對 2016 年美國總統大選結果的看法
（2016.11.10）

對美國大選結果的看法：

一、川普當選的意義和象徵

此次美國大選的結果令許多人跌破眼鏡，在身世、資歷、才幹和勢力遠超過對手的希拉蕊一路領先的情況下，竟敗給了毫無政治經驗，聲名不佳的及起步甚晚的川普。如何會有這樣的結果，將是今後研究選舉的一個重要課程。

退休後，我已不關心政治，何況是美國的選舉，一年多來，我幾乎沒看過任何有關美國選舉的分析和報導。一開始，我只知道這兩位候選人，實力相差懸殊，但逐漸感到似乎是川普在主導選戰，我開始告訴我的朋友，他有希望。

11月5日晚在睡前，在無意中我在電視上看了一場川普在佛羅里達的造勢晚會，聽完了他整個演講之後，我對他信心大增。

我從未肯定的認為川普會當選，我只是認為他有希望當選，因為他太會造勢，因為他講的話能真正打動人心。

我自己當年從事輔選工作多年，深知選舉之道無它，一是深入了解民心，二是善於造勢。這兩點，川普已發揮得淋漓盡致。

從冷戰結束後，美國以自由化的旗幟，進行全球資本化，並從中謀取最大的利益，但這些利益只進入財團和政客之手，一般人民反而成為受害者。

美國不但不知反省，反而變本加厲，以戰爭爭取資源，但中東的戰爭不但耗費國力、財力而且曠日持久，引起民怨。

川普以反建制，反主流媒體，靠著網路直接與選民溝通，以最直接的、最粗暴的言辭，宣洩他們的不滿，他聲言要把這些利益集團從美國人民剝奪的利益，還給美國人民。

這次選舉可能代表美國領導地位的終結，美國將走回孤立主義和保護主義。

川普當選增加許多不確定的因素，將會造成對美國正面或負面的

影響也一時看不出來，但可確定的是現有格局將會被打破。

川普現象

　　這次美國大選形成的「川普現象」，已成為草根階層對抗建制集團的代表，當民粹成為一種全民運動時，任何社會都難以從分裂中癒合。

　　這次美國大選的結果不僅為美國的未來帶來不確定性，川普現象還會散布到世界其他地區，民粹將受到更大鼓勵，明年將舉行大選的法國和德國都會受到影響，全球的政經也將進一步陷入混沌和不可預測。

　　因選舉造成美國內部的分裂將會使得美國對外政策的不確定性，川普選舉時一些誇張言論未必會全部實現，但至少升高保護主義、減少移民以及降低美國對被保護國家的承諾是可以預期的。

　　很諷刺地，過去一向是美國觀察、檢視和品評其他國家的民主價值和品質的時代，如今美國自己反而成為其他國家觀察的對象。例如，民調顯示 85% 的歐洲人不相信川普會在國際事務上做正確的事。不過話說回來，經由這次選舉，有人還會相信民調嗎 ?!

　　這場選舉使世人見識到美國的民主制度在走向崩壞，《紐約時報》坦承美國的形象在自己人民和世人眼中已黯然玷汙了。

　　從紐約一名房地產富商到當選美國總統，川普不僅打破傳統，也顛覆了美國的政治體制。

　　川普本是民主黨，他說看到雷根以一個演員可以當選美國總統，對他有很大的鼓勵。1999 年改為共和黨，2000 年曾以「改革黨」的身分參選，2001 年又回到民主黨，2009 年再回到共和黨。

　　川普將是美國歷史上，第一位沒有從政經歷，也沒有從過軍的總統。

他的兒子艾瑞克（Eric F. Trump）說，十三個月前，川普告訴他們家人他決心參選總統，他花了十個月的時間，打敗了共和黨內其他16位競爭對手。他初選時得到的選票，創下共和黨內的紀錄。

川普出身於富有家庭，上過軍校，畢業於賓大華頓學院。雖是億萬富豪，但紀錄上也有四次破產的紀錄，分別是1991、1992、2004和2009年。他的成功，據他的女兒依凡卡（Ivanka Trump）說，就是大膽和堅持。

英國廣播公司（BBC）分析川普勝選的五大原因：

1 掌握白人民怨。

2. 百毒不侵，屹立不搖。

3. 維持政治局外人的姿態。

4. 電郵門事件重創他的對手。

5. 相信直覺，我行我素的選戰風格。

我認為，川普的勝選有五大意義：

1. 民族主義戰勝全球主義。

2. 不滿現狀推翻維持現狀。

3. 網路媒體超越主流媒體。

4. 政治覺醒擊潰政治正確。

5. 草根民眾打敗政治菁英。

民調失準？

選前美國的民調均預測希拉蕊將以4-6%贏得大選，在全國59家主要媒體中，只有兩家——《洛杉磯時報》和《投資者商業日報》認為川普會勝出。

即使投票當天下午5：00的出口民調，也是希拉蕊領先，對這種

現象的解釋為：

1. 低估了鄉村地區白人選民的投票率，高估了黑人和千禧世代的投票率。

2.「沉默螺旋」理論，支持川普的選民不願表態。

3. 媒體偏離真實，沒有體察到美國選民的真正想法。據了解，主流媒體一面倒向希拉蕊，在民調上大做手腳，他們的民調樣本，民主黨員被過度抽樣達 8%，他們企圖營造有利希拉蕊的民調，降低川普選民的熱情。

川普本人似乎對這些現象「成竹在胸」，他在選前曾說「我會贏得選舉，英國脫歐公投將會以十倍效應在美國重現」。

事實上，這種現象也不是全無跡象可循。CNN 在去年底的民調顯示，75% 的人民對政府不滿，69% 的人民對現狀感到憤怒，只是主流媒體只偏向既得利益者，以及只接受自己偏好的訊息。

美國自 2000 年後便已出現「媒體兩極化」的現象，民眾在對貿易自由化和移民政策上的看法可說南轅北轍。正因為媒體兩極化的原因，造成民眾只選擇自己相信的媒體，例如川普的支持者完全不看《紐約時報》和《華盛頓郵報》，只看網路報 InfoWars 和 Breitbart News。

為什麼民調會失準？

1. 先入為主，認為普川不會當選。

2. 都會區的傲慢和自信，未能深入了解廣大鄉村地區的民意。

3. 低估了「沉默多數」的力量。

4. 過於相信「政治正確」、「建制集團」的影響力。

超過 75% 的人民認為美國媒體希望希拉蕊贏，超過 56% 的人民

認為媒體對川普有偏見。

據 NBC 報導，在近一億美元的大選電視廣告中，希拉蕊占了 9,100 萬元，川普只有 820 萬元。另希拉蕊的外圍組織另投入 3,700 萬元，川普陣營則一毛沒花。

維基解密的創辦人艾桑吉（Julian Assange）曾說在美國，「川普是不允許被選上的」，因為他的對手擁有所有美國建制力量的支持。

二、川普將以內政和經濟優先

川普是生意人，也是政治素人，他的思想代表的是美國共和黨的孤立主義派：重視美國本身事務，反對過度介入國際事務。

他的選舉言論主要是爭取美國中下階層，宣洩他們不滿的情緒，未必是他的大政方針。

他不是理想主義者，而是實用主義者，就這個意義而言，在外交上可能較為保守。

為了實現他的競選承諾，他會專注解決國內問題，減少軍事上的支出，也會避免過多介入國際事務，尤其是區域衝突。

川普沒有意識形態上的包袱，也沒有軍事霸權的企圖。仔細推敲他所有對外關係上的講話，都是為了說明造成今日美國內部困境的原因，都是要為解決美國的經濟衰退和人民生活困苦尋找解藥。

美國的債務

由於美國長年在國內推動社會安全，在國際上擔任世界警察角色，造成政府的財政一直入不敷出。自 1948 到 2016 年，政府赤字占 GDP 平均為 2.1%。2009 年金融風暴後更高達 10%，連續四年赤字金額超過 1 兆美元。近四年雖有減少，但今年仍有 3.2% 的赤字。迄今累積的未償還國債超過 19 兆美元，和美國一年的 GDP 相當。照這

種情形發展下去，到 2037 年時，國債將為 GDP 的兩倍。

去年度預算中，支出成長最快的是債務的利息支出，從 2% 成長到 10%，純就財務負擔而言，美國的確也無力再扮演世界警察的角色了。

又美國的國債有近三成是外國投資人所持有，利息要付給外國的債權人，長此以往，只能使美國更加貧窮。

美國的貧富差距

美國貧富差距的快速兩極化是美國政府失能造成的，美國的政治體制和建制集團已失去了為大多數人民謀求福祉的功能，美國民主品質的低落在這次大選中顯露無遺。

美國學者、諾貝爾經濟學得獎人史迪格里茲（Joseph E. Stiglitz）曾說，美國民主早已背離林肯「民有、民治、民享」的理念，因為美國現在是「1% 所有，1% 所治，1% 所享」。

全球化和經濟自由化對美國中小階層造成的影響可用美國經濟政策研究院的一篇報告得到較為具體的認識。美國二次大戰後的經濟發展可分為三個階段：

1. WW II 後到 1979：美國最貧 1/5 家庭的每年平均所得成長為 2.6%（最富 1/5 為 2.3%）。

2. 1979-2007（金融海嘯前）：最貧 1/5 沒有成長（最富成長 1.5%）。

3. 2008 金融海嘯後迄今：最貧 1/5 減少了 2%（最富減少了 0.2%）。

另一份調查顯示，1978 年時美國勞工年收入約 4.8 萬美元，扣除固定開銷後，可支配的金錢為 3.2 萬美元；到了 2010 年時，收入完

全沒增加，但生活成本大幅上升，可支配的所得只有 1.4 萬美元。

川普經濟學

「川普經濟學」（以競選時的言論為例）的要點包括：

1. 貿易保護政策。
2. 對內減稅，對外增加進口關稅（一般 20%、墨西哥 35%、中國 45%）。
3. 創造投資與就業。
4. 產業回歸。
5. 擴大基礎建設。
6. 維持弱勢美元與低利率。

川普的貿易政策是他競選政見中較具體，也較易推動的政策，由於對美國利益和勞工權益的重視，他認為美國已簽署的自由貿易協定，對美國的貿易和勞工都是不利的。一方面使美國在貿易上產生大量逆差，另方面又造成美國勞工的失業。所以他一定要重新檢討這些自由貿易協議，包括 TPP 和 NAFTA，甚至必要時，還可退出 WTO。

如果美國強力推動反自由化的保護主義政策，勢必會引起其他國家的反彈和反制，並可能觸發貿易戰爭，結果將是兩敗俱傷，導致全球貿易成長下降，世界經濟進一步萎縮。

川普經貿政策概要

經濟：透過改革使美國經濟在未來 10 年經濟成長維持在 3.5%，創造 2,500 萬個新增就業機會。

貿易：(1)主張公平談判，為美國創造就業機會，增加工資及減少美國貿易赤字。(2)主張重新協商北美自由貿易協定（NAFTA）、退出跨太平洋夥伴協定（TPP），甚至曾揚言退出世界貿易組織（WTO）。

(3)主張製造業遷回美國，增加國內就業。

稅收：(1)承諾全面減稅，特別針對工人及中等收入的美國人，包括提高標準扣除額、個人所得稅課稅級距從 7 個簡化為 3 個、廢除遺產稅。(2)企業所得稅由 35% 降至 15%，自海外遷回的美國企業則一次性徵稅 10%，引導企業遷回本土，增加就業機會。

對外關係：(1)將中國列為匯率操縱國。(2)威脅對中國商品徵收 45% 的關稅，對墨西哥商品徵 35% 關稅。(3)若中國不停止不公平的貿易行為，主張用盡一切合法手段來解決爭端。

三、川普的外交政策與影響

新孤立主義

根據川普在競選時的言論，美國外交政策的可能改變的內容將是：

1. 從積極擴張主義到「新孤立主義」。
2. 從全球秩序優先到「美國經濟優先」。
3. 從聯盟的不對等關係到「對等同盟關係」。

為什麼川普要走向孤立主義？他的道理很簡單，請看他自己的說法：

「美國在全球推行民主 20 年，我們得到了什麼？這 20 年來，我們以國際警察和民主鬥士自居，大力推動民主。我們美國人拿著槍和美金，在 20 年內，相繼幹倒了伊拉克的薩達姆、利比亞的格達費、敘利亞、埃及、烏克蘭、土耳其、希臘。請問我們美國人得到了什麼？我們的商人不敢去中東和非洲做生意，在巴西奧運會上不敢打著國旗，在中東石油產區只要承認自己是美國人，直接就是作找死的行為。得罪了普丁，得罪了歐盟，得罪了中國。我們美國控制了高科技，居然在國際貿易中幹不過中國，只得捨棄世貿組織去搞 TPP……。請支持

我，我們要光榮孤立，誰有錢就和誰做生意，我們要過好日子。」

美國自立國以來，一直就有深厚的孤立主義精神，因為美國得天獨厚，東西有大洋的屏障，南北無強國，美國人可以過著自給自足的好日子。美國走向擴張主義和帝國主義是兩次世界大戰的結果，尤其第二次世界大戰後，美國成為主宰世界的超強。70 年來，美國已習慣於擔任世界警察和推銷美式民主的工作和角色。但美國忽略了時代的變化，也未能克制自己的權力，造成了川普所說的，「我們得到了什麼？」的困境。

每當美國在國際社會上遭遇挫折或戰爭失利時，美國人就會懷念「孤立主義」的時代。在美國帝國主義者的心態中，他們不甘心美國退居為一個「正常的國家」，尤其以平等對待其他國家。殊不知無限制擴張的帝國主義是財政上無法長期負擔的；不平等對待其他國家只會使美國朋友愈來愈少，敵人愈來愈多。何況美國也沒有辦法阻止其他國家強大，這些道理有誰比川普說得更明白呢 ?!

川普外交政策可能造成的國際新形勢：

1. 中國大陸的活動空間增大，影響力大增。
2. 與俄國改善關係有助緩和中東局勢。
3. 日本、韓國對美國的依賴將受影響（美國的「亞洲再平衡」戰略和 TPP 的調整）。
4. 中國、俄羅斯和伊朗將填補地區的權力真空。
5. 美國與拉丁美洲國家關係將面臨考驗（尤其是墨西哥）。
6. 美國軟實力的下降（民主、自由、人權號召的褪色）、（美國還是一個開放和包容的國家嗎？）。
7. 美國可能會降低對歐洲的承諾，避免介入中東紛爭，也可能避免在亞洲衝突和對立，這些地區留下的權力真空必將由俄國和

中國填補。

中、俄兩國均對川普勝出表示欣慰，習近平表達了「雙方不衝突、不對抗、相互尊重、合作共贏」的立場，普丁表示已準備和美國修好與合作。

川普的中國政策

在美中關係上，如果川普不再延續歐巴馬和希拉蕊的「亞洲再平衡」戰略，當可減少美中在南海對立的局面；如果他放棄推動 TPP，必將有助於中國大陸推動的 RCEP 和「一帶一路」政策。

如果美國和中國大陸關係緩和，台灣在美國抗衡中國大陸上的角色必將弱化，兩岸關係更會朝中國大陸傾斜。

在選舉過程中，外交政策不是川普重視的議題，他對中國大陸的批評，主要是由經濟的出發點。他說，中國大陸加入 WTO，導致美國超過 50,000 家工廠倒閉和 1,000 萬工人失業，他主張把中國大陸列為匯率操縱國，並對中國大陸進口產品徵收 45% 的關稅。

明顯的，川普認為全球化和自由化傷害了美國的經濟，造成了美國貧富差距的擴大，相對於過去較為封閉的中國大陸，卻從全球化和自由化的國際貿易中，得到較多的利益。

但中國大陸現在是美國最大的貿易夥伴，也是世界第二大的經濟體，不久還會趕上美國成為世界第一。如果川普採取保護主義，並以中國大陸為主要對象，也會傷害到美國自己。何況中國大陸本身的市場夠大，開發和發展的空間很大，承受保護主義的壓力和衝擊也相對較小。

究竟川普對中國大陸的看法是什麼？請看川普的說法：

「請看中國，這 20 年得到了什麼？他們不光是奪走了我們在WTO 的第一名，還買到了全世界 80% 的鋼鐵，40% 的石油天然氣，

70 % 的大豆，80% 的銅和黃金，買到了烏克蘭的航母，以色列的導彈，德國的機床和法國的紅酒。他媽的還都是用美金買的。他們買走我們的糧食，賣給我們辣條和方便麵；買走了我們的鋼鐵，賣給我們比基尼內褲；買走了我們的石油，賣給我們玩具。這都不是主要的，中國現在人民幣國際化直接拿美元作保，就算人民幣不值錢了，立即可以兌換美元。誰都知道，他們有很多美元，比我們還多。他媽的，非洲都被他們奪走了，這就是我們的下場！我絕對不支持奧巴馬的TPP……。

　　這 20 年，中國農村的自殺率下降了 90%，文盲率下降至 10% 不到，壽命提高 10 歲以上，私人轎車從無到全國性堵車，高鐵占全球70%、很快就會有 50 萬人的城市都會有高鐵連結。高速公路從無到兩千多個縣市都有通。世界最長的橋、最高的橋、最難建的橋，中國人都不當回事的建造。中國人有錢的程度，北京、上海、深圳的房價快要趕上我們紐約了，為了搶購還要以辦假離婚的方式來瘋搶。中國人不去哪個國家旅遊，哪個國家就急壞了。中國人不買，世界鐵礦石油就會暴跌。更令人生氣的是，沒有恐怖活動膽敢在中國進行，……美國已經成為生活在巨大美元泡沫上，無可救藥的國家了……。」

　　如果你頭腦清醒的話，難道你不能分辨川普是在罵中國大陸還是捧中國大陸？他只是用這種強烈的對比，來批評美國政府的無能。

　　此外，川普在競選時表示，中國對北韓有完全控制的能力，應解決北韓核武問題。

　　他也表示南韓和日本必須分擔更多的美國駐軍費用，同時鼓勵這兩國增加武器裝備，包括核武。

　　川普這兩項主張對亞太關係將產生重大影響，日本和南韓勢必要自立自強，但同時也會設法改善與中國的關係。中國如在北韓問題上

更為積極，也會增加與美國談判的籌碼，包括挑戰美國在南韓部署「薩德」（THAAD）的正當性。

事實上，未來美國新政府的亞太戰略，顯然有利於中國在亞太地區的發展，如「RCEP」、「一帶一路」和「亞投行」。

對台灣的影響

川普不重視外交，更不重視台灣，所有對外關係的講話都是針對國內問題。他在競選期間，唯一提到台灣名字的一次，是他在密西根造勢時，當他講到當地汽車工業裁員倒閉時，點名墨西哥、台灣、南韓和中國大陸等搶走了美國人的就業機會。

一般認為這次共和黨的黨綱是對台灣較為友善的，尤其首次把雷根時代對台灣的「六項保證」納入。事實上，美國民主、共和兩黨對台政策並無太大的分歧。基本上，均遵循「三個公報」和「台灣關係法」的架構，唯一的區別是民主黨的參選人較為積極——如「亞洲再平衡」和TPP；而共和黨的川普較為消極——如與大國友好，保護主義，包括反對TPP。

沒有了美國的TPP，台灣要參與區域整合的機會更為渺茫，在兩岸缺乏互信的情況下，台灣要加入大陸主導的RCEP更是難上加難。

台灣經濟對貿易依賴甚深，美國如採保護主義對台灣十分不利，台灣國防工業的自主政策又與美國的商業利益背道而馳。

民進黨政府為了減少對中國大陸的經濟依賴所推動的新南向政策，前景更不看好。一方面是捨大求小，東協10國加上其他8國的市場經濟利益只有大陸的1/3。另方面，東南亞國家在大陸「一帶一路」和「亞投行」的佈局中，只會對大陸更加依賴和傾斜，台灣要想在其中得到好處，很難樂觀。

對台灣來說，美國在亞太的角色如轉為消極，民進黨的「聯美抗

中」政策將失去依靠，再加上 TPP 的落空，台灣的經濟處境將更加艱難。

有關所謂「棄台論」

2011 年哈佛大學甘迺迪政府學院研究員肯恩（Paul Kane）寫了一篇〈救美國經濟，放棄台灣〉（To Save Our Economy, Ditch Taiwan）的文章，建議美國政府停止對台軍售，來換取美國對中國當時 1.4 兆美元的債務（現已達四兆美元）。

近年來，美國學術界有一些恐中、反中的論點，基本上是配合美國民主黨「重返亞洲」、「亞太再平衡」的戰略思想，「棄台論」並未成為主流。

川普表明不願與中國大陸交惡，所以不可能為了台灣增加雙方的緊張和對立，但美國也不樂見到台灣和大陸走得太快和太近。所以維持對台軍售是可以預期的，而且還可能會鼓勵台灣多買。這樣對美國經濟有利，符合川普的生意人性格，而且還可對支持台灣的人士有所交待，表示美國對台灣的安全已盡力了。

美國的「棄台論」或許一時還不能形成氣候，但如川普採取不和中國大陸對抗的政策，台灣的地位必將逐漸被邊緣化。在彼長我消的情勢中，美國如果都顧不了自己，又如何顧得了台灣呢？

四、「大美帝國」何去何從？

這次美國大選的結果是對美國在後冷戰時期推動的全球化和自由化政策的一大挫敗，川普當選的意義是反映了美國人民厭倦了美國的過度介入國際事務，並因此犧牲了美國本身的利益。

面對一個分裂的美國，美國必須重新界定美國的核心利益，任何國家的核心利益必然是生存和安全。很顯然的，美國在後冷戰時期，

過於擴大解釋了美國生存和安全的威脅，導致美國債台高築和影響力的下降。為了維持「美國第一」和貫徹「霸權主義」，美國不僅設想新的假想敵，也全力阻止區域強國的崛起。結果，不但未能阻止中國大陸的崛起，反而製造出真正的敵人——恐怖主義。

美國有沒有機會放棄「唯我獨尊」的心態，和「例外主義」及「片面主義」的作法，來做一個以平等對待其他國家的「正常國家」呢？從川普的言論中，似有這種跡象，但美國強大的建制力量是否會同意和配合呢？畢竟這股力量已主宰了美國從二次大戰結束後到如今 70 年的美國外交政策。最後，還是要看美國的民意了：繼續擔任世界警察或專注處理國內問題？

界定國家利益和追求國家利益是兩回事，前者靠共識，後者靠權力（實力）。美國長期的霸權靠的是美國超強的國力，1950 年代，美國的綜合國力占世界的 1/2，如今已降到 1/4。顯然美國仍然是世界上最強大的國家，但在未來 10-20 年內，中國大陸將可能趕上美國，或至少和美國相當。美國曾自認永遠是「世界第一」的豪情壯志便可能無法繼續維持了。

事實上，美國是在衰退中，甘迺迪（Paul Kennedy）在他的名著《霸權興衰史》中，指出霸權衰退的原因有二：一是過度伸延權力，造成財政上的不勝負擔；二是科技和經濟上，面對新的挑戰。美國名歷史學者史勒辛吉（Arthur Schlesinger）主張美國應做一個務實的國家，以選擇性的外交政策和集體的行動來對付安全的威脅。美國名外交家肯楠（George Kennan）曾警告，世界上永遠不會由一個霸權來支配，不管她有多強大。英國名歷史學者弗格森（Niall Ferguson）在他兩本近著 Civilization: The West and the Rest、The Great Degeneration: How Institutions Decay and Economies Die 中，深入分析了以美國為首，西方文明衰退的原因。他指出美國的權力有

三項不足：人力、財力和注意力，他說美國衰退的禍首是其內部的金融危機。他在 2011 年預測美國的國債在 2021 年將是 GDP 的 90%，但去年便已超過 GDP。換言之，美國衰退的速度比想像中的快。

對美國衰退最露骨的批評是法國學者陶德（Emmanuel Todd），他說，美國當前的目標已不是維持國際社會的秩序和穩定，而是對資源的掠奪和控制。他指出，當前沒有任何全球性的威脅需要美國來保護其他國家；相反的，只有美國構成對其他國家的威脅。

當前美國的問題是自己本身已缺乏共識，如何去指望將自己的價值加諸在其他國家。美國已走到十字路口，無論美國新政府選擇什麼樣的外交政策，可以確信的是：一個債台高築的國家要想繼續維持霸權主義是愈來愈困難了；一個全力推動全球化和自由化的國家，卻要採取保護主義的經貿政策，必將失去其他國家的尊重和信賴。

4 百年馬拉松（2016.12.9）

《百年馬拉松》（The Hundred-Year Marathon: China's Secret Strategy to Replace America as the Global Superpower）（白邦瑞 Michael Pillsbury 著，2015）讀後感。

看完了這本書，我第一個感想，便是美國真正衰退了。看了一輩子有關美國外交政策的書，我還第一次看到如此「長他人志氣，滅自己威風」的書，而且是出自自認為參與美國對中國重大政策規劃的一位專家。

當然，站在美國國家利益的立場，作者的意圖是提醒美國政府不要低估中國的能力和野心，但以作者的學歷、經歷和長期被認為是「中國通」的背景，居然會寫出類似《封神榜》的大作，真是令人匪夷所思。

對這本書我初步的心得是犯了幾個大錯：一是違反國際政治的常

識，二是缺乏學術上的嚴謹性，三是過於情緒化（不知作者心理在想什麼？）

第一，就國際政治的常識而言，國家之間的競爭與合作完全視利益和實力而定。利益有三個層次：安全、經濟和文化（交流）；實力是相對的，要視國家彼此的關聯性而定，美國再強大，但對非洲的小國可能影響不大。國家的力量也要看客觀環境的變化。美國自認有向世界推動民主的責任，希望幫助其他國家「建國」，這是她主觀的看法，其他國家未必認同和接受。世界如沒有其他的強國，美國可以稱霸，想打誰就打誰；但世界如有其他強國，便會限制美國的作為，甚至威脅美國的霸業，這是為什麼美國對中國崛起如此不安和不甘的原因。

這些基本的國際政治常識，作者似乎視而不見，全書對美國在過去 70 年代以全球霸主的地位頤使氣指，縱橫天下的政策和作為完全「真空化」，好像從 1970 年代開始，國際政治舞台完全由中國操控，甚至欺騙、利用和戲弄美國。

今日國際社會的舞台，美國仍是領銜的主角，中國正在爭取最佳男配角，為何竟被作者描寫的本末倒置？

第二，就學術上的嚴謹性而言，作者在全書大量引用中國軍方學者的資料，包括著作、內部討論和訪談，甚至線民（間諜）提供內幕。

1. 以偏概全：以《孫子兵法》和《戰國策》來解釋中國所有的軍事、外交策略，這點可能中國人自己都不會接受。

2. 層次不高：引用中國軍方作者的層級僅止於大校級，在中國僅是軍校教官層級，他們的作品，用心有餘，但距離決策尚有很大距離。

3. 不夠專業：全書引述論點均缺乏第一手資料，多為轉述和訪談。就這方面而言，本書完全不符合學術要求。

第三，過於情緒化。本書在吹捧中國的謀略上，是語不驚人死不

休，但在醜化中國的作為上卻是極盡渲染之能事，而且在吹捧和醜化中間矛盾百出。依我個人之見，似乎作者所有醜化中國的指責都可「加倍奉還」給美國自己，例如：

1. 指控中國竊取美國科技和智訊。事實上，美國不是從全世界竊取科技和智訊嗎？從維基解密（WikiLeaks）到史諾登（Edward Snowden）的揭發，不是最明確的證據嗎？

2. 指控中國花大量經費在文宣工作上。事實上，美國才是這方面的祖師爺，美國在文化上對全世界的滲透是空前絕後的。

3. 指責中國援助「流氓國家」。世界上誰有資格指稱其他國家為「流氓國家」？只有美國對她不喜歡的國家如此「粗魯」。何況，根據作者自爆，這些國家不正是 1970 年代美國和中國「祕密軍事合作」的對象嗎？

結論：中國這幾年來崛起的速度太快，力道太強，使美國的有心人士慌了手腳，不知如何面對這一形勢和挑戰，所以才前有錢尼（Dick Chenny）的窮兵黷武好戰言論（Exceptional: Why the World Needs A Powerful America），後有這本的「警鐘響起」希望美國儘快「亡羊補牢」的大作。這兩本書都是去年（2015）出版的，可視為代表當前鷹派美國外交菁英的心聲。

這兩本書的共同特點有三：

1. 停留在冷戰思維裡，美國必須有個強大的敵人，才能證明自己存在的意義。

2. 帝國主義的心態，美國第一，世界不能沒有美國的領導。

3. 自負、自大的無比優越感，兩人立論出發點不同，但均以「先知」或「啟蒙者」自居，故能言人所不能言，言人所不敢言。

這本書另一特色或缺點是把美國政府或所有參與對華政策的人當成白痴。中國的崛起及其影響難道美國都不知不覺嗎？美國這麼容易

被欺騙嗎？美國這麼低能嗎？

隨便舉一個例子，書中指出當年美中和解為了對付蘇聯，雙方均有利可圖。如今蘇聯解體了，中國崛起了，美國卻抱怨上了中國的當，這是什麼邏輯？

作者白邦瑞

作者白邦瑞（Michael Pillsbury），哥倫比亞大學博士，長期從事對中國的政策分析工作，40多年來分別在智庫和政府工作，但仕途並不順利，最高職位為雷根時代的國防部助理副部長，且為時不長。他早期（1975年）曾著文力主美國應軍援中國，但如今又承認被中國所騙，幫助中國成為強國，並威脅到美國的霸權地位。難怪令許多人士「大開眼界」，究竟是昨是今非、昨非今是或昨今皆非，看完這本書，似乎還很難定論。不過美國這類的御用學者著書立論多有其政治背景和動機，這才是我們需要深入觀察的。

⑤ 有關美中關係的正反說法（2016.12.19）

最近看書和整理過去的文章（包括書摘和文摘），對美中關係的興趣，不斷「加碼」。基本上，我認為兩國的文化和歷史太不相同。美國沒有歷史，所以要強調「使命感」，美國文化是「馬賽克」，所以要重視理想；相形之下，中國反而要比美國務實，懂得「韜光養晦」和「通權達變」。

回顧美中改善關係的歷史，當年尼克森和季辛吉的構想是正確的。推動與中國關係正常化，使中國參與國際社會，不僅阻止了蘇俄的擴張，結束了越戰，也因中國的改革開放，不斷壯大，對東亞的繁榮和安定大有貢獻，如今在國際事務上，如沒有中國的參與和合作，美國

實難有所作為。

即使如此，美國內部卻始終在對華政策上爭議不斷，誠如季辛吉（Henry Kissinger）所說，美國的外交是由國內因素決定的。只是絕大多數的美國人民，既不重視外交，更不了解國際事務，只能被少數政治菁英操弄。美國人自己說，對國際事務，美國人民缺乏「常識」，也不易形成「共識」，他們只接受簡單的道理。

綜觀過去 30 多年來的美中關係，美國正反兩派的意見可分別歸納為下列五點。

正面的說法：

1. 在美國對外關係上，沒有比美中關係更重要的了——布里辛斯基（Zbigniew Brzezinski）

2. 美中的共同利益大於分歧——季辛吉

3. 中國和平、務實、理性，不是美國的威脅——李潔明（James Lilley）

4. 孤立中國非但不會成功，而且會適得其反——克里斯坦森（Thomas Christensen）

5. 美國的衰退是自己造成的，不能怪罪中國——鮑爾森（Henry Paulson）

負面的說法：

1. 美國不應過於遷就中國——伍佛維茨（Paul Wolfowitz）

2. 國不應高估中國——奈伊（Joseph Nye）

3. 美國應淡化美中關係的重要性——舒茨（George Schutz）

4. 中國崛起對美國構成結構性的挑戰——米爾謝謨（John Mearsheimer）

5. 中美衝突不可避免——伯恩斯坦（Richard Bernstein）

對以上兩種正、反不同的觀點，我用較為中性的說法，來平衡一

下：

一、國際關係沒有誰遷就誰的問題，本質上是基於國家利益的選擇和決定，美國做為世界第一強國，多是其他國家遷就美國，美國怎麼可能去遷就其他國家。

二、美國如果高估中國，代表美國對中國了解不夠，或是美國的情報工作太差。中國的發展、成長和壯大是一個客觀的事實，不是中國自己吹噓的。數字是作假的嗎？趨勢是故意誤導的嗎？除了美國自己，歐洲的 OECD、世界銀行（WB）、國際貨幣基金會（IMF）的統計數字都不可靠嗎？問題是中國發展的速度和成就往往超過美國的預期。另一問題是為什麼美國對中國的發展一直誤判？這不是低估了中國嗎？

三、不是美國要不要淡化與中國關係的問題，而是中國已成為美國最大的問題。中國如今是世界上最大的貿易國（2015 年以 4.16 兆美元超過美國），外匯存底超過 4 兆美元（2013 年）。美國今日是靠中國的錢來支撐其經濟，而且在 2025-2035 年之間，中國將超過美國成為世界第一大經濟體，美國能不重視中國嗎？

四、中國會不會成為美國的威脅（挑戰）要看美國如何看待中國。過去 30 多年，中國的崛起是靠和平的、經濟的和文化的力量。中國做到了徹底開放，和全球化的經濟發展密切結合。中國對外的戰略是防守性的，採取的是「避險戰略」（"hedging strategy", Robert Ross）。中國不擴張、不侵略、不干涉他國內政，積極援助第三世界國家。中國在國際社會上的表現被普遍認為溫和、理性、負責。中國的領導人一再強調對外「不爭霸」、「不主導」，中國只想做一個正常的國家。

五、美國的衰退的確是自己造成的，美國的問題有四：1. 浪費，2. 窮兵黷武，3. 干涉他國內政，4. 製造國際經濟大災難。

就浪費而言，美國占世界人口僅 5%，卻使用了 30% 的世界資源。

美國人的儲蓄率極低，還曾有過負數的紀錄（中國人的儲蓄率為 38-40% 為世界最高）。

　　就窮兵黷武而言，美國是世界上最愛使用武力的國家。美國人自稱「誕生於戰爭、成長於戰爭、壯大於戰爭」。在二十世紀，美國已打了四次大戰，1970 年代的越戰，重創美國的信心和地位。1990 年代，蘇聯解體之後，美國一心要成為「單一超級強權」，對外用兵毫無忌憚。「九一一事件」（2001）之後，小布希以「反恐」為名，竟然發動對回教國家的「聖戰」，主張「先發制人」（pre-emptive），還公然說，「不是朋友，便是敵人」。在美國心目中，不但沒有盟邦，連聯合國也不屑一顧。事實上，美國是用「反恐」來鞏固霸權，企圖永遠稱霸。

　　美國的軍事經費占國家預算的 16%（外交僅占 1%，援外 0.1%），幾乎為世界所有其他國家軍費的總合。迄今，冷戰已結束近 20 年，美國仍擁有 600-700 個海外軍事基地和幾十萬駐軍（最高時為 100 萬人）。這種過度的軍事擴張，焉得不民窮財盡 ?! 美國人終於發現霸權的成本愈來愈高，美國的經濟愈來愈難以支持。（美國當前的國債達 19 兆美元，和其 GDP 相當）

　　在干涉他國內政上，美國可以說是「罄竹難書」、「族繁不及備載」。這也難怪，美國自認是例外、有特權的國家。美國是上帝創造的國家，美國人民是上帝的選民，美國是神聖之國、天祐之國。美國比其他國家優越，因為沒有利益和野心，只有道德和使命感。反對美國的國家是邪惡的，是流氓。這些話，聽起來像「神話」，但美國人宗教性太強，他們真的如此相信。這是為什麼美國政府必須以民主、自由和人權包裝美國赤裸的帝國主義、軍事主義和霸權主義的理由。

　　最後，就製造國際經濟災難而言，最近的例子便是 2008 年的金融海嘯。美國雷曼兄弟公司的倒閉，引發華爾街的連鎖反應，造成全

球經濟 30 兆美元的損失。迄今美國元氣未復，靠著不斷擴充信用，用其他國家的錢來支付美國的開支。為了平息美國基層人民的不滿，川普總統居然公開反對全球化和多邊貿易協定。美國立國以來一向以倡導和支持自由貿易為其基本國策，如今一反常態，將給世界帶來什麼樣的影響，令人錯愕和不解。

此外，美國在對外關係上經常陷入自我矛盾，例如，美國認為不民主的國家會引起戰爭，但製造戰爭最多的國家卻是自認最民主的美國。美國主張落後的國家要儘量對外開放，但美國卻堅持只能複製美國的制度，這是哪門子的開放?! 美國自居世界和平的維護者，但從二十世紀到今日，世界上的不和平，多與美國的政策有關。美國經常指責其他國家違反人權，但美國不但把印地安人殺得精光，而且在對待少數民族的紀錄上，毫無光彩可言。

總而言之，相對於其他國家，由於理想主義和孤立主義的基因，美國外交政策上較不穩定，也較難預測。美國的實力加上道德的因素，造成美國的自大和傲慢。雖然美國在內政上強調「務實主義」（pragmatism），但在外交上，意識型態卻占了上風，因為美國從未放棄依照美國的方式來改造世界的夢想。

之於美國和中國關係的實際狀況，應作如下觀：

一、雙方關係雖不令人滿意，但充滿潛力和希望，「機遇大於挑戰」。

二、雙方並無共同的敵人，也未形成共同的世界觀，但雙方沒有理由去製造衝突和對立。

三、雙方均太大、太特殊、太相互依賴，必須發展「正向」（positive）和「建設性」（constructive）的關係。

四、美國的問題來自國內，只要美國處理好自己的問題，雙方關

係的分歧，必將大為改善。

五、美國對中國的崛起，並且可能取代美國世界第一的地位，自然是心不甘、情不願。但理想終必要向現實低頭，美國應有做一個務實和正常國家的心理準備。

6 川普的失言（2017.1.12）

川普又失言，最近在與國會會議員討論移民政策時竟說海地、薩爾瓦多和非洲國家是「屎坑國家」（Shithole Nations），導致 54 個非洲國家發表聲明強烈譴責川普的種族歧視和仇外言論。

川普講話的背景是反對這些國家的移民，但這個「字眼」登上了《紐約時報》和《華盛頓郵報》，就成了全世界的大笑話。

報載非英語系的國家和地區，對如何使用這一「新名辭」還費了一番心思。日本用的是「便所國家」，南韓是「乞丐窩」，中國大陸是「煙囪」，台灣是「鳥國」，法國是「糞便國家」，荷蘭是「落後國家」，西班牙是「垃圾國家」，葡萄牙是「豬圈國家」。

我認為這些國家對美國實在太客氣、太包容了，應該回敬川普說他 Like a shit!。

7 卜睿哲（Richard Bush）對美國新政府的看法（2017.6.17）

媒體報導美國前 AIT 主席卜睿哲（Richard Bush）近在台北接受訪問時表示美如今對台政策已不若以往積極，主要原因是不要為難習近平。他還說美國內部對台政策有三派意見。

卜氏是美國對兩岸關係的專家，較為同情台灣的處境，川普當選

總統後，他曾上書建言美應尊重「一中原則」，但不應把台灣當籌碼。他也指出，美國的「一中政策」不是中國強加給美國的。換言之，這是美國與中國交往的基礎，也是美國自己的決定。

卜氏在台灣講話較為謹慎，因為他知道台灣不同立場的人會有不同的解讀，甚至故意誤導。他說美國內部對台政策有不同意見，這不是新聞，這是常態，更是正常，也無須多做說明。倒是他說美國不要為難習近平，卻有玄機，難道美國有難言之隱？

國際強權交往依賴的是力量，追求的是利益，其他因素都是次要的。中國如今是僅次於美國的大國，但後勢看漲，美國在衰退中，但仍為全球性的超級強權。中國是要走出自己道路的國家，美國是要維護現行國際社會體制的國家，彼此必然有矛盾，但雙方都太大，合作比衝突重要，磨擦在所難免，討論這類問題的書已太多了。

真正朋友的相處之道，是不為難自己，也不為難朋友，國家亦然！國家之間應發展平行利益，而應避免挑戰對方的核心利益。在台灣問題上，這是中國的核心利益，美國既主張「一中政策」、不追求「兩個中國」或「一中一台」，就不應有模糊的空間。但美國又以《台灣關係法》及「兩岸問題應以和平方法解決」作為介入兩岸關係的支點。這是美國兩岸政策的盲點，必須由美國自己解決。

記得我曾批評另一美國兩岸關係專家葛萊儀（Bonnie Glaser）的說法，她曾說中國自己應處理好台灣問題。我反問她，美國當真同意中國自己處理台灣問題嗎？只要美國明確如此表示，就不會再有台灣問題困擾美國了。問題是美國不肯放手，問題是美國把台灣當棋子來牽制中國大陸，問題是美國不甘心退出亞太第一島鏈，問題是美國認為它仍應控制全世界……。所有的問題都是美國自己選擇的，只有它為難他人的問題，沒有他人為難它的問題。

川普想的可能和這些專家學者不一樣，他要與中國打貿易戰是為

了他的企業，他重視的是價格，不是價值。他是否為難習近平是看什麼「生意」，而不是什麼「原則」。我相信迄今美國這些專家學者也看不透、摸不準川普，這才是美國真正的問題。

8 美中貿易戰（2017.7.10）

美中貿易戰正式開打，7月6日凌晨0時0分，美國宣布對中國340億美元進口商品加徵25%的關稅，中國大陸也於該日下午宣布對相同等值美國進口商品加徵25%的關稅，並向世貿組織（WTO）提出控訴。

在前一天，川普宣稱，如大陸進行報復，兩周內還追加160億，還暫時保留2,000億，還有3,000億待決定。他說，「這只是針對中國而已。」這一總共5,500億美元的關稅戰，已超出去年美國自大陸進口商品的總額（5,056億美元）。

美國是世界最大的貿易國，2017年其進出口總額分別是2.34兆和1.54兆美元。從大陸進口5,056億，出口1,301億，逆差為3,751億美元（去年美國貿易逆差高達8,100億美元）。美國享有較大的迴旋空間，但美國如同時對歐盟和加拿大等實施加徵關稅，對方也對等報復，總額將達5,500億，約占美國出口的1/3，對美國的影響也非同小可。

在提高進口成本後，將增加美國人民的消費，也會降低美國產品的競爭力，美國必須準備付出這一代價。

川普挑起此一貿易戰的主因是實現他競選時的承諾，反轉在全球化自由貿易下對美國造成的不利（他說成「不公平」）。就國內因素而言，是著眼於鞏固他的基本盤及他的連任之途，今年底的期中選舉和兩年後的大選。就國外因素而言，他主要的目的是要打擊中國大陸

的經濟發展，阻止中國挑戰美國的經濟霸權。

目前美國的國力仍占優勢，當前經濟狀況也相當不錯，所以川普有些「有恃無恐」。他是一個商人兼賭徒，但他這種破壞美國傳統上自由貿易的政策，以及全面樹敵（對歐盟也不放過）的作法，能否得逞，實不敢樂觀。

更大的危機是川普此舉可能造成一波新的國際金融風暴，原因有三：一是為了避免通貨膨脹，美國已一再升息，使若干財務欠佳的國家有崩盤之虞，二是由於對伊朗經濟制裁，國際油價一再攀升，三是貿易戰的相互報復，擴大影響。

中國大陸對此一發展應已有心理和實質準備，因為從今年初起，川普便一再放話，而雙方也曾進行密切磋商。據稱在19/5曾達成協議，後被美國推翻。英國《金融時報》分析，在未來 5 年，美中兩國的經濟成長，每年可能被拖掉 0.1-0.2 百分點。

面對此一風暴，中國採取守勢，但堅定反擊的立場：一、宣稱「我們絕對不會打第一槍」。二、立即採取相對報復措施。三、指責美國「貿易霸凌主義」違反時代潮流；損人不利己，「向全世界開火，也在向自己開火」；嚴重危害全球產業鏈和價值鏈安全，波及無辜的跨國公司、一般企業和消費者。四、廣結善緣，希望結合其他國家，主要是歐盟，共同反制美國。李克強總理已於 5/7 到歐洲訪問，今後這種動作更會加大。

這次美國掀起的貿易戰，對中國大陸是件好事，讓中國了解美國雖然衰退，但經濟和科技實力仍領先中國甚多。近年來中國民族主義高漲，網民高喊中國在世界創下多個第一，並說「美國害怕了，日本嚇傻了，歐洲後悔了」，使一些中國人陶醉在「厲害了我的國」的夢境。大陸官方已連續發文指出這種「浮誇自大文風」不足為訓，不應「忽悠」（欺騙）了自己和民眾，並指出「真正的強大不是完美，而是正

視自己的不足」。

一、 檢討和自省在中國改革開放以來的成敗得失，調整在全球化過程的自己的角色和作法。在重塑的世界政經秩序中，積極扮演更負責任的角色。

二、 力求科技創新、升級和轉型，只有掌握核心技術，才能在經貿競爭中，立於不敗之地。

三、 結合亞洲鄰國和歐洲國家共同抵制美國的霸凌，川普的言行已動搖了許多國家對美國的信心，中國要廣結善緣，才能避免孤立。

面對美國的強勢，中國應放低姿態，審慎因應，且忌暴虎憑河、意氣用事。大趨勢對中國有利，時間對中國有利，世界輿論對中國有利。中國人的韌性絕對可以打敗川普的狂妄和反覆無常。

就經濟而言，這場貿易戰將無贏家，最後要看誰挺得住、輸得少。在這一過程中，內部團結十分重要，中國人民必須了解，美國打貿易戰只是煙幕，真正的目的在阻止中國超越美國，成為世界第一強國。中國要沉住氣，做好下列三點：

一、檢討和自省在中國改革開放以來的成敗得失，調整在全球化過程的自己的角色和作法。在重塑的世界政經秩序中，積極扮演更負責任的角色。

二、力求科技創新、升級和轉型，只有掌握核心技術，才能在經貿競爭中，立於不敗之地。

三、結合亞洲鄰國和歐洲國家共同抵制美國的霸凌，川普的言行已動搖了許多國家對美國的信心，中國要廣結善緣，才能避免孤立。

9 美國對中國火力全開（2017.12.17）

首先介紹最近的三篇報導：

　　一、澳大利亞前總理陸克文（Kevin Rudd）於今年 10 月 22 日在美國海軍官校以「如何防止一個可以防止的戰爭」（How to Avoid an Avoidable War）為題發表演講，對美中對抗日趨激烈，甚為憂心。他指出美中關係已由「戰略交往」轉為「戰略競爭」，可能會帶來始料未及的後果，甚至武力衝突。

　　他特別指出 10 月 4 日美國副總統潘斯（Mike Pence）在一個公開演講中，以空前嚴厲的方式痛斥中國。他認為這篇演講為美國對中國政策的重大改變，宣示過去 40 年來美國對中國的「戰略交往」（strategic engagement）已告結束，代之的是「戰略競爭」（strategic competition），因為美國認為「戰略交往」已經失敗。理由是：

　　1. 中國市場並未完全開放。

　　2. 中國未能融入西方體系，反而發展出具有中國特色的體系。

　　3. 中國非但未能民主化，反而更為專制。

　　美國認定中國的經濟和軍事力量已對美國的全球霸權構成挑戰，決定予以反擊。

　　他認為面對此一形勢，美國必須思考幾個重要問題，來趨吉避凶。他提出十個問題，可濃縮為五點：

　　1. 如果中國不接受美國的要脅，美國要怎麼辦？

　　2. 如果美國以冷戰方式對付中國，但中國不是蘇聯，會有效嗎？

　　3. 中國威權式資本主義會對民主式資本主義構成強大威脅嗎？何況中國不搞意識形態對抗？

　　4. 美國如何從事一場長期與中國的貿易競爭？

　　5. 有多少國家會支持美國對中國的敵視和對抗政策？

　　陸克文認為美國對中國的政策已流於民粹，缺乏理性的討論。他認為美國和中國應致力於避免一場不必要的戰爭，在投降和對抗之間找出一條可以為雙方接受的選擇。

二、美國《紐約時報》（The New York Times）專欄作家佛里德曼（Thomas L. Friedman）在今年 11 月 15 日撰文，指出美國對中國採取如此高姿態和激烈的言行，可能為時已晚。如果早十年或許還有點效果，中國如今已強大到不吃美國這一套了。

他也強調美中兩國沒有必要走回當年美蘇的冷戰，美國沒有必要去圍堵中國，但雙方要有智慧和誠實面對問題，中國要更謙卑一些，美國要更細緻一些。他擔心的是美國太關心中國的問題，而忽視了自己本身的問題，這才是美國未來最大的危險。

三、《紐約時報》於 2018 年 11 月 24 日至 29 日之間，刊載五篇有關中國的報導，編者在介紹這一系列的文章開始說：「西方曾肯定中國會失敗，因為政府控制的經濟阻撓成長，高壓扼殺創新，網路不可控制，崛起的中產階級要求民主，但沒有一項是正確的。……中國已成為超級強國，很快便會超越美國，這個系列的故事，便是告訴大家它是怎麼做到的。」

五篇報導的標題和作者：

1. 一個全球強權的成長：美國一直認為中國會屈服於現代化的建制，包括自由和民主，但中國領導人卻一再否定了這個期望。（Philip P. Pan）

2. 重獲地位：在數百年積弱之後，中國正在追求亞洲的主宰和全球的尊重。（Peter S. Goodman and Jane Perlez）

3. 不公開的交易：中國政府對認真工作的人承諾給他們美好的生活，來交換他們不介入政治。（Amy Qin and Javier C. Hernández）

4. 十字路口：債務和貿易戰使世界第二大的經濟體陷於危險。（Keith Bradsher and Li Yuan）

5. 更為敵意的時代：美國對中國的敵意之深為 50 年來僅見。
（Mark Landler）

以上三篇報導說明了當前美中關係之嚴峻，的確為美中「關係正常化」40 多年來所僅見，由報章長篇累牘對中國的報導也說明了美國對中國之重視。基於個人興趣，在過去一年看了一些有關此一議題的大作，除把這些書的摘要編輯成冊外，個人也有一些感想，先吐為快。

美國與中國的關係基本上是權力之爭，所謂「一山不容二虎」，美國是現在的霸權，中國是崛起的霸權，如互不相讓，只能重蹈歷史覆轍，以戰爭一決高下。但在核子時代，核子戰爭是「保證相互毀滅」（MAD），是不可以想像的事。所以專家學者著書立論，出發點內容或有不同，但均是以避免走上戰爭為結論。

在國際關係中有兩個重要的基本觀念，對分析權力政治非常重要，一是對權力的「認知」（perception），權力的大小要由不同的角度去認知，除了自己和對手之外，還包括第三者。二是「意圖」（intention），美國在承認中共之前，儘管和它打交道，但美國的立場是「不承認」它代表中國；同樣的，美國如今仍與台灣保持密切關係，但美國並「不承認」台灣是一個國家。只要提到台灣問題，美國就重申「一中原則」，並以「一法三公報」作為美國政策的法律依據。

對了解當前的美中關係，也脫離不了這個基本觀念，中國是不是一個超級大國？不是中國自己吹噓的，也不需要美國認定，而是由數字和國際社會的廣泛認知來決定的。艾里森（Graham Allison）教授指出中國的快速崛起造成世界權力平衡的變化是空前的。他以一個公司的股份計算，美國在第二次世界大戰後占 50%，1980 年時占 22%，2010 年占 16%；而中國在 1980 年時僅占 2%，2016 年時占 18%，到 2040 年將占 30%，屆時美國只占 11%。

2013 年中國宣布成立「亞洲投資開發銀行」（AIIB），美國反對並出面阻止歐洲盟國參加，但英國第一個站出來支持並參加。隨後習近平訪問英國，英國破例以 123 響禮炮歡迎。英國是十九世紀的世界帝國，是美國最親近的盟國。美國 2003 年攻打伊拉克，全世界唯一支持美國的只有英國。1949 年中共在大陸建立政權，英國也是第一個承認它的國家。理由無它，一如英國十九世紀名相巴摩斯頓（Lord Palmerston）的名言，「英國沒有永久的朋友，也沒有永久的敵人，只有永久的利益。」

在「意圖」方面，西方學者近年來均以「修昔底德陷阱」（Thucydides's Trap）來形容美中關係，導致高度的危機感和焦慮。根據此一理論，一個新興的大國必然會挑戰現有的大國，而現存的大國也必然會壓制這一新興的大國，因此戰爭不可能避免。但也有人認為時代不同了，傳統的歷史觀與當前的國際關係現實大不相同，強權之間發生戰爭的機會很少，原因是：

1. 強權之間已非為擴大領土，或爭取殖民地之爭。

2. 核子時代，擁核大國的戰爭是相互毀滅，戰爭無利可圖。

3. 全球化使世界各國緊密連結，互賴互榮。

4. 資訊發達，觀念相通，溝通便利，沒有誤判的空間。

尤其美中兩國在地理上相隔甚遠，在地緣上幾無衝突的可能，美國不少學者認為美中關係不是零和競賽，中國不想當美國的敵人，美國也沒有必要去「製造」一個敵人。即使中國崛起，美國也無必要去抵制或圍堵中國，因為既不務實，也不會成功。美國雖然好戰，但有什麼正當性和必要性去進攻中國？美國學者傑維斯（Robert Jervis）創造了「安全困境」（Security Dilemma）這一名詞，並說這是美國自己造成的。

美國的好戰分子一直指責中國在國際社會未善盡大國的義務（暗

指未能配合美國的政策），並以軍力威脅其它國家，有侵略性的傾向。事實上，中國在軍事上是防衛性的，因為美國從未放棄對中國的圍堵。在紀錄上，中國在使用武力上十分理性和務實。美國學者傅泰林（Taylor Fravel）指出，中國對外用兵均是為了避免權力平衡對它造成不利的轉變。中國傾向對較強的對手挑戰，但對較弱的對手，反而願意以談判來解決爭端。

問題是當前美國政府對中國的敵意十分強烈，美國一部分人士甚至認為中國的崛起是以犧牲美國的利益為代價。川普總統前助理巴農（Stephen Bannon）在歐洲遊說各國共同對抗中國，他說「歷史將記得我們在阻止中國強大上所做的努力。」美國學者強森（Chalmers Johnson）很早就說過，美國是一個需要敵人的國家，如果沒有，也要製造一個，因為只有如此，它才有維持其霸權的正當性。

為什麼美國突然改變對中國的態度？這個時間應在 2012-2015 年間，到了川普上台，為了配合他的民粹主義和「美國再偉大」的催眠，從今年 6 月的貿易戰開始，展開了美中「冷戰」的序幕。

對關心美中關係的人士來說，套用台灣這次選舉的流行話來說，「怎麼會這樣呢？」我試作四方面的說明：

一、中國的崛起，令美國驚訝與不解

中國改革開放 40 年的成就，打破歷史上的紀錄，不但經濟上指日可以超越美國，軍力上也形成局部優勢。中國已創造了 8 億人的脫貧，外加 6 億人的中產階級。中國的行政管理和效率，世界上無國能及。中國當前的綜合國力可能無法與美國相比，但中國的影響力已遍及歐亞，甚至非洲和拉丁美洲。中國成長的數字和速度一再超過美國的估計，美國更是難以理解。

二、中國國力之強大，令美國憤怒和懊惱

　　中國在沒有民主和自由的情況下，有如此巨大的經濟成就和政治穩定，令美國十分難堪。美國長期的理念是只有在民主制度下，經濟才能持續發展。居然中國在美國不認可的情況下，走上強國之路，美國情何以堪？而且，中國對美國一手打造的國際社會制度和秩序，也不完全接受，更令美國不滿。美國有一種說法，是中國之有今日的成就，有賴於當前的國際社會制度和美國的協助，如中國加入世界貿易組織，使中國得利。而且美國指稱中國是靠著以不法手段竊取美國的高科技和以不公平的方式獲得重大的貿易利益。美國承認是由於美國的疏忽和大意，犧牲了自己的利益，坐視中國的壯大。

三、對中國的異軍突起，予以貶低和看衰

　　面對中國具體的成就，在不得不承認之餘，美國學界普遍指稱如果中國不儘快改弦更張，放棄獨裁體制，採取西方民主自由制度，中國的經濟將無法持續，中共政權也將岌岌可危。他們強調中國面對嚴重的內部問題，如貧富差距擴大、環境污染嚴重、社會暴亂頻傳、人口老化、男女比例失衡、金融財政制度不健全。加上網路時代資訊發達，弱化中國對人民的控制；中產階級崛起，對政府的期望和要求將不斷提升，凡此種種，都有如不定時的炸彈，會導致中共政權的內潰。

　　在對外關係上，中國軍力的加強將招致鄰國的緊張和反彈，和中國有領土接壤的國家有 14 個，沿海的鄰國有 7 個，這些國家都可能與中國發生摩擦和衝突，中國將疲於應付。中國企圖在亞洲建立自己的勢力範圍，並將美國勢力排除於西太平洋之外，美國絕對不會讓中國得逞。美國在世界上有最多的盟國，最強大的軍事力量，中國如挑戰美國的霸權，必將自食惡果。

四、面對中國的挑戰，美國決心予以反制

　　既然中國的崛起已經成為事實，為了確保美國的霸權和優勢地位，美國決心採取全面性的反制和反擊，一方面希望延緩中國力量的繼續成長，另方面刺激美國的復興和西方的團結，提高與中國討價還價的籌碼。

　　美國分四個方面進行：

　　1. 在經濟上，以貿易戰來逼使中國在貿易上作出重大讓步，包括開放大陸市場、取消對外國不公平的待遇、消除貿易壁壘、停止竊取美國智慧財產權等等。美國認為自己的經濟強過中國，不怕中國的報復，美國的口氣很硬，說不是尋求承諾，而是要看到結果。

　　2. 在軍事上，美國以實際行動不斷派出軍艦、飛機到中國沿海，包括東海、台灣海峽和南海行使其「自由航行權」。尤其在南海，由於美國未簽署 1982 年聯合國的海洋法公約，不承認其中領海 12 浬和經濟海域 200 浬的規定。美國這樣做完全是自私和霸道的表現，為的是美國龐大的商業利益，依賴的是美國強大的海軍力量。中國在南海不但享有島礁的主權，而且造陸成績驚人，海空軍飛彈均已部署，享有「主場優勢」，是美中發生擦槍走火最危險的地方。

　　誠如美國學者稱，美國在西太平洋從未放棄對中國的圍堵，也從未停止過對中國的挑釁。中國在不主動挑起戰爭的前提下，以時間換空間，爭取到足夠強大的力量，達成「不戰而屈人之兵」的目標。

　　3. 在政治上，美國以維護自第二次大戰後迄今的國際制度和體系為名，指責中國為「修正主義的強權」，對國際社會有破壞性。早些，美國前副國務卿佐立克（Robert Zoellick）曾表示美國希望中國扮演一個負責任的利害關係人（responsible stakeholder）的角色，但中國做得愈多，美國愈不滿意，原因是美國只希望中國去配合美國，要符合美國的利益去做。

如今美國的作法是矛盾的，一方面要結合西方的力量來共同對抗中國的挑戰；另方面，卻一再退出國際公約和撕毀條約。如自川普上任後，美國已退出聯合國人權理事會、聯合國文教組織、巴黎氣候公約、萬國郵政聯盟，以及撕毀 TPP、伊朗核武協議、美俄中程飛彈協議。

事實上，美國與歐洲盟國的關係正在惡化中，美國在全世界的聲望和形象都在下降。

4. 在文化上，美國自立國以來，便以基督教文明和西方自由主義捍衛者自居。在成為世界霸權之後，便以「華盛頓共識」結合民主和非共國家對抗共產主義。1990 年代初蘇聯和共產集團解體後，美國認為人類的歷史已定於一尊，美國不但在政治、經濟和軍事上成為世界唯一的超強，在文化上也高高在上，美國的價值觀已成為國際社會唯一的標準。

但美國做夢也未想到，中國由一個「一窮二白」的國家，竟然在短短 40 年內，成為世界上實力僅次於美國的大國，且成長的動力將使中國在短期內超越美國。美國在意識型態上很難面對和接受這一現實，因為：

(1)中國是非西方國家。

(2)中國是非西方文明，非基督教文化。

(3)中國未能依照美國的方式去改變。

由於文化的不同，美中在意識形態上有很多的差異，這也是美國人很難了解中國如何崛起以及接受中國崛起的主因。

美國在全盛時期（1950 年代），對「非美國的」（un-American）非常反感和敵視。如今面對中國崛起的威脅，這股暗流又有借屍還魂的跡象。如指稱中國破壞世界的秩序、侵蝕西方的價值，甚至分化西

方的團結。美國對中國的另一項指責是中國原由專制走向威權，但如今又由威權走回了專制，共產主義又再一次向西方宣戰。

美國最大的錯誤莫過於低估了，甚至貶低了中國的文化，認為中國的文化不適合現代化，中國的儒家思想和市場經濟是格格不入的。早先也有另一種說法，指稱中國只是一個文化上的概念、地理上的名詞，並不符合成為一個民族國家的條件。對中國人的特質和習性也給予非常低的評價，所以美國有義務來「教化」中國人，來「指導」中國人如何「建國」，來「改變」中國成為一個符合西方觀念的現代化國家。

美國這種優越感和強烈的種族意識是和中國交往最大的障礙。《文明衝突論》的作者杭亭頓雖然指出東西文明的不同和衝突的可能，但他反對美國把自己的價值作為普世價值，他說那是天真和神話，是對其他文明不友善。長期和中國打交道的季辛吉也指出，美國把民主當作普世價值，在國際社會中有破壞性，美國自以為是的正義感，很難得到其他國家的認同。

在美國作者所寫有關中國的書中，我們發現他（她）們最有興趣的是與中國「異議人士」的交往，因為在那個「同溫層」中，他（她）們可以享受「和平演變中國」或「中國即將崩潰」的理想或幻想！

美國這種近乎病態性的自戀和唐吉軻德式的對外政策，以我們東方人的文明是無法充分理解的，為什麼美國不能做一個「正常的國家」呢？

10 川普到伊拉克勞軍（2017.12.29）

川普上任後首次出訪勞軍到伊拉克西部的美國空軍基地，他在講話中，有三點值得注意，也可幫助了解今後美國對外政策的走向：

　　一、他說美國在中東花了 7 兆美元，結果他還在嚴密戒護下，才能到達伊拉克，他覺得「蠻悲哀的」。

　　二、 他抱怨在一堆飛機和世界上所有最精良裝備的層層戒護下，勞師動眾，一路上一片漆黑。他搭過很多飛機，但從未看過這樣的事。

　　三、他說美國不想再被其他國家占便宜，利用美國了不起的軍隊來保護他們。美國不再是冤大頭，不想繼續當世界警察。

　　另一個問題是美國的傲慢和無禮，即使美國在伊拉克有駐軍，但畢竟伊拉克是個主權國家，但美國連招呼都不打一聲，「偷偷摸摸」地就進入他國的領土。在到了之後，才和伊拉克總統通個電話。事後伊拉克的國會不但指責美國公然違反伊拉克主權，還把伊拉克當作美國一個州看待。

　　還記得上次川普在訪問大陸，回程經過日本的事嗎？他的專機不是停在成田機場，迎接他的不是日本首相或東京市長，而是停在美國空軍基地橫田機場，迎接他的是美軍司令。

　　日本應是美國最大的盟國，但在美國心目中，可能仍是一個被美國占領的國家。美國自誇代表世界的普世價值，也擁有最多的盟國，但這種對其他國家的不尊重，能夠成為普世價值嗎？作為美國的盟國能不寒心嗎？

11 中國在貿易戰上對美國讓步？（2017.12.30）

　　今日報載，大陸在貿易戰上對美讓步，把「中國製造 2025」改口「只是規劃指南而非政策」。我對此存疑，因為一個國家的經濟和科技發展不是他國喜不喜歡的問題，而是自己需不需要的問題。難道，過去中國大陸 40 年來經濟的發展和科技的進步是在他國的同意下進行的嗎 ?!

「中國製造 2025」是 2015 年中國大陸推出的十年產業政策，中國表示要從「製造大國」升格為「製造強國」。美國副總統潘斯曾說過，通過此一規劃，中共試圖控制世界 90% 最先進的工業，包括機器人、生物科技和人工智慧，並說中共的目的是要取得二十一世紀世界經濟的領導權。

我早就說過，美國發起對中國的貿易戰，重點不在貿易本身，而在阻止中國在短期內趕上美國。為了爭取對中國冷戰的正當性，對中國的指責和辱罵不絕於耳。世界上哪有一個國家只許自己強大，不許他國強大的道理。偏偏美國就是這種把霸道當作理所當然的國家。

美國認為要在中國真正強大之前先下手為強，即使不打仗，也要把中國拖垮。尤其川普為了國內的因素，必需表現對中國的強硬，把美國的經濟衰退，歸罪於中國的「巧取豪奪」。

12 月 1 日的川普和習近平的會談，暫停關稅戰，並要在 90 天內達成協議，雙方都對外宣稱勝利。中國可能在美國指稱的「不公平貿易」上，做些讓步，如增加對美國的進口、對外商的進一步開放，但在實質上的利益，如國家發展和對外政策是不可能讓步的。

中國的快速崛起和強大已使美國坐立難安，對中國的長期利益而言，也犯不上在當前和美國「硬碰硬」。中國最大的無奈，莫過於其他國家對它的猜忌和不信任，這也是美國下一步要做的事，盡量結合他國的力量，來共同對付中國的「威脅」。

如果要換一個名詞，就可緩和對方的猜忌，就可以給自己爭取多一點空間和時間，把「中國製造 2025」從「政策」改稱為「規劃指南」也未嘗不可，正如當年中國大陸提出「和平崛起」改為「和平發展」一樣，「換湯不換藥」。事實上，美國愈加大壓力，只能促使中國大陸更加快馬加鞭。中國是在美國不認可的情況下崛起的，過去如此，今天如此，未來也是如此。

12 川普已證明不適任當總統（2018.1.8）

美國反對川普的輿論一波接一波，今天有一篇文章（David Leonhardt, "The People vs. Donald J. Trump, NYT, Jan 5, 2019.）指出，川普已證明不適任當總統，「我們還等待什麼」？

對川普的指責：

一、將自己的利益置於國家之上。

二、用總統職位圖利自己的事業。

三、接受外國的金錢贈與。

四、把他和一敵對國家的關係向美國人民說謊。

五、放任其屬下利用職務自肥。

不止於此，

一、破壞美國的權力制衡，使自己免責。

二、迫害政敵，袒護同夥。

三、企圖阻撓司法。

四、一再動搖公眾對民主制度的信心，包括媒體、聯邦執法和聯邦司法。

川普造成的混亂掩飾了一個更大的問題，美國從來沒有一個這樣不適任的總統，在 2019 年我們都要為一個問題而困擾──我們怎麼辦？

簡單的答案是等待，等待對他的調查結案，在 2020 年由選民做出決定。但這又太危險，去掉一個總統比讓他留任的代價小的多。

川普一再顯示為了幫助自己而不惜傷害國家，他將傷害美國全球的利益及國內憲法制度的核心價值，他製造傷害的危險是與日俱增。

政府一些有穩定力量的人士最近已離去，為保衛我們北約和南韓盟邦的國防部長已去職，檢查總長拒絕川普干預調查也去職。政府中

只剩下一些馬屁精和跟屁蟲，讓川普可以為所欲為。

更大的危險是外在的危機，如戰爭、恐怖攻擊、金融危機、巨大自然災害。到那時，再說他不適任，就來不及了。

為了國家，如今只有一個選擇，就是像 1974 年那樣把一個罪犯從白宮趕走（指尼克森總統），要達到這個目的並不容易。首先是曾經在川普政府工作的人公開的告訴大家，他們的所見所聞。其次是國會共和黨人士承認他們被一個騙子掌握了他們的黨。但在時機不成熟之時，發動對川普的彈劾並不可行。

從一開始，川普就是一個不尋常的弱勢總統，近代歷史上，還沒有任何一位美國總統受到這麼多的公眾批評以及來自他同黨的輕視。

自從期中選舉之後，可看出川普對共和黨造成的傷害，黨內對他的批評日益增加。在沙烏地阿拉伯、葉門和敘利亞等問題上造成分歧，也擔心政府因預算而關門。川普在他已經很低的民意支持度上，可說極為脆弱，無論是經濟下行、「通俄門」事件或盟國背叛。當一個不受歡迎的總統支持度下降時，他會垮台的。

彈劾川普的理由不是他的思想，也不是他的政策，而是他的不誠實（perfidy）和怠慢（negligence），他破壞法律，違反了他憲法上的誓詞。

川普的四大罪狀：

一、以總統職位圖謀私利。

二、違反競選獻金法。

三、阻撓司法。

四、破壞民主。

13 美國全國的共識──反中、敵中（2018.2.17）

美國對中國的敵視似已形成全國共識，今天《紐約時報》刊載了一篇 David Brooks 寫的文章 How China Brings Us Together，代表了自由派菁英的看法。

他說當美國面對一個危險敵人時，美國人民便會團結起來。他指出中國已日益明顯成為美國和世界秩序的嚴重經濟上、科技上和知識界上的威脅。他說美國的政治人物，如副總統潘斯（Mike Pence）、參議員華倫（Elizabeth Warren）（已宣布將角逐民主黨總統提名）、眾院議長佩洛西（Nancy Pelosi）均不約而同地指責中國。當討論如何因應中國的挑戰時，保守派和自由派的人士的想法也令人出奇的相似。

過去幾十年，中國在世界事務中較為正面，雖然違反貿易協議、升高區域緊張，但中國經濟的爆發力降低了美國的物價，擴大了世界的繁榮。如今已發生了一些變化。

一、中國政治制度不但未自由化，反而更加專制和高壓。

二、中國經濟的目標不是和美國競爭，而是要直接取代美國的地位，中國的「中國製造 2025」政策企圖在價值鏈上趕上美國，並在高端科技如太空，機器人和生物科技等方面取得主導地位。

根據參議員魯比歐（Marco Rubio）發表的報告，中國的人工智慧（AI）產業在去年成長了 67%，並且產生了比美國同業更多的專利（patents）。估計中國在量子計算（quantum computing）上，投下的資本為美國的 30 倍。此外在臉部辨識和發聲確認，已領先美國甚多。

如果只是單純競爭也無妨，但中國是用偷竊的方式。根據由前太平洋海軍司令布萊爾（Dennis Blair）和美前駐中國大使洪博培（Jon Huntsman）主持的委員會在 2017 年的估計，中國對美國智慧財產的

竊取高達 2,250 億到 6,000 億美元。

三、如果中國能設定 5G 的標準，主控 AI 和量子計算，中國將可訂出規則，以我們無法匹敵的方式滲透到我們的社會和生活。

四、中國的挑戰不僅限於經濟，也擴及道德和知識，這是一場兩個價值體系的衝突，而且世界有不少人相信中國的價值優於美國。

我們曾認為中國會民主化，其制度會自由化，中國人民會起來參加我們自由民主的世界，但我們都錯了！

如果我們認為我們的制度優越，可能是一廂情願。中國人民對其政府制度的信賴度遠高於美國，根據 2008 年的一項調查，認為政府符合他們需要的中國人高達 78%，相對日本人只有 33%，南韓人只有 21%。（註：作者未提美國，因為只會更低）。

如果我們不能認真看待我們自己的制度，如果我們不能把我們的制度變得更好，將會有更多的人會說，我們要跟中國人一樣。

美國該問自己的是：怎麼辦（How do we respond）？魯比歐報告的結論是美國必須要改變工業政策，不能完全依賴自由市場，政府必須介入去支持重點工業。

最大的變化將是美國人民的認同，正如薩藍（Reihan Salam）在《大西洋月刊》上問到，如果為了抵制中國這個「別人」（other），我們是誰（Who are we）？如果中國是對自由世界秩序已經存在的威脅，我們有能力去改善我們的制度來面對此一挑戰嗎？

14 拜登的中國政策（2018.3-4）

川普打反中牌，並且一再指稱民主黨的拜登對中國軟弱，事實是如此嗎？

拜登在過去三曾三度在《外交事務》撰文，表示對中國強硬的立

場，當然撰稿人未必是拜登本人（通常也不是），而是他的主要幕僚瑞特納（Ely Ratner）。此人長期擔任拜登的助理，拜登擔任副總統時，他是國安會的副顧問，現年 43 歲，妻子是華人。

三篇文章為：1.Course Correction（路線的修正）2017.7-8 月；2.The China Reckoning（檢討中國政策）2018.3-4 月；3.Why America Must Lead Again（為什麼美國要再次領導）2020.3-4 月。

其主要論點為：

1. 可減少美中經濟互賴，甚至脫鉤。

2. 不會有新冷戰，沒有壁壘分明的兩大陣營。

3. 不會開戰，中國會避戰。

4. 協助南海國家抵制中國，但美國不打前鋒。

5. 加強與台灣在外交及安全上的關係。

6. 在其他共同重大問題上，謀求與中國的合作。

比較拜登和川普的對中國政策，拜登較為穩定和一致，川普較為擺動和變化。美國有它的國家利益，當中國力量強大到一個程度時，美國會緊張、害怕、失控。中國只能發揮定力，盡其在我，求其在我，「不管風吹浪打，勝以閒庭信步」。

15 美國民主如何死亡（2018.3.8）

看美國人罵他們的總統是一種享受，對他們來說是「自作自受」，看看他們最近的說法：

一、前川普顧問 Michael Cohen 在國會證詞中，說以他和川普共事的經驗，如果 2020 年川普輸掉選舉，將不可能有和平的政權轉移。

二、前美國駐聯合國大使和國務卿 Madeleine Albright 說，警告他是法西斯（Fascist）。

三、福斯新聞（Fox News）評論家 Joseph diGenova 說，這個國家已在內戰中，我告訴我的朋友，我要做兩件事——投票和買槍。

四、加州民主黨眾議員 Adam Schiff 說，我們的民主已到了極大危險的時刻。

五、哈佛大學兩位教授 Steven Levitsky and Daniel Ziblatt 寫了一本《民主如何死亡》（How Democracies Die），作者稱美國的民主正在走向失能（dysfunction），但對美國的民主仍然有信心，因為有強大反對川普的力量。

六、Nicholas Kristof 說他不相信川普在離任時會搞政變，但他將以「重犯」（felon）而非總統的名義終其一生。

總結過去兩年的任期，美國總統川普的內憂絕對超過外患，美國主流媒體和政治人物對他的批評、指責、辱罵可說無日無之。我每天看《紐約時報》，只有兩件事報導的最多，一是中國問題，二是川普問題，最近我在日誌裡也經常提到。對我們「外國人」來說，美國本身的問題遠比我們想像的複雜，事實真相更難以捉摸。

學長李本京寫了一篇「八大挑戰：川普的 2019 年」，可說為川普算了帳，也算了命。照我看來，就是「負債累累，命運難測」。

八大挑戰分別是：

一、民主黨控制的眾議院對川普施政的杯葛。

二、美墨邊境築牆之爭。

三、「通俄門」（Russia Gate）事件。

四、美片面廢止「中導條約」（INF），造成與俄國關係緊張。

五、廢除（退出）伊朗核武協議，造成歐洲盟國對美不滿。

六、美中貿易戰，對世界經濟不利。

七、未能落實槍枝管理，引起民怨。

八、美國和北韓的關係，變化仍大。

美國《紐約時報》（4/3）的社論，指出美國製造了一個貪腐的總統，美國應深刻檢討。

16 習近平說，合作也要講原則的（2018.3.11）

最近傳出美中貿易談判有達成協議的機會，川普一再表示樂觀。貿易戰落幕是好事，相信雙方都會有一些讓步，要說誰輸誰贏不是可以立竿見影的。即使為了面子問題，也不會有一方會承認居於下風，習近平不是說過「合作也要講原則的」。

但美國今日的國內情勢可能會對貿易談判蒙上陰影，民主黨和自由派人士對川普政府的反感和反對已到了不可收拾的地步，《紐約時報》是照三餐罵，不整垮川普絕不罷休。

這種立場的對立，必然會影響美國的外交，美國政治上有「搖擺狗」的典故，總統以外交危機或外交成績轉移國內的不滿，並用來壓制反對者的力量。面對「形同分裂」的國內政治，川普必然會在對外關係上使出渾身解數，來為自己加分。目前他的重點便是中國、北韓和伊朗，在競選時，川普大肆批評中國經濟和貿易對美國的傷害，並指責民主黨政府對中國軟弱無能。他大張旗鼓的對中國發動貿易戰，是對支持他選民的交待，未必是美國如此可以得到什麼實質的利益，甚至為了擔心會拖垮美國的經濟，及早結束，未嘗不是一步好棋。

可能因為怕川普藉美中貿易達成協議抬高身價，今日《紐約時報》竟以一篇長長的社論，「未審先判」的指責川普在此一談判上「因小失大」。指稱川普對中國聲音很大，但做得太少。

《紐時》據稱，當前是美國讓中國做出巨大讓步的良機，因為美國的經濟良好，而中國經濟不好，何況中國仍需要美國的科技技術和

產品。該報並說從 2000 年至今，中國自美國的進口已減少了一半以上，由於中國政府對國營企業的大力扶植，中國已開始製造民用客機（C919 型），將來會成為美國波音（Boeing）航空公司的競爭對手。

《紐時》又說美國企業在中國發展和擴張只會有利於大資產家，不會增加美國人民的就業。奇怪了，美國對資產分配的不公平，居然怪到中國。這是什麼民主治理和市場經濟，我看不懂了！

該報又提出一些「忠告」：

一、美應拒絕出口大宗物資給中國，如黃豆、天然氣等。

二、貿易要求整體的平衡，不是與一個國家的平衡。

三、美應嚴格要求與執行對中國經濟制度的調整。

四、美要結合其他國家，共同對中國施壓。

五、美不應為了短期利益犧牲長期利益。

我要等著看，美中達成協議後，該報的反應了。

17 大國政治的悲劇（2018.3.21）

花了不少時間把米謝謨（John Mearsheimer）在 2000 年初期寫的《大國政治的悲劇》（The Tragedy of Great Power Politics）的修訂版本（2012 年）看完。對一位美國學者如此赤裸裸的把美國外交政策描述為一部戰爭和侵略的歷史，並義正詞嚴的以「完整無暇」的理論——「進攻式現實主義」——來支持他的觀點，使我大開眼界。在我記憶中，只有美國極左派的學者會用這種理論來形容美國，但他們均受共產主義思想的影響。米謝謨是標準的美國保守主義學者，能夠挺身而出，以生存和安全的理由來說明「國強必霸」及「以霸制霸」，的確也很有勇氣。

對這本書，我早有所聞，也看過不少對它的介紹和評論，只是陰

錯陽差，未能完整的閱讀。我未必同意作者的論點，但對他的博學和用功，還是十分佩服。

對這本大作，我初步的看法有三點：

一、完全是西方思維的產品，在討論歐洲以外地區的政治，完全忽視了東方文化的歷史。事實上，他是以一部歐洲近代史來說明國際政治。以這個基礎來討論當前的國際關係顯有不足。

二、為美國對外政策中帝國主義和侵略行為，尋找理論上的正當性。換言之，這是強大國家必然的邏輯，過去歐洲主要大國（英、法、德、俄）如此，今後的中國也必將如此，絕無例外。

三、我相信美國政府和人民都不會接受他的說法，美國這麼善良的國家怎麼會如此惡行惡狀呢？美國參加戰爭都是為了自由、民主和正義，怎麼可能一直在以進攻替代防禦，主動攻打其他國家呢？美國人民篤信上帝，只有宗教的熱誠，到處散佈福音，怎麼會傷害他國人民呢？

但我也相信，美國外交菁英中，有一部分人是這種理論的信仰者和執行者，小布希總統時代的錢尼（Dick Cheney）、倫斯斐（Donald Rumsfeld），川普政府裡的納瓦羅（Peter Navarro）和波頓（John Bolton）就是這類「戰爭販子」。

此外，這本書最大的缺點是忽略了「非物質的因素」，如文化、民族主義、宗教和國民特性。二十世紀下半葉之後，西方社會科學界非常重視比較研究，作者必然經過這種訓練，奈何僅以一部 200 年西方（主要是美國和歐洲大國）的戰爭歷史，來論斷美國和中國的戰爭難以避免。

中國有自己悠久深厚的文化和歷史，在過去 200 年中也未參與過歐洲大陸的權力競爭，但世界發展的趨勢已「東方化」，西方已在沒落中。美國繼承英國成為世界霸權已近一個世紀，美國當然希望在二

十一世紀繼續領導世界，並以其強大武力維持其霸權地位。但歷史的演進，往往不以人的意志轉移，當年英國又何嘗願意把世界第一的地位讓給美國。英國被兩次歐洲的大戰給拖垮了，但英國又不是發動這兩次大戰的國家。美國主掌世界後還嘲笑英國，「失去了帝國，還找不到自己的角色」，真是有夠缺德！

中國必將崛起，但並不表示中國要稱霸，或去與美國爭霸，因為沒有這個必要。中國不當世界的警察，仍然會是一個很安全的國家。作者在書中一再強調國家的財富等於國家的安全，既然有了財富和安全，為什麼一定要去打仗呢？這一點是他較為矛盾的地方。

作者心目中未來的世界，將是亞洲主要大國相互競爭和衝突的局面，一如十九世紀到二十一世紀中的歐洲，比如美國將可扮演「離岸平衡者」（Offshore balancer）的角色，主掌亞洲國家的命運。問題是亞洲會出現這種情況嗎（中、俄、日、印度、越南等彼此對抗）？這可能是美國的企圖，但未必是亞洲國家的希望。

18 川普和羞恥的毀滅（2019.4.15）

《紐約時報》以罵川普為基本立場，但截至目前為止，我還沒看過比今天這篇罵得更兇的。作者是該報專欄主筆 Bret Stephens，標題是「川普和羞恥的毀滅」（Trump and the Annihilation of Shame）。

作者在一個訃聞中看到了一位 93 歲老人的過世，使他想起這位人士的過去一段歷史。Charles Van Doren 在 1950 年代，曾在 NBC 電視益智節目《二十一》（Twenty-One）中以其不可思議的博學博得廣大觀眾的激賞，但後來因為製作單位為爭取高收視率而發生作弊情事，成為醜聞。Doren 也毀了自己的前途。

在 1959 年國會作證時，Doren 自責認為他寧願放棄一切來彌補

他過去 3 年的作為，他最後並未被判決有罪，但終其餘生，他過著平靜、清白的生活。

如果 Doren 晚生幾十年，他將不會有這個參與做假的醜聞了。如今個人的不名譽可以用種種方法解釋，甚至還可以說每個人都這麼做。

在川普時代，這種過去和現在的不同是值得深思的，川普的作風不是民粹主義、民族主義或任何其他主義。它是一種企圖對羞恥的摧毀。對川普來說，羞恥不是罪惡，也不是愚蠢。在過去避免羞恥是行為端正，如果做不到，也會深感慚愧和自責。相反的，川普對避免羞恥的方法是根本不在乎，對他種種的指責，他的反應是竊笑、嘲弄、咆哮。

摧毀羞恥需要兩個條件，一是膽子夠大，所以川普可以毫不顧慮的一再說謊，二是大眾的沉默。

過去的共和黨保守派曾抗拒這種道德淪喪，但如今他們不僅默不出聲，還分享這種無恥的文化。他們不會為他們昨天說的和寫的負責，不會以要求他人的標準來約束自己，更不會說聲抱歉。

不是每個人都會屈服於這種文化，Doren 曾透露在 1990 年代時製作的《益智遊戲》（Quiz Show）曾以 10 萬美元，來為該節目背書其真實性，但他拒絕了，在經過 30 年的煎熬之後，他仍然決定不在一個不榮譽的事情中來圖利。

Doren 已經得到了救贖，川普呢？

19 美中的戰略思考（2019.5.14）

美中貿易戰遲遲未能達成協議，主要原因不在貿易本身，而在雙方的戰略思考。

美國希望阻止或延緩中國經濟趕上美國，希望在美中全球地位競

爭中，力挫中國的聲勢，最主要的是川普希望以美中談判勝利者的成
果為其競選連任增加聲勢。

中國立場也很堅定：

一、中國堅持開放，自由貿易，反對美國的保護主義。

二、中國不會在原則問題上讓步，對中國的經濟結構和運作方式
　　不會接受美國要求而改變。

三、不懼美國威脅，或打或談，都將奉陪到底。

川普是個狂人，他的賽局是「零和」（zero-sum）模式。他講大話、
謊話從不臉紅，但談判通常在協議中有「模糊性」（ambiguity），才
能使雙方各說各話，不失面子。

美國的「極限施壓」只會引發中國的「正當反擊」。談判不可能
是單向道，任由美國予取予求。美國如果仍然以高高在上、唯我獨尊
的方式對付中國，是不可能得逞的。我個人認為，川普不但不了解歷
史，也不了解中國人，中共和美國談判從 1940 年代迄今，哪一次是
簽訂「城下之盟」？中國人的耐性、韌性和打死不退的決心，更不是
美國可以想像的！

20 中國有破壞世界經濟嗎？（2019.5.21）

「中國有破壞經濟秩序嗎？」美中貿易戰正在全面進行，問題不
是真正與貿易有關。

中國的確擁有對美國最大的順差，但這不是美中雙邊貿易的問題，
美國全球性的貿易逆差是美國國內經濟的問題，過多的投資（消費）
和過少的儲蓄。美國前經濟顧問費爾德斯坦（Martin Feldstein）說，
美國消除對中國的貿易逆差，也會轉移到其他國家去。

美國堅持要做的不是貿易逆差問題，而是以此為手段來迫使中國

改變其投資法令，美國認為這些法令對美國是不利的。

但美國一手打造的國際貿易結構，包括 WB、IMF、WTO 等是積極鼓勵「技術轉移」的。問題是中國表現得太好、到 2000 年末期時，中國的表現被視為「威脅」。美國自作自受的搞出金融危機，如今科技轉移卻成為箭靶，是不是中國不可適用，或把中國當作「例外」處理？

美國抱怨中國的對外投資不公平，2013 年美國公布中國的竊取智慧財產權占世界的 50-80%，但事實真相並非如此。美國公司經中國特許進入 35 個限制部門，如汽車製造、油源開採、核能、電信、銀行和醫療機構等，條件便是對合作對象的技術轉移。時或有因不當使用技術轉移而被美方公司控訴，如杜邦（DuPont）和通用汽車（General Motors），公然竊取即使有也在軍用物品上，並不多見。事實上，技術轉移多在雙方合意和協議下進行，美國指稱中國政府強迫美國公司技術轉移，並非事實。

違反協議的情事與一個國家發展的程度和階段有關。1980 年代，日本和南韓這種情況也很普遍，但隨著日趨開發成熟，情況就大為好轉。一般而言，在個人平均國民所得在 25,000 美元的情況下，符合協議的情況就會令人滿意，要達到這個水準，中國可能還需要 10 年時間。

在保護智慧財產權方面，中國也在努力改進。根據 2019 年美國商會針對 300 家美國公司的調查，其中 59% 認為中國在過去 5 年有進步，37% 認為沒有進步。在其他方面，IMF 和美國財政部最近都認定中國政府並沒有操縱匯率。基本的問題是，基於過去國際實例和中國特殊的發展，中國的技術轉移政策公正嗎？更直接的說，中國的成長破壞了國際經濟秩序嗎？

答案部分要由現存的全球共識來決定，去年 IMF 在其世界經濟展

望報告中，再度重申全球技術擴散對世界經濟成長的巨大貢獻。如今中國在全球經濟成長上，約貢獻了 1/3。

　　一個更創新的中國並不必然代表一個競爭力下降的美國，正如哈佛大學教授薩摩斯（Lawrence Summers）所說，已開發國家和開發中國家通常不會在同樣生產線上競爭。其他一些經濟學者也稱，大多中國的科技能力是被高估了。許多中國輸往西方的產品，如 iPhone 手機，是在不同國家製造，而只在中國裝配而已。

　　限制美國高科技產品，如 AI 和 5G 會減少知識流到中國，但也會傷害美國創新的能力。科技轉移是雙向、互利的，美國的片面主義是不利於自由貿易的。中國的成長看起來是對世界經濟秩序的挑戰，但其他國家對中國的反應，才可能是對世界經濟秩序的威脅。

21 伍華德新書——《恐懼：白宮裡的川普》
（2019.6.10）

　　美國名記者、現任《華盛頓郵報》副總編輯伍德華（Bob Woodward）是 1970 年代揭發尼克森總統水門案（The Watergate Scandal）的主角，最近出版了一本揭穿川普內部混亂的書《恐懼：白宮裡的川普》（Fear: Trump in the White House）。幾乎在同時，《紐約時報》刊登了一篇讀者投書，把川普形容的一無是處。這位投書著稱，「我是川普政府中抵抗運動的一分子。」他說，「我們首要職責是對這個國家負責，但總統卻持續荼毒這個國家的健康。」作者批評川普衝動魯莽、行為反覆無常、指稱媒體是「人民公敵」，並一反美國傳統、反自由貿易、反民主、反移民。作者指出川普的領導風格異於常人，經常製造對立，離題咆哮，會議極無效率。

　　作者在揭發川普不欲人知的一面後，還特別表明他們這些成熟的

人已竭力阻止川普的胡作非為，他還透露內閣中醞釀援引憲法第 25 條修正案，如有半數閣員同意，可向國會提出罷免總統。

這篇投書之爆炸性可想而知，川普推文指責該官員「叛國」，並要求《紐約時報》交出此人。CNN 列出一份 13 人的可疑名單，其中川普最親近的人幾乎無一倖免，包括川普的妻子和女兒，也包括副總統潘斯、白宮幕僚長凱利和司法部長塞申斯。

一如當年揭發水門案的「深喉嚨」，真實的揭密者在 33 年後才被公開，就是當年聯邦調查局副局長費爾特，揭發此一醜聞者就是伍德華和另一記者的伯恩斯坦。

川普的命運會不會成為尼克森之二，以他的作風和美國建制派（主要是自由主義者）對他根深蒂固的反感。這場「內戰」只是開始而已，好戲還在後面，大家拭目以待吧！

22 G20 大阪高峰會——大國競爭的新時代
（2019.6.29）

《紐約時報》今天刊出一篇「美中：沒有界限的大國競爭的新時代」（U.S. Versus China: A New Era of Great Power Competition, but Without Boundaries），內容是：

一、美中競爭和過去美日競爭不同，因為日本是民主國家，又是美國的盟國。

二、2010 年，中國取代日本成為世界上第二大經濟體，但美中之間不可能達成美日之間的平衡。

三、對美國政府官員來說，美中競爭的嚴重性遠大於美日競爭，多數經濟學家預估中國將在 10-15 年內超越美國成為世界第一大經濟體，若干華府高層人士視中國為意識形態上的敵人。

四、國務卿蓬皮奧（Mike Pompeo）最近在西歐之行，警告中國已入侵歐洲，並將成為世界上、經濟上和軍事上的主導力量，散播它極權和腐化的制度。

五、2017 年 12 月白宮發表的「國家安全戰略」也提出警告，美國已重回大國競爭時代，面對的是和美國價值和利益相對立的中國和俄國。

六、但美國迄今未能形成對中國一致的戰略——競爭、圍堵和建設性的交往——並無明顯的聚焦。

七、川普親近的幕僚對中國的戰略有不同的主張。波頓（John Bolton）、蓬皮奧、納瓦羅（Peter Navarro）主張強硬路線，但財政部長穆努欽（Steven Mnuchin）則站在相反的一邊。

八、中級官員中也有自己的想法，國務院政策設計部門主管史金納（Kiron Skinner）女士說，美國正與一個不同意識形態和文明的勢力打仗，美國從未有過這種經驗，即使過去和蘇聯競爭也是在西方本身之內，這是美國第一次和一個非白種人（Caucasian）的競爭。

九、儘管兩黨一致支持川普政府強硬的對中國政策，但批評者稱，他們看到了一個沒有戰略的戰略模糊（strategic ambiguity）。

十、韋斯（Jessica Chen Weiss）教授指出，美中關係把經濟、安全、技術甚至科學都融合在一起，使很多人困擾的是不能區別和過濾不同程度的危險，以及在不加區別的把美國和中國「脫鈎」（decouple）的努力中會走多遠，走多久？

十一、「脫鈎」這一概念是源自美中關係太密切會構成對美國重大安全威脅。川普強硬派的幕僚希望切斷兩國的供應鏈，包括若干美國企業撤出中國，其他企業停止對中國公司提供產品。

十二、新美國安全中心一位專家克里曼（Daniel Kliman）說，長期的全球化已榨乾了美國的經濟效能，美國的國安危機已呈現在目前。

十三、對美國國內的這些變化，中國不可能不知道，中國在傳統上已訴諸民族主義，重提當年抗美援朝歷史。但中國學者強調中國對中美關係的新型態是「鬥而不破」（fight but not break）。

十四、這種情勢只會變得更糟，美國指責中國的「一帶一路」是「債務外交」。美國情治單位對中國的移民和留學生從嚴審查，有人擔心這是一個新的「紅色恐怖」，並不認同美國政府這種作法。

十五、儘管美國大力打擊中國企業，加強遊說歐洲盟國和美國一致行動，但大多數國家，包括美國最親近的盟友，都不願傷害他們與中國的經濟關係。

十六、若干美國公司設法在法律上尋找理由來規避（bypass or sidestep）川普政府對中國的禁令。美國政府也在民主和人權的問題上，避免過於刺激中國，使雙方關係更加惡化。

＊　＊　＊

眾所矚目的 G20 高峰會在日本大阪揭幕，這是全球一年一度的盛會，1999 年成立時，最初的目的在希望共同監控危機，參加的國家代表世界上最具影響力的前 20 名國家。國際社會原有 G7 高峰會，為西方加上日本的先進工業國家組成，後加入俄國為 G8。如今 G20 參與國家占全球 2/3 的人口和 85% 的 GDP，無疑是最重要的國際組織。

在這 20 國中，美、中兩國尤為突出，分居全世界第一、第二大經濟體，GDP 比重也占全球 40% 以上。自 2005 年以來，有所謂的G2 的說法。換言之，對世界影響最大的僅有美、中兩國。但中國深怕樹大招風，對此名辭敬謝不敏；美國也未必和中國平起平坐。但事實就是如此，這次峰會，全世界的焦點都在美中貿易戰的發展。

中國習近平在大會發表「攜手共進，合力打造高品質世界經濟」講話，他先提出四大堅持：

一、G20 要堅持改革創新，挖掘增長動力。

二、堅持與時俱進，完善全球治理。

三、堅持迎難而上，破解發展瓶頸。

四、堅持夥伴精神，妥善處理分歧。

為展示開放決心，他更進一步提出中國五大開放措施：

一、即將發佈「2019 年版外資准入負面清單」，進一步擴大開放。

二、新設 6 個自由貿易試驗區。

三、進一步降低關稅。

四、實施新的外商投資法律制度，增強智慧財產權保護。

五、全面取消外資准入負面清單之外的限制。

習近平的講話不僅是對全世界表達中國支持自由貿易，反對保護主義的立場，也在對美國喊話，表達中國在貿易談判中對美國要求的回應。習再解釋，中國是對全世界開放與改革，而不是在美國的壓力下，接受美國的條件。這種立場也有利於中美在談判中拉近距離，不會使談判愈走愈僵。

23 美國權力的自我毀滅（2019.7.1）

7-8 月的《外交事務》（Foreign Affairs）雙月刊一到，就看到剛剛不久看完札卡利亞（Fareed Zakaria）的書後又寫了一篇文章〈美國權力的自我毀滅：華盛頓浪費了單極時刻〉（The Self-Destruction of American Power: Washington Squandered the Unipolar Moment），先簡單介紹其內容。

在過去兩年中，美國的霸權已經死亡。美國單一霸權出現在 1989 年柏林圍牆的倒塌，但從 2003 年入侵伊拉克而開始崩解。美國霸權終結是外在的因素，或是美國自己不當的行為所造成，這將是未來歷

史學者長期辯論的問題，如今我們可以初步來探討。

簡言之，美國霸權的衰落有下列幾個因素：

一、低估了中國的崛起。

二、「失去了俄國」。

三、中東戰爭，尤其 2003 年入侵伊拉克。

四、1990 年代中期，美國柯林頓總統任內對世界事務的漠不關心，造成了「廉價的霸權」和「霸權空洞化」。

到了川普時代更進一步惡化：

一、「傑克森主義」：孤立主義、民族主義、保護主義和民粹主義。

二、高舉「美國第一」的口號，但實際上退出世界舞台。

三、外交政策空洞化。

美國應努力做到：

一、 在外交上，較多的自由主義，較少的霸權主義。

二、 維護美國的理想：一個自由的國際社會秩序。

24 美國霸權衰落的原因（2019.7-8）

在過去 12 年中某一時刻，美國霸權已結束，美國主宰世界的時間不長，約 30 年，與兩件大事有關。一是 1989 年柏林圍牆的倒塌，另一是 2003 年美國入侵伊拉克，美國開始裂解。美國霸權的結束是外部因素或是內部因素，這一問題將由歷史學者在未來去討論，在目前，我們只做一些初步的觀察。

美國史無前例的地位卻因不善處理、濫用權力，失掉盟友和壯大敵人。目前，在川普執政下，美國失去的不只是利益，而是信心，尤其在理想和目的上。

美國在冷戰後的優越地位一開始還不易察覺，1990 年英國首

相柴契爾（Margaret Thatcher）指出，世界政治由美元、日元和德國馬克所控制。1994 年季辛吉（Henry Kissinger）在其《大外交》（Diplomacy）一書中，預測一個新的多極時代的到來。事實上，在美國也沒有太多的勝利主義（triumphalism），1992 年大選時民主黨的桑德斯（Bernie Sanders）一再說，「冷戰結束了，但贏者是日本和德國。」亞洲專家們已開始討論「太平洋世紀」了。

　　例外的是美國保守主義大將克勞薩默（Charles Krauthammer）在 1990 年指出，「單極時刻」，但他預言，此一時刻將不長，因為日本和德國將崛起為區域強權，將採取獨立於美國之外的外交政策。

　　國際社會對單極時刻也不樂觀，歐盟會議主席布斯（Jacques Poos）宣稱，「如今是歐洲的時候了。」因為 1991 年爆發的巴爾幹危機，布斯認為只有歐洲國家才能解決，不需要美國參與。結果還是美國介入才解決這一問題。

　　1990 年末期，亞洲出現金融危機，也是靠美國籌措了 1,200 億美元來幫助紓困（bailout）。當時《時代》（Time）雜誌以美國財長魯賓（Robert Rubin）、聯儲會主席葛林斯潘（Alan Greenspan）和財政部次長薩默斯（Lawrence Summers）為封面人物，標題是「拯救世界委員會」（The Committee to Save the World）。

　　美國霸權的衰落有下列幾個因素：

　　一、低估了中國的崛起，中國已成為一個可以和美國匹敵的國家。在美國建構的世界體系之外，出現了兩個世界強國，中國和俄國，世界進入後美國階段。今天，美國仍是世界上最強大的國家，但已身處被其他強權反擊的時代。

　　二、九一一事件和伊斯蘭恐怖主義的興起，尤其 2003 年美國入侵伊拉克為最大敗筆。九一一事件後，美國政府所做的決定多是基於恐懼，過於躁進。加上美國的獨斷獨行，不顧國際組織，也不尊重盟

國，使得美國日益孤立。

三、美國最大的失策是「失去了俄國」。蘇聯解體後，美國本來有很好的機會把俄國爭取到西方陣營，俄國的執政者也有這種傾向，但美國後未認真看待俄國，尤其不斷擴大「北約」，爭取前蘇聯附庸國加入「北約」，大為刺激俄國。在安全上完全不顧俄國的反應，其結果造成俄國的報復和復仇主義（revanchism）的興起，也幫助普京成為俄國的強人。

四、美國另一個錯誤是在 1990 年代中期是對世界事務失去的興趣。以國外廣播為例，NBC 在 1988 年的 1,013 分鐘，到了 1996 年已降為 327 分鐘。美國在經濟上只有兩招：震撼療法（shock therapy）和速成民主（instant democracy），否則便是經濟制裁和精準空中打擊，使美國贏得了「廉價的霸權」，事實上是「霸權的空洞化」，一直到如今。

川普政府使美國權力的空洞化更加擴大，他是個「傑克森主義者」（Jacksonism），基本上對國際事務並無興趣，他也是一個民族主義者、保護主義者和民粹主義者。他高喊「美國第一」，但事實上是獨善其身，他從退出 TPP 和不尊重盟國，代表的是外交政策的空洞化。

檢討大英帝國末期是未能給予其殖民地有限度的自由而逐漸失去帝國，美國如今有一些類似之處，如果美國在國際社會上，多一些自由，少一些霸權，美國的霸權還可延續。但如今美國很明顯的在追求狹隘的自利，只能疏遠其盟友，壯大其敵人。

最後剩下來的只有美國的理想了，這個理想曾使過去 3/4 個世紀帶來穩定和繁榮。如今的問題是美國曾經支持的世界體系，它的規則和價值，是否能繼續存在？或者美國只能堅持其帝國理想的衰退？

Fareed Zakaria, "The Self-Destruction of American Power: Washington Squandered the Unipolar Moment", Foreign Affairs, July-

August 2019.

25 美國的種族問題（2019.8.5）

PEW（Pew Research Center）2018.2.22 報告，有 81% 的美國黑人認為種族主義是社會一大問題，比 2009 年增加了 37%。

NBC 2018.5.29 民調，64% 認為種族主義嚴重，45% 認為還會更壞。

美國的種族問題，用數字說話：

非裔美人男性被警方擊斃與白人的比例是 21 倍。

2013-2018 年 15 個案件中，只有 1 名警官被判入監。

持有大麻（Marijuana）黑人被捕的比例為白人的 4 倍。

認為黑人受到司法上不公平待遇的白人為 51%，黑人為 78%。

黑人占人口 13%，但入監的占 36%。

哈佛大學教授 Annette Gordeon-Reed 說，非裔美人還稱不上是完整的公民（full citizen）。

黑人的失業率是白人的 2 倍，西班牙裔（Latino）高出白人 40%。

黑人的工資比白人少 30%，Latino 少 40%。

亞洲人在高科技領域，平均一年少領 8,146 元。

白人的財富為黑人的 12 倍，為 Latino 的 11 倍。

1/4 的黑人家庭沒有財富或負債。

26% 的黑人生活貧困，12% 極度貧困。

社會歧視

54% 亞洲的青少年在學校遭受霸凌，黑人為 38.4%，Latino 為

34.3%。

黑人等待 Uber 的時間比白人多 30 分鐘。

52% 的回教徒認為被監視，28% 有被懷疑檢查，21% 在機場要走不同通道。

2017 年 1 月 27 日的 "Muslim Ban"（Iran, Iraq, Libya, Somalia, Sudan, Syria, and Yemen）。

75% 的成年回教徒認為過於歧視。

一般民眾也有 69% 採同樣觀點。

回教徒只占美國人口不到 1%，但卻涉及 14% 的宗教歧視案件。

超過 1/3 的參選人宣稱回教徒是有暴力傾向，構成立即的威脅，甚至有接近 1/3 的參選人要求回教徒放棄其宗教信仰。

2018 年 1 月 26 日《華盛頓郵報》稱在美墨邊境為阻止移民入境，美方曾多次使用催淚瓦斯（tear gas）。

2018 年 5 月 12 日《紐約時報》報導，美國對非洲移民採取「零容忍」（zero tolerance）政策。被拘留的父母必須交出他們的孩子，結果有超過 2,000 名移民的孩子被迫離開他們的父母。

美國邊檢人員虐待、強暴婦女和兒童的案件時有所聞，2018 年 5 月 23 日《The Independent》報導有 116 件。

前調查局長柯米（James Comey）說，美國文化中一直有一個放射性種族主義的湯，在美國歷史中，一再被攪動、擴散，造成奴隸、恐怖主義、對非裔美國人的壓迫。參觀一下「非裔美國人歷史和文化博物館」（National Museum of African American History & Culture）便可發現暴力壓榨得不僅超出想像，而是無法計數的。

美國已經很努力在文化上不去冒犯種族主義，但這個機制卻讓川普給破壞了。他刻意設計一個邪惡的目的，去促成支持他能量的爆發，來達到爭取勝選。但他的作法只能傷害這個國家。

26 美國方式的民主之死（2019.9.28）

有的國家民主的失敗是突然的，由於政變，但在二十一世紀，民主的失敗通常是漸進的。

兩位學者 Steven Levitsky and Daniel Ziblatt 合寫了一本《How Democracies Die》（2018），以俄國、土耳其和匈牙利三國為例，由於出現獨裁者，以國家機器對抗政敵，使得民主倒退，虛有其名。

川普最近三件事的表現，可看出他的作法和上述三個國家沒有什麼不同。

一、對一項氣象報告的口誤，川普不但拒不承認，還讓國家氣象主管出面為川普背書。

二、司法部宣布將對遵守環保的汽車製造業者進行調查。

三、由於《華盛頓郵報》對川普不友善，川普竟對其老闆（Jeff Bezos）的企業亞馬遜進行懲罰。

Paul Krugman, "How Democracy Dies, American-Style", NYT, Sept 11, 2019.

27 什麼是「川普主義」？（2019.9.21）

什麼是川普主義？就是自閉、自大和吹噓。

以伊朗最近對美國的挑戰來看：

一、今天 5 月 4 次攻擊油輪，今年 6 月 2 次攻擊油輪。

二、今年 8 月，擊落一架價值 1.3 億美元的美國無人偵察機。

三、今年 7 月，扣押一艘英國船隻。

四、今年 9 月轟炸沙國油田（Abqaiq, Khurais），造成沙國近一半的石油產量損失。

這些事件代表了什麼意義？

一、軟弱還要挑釁，用吹噓掩飾軟弱。

二、經濟制裁的失敗。

三、美在中東耀武揚威的時代已近尾聲。

問題是一年花費 680 億美元國防經費的沙國都不能保護自己，下一個目標又是哪一國呢？

Bret Stephens, "The Trump Doctrine, Revealed", NYT, Sept 21-22, 2019.

28 美國的反恐外交（2019.9.28）

一、美國在 2001 年 911 事件後，以「反恐」為名，已花了 6 兆美元。

二、美國軍費已高達一年 7,380 億美元。

三、美國軍方雜貨店的員工比美國外交官員多。

四、美國在 100 個以上的國家有駐軍。

五、James Goldgeier 教授說，美國兩黨已有共識，美國應減少對外的軍事干預。

六、前國防部官員 Dov Zakheim 反對川普「純交易」性的外交政策，主張美國應採取既不干預，也不孤立的積極作法。

七、新美國安全中心副主任 Loren DeJonge Schulman 指出反恐戰略必須調整，美國應在不被指責從國際社會退出的情況下，來研究如何面對當前的威脅。

八、川普主張增加軍費，支持核武競賽，而不是軍備談判，只要求盟國購買美國武器，不重視聯合國、世界銀行等國際組織。

九、美國需要強大國防，但不必依賴無限制的，甚至是揮霍的軍

費，美應減少在海外的駐軍。

十、美國在外交、經濟、貿易、反核擴散和氣候變遷上投注更多經費。

十一、民主黨爭取總統提名的華倫（Elizabeth Warren）和桑德斯（Bernie Sanders）都主張美國應終止「無終止的戰爭」。拜登（Joe Biden）說，使用武力是最不得已的手段，只能用來保護美國的核心利益，不但目標要清晰、可行，還要得到美國人民的同意。

十二、這些主張沒有理由不能成為兩黨的共同目標。

"Rethinking America's Approach to the World", NYT, editorial, Aug 20, 2019.

29 川普的「通烏門」事件（2019.9.28）

對有關川普「通烏門」事件尚不知其具體內容，但知道的一些事足以使人對川普感到噁心。

一、可見有經驗的情治人員對川普與烏克蘭的交往不滿的程度不得不「吹哨」。

二、情治單位總監 Michael Atkinson 認為吹哨人的關切是合理和迫切的。

三、在 7 月 25 日川普與澤倫斯基通話中，指出對貪污案調查的完成將有助於美烏關係。另據《華爾街日報》報導，川普講了 8 次要求澤倫斯基和他的律師朱利安尼合作來調查拜登。

四、在原先承諾給烏克蘭提供的 4 億美元軍援中，川普扣留了 2.5 億來壓迫烏克蘭配合美國的要求。

這些事件證明，川普在 2016 年得利於俄國干涉美國選舉後，又想把烏克蘭扯進美國 2020 年的大選。

　　川普如今除了其共和黨議員外，幾乎與全美國政府機構為敵。一個失控的總統正在挑戰美國的制度，這將是美國民主制度最大的挑戰和考驗。

　　Nicholas Kristof, "Something in the Wihte House Striks", NYT, Sept 23, 2019.

[30] 川普的交易外交學（2019.10.5）

　　川普把外交當作交易，這是他的商人性格，也是他為人處事的基本原則，從他就任總統以來的作為，可以證明。當外界批評他的離經叛道，違反美國傳統的立國精神和價值時，他的家人，如女兒伊凡卡會說，這就是川普與人不同的地方，他言行一致，說到做到。

　　川普曾著《交易的藝術》一書，有幾段可作為了解他做事的參考：

　　「我覺得馬上要搞砸時，我就會起身戰鬥，即使成本和風險都很高，且困難重重，我也不在乎。」

　　「交易愈複雜，就愈少利害關係人會在第一時間就表達興趣，也表示一旦交易成功，潛在的利益會更大。」

　　「守好底線，其他部分就可好好發展。」

　　交易的藝術可以就個案來適當運用，亦不可厚非，但把立國的精神和美國主宰世界的基本價值拿來「交易」，就大錯特錯了。聯盟體系、自由的經濟體系和民主的維護被川普用來「交易」，美國就不成為美國了，這才是美國當前最大的危機。

[31] 美國人民對政府不信任（2019.12.30）

　　2010 年代是結束正常的時代（the end of normal），憤怒、恐懼

和不信任。

2018 年仇恨犯罪（hate crime）達到 16 年的新高（FBI），自由國際社會秩序已動搖。從 2017 年起，美國已放棄世界舞台安定者的角色，反而製造不可測性和災難。在過去 13 年，政治自由和人權在全球也在下降（2019 Freedom House）。對美國民主的挑戰不僅考驗美國的憲政制度，也威脅到對全球政治權力和公民自由的破壞。

2010 年代的電影和電視多是黑暗性，基本上反映了當時人民的心情，因吸毒致死的人數增加到 50 萬人，美國和英國的人民的平均壽命也下降了。在氣候上，經歷了有史以來最熱的 10 年，而且可能繼續熱下去，美國加州和澳洲的森林大火是亞馬遜雨林的警訊。

2010 年代最大的傷害是信任（trust），根據 PEW 的調查，美國人民只有 17% 相信政府做對了事，美國在世界的聲望，在 2018 年有 70% 對美國沒有信心。對美國有正面看法的從歐巴馬總統到 2018 年末，在德國下降了 27%、加拿大 26%、法國 25%。

在全世界，自由民主正遭遇嚴重的挑戰，極權主義正在高漲，川普的民粹主義和英國脫歐鼓勵了極右派的力量，如巴西、匈牙利、波蘭，甚至也波及瑞典和比利時。

美國歷史學者豪夫斯提特（Richard Hofstadter）曾形容美國有種 Paranoid Style，是一種狂熱的誇大、懷疑和陰謀的幻想，是一種極端主義，他們把對手妖魔化，把自己視為文明的保衛者。

這種 Paranoid Style 曾在 1950 年代初期出現的麥卡錫主義（McCarthyism）、1960 年代的華萊士（Wallace）州長。在美國歷史上產生過使全國團結的總統，如林肯；也有使全國分化和分裂的總統，如川普。

極端主義者是基於無知的恐懼。

美國人民對政府的信任從 1970 年代的越戰和水門事件開始下降，

2003 年入侵伊拉克和 2008 年金融海嘯，使美國人民對政治菁英和現狀失望，

　　利用美國人民對現狀的不滿，川普當選並聲言要改變現狀，但三年來情況只有更壞。川普團隊以破壞美國的建制為目標，他的主要幕僚巴農（Steve Bannon）曾說要「打破行政國」，這種作法使人民對政府失去信心，不相信專業和制度。川普只要求部屬對自己效忠，卻不尊重體制，即使 FBI 和司法，他都不重視。

　　川普攻擊媒體，他說是不希望人民相信媒體。在他就職時，George Orwell 的小說《1984》竟成為暢銷書，因為這本書形容的世界是真相，只有老大哥說的才算。

　　同時，科技的巨大進步不僅改變了人類的生活方式，也改變了人們對事物的認知。由於資訊的發達，人們幾乎被各種網路平台淹沒，缺少了可靠的資訊，人們對重大議題無法做出正確判斷，因此也無從使政治人物對我們負責。

　　美國確實在分裂，而川普集團反而利用人民的恐懼來擴大這種分裂。美國人口的結構正在快速改變，預估到 2045 年時，白人將變成少數。這是美國的認同危機，也是川普煽動支持他的選民（白人為主）的有效力量。

32 美國是一個真正的流氓國家 （2020.1.5）

　　2020 年 1 月 3 日美國以空襲格殺伊朗軍事強人蘇里曼尼（Qassem Soleimani），對一個主權國家進行個人謀殺，證明了美國無惡不作，是一個真正的流氓國家。

　　美國身陷中東戰爭已 20 年，得到了什麼？什麼時候能結束？中東對美國的戰略價值有那麼大嗎？

　　川普說他絕不能允許伊朗擁有核武？他能做得到嗎？他要主動攻擊伊朗本土嗎？川普下令刺殺伊朗軍事強人蘇里曼尼，是一缺乏戰略意義的行為，代表了美國外交政策的崩潰。

　　小布希和歐巴馬時代也曾有人建議這一斬首行動，但擔心引發不必要的升高衝突或戰爭而作罷。如今，中東的基本事實並未改變，這一行動只能說明美國國安系統的運作失靈。

　　國防部的解釋令人無法接受，為阻止立即危險而制先攻擊，斬首行動從未是制先攻擊的可靠方法。對世界而言，這是公然謀殺，是挑釁，也是挑起戰爭的理由。

　　伊朗把蘇里曼尼視為烈士，揚言將繼續其遺志，並全力報復，此舉也可能引發另一波恐怖主義的行動。

　　此外，這一行動與美國的整體外交政策有何關聯？美國今天要重視的是大國外交，是中國和俄國的問題，而不是伊朗。美國用此種方式把伊朗推向和美國對立的大國地位是不合邏輯的，美國對原本希望平靜的地區，去升高為戰爭的熱點是不智的。

　　川普此舉代表的是他的行為方式，自私、狂妄、不尊重制度和規則，更嚴重的是美國國安機制的失能和衰退。

　　事情已無可挽回，美國只能面對可能的嚴重後果。

　　經由川普此一行動證明美國總統的戰爭權力已不斷擴大，在「九一一事件」後的 20 年來，使得美國陷於無止盡的衝突。

　　從川普對伊朗、敘利亞、葉門和阿富汗的作法上，在過去三年多顯示他對戰爭與和平並沒有經過深思熟慮，也沒有對後果有嚴肅的考慮。在去年 6 月，他在行動前 10 分鐘取消了對伊朗的一次攻擊。據說是有人提醒他，此舉不僅違反他退出中東衝突的承諾，也會招致他的支持者不滿。

　　但 6 個月後，他卻下令刺殺蘇里曼尼，這是前兩位總統認為過於

挑釁而不願做的事。川普此舉，等於告訴全世界美國總統有權追殺世界上任何人。

但哈佛大學教授 Jack Goldsmith 說美國現在的制度是「一個人說了算」（one person decides）。由於川普天生的對國安和情治機構的不信任，在外交上經常做出不符合常規的事，例如給北韓金正恩寫的肉麻信、透過他私人律師朱利安尼（Rudy Giuliani）對烏克蘭施壓。

對刺殺蘇里曼尼一事，他解釋為阻止美國和伊朗的情勢失控，所不得不為，因為蘇里曼尼正在策劃對美國的攻擊，美國逮到他並除掉他。川普說，「昨晚我們採取行動阻止了一場戰爭」（we took action last night to stop a war），「我們不是去發動一個戰爭」（we did not take action to start a war）。

但一些軍事專家認為，川普此舉是不必要的升高美伊衝突，也證實了美國對伊朗的「極限施壓」並未達到預期效果。

海軍戰爭學院一位教授 Lindsay P. Cohn 說，川普並不想捲入戰爭，但他不甘示弱。但在川普過去 3 年來，美國對中東地區的空襲大為增加，包括平民的傷亡。一位國安專家 Micah Zenko 形容川普是一個「被動的鷹派」（passive hawk），他要表現強勢，但不想對長期戰爭做出決定。

川普的行為使任何政策分析的機構都無法理解也難以置信。一位歐盟的政策分析師說，他所接觸到任何一個人都不知道川普要對伊朗做什麼？包括美國在歐洲最親密的朋友英國。美國蘭德（RAND）公司的中東問題專家說，川普的不確定性會增加危險，並使衝突失控。川普扭曲事實和不講真話的聲明使得區別恫嚇和設定的方案難以分辨，包括對川普的支持者都懷疑到底有沒有長程戰略？美國一位前中東事務官員在《外交事務》（Foreign Affairs）上表示，美國的極限施壓使得伊朗無法重回談判，因為沒有人知道伊朗要談些什麼？美國此

一作為不是正當性和明智的問題，而是走向一個不確定的方向，是一個在中東地區巨大的升高危機，必然會招致報復。

國防部長依斯伯（Mark Esper）說，競賽規則已改變，只要有對美國攻擊的跡象，美國必將採取制先攻擊。參議員墨菲（Christopher Murphy）說川普在未經國會同意之下，可能已觸發一個大規模區域戰爭，他認為這種謀殺他國官員的方式會使更多美國人受到殺害。

國防部長和國務卿蓬皮奧的說法都無法使人信服，他們必須提出更有力的說明來解釋此一事件。依往例，總統如果採取重大軍事行動，理應通知國會領袖。川普不是說過要結束中東無休止的戰爭嗎？

謀殺（assassination）或「目標狙殺」（targeted killing）有何不同？

美政府稱因有立即危險（an imminent threat）才採取目標狙殺，並解釋這是合法的自衛。但民主黨總統角逐者桑德斯（Bernie Sanders）和華倫（Elizabeth Warren）均認為是謀殺。

美國曾在 1976 年以行政命令禁止政治謀殺，但九一一事件後，「目標狙擊」成為常規，造成數以萬計人員死亡。川普上台後，更為變本加厲，歐巴馬總統授權給下屬決定，本人並不介入。

此次的蘇里曼尼事件是對一個主權國家政府官員的「目標狙殺」，並不符合反恐戰爭的規範，此次事件也代表了川普對法律和慣例的不尊重。經由此次事件，美伊實際上已處於戰爭狀況。美國如認為伊朗的報復將有限度，是過於一廂情願。至於相信美國總統做的事是對的，則是自欺欺人。美國距離亞當斯（John Adams）所說「政府應是法治而非人治」已經愈來愈遠了。

經濟學者克魯曼（Paul Krugman）嚴詞批判川普的作為，我們能接受其他國家有權利傷害我們的官員嗎？美國曾經特殊，但川普並不明白為何美國曾經特殊？除了美國本身的強大外，美國也維持國際社會的安定，並尊重其盟國，但川普完全不理會這些使美國偉大的原因。

川普從上任第一天開始，他就認為他可任意恐嚇其他國家，但他的這一策略並不成功，在對北韓核武上和對中國貿易戰，美國的恐嚇均沒有成功。

試想如果一個外國認為前副總統錢尼（Dick Cheney）在伊拉克沾滿了鮮血，而把他刺殺，美國人民將有何反應？如果我們不能接受其他國家有權傷害我們的官員，為什麼其他國家會有不同想法呢？

此外，在資源和軍力上，美國在過去的確比其他國家強大很多，但如今已不再是了。例如，中國在經濟上若干方面就明顯的超過美國。美國在強大的時候也做了一些不好的事情，但在民主自由法治上堅持自己的立場，也與盟國和國際組織密切合作。我們力圖以平等對待其他國家，美國不會為了政治上權宜之計而犧牲盟友，美國曾享有較大的信任感。然而，川普對這些過去使美國偉大的因素，完全棄之不顧，在他領導之下，美國已成為一個自大和自私的霸凌者，在他 15,000 個謊言中，他的話已無人相信。

在美國殺害蘇里曼尼後，伊朗宣布將不再遵守 2015 年的限核協議。美國在 2018 年宣布退出 2015 年限核協議並對伊朗採取「極限施壓」，伊朗對美則採取「極限抵抗」。事實上，伊朗已恢復其核武計劃，並強化對美國壓力的抵抗力。美國有些人想利用伊朗的核武計劃去推翻伊朗政權，國務卿蓬皮奧（Mike Pompeo）在擔任眾議員時曾說，摧毀伊朗核武只需要不到 2,000 次的出擊，那不是一件很難的工作。參議員克頓（Tom Cotton）則說，美對伊朗動武，只需要兩次打擊，第一次和最後一次。川普本人也表示過，一旦對伊朗開戰，很快就會結束。

這些想像未免過於荒唐，如此只能招致慘烈的報復，使伊朗更加決心擁有自己的核武。美國應設法降低當前的緊張關係，法國總統馬克宏曾表示願意協助，但美國已予以拒絕，蓬皮奧還表示對歐洲國家

不支持美國此次行動的失望。

美國必須承認極限施壓並未成功，美國的目的是希望約束伊朗的行為，並停止製造核武，但卻適得其反。如美國不去降低緊張情勢，勢將面對兩個選擇：一個核武的伊朗或一場慘烈的戰爭。

在大選中，川普的行動製造了一個不確定的事實，這個不確定是伊朗將採取什麼報復？對川普的影響將有兩個因素，一是伊朗的態度，二是在 2016 年選舉時，川普曾揚言將終結在中東「無止盡的戰爭」（forever wars）。一般而言，美國人民對中東戰爭業已厭倦，在阿富汗和伊拉克之後，不希望再看到第三個敵人。

川普做出此項決定據說是受到共和黨參議員的壓力，在彈劾案進行之時，他急需這些人的支持，川普也表示另一動機是為了保護以色列。儘管受到民主黨的攻擊，川普稱毫不以為意。川普的一位高級顧問說，「在幾個月內，總統已去掉了兩個最重要的恐怖分子──蘇里曼尼和 ISIS 領袖巴格達迪（Abu Bakr al-Baghdadi）──而美國沒有任何傷亡。」川普的一位競選發言人說，「美國人民希望看到他們的總統以果敢的行動來保護美國的利益，這就是川普總統所做的。」

有人說，川普殺掉蘇里曼尼不符合美國的大戰略，問題是美國當前並沒有大戰略。美國如今急需要一個大戰略──美國要在世界上扮演什麼角色──否則，美國只會浪費美國人的生命和資源。

嚴格而論，美國立國至今，只有兩個大戰略，一是 1823 年的門羅主義，把美國孤立於世界事務之外，二是 1947 年的杜魯門主義，把美國捲入全球的紛爭。冷戰結束之後，美國應重新擬定一個新的大戰略，但美國已習慣了霸權主義，即使沒有主要的敵人，也要控制全球，把美國的安全無限擴大。美國前國務卿奧布萊特（Madeleine Albright）曾問過鮑爾將軍（Gen. Colin Powell），「我們有這麼強大的軍力而不去用它，又有什麼意義呢？」

　　美國從事海外戰爭也企求盟國的支持，出錢或出力，但盟國的參與熱忱很低，在阿富汗，有 37 國參與，但只是形式的，主要的作戰仍是美國。上次大選時，川普曾說要重新界定美國的大戰略，除了強調「美國第一」外，還引述亞當斯（John Adams）的名言，「我們不到海外去尋找敵人。」但迄今，他並沒有建立什麼新的大戰略，美國仍陷在中東「無止盡戰爭」中，現在又可能面對另一個新的戰爭。

　　美國禁不起再「贏」得一場戰爭了，何況也未必會贏！戰爭已經過時了，「不對稱的戰爭」（Asymmetric Warfare）使得強國未必可以贏過弱國。美國贏了韓戰嗎？美國贏了越戰嗎？美國一年 7,000 多億軍費並沒有為美國贏得和平，根據 Pew 調查，多數美國人民，包括退伍軍人，都認為美國不值得在阿富汗和伊拉克打仗。

　　美國有一些主戰派在促使美國對伊朗開戰，川普曾說伊朗是小事一樁（a cake walk），「我可以告訴你，不用花太多時間」（It wouldn't last very long, I can tell you that）。川普這種想法十分危險，伊朗遠比阿富汗和伊拉克強大，美伊如開戰將十分慘烈，美國付出的代價將難以估計。美國在阿富汗和伊拉克已「戰爭」了近 20 年，結果如何大家有目共睹。第二次世界大戰結束後，75 年來世界所有的戰爭都是美國在打，但美國今天卻是一個最沒有安全感的國家。「兵凶戰危」，美國到如今都不了解這個意義！

　　《紐約時報》專欄作者佛里德曼（Thomas Friedman）今天寫了一篇文章，把川普痛罵一頓，令人佩服。

　　他說川普最近做了兩件事，都是令人匪夷所思。一是他下令擊斃伊朗第二把交椅的人物蘇里曼尼（Qassem Soleimani），二是他公開表揚違反美國軍紀，屠殺無辜平民的海軍陸戰隊一名隊長蓋拉格（Edward Gallagher）。前者，既無戰略性思考，也沒有正當性，美國總統居然下令屠殺其他國家的政府官員，這一行動的後果難以預料。

後者，該名隊長因濫殺無辜，已被同事檢舉，被軍法起訴，川普卻在他私人莊園款待這對夫婦，這種違反道德的事，川普居然毫不在意。

佛里德曼把這兩件事放在一起，說明川普是一個沒有規則觀念的人，從他經商到總統，他都是我行我素，沒有道德、沒有原則、沒有章法。在他心目中，規則（code）是傻瓜和娘娘腔的人用的。他認為美國軍人偉大因為他們會殺人，伊斯蘭人被殺又算什麼，反正他們都是人渣！佛里德曼警告說，永遠不要認為在上位者只因為他們大權在握就知道他們會做什麼。面對川普這個瘋子，何止是美國倒楣，世界都會遭殃！

33 美中第一階段貿易協議（2020.1.15）

2020 年 1 月 15 日，美中簽署第一階段貿易協議，川普和中國貿易談判代表劉鶴代表雙方簽字，暫時中止了 1 年 7 個月的貿易戰，雖然只是一個階段性的協議，至少為貿易戰降溫，也給雙方重新規劃下一階段的空間和時間。

這一協議的主要內容是中國擴大對美採購，美國則對中國商品的加徵關稅中 1,200 億美元由 15% 降至 7.5%，另 1,600 億美元的商品暫時停止。此外，中國對美國一直指責的若干不公平的政策和作法，也做出了具體的改進，使美國認為中國已有誠意減少對美國貿易的損失（川普的說法是「幾十年來，中國一直在占美國的便宜」）。

美國指責中國占了美國很大的便宜，具體的數字便是貿易逆差，以 2017 年為例，美對中逆差高達 3,754 億美元。當然這種數字有不同的看法和解釋，劉遵義院士便指出實際逆差只有 1,000 多億美元（美國在服務業上有很大的順差，另兩國在計算出口價格上也有不同的算法）。

依照這次協議，今明兩年每年中國購買美國商品將為 811 億美元，

如以 2017 年為基準，代表美國對中國的出口將增長 62.5%，逆差減少 21.6%，這一幅度不可謂不大。

中國的經濟正在朝消費型態發展，擴大美國進口沒有什麼不好，尤其如此可以使雙方關係趨於緩和，更對中國有利。開放市場已是中國既定方向，體制上的改進多做比少做好，快做比晚做好。

經濟學上的原理是增加一國的進口，就會減少對另一個國家的進口，但以中國經濟規模之大，和人民生活品質的不斷提升，這種「轉單效應」不會造成太大的問題。

美國的媒體對這一協議的看法是美國贏了面子，中國贏了裡子。短期對美國有利，長期對中國有利，川普說的話不能當真，聽聽就好！

34 十分穩定的天才？或瘋子？（2020.1.18）

兩位作者 Philip Rucker and Carol Leonnig 寫了一本有關川普的書《A Very Stable Genius: Donald J. Trump's Testing of America》，一位是《華盛頓郵報》的白宮局局長，另一位是該報的記者，兩位都得過普立茲獎（Pulitzer Prize）。

作者稱川普三年來在白宮有一些恐怖的故事，是一部有關不道德的滑稽故事，這個總統極無耐心，鞭打他的部屬，使整個國家失去了智慧和方向，美國的民主在黑暗中死亡。

作者完全以新聞媒體的方式發掘川普任內的種種不合情理的事情，本書不是評論，只是分析。事情有大、有小，但均有事實根據，包括訪問了超過 200 位人士。

川普的思想是十分怪異的，他曾在 2017 年要求當時的國務卿提勒森（Rex Tillerson）設計取消「外國貪污行為法」（Foreign Corrupt Practices Act），他說，「美國公司不能行賄，在海外做生意

是不公平的」。他等於告訴他所有的幕僚，「一位穩定的天才就是任何人都可以收買的」。

川普曾參訪珍珠港，但似乎對珍珠港的歷史一無所知，這點令陪同的白宮幕僚長凱利（John Kelly）大吃一驚。

川普對他的女兒 Ivanka 和女婿庫斯納（Jared Kushner）的信賴幾乎到了公私不分的地步，但在白宮其他人眼中，這兩位是極其無知，私下稱呼他倆為「小孩子」（the Kids）。

有一次 Ivanka 對佛林（Michael Flynn）說，「佛林將軍你對我父親這麼忠誠，你想要什麼位置（工作）呢？」

川普第一次去參加北約盟國會議，對盟國他既不熱誠也不客氣，只表示希望早一點和俄國普京見面，甚至希望在北約正式會議開始之前。

在 2017 年 7 月川普團隊為他準備了一個戰情簡報，有鑑於川普對歷史和第二次世界大戰後美國聯盟政策的驚人無知，他們希望給川普對美國的軍力做一個詳盡的簡報。

但未料到，川普在簡報結束後大發雷霆，破口大罵，「你們都是失敗者，你們不知道怎麼再贏，你們是一群騙子和小嬰兒。」（You're all losers, you don't know how to win anymore, you're a bunch of dopes and babies.）

這次，國務卿提勒森忍無可忍了，他背對川普，面對其他官員說出了下面一段話：「我從未當過軍人，但在這個房間內，所有的軍人，他們不是為了賺錢而工作，他們做的是為了國家、保護人民（我們），我要每個人都清楚，我們國家多麼尊重他們的貢獻。」

川普聽了臉都紅了，但按下他的怒氣。

川普的異想天開和信口開河已不是新聞，他曾考慮頒給自己一個美國最高榮譽的「自由獎章」。他有一次在電話中取笑印度總理莫迪

（Narendra Modi），「誰像你們有中國這樣的鄰居？」

在川普團隊中，每個人都必須唯川普馬首是瞻，不能有自己的主張和堅持，否則就會走人。有人形容他的副總統潘斯（Mike Pence）是一個「博物館內的蠟像」（a wax museum guy）。

川普整個團隊的無能，源自至最上面的川普。

35 揭開川普經濟的真相（2020.2.25）

哥倫比亞大學教授，諾貝爾經濟學獎得主史迪格里茲（Joseph E. Stiglitz）曾著有《不公平的代價》一書，揭露美國經濟發展上的不公平，造成社會嚴重的分裂，他曾說，「美國如今是 1% 的民有，1% 民治和 1% 的民享。」

最近他寫了一篇「揭開川普經濟的真相」一文。他說，美國在川普執政後，經濟成長和股市表現都不錯，但在國民健康，即人民的幸福和富足上，美國的表現是已開發中國家中最差的，美國人民的壽命在下降，美國人民缺乏健保的比率在兩年內從 10.9% 上升至 13.7%。美國人民「絕望死」（deaths of despair）的比率在 2017 年是 1999 年的 4 倍。

美國家庭的可支配所得平均值在 2017-2018 年幾無變化，全職男性勞工實質工資比 40 年前低 3% 以上，美國女性就業率比其他開發國家低 10% 以上。

川普以減稅來增加投資，但結果只對大企業有利，造成政府財政赤字增加（2019 年近 1 兆美元），美國一年對外舉債近 5,000 億美元，對外淨負債額一年增加 10% 以上。

川普聲言打貿易戰會贏，但美國的貿易赤字不減反增，2018 年的貿易赤字比 2016 年增加了 25%，也是創歷史新高。其對中國的貿易

也是如此（增加了近 25%）。美國雖然與加拿大、墨西哥重新簽訂了北美貿協（NAFTA），但並無助於改善貿易環境。

尤其嚴重的是川普政府不重視氣候變遷，在這方面造成的損失已創歷史新高，2017 年達到 GDP 的 1.5%，超過任何其他國家。

36 美國以不光榮的方式結束阿富汗戰爭
（2020.3.1）

美國和阿富汗塔利班（Taliban，神學士組織）在 2 月底簽署了協議，這場號稱美國歷史上最長的戰爭——18 年，終於可望劃下句點。

在 2001 年九一一事件後，美國出兵阿富汗，目的在消滅發動恐怖攻擊的蓋達（al Qaeda）組織和其領袖賓拉登（Osama bin Laden）。結果賓拉登逃往巴基斯坦，蓋達組織分散潛伏到山區，美國扶植了一個新的政府。2003 年初，美國防部長倫斯斐（Donald Rumsfeld）宣稱任務完成。

事實上，美國在阿富汗的戰爭並不順利，塔利班的分子一直繼續對抗美軍，雖然塔利班本人於 2011 年被美軍捕殺，但美軍卻陷入一場永無結束的戰爭（endless war）。美軍陣亡 2,300 人，受傷 2 萬多人，至少 50 萬阿富汗政府軍，塔利班戰士和平民的傷亡，美國約花了 1 兆美元（《紐約時報》稱 2 兆美元）。

美國在阿富汗戰爭中的「失敗」有三個基本原因：一是美國的自大和過分樂觀，二是巴基斯坦的支持塔利班政權，三是阿富汗人反對被美國占領的強烈心態。

有關美國自大的例子是為了早日恢復阿富汗的安定，美國曾希望與阿富汗各種勢力共同協商，包括塔利班，但因當時美國國防部長倫斯斐極力反對而未能成功。結果美國今天談判的對象僅有塔利班組織，

美國支持的阿富汗政府竟然被排斥在外，真是情何以堪。

美國外交政策中有一非常天真和幼稚的想法，對於打仗的國家，不僅要摧毀敵人，還要幫助「建國」——以美國的模式。結果，美國在阿富汗既未消滅塔利班組織，也未能完成「建國」的目標，如今只好認賠了事。

歷史一再重複，但人類卻不能記取教訓，當年（1960-1970 年代）美國在越南也是同樣的作法，落得一個慘敗的下場！

為什麼要在他人的國家中去建立「自己模式」的國家呢？美國人為什麼相信該國的人民會支持呢？美國認為自己的制度最好，難道一定要別的國家全盤接受嗎？

我過去認為美國是過於理想化，也肯定過它「兼善天下」的動機。如今，我認為這個國家得了一個「自戀」的不治之症。

37 拜登，為什麼美國必須再次領導： 在川普後挽救美國外交政策（2020.3-4）

自從歐巴馬和我於 2017 年 1 月 20 日離開白宮後，無論以任何標準來衡量，美國在世界的信用和影響力都在下降。川普不重視，破壞了甚至放棄了美國的盟友和夥伴。

他也不重視我們的情治專業人員、外交官和軍隊，他鼓勵了我們的敵人，在北韓、伊朗、敘利亞、阿富汗到委內瑞拉，浪費了我們的影響力，造成我們的國家安全挑戰。他發動了對美國朋友和敵人的貿易戰，使我們的中產階級受到傷害。在動員集體行動去面對新的威脅時，他放棄了美國的領導地位。最嚴重的是他背叛了使我們國家團結有力量的民主價值。

同時，美國面對的全球挑戰，從氣候變遷、移民潮到科技分裂和

傳染性疾病，已變得愈來愈複雜，愈來愈迫切，而且極權主義、民族主義和非自由主義等也在破壞美國共同努力面對他們的能力。在極端政黨對立、腐化和社會極端不平等下，民主已被癱瘓，並將難以面對其人民。對民主制度的信任已經下降了，對其它制度的恐懼正在增高。美國非常用心建造的世界體系在分崩離析，川普和他的好戰分子為了自己和政治上的利益，偏向這些力量。

下一任美國總統在 2021 年 1 月將要面對世界，收拾這個爛攤子將是一個艱難的任務。他或她將必須恢復我們的名譽，重建我們對領導的信心，以及動員我們國家和盟友來快速面對新的挑戰，否則將時不我予。

作為總統，我將立刻採取行動恢復（重建）美國的民主和聯盟，保護美國經濟的未來，再次讓美國領導世界。我們無須恐懼，這是我們追隨帶領我們打贏兩次世界大戰和結束冷戰的力量和勇氣的時刻。

自由和民主戰勝法西斯和專制創造了自由世界。但這不僅限於定義我們的過去，也將定義我們的未來。

在國內重建民主

首先和當務之急是我們必須修補和重振我們的民主，同樣重要的是強化全世界支持我們的民主同盟，美國成為世界民主進步和動員集體行動的力量要從國內開始。這是我為什麼要重整我們的教育體系，使一個孩子生命的機會不是由他出生地或種族來決定，我要改革司法制度來消除不平等的分歧，結束集體監禁的流行，重新恢復投票權利法（Voting Rights Act）來保障每一個人發言的權利，以及要求政府的透明和課責。

民主不僅是美國社會的基礎，也是美國力量的來源，它強化和擴大我們的領導地位，使我們在世界中保持安全。它是驅動我們經濟繁

榮、創造力的引擎；它是我們是誰、我們如何看待世界，以及世界如何看待我們的「心臟」。它使我們能自我修正，為了追求長久的理想而奮鬥不懈。

作為一個國家，我們必須對世界證明美國要再度領導，不僅是以我們力量作為模範，而是我們模範的力量。為了這個目的，身為總統，我將採取果斷的步驟，來重建美國的核心價值。我將立刻改變川普政府殘忍和毫無意義的政策，在我們邊界把父母和他們的孩子分開，終止川普有害的政治庇護政策，終止旅行禁令，下令檢討對弱勢人民的「暫時保護地位」（Temporary protected status）。把我們年度的難民申請為 125,000 人，重視與我們責任和價值相容的情況下，再予提高。我將重申禁止刑求，重建美國軍隊的透明度，包括減少平民的傷亡。我將重建對提高全世界婦女地位的關注，我將保證白宮將再次成為我們民主價值核心基石和制度最大的保衛者，而不是主要的破壞者。從尊重言論自由、保障神聖的選舉權利，到支持司法獨立。這些改變僅是一個開始。是我們支持國內民主的承諾，第一天的付款。

我將在不針對個別對象，違反正當程序和拆散家庭的前提下，執行美國法律，而不是川普的作法。我將在維護移民尊嚴，支持他們尋求政治庇護的合法權利下，確保邊界的安全。我在當副總統時，我曾得到兩黨支持，通過一項 7.5 億的援助計劃，去支持薩爾瓦多、瓜地馬拉和宏都拉斯領袖的承諾去採取行動——貪腐、暴力和貧窮——造成人民離鄉背井的原因，例如薩爾瓦多的治安改善和向外移民減少。

當選總統後，我將在這方面推動一個為期 4 年、40 億的區域戰略，同時，要求相關國家提供他們的資源，推動有意義、具體的和可驗證的改革。

我將採取行動處理有關黑錢、貪汙、利益衝突等問題。這些為了服務少數人、個人的利益，或外國利益，而破壞我們的民主。我將爭

取以憲法修正案方式來徹底把私人經費從聯邦選舉中去除。此外，我還要建議立法防止外國國民或政府影響美國的任何階層的選舉。並成立一個新而獨立的機構 ——「聯邦倫理委員會」——來保證強力和一致的行動。我們的競選財政制度，由於缺乏透明化，加上外國的洗錢，造成我們莫大的傷害，我們必須阻塞這個腐化我們民主的漏洞。

在採取這些主要的步驟來強化我們的民主基礎，並激發其他國家採取同樣行動後，我將邀請全世界民主國家的領袖，把強化民主帶回到全球議程上。今天，是 1930 年代以來，民主承受最大壓力的時刻。「自由之家」（Freedom House）的報告，指出自 1985-2005 年有 4 個國家列為「自由」，但在過去 5 年有 22 個國家已在「降級」之列。

從香港到蘇丹，智利到黎巴嫩，它的公民再一次提醒我們，他們對誠實統治的渴望，以及普遍時貪污的厭惡。貪腐像一個有毒的傳染病，它造成壓迫，腐蝕人類尊嚴，給極權領袖一個強大的工具去分化、弱化全世界的民主。當全世界民主國家指望美國來代表團結美國的價值，為真正領導自由世界時，川普似乎是在另外一邊。對獨裁者的話，聽得進去；對民主人士卻表示不屑。在主持了近代美國歷史上最腐敗的政府之後，他已對全世界的不法之徒給了合法性的證書。

在我就任總統的第一年，美國將舉辦全球民主高層會來重振自由世界國家的精神和共同目標。以歐巴馬—拜登執政時推動的「核子安全高峰會」為模式，美國將優先處理三個領域：反貪腐、對抗威權主義、全面促進人權。作為對高層會承諾的美國，我將發布一個總統政策指令，把反貪腐作為美國的核心國家安全利益，和民主的責任。我將領導國際性的努力把全球財政體系透明化，追討不法逃稅，凍結不法財產，使侵占人民財產的領導人，難以去隱藏他們的財產。

民主高峰會也將包括世界上站在第一線保護民主的公民組織，高峰會的會員將發出呼籲，號召私人企業，包括科技公司和媒體巨人，

要為保護民主社會和保障言論自由體認他們的責任和巨大利益。同時，言論自由不能成為科技和媒體公司散播惡性謊言的合法管道，這些公司必須採取行動來確保他們的工具和平台，不能成為散播仇恨和假新聞，鼓勵人民走向暴力或其他不正當用途，也不可強化監聽，妨害隱私和有利壓迫，如中國和其他地方。

一個為中產階級的外交政策

其次，我的政府將以一個中產階級的政策使美國在全球經濟上成功。為了在未來贏得與中國或任何國家的競爭，美國必須領先其創新優勢和聯合世界民主國家的經濟力量，來對抗經濟行動上的濫用和減少不平等。

經濟安全就是國家安全，我們的貿易政策必須從國內開始，以強化我們最大的財產——我們的中產階級——來確保每一個人均在這個國家有成功的機會，不論他的種族、性別、出生地（Zip code）、宗教、性向（Sexual orientation）和身障（disability）。這將需要我們在基礎建設上巨大的投資，包括寬頻、高速公路、鐵路、能源、智慧城市以及教育。我們必須給每一個學生必需的技能，取得一個二十一世紀的工作，我們要確保每一個國美國人能得到有品質的、可付得起的健保；我們要提高最低工資為 1 小時 15 美元，我們將倡導乾淨經濟革命，在美國創造 1000 萬個新的工作，包括工會的工作。

我將在研究和發展上投資，作為我總統任內的基石，使美國在創新上領先。在清除能源、量子計算、人工智慧、5G、高鐵和消滅癌症上，我們沒有理由落後於中國或其他國家。

我們有世界上最好的研究大學，我們有法治的強大傳統，最重要的，我們有一個從來未讓我們國家失望的極為傑出的勞動和創新的人民。

　　一個為中產階級的外交政策也將確保國際經濟的規則不會以不正當手段對美國不利，因為當美國企業在公平競爭上，往往會輸。我相信公平貿易，95%的世界人口不在美國境內，我們不能忽視這個市場，我們需要能夠製造美國最好的，也要在世界上賣得最好的，這代表要拆除懲罰美國人和抵抗走向保護主義的危險全球滑落的貿易壁壘。

　　這種事在100年前發生過，即第一次世界大戰之後，它使「大蕭條」（the Great Depression）惡化，並促成走向第二次世界大戰。

　　錯誤的事是把我們的頭埋在沙子裡，並說不需要貿易談判，有沒有美國，其他國家還會貿易。問題是，誰制訂貿易規則？誰能確保這些規則能夠保障工人、環境、透明和中產階級的工資？美國，不是中國，應該領導這一工作。

　　身為總統，在我們投資美國人，使他們在世界經濟成功之前，我不會簽訂任何新的貿易協定。除非我們的勞工和環保領袖參與，以及保證我們的談判對方能嚴格遵守規定，我不會去進行新的貿易談判。

　　中國代表一個特別的挑戰，我曾和中國的領袖會談，我知道我們反對什麼。中國在進行一場持久的競爭，擴大它全球接觸，倡議它自己的政治模式，在科技上做長期的投資。但同時，川普卻把美國最親密的盟友——從加拿大到歐盟——的出口商品視為國家安全的威脅，為了就是加徵有害的和草率的關稅。川普把我們國家的能力看低了，未能針對真實的經濟威脅。

　　美國的確需要對中國強硬，如果放任中國，它將繼續搶奪（robbing）美國和美國公司的科技和智慧財產。中國將繼續補助其國家企業，造成不公平的競爭，並有助於其在未來掌控科技和工業。

　　面對這一挑戰最有效的方法是建立一個美國盟友和夥伴的共同戰線，來對抗中國的不當行為和對人權的違反，即使我們在利益相關的問題上尋求與中國的合作，如氣候變遷、防止核武擴散和全球健康安

全。當我們與其他民主國家合作時，我們的力量不止倍增，中國不可能去輕視全球這一半以上的經濟。這給予我們很大的力量去型塑許多事情的路標（rules of the road），從環保到勞工、貿易、科技、透明化，這樣可繼續反映民主的利益和價值。

重回桌子的主位

拜登外交政策議程將使美國重返桌子的主位，處於一個可以和其盟國和夥伴合作，在全球威脅上，動員集體行動的地位。在川普之前，70 年來在民主、共和兩黨總統之下，美國一直在製訂規則，形成協議，成立機構指導國家之間關係和促進集體安全與繁榮上，扮演領導的角色。如果我們繼續放棄這一責任，將會產生的後果是，其他人將會取代美國的地位，但不會促進美國的利益和價值；或者無人取代美國的地位，追隨而來的是混亂，無論哪種後果都是對美國不利的。

美國的領導並非全無缺失，我們也曾失足和犯錯，通常，我們未能發揮我們全部力量，只單純的依賴軍事力量。川普災難性的外交政策記錄每天都在提醒我們不平衡和不一致犯法的危險，一個放棄和詆毀我們外交角色的作法。

我將毫不猶豫保護我們的人民，包括必要時，使用武力，美國總統必須擔任的角色之一，最具影響力莫過於他是美國的三軍統帥，美國是世界上軍力最強大的。身為總統，我將保證美國將維持這一地位，我將做必要的投資裝備我們的部隊，因應這一個世紀，不止這一世紀的挑戰。但使用武力應是最後手段，它只有在保衛美國重大利益，目標明確而可達成，以及在美國人民明確同意下，才應使用。

美國早應結束無止無休的戰爭了，這些戰爭耗費了不可數計的美國人民和金錢。我一直強調，我們應該從阿富汗和中東撤回絕大部分的部隊，把我們在中東的任務僅限在打敗基地組織（al-Qaeda）

和伊斯蘭國（ISIS）。我們也應該終止支持沙烏地阿拉伯、支持葉門（Yemen）內戰。我們必須集中力量在反恐上，全球和國內，但要避免陷於無法取勝的衝突，把我們在需要關注的問題上的能力虛擲了，並阻止我們重建美國權力的工作。

我們可以同時強大和有智慧（精明），美國必須區別大規模，無止盡部署上萬的作戰美軍，這種方式必須終止。美國可用數百人的特種部隊和情治人員的協助去支持面對共同敵人的地方夥伴。這種小型任務在軍事上、經濟上和政治上均可支持、如此才能增進國家利益。

外交應該是美國力量第一工具，我為歐巴馬－拜登政府美國外交上的成就感到自豪，從巴黎氣候協定生效，到清除西非伊波拉（Ebola）病毒，到達成與伊朗的核武協議。外交不是只是握手和照相，它是建立和維持關係，朝向共同利益努力，化解衝突。它需要訓練一個一致的政策形成程序，以及一個有經驗和被授權的團隊。作為總統，我將提升外交作為美國外交政策的主要工具，我將在外交團隊重新投資，因為在川普政權它已被空洞化，我要把外交重新交還給真正的外交專業之手。

外交也需要信用，川普已粉碎了我們的信用，在執行外交時，特別在危機時期，一個國家的言論是最珍貴的資產。在條約一個一個被退出，政策一個一個被否定，大小謊言一個又一個，川普已讓美國的言論在世界破產。

川普也把美國最需要的、最民主的盟國給疏離了，他拿起了巨棒揮向北約盟國，把他們當作美國管理的防衛網。我們的盟國應負他們公平分配的責任，我很驕傲地說，在歐巴馬—拜登政府我們曾交涉成功，使北約盟國增加了他們的防禦經費（這點是川普從不居功的），但是聯盟價值遠超過金錢，美國對聯盟的承諾是神聖的，不是一時的。北約是美國國家安全的重中之重，它是自由民主理想的堡壘。一個有

價值的同盟，比由威迫利誘產生的夥伴（Partnerships）更為持久、可靠和有力量。

作為總統，除了恢復我們歷史的夥伴之外，我將領導努力去重建他們面對世界的看法，俄國恐懼一個強大的北約，在現代歷史上，它是最有效的政治—軍事的聯盟。為了對抗俄國的侵略，我們必須維持北約軍事上的優勢，同時擴大其能力，足以對抗非傳統性的威脅。例如，武器化的貪腐、假新聞和電子偷竊，我們必須讓俄國為其破壞國際規則付出代價，並支持俄國的公民社會，他們曾勇敢的一再反對普丁（Vladimir Putin）的竊取性的極權制度。

與志同道合的國家合作不會使美國被人看輕，它將使我們更安全和更成功。在與願意與我們合作的國家共同努力下，我們將擴大我們的力量，在全球增加我們能見度，以及提升我們的影響力。除了與北美和歐洲強化我們的共同能力之外，我們也要加強與澳大利亞、日本、南韓等同盟的關係，並且深耕與印度和印尼的夥伴關係，增進在此一區域的共同利益並將決定美國的未來。我們需要對以色列安全的堅定支持，我們需要多做整合，在廣泛的民主網路，掌握機會與拉丁美洲和非洲我們的朋友合作。

為了重建世界對美國的信心，我們必須證明美國是言行一致。當挑戰決定我們時代的時刻，這點特別重要，如氣候變遷、核子戰爭威脅再起，以及分裂性的科技。

美國必須挺身而出來處理已經存在的威脅——氣候變遷，如果我們做不好，其他的也不重要了，我將在國內以巨大的、急迫的投資，將美國返回正軌，在 2050 年時，有一個零排放廢氣（Net-Zero Emissions）的清潔能源經濟。同樣重要的，因為美國只占全球排放廢氣的 15%，我將運用我們經濟和道德的力量去推動世界採取果斷行動。在我就任總統的第一天，我將重新加入巴黎氣候協定，然後召開

世界主要廢氣排放國的高峰會來朝向更深入、更快速的進步推動。我們將強力執行來減少全球貿運和空運的排放量，當我們達到我們的承諾時，我們將採取有力措施來確保我們的經濟不會受到其他國家的破壞，這包括堅持中國——世界上最大的二氧化碳排放國——停止補助其燃煤外銷，以及經由一路一帶，把污染外包至其他國家。

在防止核武擴散和核子安全上，當美國放棄它的協議時，它的立場已不足為訓，從伊朗到北韓，俄國到沙烏地阿拉伯，川普已使前景堪慮。核武擴散、新的核武競賽，甚至使用核武變得更可能。身為總統，我將對一個新時代的武器管制做出新的承諾，歐巴馬—拜登政府交涉成功使伊朗放棄核武，但川普卻輕率的退出，使伊朗重啟其核武計劃，成為中東地區更具挑釁性，招致另一場災難性戰爭的危險。我對伊朗政權並無幻想，它在中東從事破壞性的行為，在國內野蠻的鎮壓異議人士，並曾不合理的扣押美國人員，但對付伊朗的威脅，有更好的方法，而不是一個自己打敗自己（self-defeating）的方式，川普選擇了後者。最近對伊朗軍人強人索里曼尼（Qassem al-Soleimani）的謀殺，去選擇了一個危險的角色，但也挑起了中東地區日益升高的暴力循環，將使伊朗不再遵守限武協議。伊朗必須嚴守協議，如果它同意，我將重新加入協議，並與盟友共同努力來強化、延長此一協議。同時，也可更有效的阻止伊朗在此一地區的破壞性行動。

至於北韓，我將授權美國談判代表，與盟友和他國，包括中國重啟一個可持久性、可協調的「戰役」（campaign）來促成我們共同的目標，非核化的北韓。我將要求與俄國的 START 條約的延長，並以此為基礎作為新的武器管制協議的基礎，我將採取行動來證明我們在減少核子武器角色上的承諾，我在 2017 年曾說過，我相信美國核子軍力唯一的目的應該是「嚇阻」，如果必要時，可針對核子攻擊，進行反擊。身為總統，我將在與美國軍方和美國盟友磋商後，把這一信

仰變成行動。

當談到未來的科技，如 5G 和 AI，其他國家均以舉國之力來掌控其發展，並決定如何使用。美國需要更努力來確保這些科技是用來促進更大的民主和共同的繁榮，而不是去在國內和國外限制自由和機會。舉例來說，拜登的政府將與美國的民主盟友共同去發展安全，民營部門帶領的 5G 網路，不會使任何社區、農村或低收入者被遺漏。當新的科技重塑我們的經濟和社會，我們必須保證這種機械的進步要受到法律和倫理的約束，正如我們在過去科技進入歷史拐點（turning point），我們所做的一樣。我們應避免競爭走向下層（a race to the bottom），那些數位時代的規則是由中國和俄國決定的。現在是美國領導來形成科技未來的時刻了，這一未來將使民主社會興旺和繁榮，並為多數人所共享。

這些是有野心的目標，但沒有美國的領導，加上其他民主國家的協助，沒有一樣會達成。我們面對敵對者，在國內和國外，他們希望利用我們社會的裂縫，破壞我們的民主，拆散我們的盟國，要將世界秩序帶上由力量決定權利的時代。對這種威脅的回應，便是更開放、更友善、更合作、更多的盟友、更大的民主。

準備領導

普丁想要告訴他自己，而且他可以騙人相信他，自由的觀念已經落伍了，他這樣做是因為他害怕自由的力量。世界上沒有軍隊可以與自由電子可以自由的人傳人，跳過邊界，超越文字和文化，使一個普通公民成為積極分子、組織者和改變者，相比。

我們必須再一次整裝我們的力量結合自由世界來面對今日世界的挑戰。美國責無旁貸，沒有其他國家有這種能力，沒有其他國家是建立在這種理想上，我們必須成為自由和民主的模範，重振我們的信譽，

以無限的樂觀和決心走向未來。

Joseph R. Biden, Jr., "Why America Must Lead Again: Rescuing U.S. Foreign Policy After Trump", FA, March-April 2020.

38 美國的偉大只剩下了「惡毒」（2020.3.8）

在今年 2 月慕尼黑安全會議上，美國的代表眾院議長佩洛西、國務卿蓬皮奧和國防部長依斯伯，相繼發言勸阻歐洲國家拒絕使用中國 5G 網路。從這三位發言內容之「惡毒」，只能證明美國對中國之恐懼。以美國之強大富裕，居然對一個遠在東方的國家如此失態，足以說明美國是一個多麼不正常的國家。

佩洛西說，「採用中國的 5G，就是選擇專制，而非民主。」當場被中國前外交部副部長傅瑩反駁說，「難道西方民主制度就這麼脆弱，竟然認為區區一家高科技公司就能威脅到它。」

蓬皮奧認為華為帶來的危險，對西方自由構成了生死存亡的威脅，把中國科技企業視為「特洛伊木馬」。依斯伯則指稱中國透過華為進行「邪惡戰略」。中國外長王毅的回應是，「如果把這些謊言的主角換成美國，這些謊言就會變成事實，就是真相。」他希望美國這個超級大國不要喪失自信，更不要失去理智。

當美國以舉國之力來醜化中國，指控華為 5G 可監聽他國情報之時，《瑞士日報》、《華盛頓郵報》和德國電視台公開了美國 CIA 在上世紀七十年代以來，透過一家瑞士的公司克里普托（Crypto AG）進行對全世界 120 個國家的監聽。這正應了一句話，「做賊的喊抓賊。」

美國知名的刊物《大西洋月刊》最近刊載一篇文章，「在與中國冷戰中，美國孤獨」，這就是今日美國的寫照。

39 美國經濟的空洞化（2020.3.18）

美國經濟會衰退嗎？過去一年多來，美股屢創新高，失業率創歷史新低，似乎一片榮景。使得川普意氣風發，對自己的政績大肆吹捧，但美國前聯準會主席葉倫（Janet Yellen）已提出警告，「冠狀病毒可能使美國經濟陷入衰退。」

芝加哥大學教授拉姜（Raghuram Rajan）也說，引發美國經濟衰退的原因，不是利率，也不是熱錢，而是意外，這個意外可能就是冠狀病毒。

川普上任來的美國經濟只是虛張聲勢。事實上，美國已陷於「經濟空心化」危機，有三個指標可以供參考：

一是企業大舉負債，卻無力償還。去年美國製造業和服務業等非金融業的負債，高達 47%，為美國三十五年來的新高。

二是殭屍企業占上市企業的 8%（指市價超過 5 億美元，償債能力低的企業）。

三是政府和企業的槓桿率一路上揚（指負債占資產比重），已將近 100%。相反的，民間消費卻降到 80%，這代表美國政府和大企業為罪為罪魁禍首，只會造成美國經濟的泡沫化。

美國真正的危機是日益擴大的貧富差距，美國政府在玩金錢遊戲，最終受苦的人是美國的人民，尤其是中下階層。

40 恐懼的解藥是領導（2020.4.3）

如果危機、流行病或戰爭，對這種恐懼的解藥便是「領導」。戰時領導需要兩個條件：第一是對嚴峻事實的誠實，第二是領導的能力。

　　川普最大的敗筆是未能誠實面對疫情的惡化，他把疫情淡化，高調推薦無經證實的藥劑，並設定重新開啟經濟的日期，如復活節（Easter）。

　　川普的支持者《福斯新聞》說川普的目的是給大家希望，但當預言失敗，希望很快就變成失望。最近當專家估計美國死亡人數會在 10 萬到 24 萬之間，川普較為務實的宣稱，「我希望每一位美國人民對未來的苦日子要有心理準備，我們將經歷非常艱鉅的兩個星期。」

　　事實上，這場抗疫之戰絕不是兩個星期的事，川普沒有必要去訂出時間，這樣只能讓人民一次又一次的失望，認為他不夠誠實。他還需要堅定的號召全民發揮美國的能力去對抗疫情。美國在遭受重大打擊時，團結一致的力量是驚人的，如珍珠港事件和九一一事件，川普應該了解這點並採取行動。

　　Elliot Ackerman, "The antidote to this fear is leadership", NYT, 2020.4.3.

41 不適任的戰時總統（2020.4.9）

　　三週前，川普宣布他是「戰時總統」（wartime president），在推文上，宣稱「我們將贏得這一戰爭」。至少，他似乎感受到新冠疫情危機的嚴重性，川普是正確的。這的確是一場戰爭，是第二次世界大戰後最直接的發展，而川普在主導此事。不幸的，面對如此大規模的挑戰，川普的表現卻不像是一位我們需要的戰時總指揮。

　　為了因應各種緊急狀況，美國的軍力布署是十分細密的，並經常演練，國防部蒐集情報，監視全球可能的威脅，前置布署軍力和裝備，儲存供應物質，並不斷訓練。維持作戰準備是贏得戰場勝利最重要的前提。

　　在新冠疫情上，川普政府把作戰計劃束之高閣，也不使用流行病的工作手冊（play book）。這些在歐巴馬政府時代已做好準備，但川普把國安會建立的軍期預警和準備工作放棄了，而且不重視情報體系，對全面流行病的警告也置之不理。相反的，他卻一再制裁疾病防制局和全國公共衛生研究機構的預算，並聽任政府儲存的防疫物資敗壞，如呼吸器（ventilators）。

　　更糟的是川普政府在疫情撲向美國之時，浪費了關鍵的兩個月。早在今年 1 月初，便已接獲有關新冠病毒的警告，但川普政府並未積極反應，相反的，川普卻低調處理，把它當作流感（Flu）來看待。在 1 月初，川普宣稱「我們已控制（疫情），一切都會沒事的。」（We have it under control, it's going to be just fine.）他這種說法使許多國美國人輕視了疫情，並抗拒保護的措施。

　　戰時總統要負責指揮，他們不會逃避責任，也不會把責任推給他人。但川普對他的「失職」並不負責，他只攻擊他的前任者，指責彈劾州長和公衛工作人員，甚至中國，為他的「功績不佳」負責。

　　通常，戰時國家元首（三軍統帥）會任命一位能幹的將軍來主持大局，並解決問題。但川普卻獨占聚光燈下，每天誤導民眾，並和公衛專家唱反調，他已造成混亂。到底誰是他的最高指揮官，他的女婿庫什納或經濟顧問納瓦羅（Peter Navarro）？

　　川普聲稱他的目標是限制美國人死於新冠肺炎的人數在 10 萬到 20 萬人之間，這個數字已超過美國從 1945 年後所有戰爭死亡人數的總合。

　　當面對一頑強敵人時，我們需要一位能團結全國人民的總統，大家必須放棄分歧，但川普卻選擇攻擊他的政敵、媒體以及任何不支持他的「努力」的人。

　　認為聯邦政府只是各州政府的「備胎」（backup），華盛頓州長

殷斯禮（Jay Inslee）稱之為「荒唐的情勢」（ludicrous situation）。在比較各州成績上，川普是在政治分裂上灑鹽，使美國在對抗病毒上有氣無力。

當在戰時，美國傳統上需要盟國的支持，美國可以全力收復（或解放）失土。但在防疫作戰上，川普卻破壞了美國與盟國的關係，攔截醫療物資，只顧自己，不顧他人，令人反感。

川普政府以「武漢病毒」去羞辱中國，使一些國際組織形同虛設，在處理流行病上，美國也絕少關注貧弱的國家。

由於我們政府的無能和一個背信的「戰時總統」，川普應停止胡說八道，並開始領導一個值得我們信賴的國家。但我們也不要開自己玩笑，除非美國政府改換其他的領導人，我們只能被詛咒和現在的總統繼續作戰。

Susan Rice, "Trump Is the Wartime President We Have（Not the One We Need）", NYT, 2020.4.9.

42 川普的自戀情結（2020.5.3）

川普政府早期，就有一個心理專家團體提出警告，指出川普有不正常的心態，這一看法引發爭議。美國心理學會表示，不可對政治人物非經診斷表達意見。

去（2018）年10月，川普親信康威（Kellyanne Conway）的先生（George T. Conway, III），一位保守派的律師，在《大西洋月刊》寫了一篇長文，指出川普具有所有自戀人格（narcissistic personality）的缺點，這種缺點在經濟繁榮時尤為危險，將會危及美國道德和制度上的基礎。

我們從基本面開始分析川普的心理狀況：

1. 懷抱高不可攀的幻想，對自己的能力深具信心，擴大自己的成就，集中力量在增加權力上，不顧一切的要贏。
2. 以自大（grandiosity）掩飾其脆弱，自尊心有如泡沫，因為擔心下台，生活在恐懼中，臉皮太薄，不肯認錯。
3. 喜歡製造衝突和分化，由此可使對手不安，他便可以控制他們。
4. 報復心強，一生都在抱怨。
5. 自戀人格是弱的，而不是強。

川普處理危機的方式是與他的心理病理有關，當美國人死亡升高時，他卻吹噓他的電視收視率。當美國疫情加重時，他卻歡呼他是臉書（Facebook）追隨者的第一名。

不錯，他吸引了幾乎所有的目光，他有一批被他控制的觀眾，希望被川普吸引的夢想會實現。這就是川普，無法探索，他多麼的俗氣，多麼的無心，多麼的可憐，但他也不會使人忘記。

43 川普是美國最大的災難（2020.6.5）

美國處在一個前所未有的國家災難中，這個災難不是流行病，不是經濟衰退，或是種族問題，這些都有過先例了。前所未有的災難是這個國家的領導人完全翻轉了林肯總統第二次就職演說的精神。

「對所有的人抱持惡意，對任何人沒有善意」，這兩句話可囊括川普所有的言行和代表性。

政治言論不僅提供意義和目標，也提供決心、希望和指導。捷克總統哈維爾（Vaclav Havel）曾寫到為什麼制度比人弱，但雙方都不知道。邱吉爾在敦克爾克（Dunkirk）撤退時告訴英國人，勝利在這次行動中，雖然是一個遙遠的理由，但代表決心和樂觀。馬丁路德金在獄中曾解釋為什麼忍耐不是不正義的答案。總而言之，偉大的政治文

字的目標是提升（elevate），但從川普的言行中，我們能得到什麼呢？

　　川普總統職位的目的是貶低（debase）言論的價值，他不請有能力的專家為他撰稿，他寧可用推特（Twitter）來對外溝通。他的語言是挑釁和輕蔑的，讓支持他的人自鳴得意，使反對他的人憤怒，使得國人之間的對話變得低俗和相互抱怨。

　　這個水準很適合川普，也是他擅長的。認真研究川普的推文會對他煽動能力感到驚奇，他不是領導他的基層支持者，他把他們具體化。他對支持他的人講話有如他就是他們一分子。他培養他們的憤怒，把他們的對手妖魔化，強化他們的仇恨，川普美化自己使他的支持者從中取暖。

　　對川普和他的支持者能達到什麼成果，我們並不確定，但對我們而言是個災難。當美國因疫情死亡超過 10 萬人時，我們的總統卻無法表達對這個國家的不幸。當我們遭逢到自 1960 年代以來最嚴重的種族不平的時刻，我們的總統卻把他的地位破產了。

　　當許多美國人對搶劫和暴亂不安的時候，我們的總統要用軍隊代替法治。如果川普面對軍方反對他動用軍人平亂時，代表他作為三軍統帥的信用已經流失殆盡了。

　　我的出發點不是川普要為這個國家的傷害負責，但他要為這個傷口惡化，而且不去治療負責。除非美國有一位總統像林肯一樣說，「我們不是敵人，是朋友」，否則這個國家的痛苦只會愈來愈大。

44 中國要堅持鬥而不破（2020.6.10）

　　對當前中美關係的惡化，引發許多討論，這是一個重大到不得不特別關心的問題。我看了不少美國方面的文章，有的是對中國抱持極其敵意的立場，認為美國必須要全力壓制中國的繼續成長，甚至不惜

製造衝突來打擊中國。有的是認為美國沒有必要去製造一個敵人，或進行和中國的長期冷戰，美國的國力已不足以支持美國在全球維持霸權，尊重和接受中國在東亞地區的優勢地位是必要和安全的選擇。川普政府當前是鷹派當道，顯然沒有放鬆對中國打壓的跡象。

中國如何看待這一險峻的局勢呢？民族主義派可能認為既然中美不可避免一戰，只好全力備戰。就中國實力而言，沒有必要去挑戰美國的霸權，但就中國主權和領土問題，中國並無退讓的餘地。如果在中國沿海開戰，美國並無絕對勝算把握，據稱美國國防部針對台海戰爭做了 20 多次的兵棋推演，結果均是中國獲勝。但也有人提醒在這種激烈對抗中獲勝將是得不償失。中美雙方均應在這些熱點上特別克制，以免擦槍走火，截至目前為止美國仍是此一地區的麻煩製造者，軍艦和飛機穿梭不停，處處在挑戰中國的底線。

中國人應非常冷靜的看待中美關係，中國崛起構成對美國霸權的挑戰，甚至威脅，不僅在經濟上、軍事上，甚至在文化上。美國仇中人士認為中國是第一個非白人國家來挑戰美國的地位，如果中國得逞，將代表西方的沒落。美國在製造「恐怖」，來激起全國同仇敵愾以及西方國家的團結一致對抗中國。

所以，當前的中美關係對中國來說是危機重重。中國人常講「鬥而不破」，這是期望，但未必是真實。美國雖然國力在下降，霸權的地位在動搖，但在軍事和科技上，中國尚無法趕上美國的水準。

一個沒有安全感的美國，不排除有鋌而走險的可能。事實上，我從不擔心中國會主動挑戰戰爭，但對當前和今後幾年的美國，我卻沒有這個信心。

鄧小平當年說過在中國崛起的過程中，必須要懂得「韜光養晦」，放低身段，爭取時間。中國今日的實力和當年鄧小平講話的時期，當然已不同日而語，但中國一定要懂得如何保護自己，要牢牢記取「小

不忍則亂大謀」以及「不戰而屈人之兵」的道理。中國經百年國恥，能走到今日穩坐世界第二大強國的地位，是何其不易，何其珍貴，願我國人有這種智慧去逢凶化吉。中華文化優於西方文化在於中庸之道，有耐心、有耐性。這個「百年馬拉松」還是由我們中國人自己去寫吧。

45 川普和他對真相的攻擊（2020.6.14）

美國今日的衰落不在其經濟和軍事力量，而在其政治，尤其是國家領導人的品格和能力。五十年前，一位美國作家鮑德溫（James Baldwin）就曾說過，「要為一個國家做體檢，可從這個國家人民選出代表和保護他們的領袖來判斷。」

當前美國的總統川普之無能、失德已為大家所公認，最近三位美國記者寫了一本《川普和他對真相的攻擊》（Donald Trump and His Assault on Truth），列舉了可能令美國人民十分難堪的數字，川普在就任三年竟做了做出了 16241 次虛假或誤導性的陳述，平均每天 15 次。

換言之，川普在任何時間，對任何事情都能說謊，這種反常的事是難以想像的。除了川普個人的因素之外，對美國這個國家我們也不禁會問到，為什麼美國的民主制度會產生這種惡形惡狀的領導人，至少這代表美國的制度出現了嚴重的缺點。美國的主流媒體固然對川普口誅筆伐，幾乎無日無之，但他們有沒有認真檢討和反省美國的制度，尤其是思想和價值觀，是否需要修正和調整？西方文化的優越感和對其他文化的歧視，甚至敵視，使得一些政治人物在取得高位之後，認為可以為所欲為。這種現象在冷戰結束後，美國認為世界已進入「單極時代」（unipolar），在這世界上，沒有美國做不到的或美國不能做的事。近二十年來的中東戰爭，從阿富汗、伊拉克，到當前的敘利

亞和伊朗，美國不但未能解決中東的問題，反而使自己愈陷愈深，自己的實力和形象都大大受損，但美國仍然執迷不悟，這就是美國驕傲自大的本質。

如果美國的政治家、媒體和知識分子不能在這方面徹底反省和調整自己的心態，美國不久將被自己打敗。

46 美國軍方反對川普不去團結美國（2020.6.15）

針對川普在6月1日在白宮表示將動員軍隊來處理種族暴亂問題，立即招致前任和現任軍方領袖的批評，川普任內的前國防部長馬蒂斯（James Mattis）在6月3日重砲抨擊，稱「川普是他有生之年見過第一個不願意團結美國人民的總統，甚至連假裝嘗試一下都不肯。」前白宮幕僚長凱利（John Kelly）支持馬蒂斯的立場並主張共和黨應考慮更換總統候選人。

更重大的角色是共和黨籍的前國務卿和參謀會議主席鮑爾（Colin Powell）在6月7日公開表示將支持民主黨總統參選人拜登（Joe Biden），並說他不支持川普理由是：「經常說謊」、「背離了美國的憲法」、「危害美國民主制度」。

現任國防部長埃斯珀（Mark Esper）也在6月5日國防部的記者會上公開反對川普動用軍隊。此外，還有若干退休的四星上將們紛紛指責川普，據稱在美國歷史上有如此眾多的高階將領公開反對美國總統和三軍統帥，還是首見。有美國媒體用「軍官們的反叛」（The Officers' Revolt）來形容此一危機。美國四位前總統也罕見同時發表聲明，表達對憲政危機的擔憂。

目前民主黨的拜登在民調上已領先川普14%（55＞41），看來川普的政治命運已進入了危險期。

47 川普對選情開始悲觀（2020.6.18）

當川普面對暴動說出「槍殺打劫者」（When the looting starts, the shooting starts）的重話後，他的幕僚曾提醒他，如果他繼續發表這類煽動性的言論，將會對他的選情不利，川普回答說，「我要做我自己」（I have to be myself）。

由於對危機未能管控，甚至反而惡化，親近川普的人認為他在政治自我摧毀（political self-sabotage），業已危及他的連任，但川普似乎無力也無意願去改變。

也有人說川普不願被視為「失敗者」（loser），他們相信秋天時川普的戰鬥意志將重返。但目前，川普顯得十分消極，也有人甚至懷疑他是否真正有意連任。

川普抱怨說，無論他做什麼，媒體總是說他的壞話。據說，他已為敗選準備了三個原因：1. 中國冠狀肺炎的操控，2. 美國經濟的重創（未能及早復工），3. 民主黨已準備「偷去」選舉。

《紐約時報》曾訪問十幾位與川普有交情的人士，他們支持川普，但認為川普對美國當前的困境似乎無法適應。川普對疫情和黑人暴亂，甚少關心，甚至缺少同情心，他似乎也無意對自己的言行做任何改變（修正）。

目前，白宮的士氣十分低落，很少人可以和川普講話。川普對目前的情勢似乎已了然於心，最近他接受福斯（Fox）訪問時，他曾做了少有的表白：

「如果我輸了，就是輸了。」（If I don't win, I don't win.）

「我也可以做其他的事。」（I mean, you know, go on and do other things.）

「我認為對我們國家來說，這將是一個非常悲哀的事。」（I think it would be a very bad thing for own country.）

48　美國對中國的傲慢和偏見（2020.6.19）

疫情期間，媒體巨細靡遺的報導各地疫情，從這些報導中可以看到不同國家的不同作法，有的嚴格，有的寬鬆。大多數在一開始就採取嚴格隔離或篩檢的國家，疫情很快被控制，死亡人數也不多。相反的，歐美國家對疫情掉以輕心，反而後來居上，如今疫情嚴重的國家都在西方，尤其美國以超過 200 萬人感染，12 萬人死亡，名列榜首。

此次冠狀肺炎的確是發源在中國的武漢，但中國迅速封城，在 2 個月的時間內控制了疫情。這種世界性的傳染病（pandemic）經由世界衛生組織（WHO）認定為「新冠肺炎」（COVID-19）後，便成為各國通用的名詞。至於美國川普經常以「武漢肺炎」、「中國肺炎」形容此一疫情，則是種族主義上的醜化和政治上的「反中」，不足為訓。

其實，中國只要把自己的事做好，根本不需要理會這種「傲慢和偏見」。我們早期看到外國媒體對中國的嘲笑和指責，如今卻看到了完全不同的反應，各國發現這個世界的運作離不開中國，中國的榮枯已和世界經濟的發展密不可分。

基本的事實是：中國是全球最大的貿易國，貿易量占全球的 12%，中國是全球 120 個國家的最大貿易伙伴。

在 2003 年「非典」時，中國的經濟量占全球的 4%，現已成長為 16%。中國最強大的是中高端的製造業，全世界主要國家的基礎零件 40% 來自中國，中國衰退，全球的供應鏈都將受到波及。疫情過後的經濟復甦，就要看中國經濟恢復的程度和速度。

中國在海外投資也十分鉅大，2019 年為 1,110 億美元。透過「一路一帶」，中國在許多國家都在幫助當地國家進行基礎建設（造橋、修路、開港……）。有市場的地方就有中國人，2018 年中國出國旅遊的人數近 1.5 億人，超過所有其他國家的總合。中國也有全球最多的留學生，單是今年的大學畢業生就達 870 萬人。

中國已大到和全球利益不可分割，而且這個趨勢還在增長中。美國總統川普為了表示對中國強硬，奢言要與中國「脫鈎」（decouple），這是天方夜譚，也是癡人說夢。

不可諱言，中國過去四十年的快速發展，除了自己的努力外，也得自一個和平、穩定和相對友善的國際環境，中國是全球化最大的受益者。但今日在西方已對全球化出現反彈和反感，這次新冠疫情又加劇了世界的對立和撕裂。中國務必要謹言慎行，做為支持全球化的主要旗手，並盡可能幫助其他國家從疫情中重建。中國人一定要證明，「中國需要世界，世界也需要中國。」

49 波頓的白宮回憶錄《事發之室》（2020.6.22）

美國前白宮國安顧問波頓（John Bolton）的大作《事發之室》（The Room Where It Happened）成為暢銷書，但目前還未看到原著，只有報章報導。

由於波頓新書提到在川普心中，台灣只是「筆尖」，又引發了台灣可能被拋棄（出賣）的討論。台灣作為美中之間的一個棋子不自今日始，但令人驚奇的，這個歷史已存在了七十一年了。

1949 年國共內戰，國民黨政府失敗，撤退至台灣。當時美國的政策便是「放棄」中華民國，並發表白皮書，把責任推卸得一乾二淨。當時國務卿艾其遜（Dean Acheson）有一句名言，靜待「塵埃落定」

（till the dust off），就等待中共消滅台灣了。

只是台灣命不該絕，美國在 1950 年初已發表聲明，台灣不在美國西太平洋的防線之內，但 1950 年 6 月 25 日突然爆發的韓戰，扭轉了台灣的命運。美國不但派兵參戰，為防止戰爭擴大，並宣布以第七艦隊中立化台灣海峽。事實上是阻止中共進犯台灣，也不准許台灣對大陸採取任何軍事行動。

在當時美國反共和對中國大陸圍堵政策下，台灣不但有了安全的保障，並成了美國的盟國，一直到 1971 年前，台灣享有二十年的安定和繁榮。

1971 年聯合國大會通過「排我納匪」案，美國並未積極阻止，因為美國正在開始尋求與中國大陸「關係正常化」。1972 年尼克森赴大陸並發表「上海公報」承認「一中原則」，1979 年美國正式與大陸建交，台灣開始成為「棄子」。

從過去歷史來看，美國對台灣只有利用價值。但台灣絕對不是美國的「核心利益」，只要美國情勢有變，台灣是可以被犧牲的，過去的這段歷史不是說明得很清楚嗎？

不錯，美國支持台灣的人不少，尤其是國會，但畢竟在與中國大陸的競爭中，台灣是中國的「核心利益」（國家主權與領土完整），台灣對美國至多是「相對利益」（不值得用戰爭去維護）。何況，中國今日的實力已不容美國低估。如今這張牌在中國手裡，是戰？是和？是拖？將由中國決定。

在美國當前一片反中、仇中的氣氛中，並不是處理台灣問題的好時機。美國今日有一股力量，反對美國的「自由主義霸權」，認為美國不必再繼續領導世界，擔任世界警察的角色，這也是川普的基本立場。

美國學界和政界也有棄台的主張，2011 年哈佛大學教授肯恩

（Paul V. Kane）曾發表「為了拯救我們的經濟，拋棄台灣」的文章，他認為如此美中雙方都可省下大筆經費，互利雙贏，何樂不為？

2017 年「維基解密」（Wiki Leaks）在希拉蕊的文件中，有一篇 2011 年 11 月 11 日外交顧問沙利文（Jake Sullivan）的報告，建議以撤銷對台灣的支持來換取美國 1.14 兆對中國的債務。時任國務卿的希拉蕊的反應是，這是一個很聰明的想法，可以拿來討論。

50 川普在使中國更偉大（2020.6.26）

美國政壇和媒體喜歡興風作浪，不亞於任何國家和社會，甚至有過之而無不及。最近一篇名專欄作家紀思道（Nicholas Kristof）的評論，可做為代表。

由於波頓新書的爆料，使反對川普的人又撿到了槍，極盡對川普抹黑之能事。事實上，波頓書中對川普的描寫，多半是大家都已經知道的事，只不過以波頓的立場和身分，增加了更多戲劇化的內容而已。

由於波頓書中主要的內容是美中關係和伊朗事件，所以在這兩方面可以做文章的材料比較多，而且會引起大家興趣，譬如，川普把台灣當作「筆尖」，以及不在新疆和香港問題批評中國。

紀思道用了一個很惡毒的標題「華府的中國人是川普」（China's Man in Washington, Named Trump），只是這個標題就可吸引很多人一睹為快。

這個邏輯很簡單，因為川普爭取連任的選戰策略，便是把自己形容為對中國最強的人，並把對手民主黨的拜登形容為對中國軟弱，並稱之為「北京拜登」（Beijing Biden）。這次，紀思道利用波特書中一些細節的描述，狠狠的把川普修理一頓，說川普是中國的「走狗」（stooge）、「說奉承話的馬屁精」（sycophantic flatterer），一直在

幫助習近平。甚至用「磕頭」（kowtow）來形容川普對習近平的態度。

他舉的例子是川普公開說，「習近平主席愛中國的人民」，稱讚習對新冠病毒處理得十分成功。在一次電話中，川普說中國的經濟能力可以影響美國的選舉，懇求習近平保證他贏得選舉。

6月4日為天安門事件三十週年，川普拒絕對此事發表意見，並說「誰會在乎這件事？」（Who cares about it）對於中國新疆100萬維吾爾人在集中營一事，川普不但不反對，還對習近平予以肯定（exactly the right thing to do）。

對中國扣押兩名加拿大人來對抗孟晚舟事件，川普非但沒有為加拿大講話，甚至表示他可介入法律程序來解決此一問題。

紀思道說作為一位中國觀察者（China-watcher），他認為美國應在需要時對中國強硬，除了貿易談判外，還在氣候變遷和世界流行病等問題上與中國合作。但川普做得剛好相反，他在貿易戰上糾纏但甚少成效，但在氣候和健康問題合作上一無成就，傷害了美國的盟國。對習近平的不當作為視若無睹，只是為了爭取連任而恭維他。

在中國，川普有一個綽號──「川建國」（Chuan Jianguo），因為中國人民認為川普把美國搞得一蹋糊塗，事實上就是在幫助中國。

作者說川普一直在講「使美國再偉大」（to make America great again），但這個國家不是美國，而是中國。

51 打台灣牌有效嗎？（2020.6.28）

為了打壓和醜化美國，美國近年來猛打「台灣牌」，因為這不僅是美中關係中最敏感的議題，也是美中在西太平洋對抗的引爆點。美中關係是戰是和，台灣就是一個關鍵。

川普上任以來，即選定以打壓中國為其連任鋪路，用台灣問題來

激發全國同仇敵愾，以舉國之力來反擊中國對美國的「鯨食蠶吞」，以及危害美國的安全利益。

美中交鋒，中國錯在哪裡？錯在中國太大、太強、發展的太快。美國人沉不住氣，輸不起，才會有這些歇斯底里的表現。

既然台灣是中國的領土，既然台灣和中國大陸只有百里距離，美國在此海域已「自由航行」了七十年，以「第一島鏈」把中國圍堵（遏止）了七十年，以各種方式，明的暗的，支持「台獨」，反對中國統一，也搞了七十年。要美國輕易放手，美國是不甘心，也捨不得。

但事實上，美國要想以武力阻止中國統一台灣的機會已愈來愈少。第一，美國名不正，言不順，美國有何理由堅持要干涉他國內政。第二，美國軍力再強大，但在台灣海峽取得優勢地位，已愈來愈困難。第三，這場戰爭將得不到美國人民的支持。自中東戰爭後，美國軍事將領們，如前國防部長蓋茨（Robert Gates）、國務卿鮑爾（Colin Powell）都嚴重警告，美國不能再派出軍隊去打仗了。第四，美國將要對付的不是韓國、越南、伊拉克、阿富汗，而是中國。美國不是說害怕中國統治世界嗎？為什麼要給中國這個機會呢?!

在這種色厲內荏的情況下，美國能做的只有把台灣來當「擋箭牌」，美國只要多講些空話，多買些武器，多做一些令中國「難堪」的事，就可不費一兵一卒，把台灣推上火線，打一場「代理戰爭」。

最明顯的就是這一陣子美國國會通過了一系列的挺台、反中法案，如 2018.3.17《台灣旅行法》（Taiwan Travel Act）、2019.5 和 2019.10《台灣保證法》（Taiwan Assurance Act）、2020.3.26《台北法案》（Taiwan Allies International Protection and Enhancement Initiative），目前還有一個《台灣防衛法》還在研擬階段，由共和黨參議員赫雷（Josh Hawley）在 2020 年 6 月 11 日提出，其中最重要的內容是要阻止中國對台灣造成「既成事實」（Fait accompli），而

美國來不及或無力阻止。

對中國可能在台海衝突中，以造成「既成事實」來阻止美國軍事介入，事實上是來自多位美國軍方人士在國會的證詞而來。如代理國防部長沙納漢（Patrick Shanahan）、陸戰隊司令柏格（David Berger）、印太司令戴維森上將（Philip Davidson），以及國防部的「印太戰略報告」。他們都表明，中國大陸已能迅速造成「既成事實」，讓美國難以在政治上或軍事上翻轉過來。

美國通過再多的法案，也抵不上一場軍事上的慘敗，美國是「夜半吹口哨」，不過走多了夜路，總會碰到鬼的。

52 比疫情更可怕的——恐懼（2020.6.30）

新冠肺炎仍在擴散中，人類的恐懼和不安是揮之不去的。這種情景，早在 2011 年一部美國影片中完全呈現。這部電影中文譯名為《全境擴散》，原名為 Contagion: Nothing spreads like fear（感染：沒有比恐懼更容易擴散）。

該片在當年上映時，並未引起太多人注意，內容是一位到香港出差的美國高級主管，到達後不到一天發病而死。接著前來調查的女醫師也染病死亡，同時，這種病例在美國、日本、中國相繼發生，疫情從天而降，造成人心惶惶。

片中對人們對瘟疫的反應有很好的敘述和分析。首先的反應是恐懼，然後是懷疑、不信任政府的措施，接著是暴動。病毒或許會殺死 1% 的人，但盲目的恐懼、社會的動亂帶來的連鎖反應，比病毒本身更可怕。

最後，影片揭露了病毒的起因，在於東南亞森林中伐木工人驚動了一群蝙蝠，將病毒傳到養豬場，最後由豬肉感染到人類。這個情結

和當前的疫情高度一致，這麼一部有遠見的影片，居然未引起大家——尤其是疾病防治機構——的注意，真是個遺憾的事。

　　這部電影傳達給我們的訊息有兩點：一是要尊重大自然，不要毫無忌憚的破壞大自然；二是社會恐懼（慌）比傳染病還可怕。

53 李顯龍，處於險境的亞洲世紀： 美國、中國和對抗的危險（2020.7-8）

　　「近年來，常聽人說二十一世紀是亞洲世紀，我不同意這種觀點。」這是 1988 年鄧小平和印度總理甘地（Rajiv Gandhi）的對話。三十多年後，亞洲已成為世界上成長最快的地區，在十年之內，亞洲經濟將大於所有世界上國家的總合。即使如此，鄧小平的警語仍然正確，亞洲世紀既不是不可避免，也不是事先註定。

　　亞洲的繁榮是建立在「大美和平」（Pax Americana）上，但當前的美中的麻煩關係，對亞洲的未來和新的世界秩序產生了非常嚴重的問題。東南亞國家，包括新加坡，特別關心，因為他們生存在強權利益交織的地區，他們必須避免夾在中間或被強迫選邊。

　　亞洲的現狀必須改變，但新的情勢是促進進步或帶來危險的不穩定，這將取決於美國和中國的選擇，個別或共同的。美中必須達成「臨時協議」（modus vivendi），使雙方在某些方面競爭，但不能讓他們競爭破壞其他方面的合作。

　　亞洲國家視美國為一「在地」（resident）強權，在這地區有重大利益。同時，中國是在家門口的現實（reality），東協國家不願被迫選邊，如任何一方企圖強力作一選擇，即美國要遏制中國的崛起，和中國要建立一排他性的亞洲勢力範圍，雙方將走向長期對抗，使得亞洲世紀陷入險境。

「大美和平」在亞洲有兩個階段，第一個階段是從 1945-1970 年代，這是美蘇對抗的冷戰時代，但給了亞洲國家發展經濟的機會，日本、香港、新加坡、南韓和台灣都成為新興工業化經濟。在這一過程中，美國對亞洲提供了穩定和繁榮，美國的自由貿易和開放市場，使亞洲與美國的貿易不斷成長。

在 1970 年代，兩件大事使美國在亞洲的「大美和平」有了轉變。一是美國與中國的關係正常化，以及鄧小平的改革和開放政策，四十年來，中國已由微不足道的經濟成為亞洲最大的經濟體和主要的經濟夥伴，中國在亞洲的影響力也大為增加。

然而，「大美和平」仍在亞洲，中國的巨大改變是在此一架構中，中國無意挑戰美國的優勢地位。中國奉行鄧小平的「韜光養晦」訓示，全力推動國家的現代化。

東南亞國家樂於與中國發展經濟關係，但同時與美國維持友好關係。他們彼此也深化相互的關係，建立一個區域合作的開放架構，東協組織（ASEAN）在區域發展中扮演了重要的角色。

中國積極參與東協的活動，中國提出的「一帶一路」和成立「亞投行」不但深化中國與東協國家的接觸，也必然增加了它的影響力。由於東協的架構是開放性的，中國的影響力不是排外的，美國仍然是這一區域的主要參與者，東協與歐洲和印度均維持友好關係。

迄今，這一模式運作很好，但「大美和平」的戰略基礎卻徹底轉變了。因為中國轉變了，它在經濟、科技、政治影響力上已不可同日而語。它對世界的看法也不同了，中國自稱為大陸國家，希望發展海權，它的軍力已成為世界級的打擊力量，很快的而且可以理解的，中國將加強保障它海外利益，並取得其應有的世界地位。

美國正在重估其大戰略，當美國的 GDP 在全球所占比例下降，美國是否還要承擔維持世界和平與安定的責任，或者以「美國第一」

的方式來減少其對外負擔。在這種情況下，美國與中國的關係便要仔細觀察了。

美國和中國基本的選擇

美國和中國均面對基本的選擇，美國必須決定它是把中國的崛起視為真實的威脅，然後用一切手段去壓制中國，或者接受中國作為一個自主的強權。如果美國選擇後者，美國就必須採取促進合作，合理的競爭，不使競爭傷害整體關係，這種競爭並應在多邊組織的架構下，如聯合國和世界貿易組織。

美國將視此一選擇為一痛苦的調適，特別在當前美國國內的共識是對中國採取強硬的政策，但無論這一調適過程多麼困難，但值得美國在當前世界秩序中，去接受中國。當前的國際秩序可以對所有國家課以責任和克制，增加互信，處理衝突，形成對合作和競爭一個較為安全和穩定的環境。

但如果美國選擇去遏制中國的崛起，其危險性將是兩國長達數十年的對抗。美國並不是一個衰退的國家，它有極大的韌性和實力，並能吸引全世界的人才。中國的經濟有驚人的動力和日益精進的科技，中國不是過去的蘇聯，美中兩國的對抗不可能像冷戰的結束，一個國家和平的解體。

中國必須決定是否採取「硬著陸」，但如此將會招致國際社會的強力反撲（push back），將會影響中國長期的國際地位和影響力。中國面臨的真正危險是世界各國對中國負面的評價在增加，中國自己在推動軟實力方面的努力結果是負面居多。

中國應承認它已不再窮和弱，可以承擔國際社會較多的責任，尤其不能再繼續以「開發中國家」在世界貿易組織中享有特權。一個更強大的中國應支持全球秩序的規則，如認為有修改必要，也應與美國

和其他國家共同合作來推動。

這一形塑新秩序的工作絕非易事，雙方國內的壓力會阻止在外交上的選擇，美國在高喊「美國第一」，中國力求內部穩定，我們也不能理所當然地認為雙方關係都是基於理性的算計，或有意願去追求雙贏的結果。國家間不必然要走上對抗，但又不能排除對抗。

亞太地區的動力

動力在全世界無所不在，但亞太地區已成為重中之重，美國一直在此擁有重大利益，曾在第二次大戰，韓戰和越戰犧牲重大。美國在亞洲主要是防止共產主義，也建立了數個盟國，如日本、澳洲、紐西蘭和南韓，新加坡也是美國的長期夥伴。

中國在這區域也有重大利益，東南亞提供能源、原料和海上交通，與美國不同的，亞太地區是中國的「近鄰」（near abroad），對中國的安全至為重要。

習近平說太平洋之大可容納中國和美國，但他也說過，亞洲安全應由亞洲人自己處理。問題是太平洋之大是中美兩國的利益重疊與和平共處？還是把太平洋分成兩部分，成為雙方各自勢力範圍的競爭？東南亞國家無法去影響何種結果，但熱切希望不要被迫在美中兩國選邊。

儘管中國軍力日強，但它將不可能取代美國安全的角色，與美國不同的，中國在南中國海與區域內幾個國家有領土和海權爭議。

中國取代美國安全角色的另一障礙是在東南亞國家中的華僑力量，他們與當地非中國種族人民的關係較為敏感。新加坡是東南亞華人占多數的國家，但新加坡以極大努力建立多種族國家認同，而非只是中國人，它也特別小心避免被誤解為被中國利用。

新加坡和其他亞洲國家均希望與中國保持良好關係，中國是大多

數亞洲國家的最大貿易國，美國要想取代中國成為世界上首要的供應者，將十分困難，甚至不可能。但中國也無法取代美國在亞洲的經濟角色，因為全球財務系統控制在美國手中，人民幣想要取代美元不是短時間的問題。

亞太國家不可能與中國疏遠，但他們視美國為亞太安全的保障，美國近年來倡議的重返亞太和印太戰略，頗受亞洲國家的歡迎。美國是全球超強，其國家利益遍及全球，亞太國家對美國的支持並不視為理所當然。他們希望盡一己之力保衛自己的國家，他們也希望美國能了解，他們促進與中國的關係，並不代表他們反對美國，對中國也是如此。

在亞太地區，除美、中之外，其他國家也有相當的影響力，如日本，在美國退出 TPP 後，日本立即接手，把其他 11 個會員國完成 CPTPP（Comprehensive and Progressive Agreement for Trans-Pacific Partnership）。印度有很大的潛力，但拒絕參加其他 15 個亞洲國家推動的 RCEP（Regional Comprehensive Economic Partnership）。

大多數亞洲國家了解這些協定的價值不止於經濟上的收穫，它們是亞太國家彼此合作的平台，所以這些區域組織必須公開和不排外的（inclusive）。

美中的戰略選擇將型塑一個新的全球秩序，強權之間的競爭是自然的，但他們也有能力去合作推動一些有關人類進步的議題，如氣候變遷、核子擴散以及傳染病的預防和治療。

新冠疫情證明了國家合作的重要。但不幸的，此次疫情反而使美中的競爭更為惡化，而且還會成為美國大選的主要議題。我們只能希望這種嚴峻的情況會啟發心智，賢者勝出。

亞洲世紀的前景將主要依賴是否美國和中國能解決他們的歧見，建立互信，積極努力去支持一個穩定與和平的世界秩序，這是我們這

個時代最基本的問題。

Lee Hsien Loong, "The Endangered Asian Century: America, China, and the Perils of Confrontation", Foreign Affairs, July-August 2020.

54 霸權是如何結束的：美國權力的瓦解
（2020.7-8）

許多現象都在說明全球秩序的危機：對新冠疫情全球不協調的反應，接下來的經濟風暴、民族主義政治的興起以及各國對邊界的強硬立場，在在說明了全球合作的弱化和更加脆弱，也證明了川普「美國第一」和從全球領導地位退卻的危險。

川普上任後，一反過去美國的外交政策，反對美國和歐洲的盟約，支持英國退出歐盟，並從一些國際協議和組織退出，反而對俄國的普京和北韓的金正恩示好，甚至懷疑美國自由主義的基本價值並作為外交政策的重點。川普對零合（Zerosum）和交易性政治的偏好只能強化美國正在放棄對促進自由世界秩序的承諾。

有些人希望川普的模式只是「暫時的脫軌」（a temporary aberration），而不是走向長期的混亂（disarray）。

美國在 1990 年代初期曾享受美國霸權的單極（unipolar）時刻，原因是：

1. 蘇聯解體後，美國已沒有意識形態的主要對手。

2. 弱小國家除更加依賴美國外，已無其他選擇。

3. 全球化有助強化美國自由價值和秩序。

但今日這種對美國有利的力量卻成為腐蝕美國權力的因素：

1. 中國、俄國非自由主義大國的興起，挑戰美國的自由國際體系。

2. 其他國家可不再依賴美國。

3. 非自由的右派力量的網路力量對美國構成壓力日增。

以上，說明了美國的全球領導地位不只是退却，而是瓦解，美國的衰退不僅是短暫的而是長期的。

The Vanishing Unipolar Moment

以美國軍力之強大（軍費為大於美國之後七個國家的總合）和前所未有遍及全球的軍事基地，說美國正在衰退，似乎有點奇怪，但美國的衰退有其他的原因：

1. 美國自己並不尊重其倡導的自由主義世界秩序，在九一一事件後，美國以「反恐」為名，做了太多違反民主和人權的事。

2. 國際網絡形成的「國際公民社會」成為後冷戰時代國際秩序的設計者。

3. 國際金融市場形成共識推動自由貿易和資本流動。

這些因素使美國產生了一種幻想，即是在長期美國霸權之下自由世界的秩序是不可被挑戰的。

The Great-Power Comeback

中國崛起所帶來的改變，業已改變地緣政治的局面。1997年江澤民和葉爾欽（Boris Yeltsin）曾共同表示，要促進多極化的世界並建立一個新的國際秩序。

多年來西方人士並未重視這一挑戰，認為只是一廂情願的說法而已。他們更懷疑中、俄兩國能夠合作，對抗美國，並追求一個新的世界秩序，但他們錯估了形勢。

在過去二十年來，中俄兩國不但直接挑戰美國主導的世界秩序，同時，他們也建立了另一種可供選擇的秩序，他們在其中可以擁有更

大的影響力。

在聯合國內，中俄合作密切，反對美國的干涉和對他國政權變更。在 2006-2018 年間，兩國在聯合國大會，合作投票的紀錄是 86%（1991-2005 年為 78%）。相對之下，在同一時間，中國和美國合作投票的紀錄為 21%。

中俄在創造新的國際機構（制度）和區域合作上也排除美國和西方的參與，如「金磚」（BRICS）組織，包括俄國、巴西、印度、中國和南非。2016 年，還創立「新開發銀行」（New Development Bank）。

中俄還廣泛的推動新的區域組織：

"Conference on Interaction and Confidence-Building Measures in Asia"

"The Collective Security Treaty Organization"

"Quadrilateral Cooperation and Coordination Mechanism"

"Asian Infrastructure Investment Bank"

"Eurasian Economic Union"

"Shanghai Cooperation Organization"

批評者稱這些組織不過只是「談天的場所」（talk shops），因為他們未能真正解決什麼問題。但在強化彼此的關係上十分重要，使得容易進一步強化軍事和政治結盟，例如中國的「一帶一路」方案（BRI）。

中俄的合作已推進至傳統上被美國和西方控制的地區，中國在中歐和東歐成立了「17+1」集團，中國在拉丁美洲和加勒比海也組成了「CELAC Forum」（Community of Latin American and Caribbean States）。

迄今，中俄兩國合作得十分順利，俄國全力支援中國的「一帶一

路」計劃，雖然俄國視中亞為其勢力範圍，自 2017 年始俄國改口稱之為「大歐亞」（Greater Eurasian），俄國也支持並參加中國的「亞投行」。中國也願配合俄國的需要，在 2014 年聯合國譴責俄國併吞克里米亞（Crimea）時，中國和金磚國家全部投下棄權票。川普對中國進行貿易戰，中國支持俄國脫離美國控制的 SWIFT 和美元主控的貿易的努力。

The End of the Patronage Monopoly

除了中俄之外，2007 年委內瑞拉（Venezuela）主張「不附條件的援助」來抵制美國的外交政策，並使得中國對第三世界提供鉅大的貸款。在 2008 年金融危機時，中國成為無法從西方得到援助的國家最大的支持者，對巴西、厄瓜多（Ecuador）、委內瑞拉到哈薩克（Kazakhstan），俄國（Russia）、土庫曼（Turkmenistan）共提供了 750 億美元的貸款。

在 2000-2014 年，根據 AidData 的報告，中國對外援助了 3,540 億美元，僅次於美國的 3,950 億美元，但從此中國便每年超過美國。

西方家長式壟斷的終結，也見諸於若干曾是美國盟友的國家，如土耳其和菲律賓，也包括加入北約的匈牙利。這些國家不但是民粹式的右派，而且在經濟和安全上，傾向中國與俄國。這些現象或許是一時的，但重要的是在國際社會上，已流行「退出選擇」（Exit option），並可能成為常態。這種情勢自然有利於中國和俄國在對抗美國霸權上提高了自己的地位。

Centrifugal Forces

「跨國公民社會」網絡不可能被美國控制，相反的還在許多方面挑戰美國，包括平權、多元文化和「善治」（good governance）。

事實上，這種離心的力量多來自美國和西方世界。舉例來說，美國反對禁止槍枝的「全國來福槍協會」（National Rifle Association）在2005年阻止了巴西的反對槍枝公投，並與該國右翼分子結盟，十年後巴西的政治狂熱分子 Jair Bolsonaro 便以這種模式當選總統。

專制政府有辦法去限制，甚至消滅西方自由主義的勢力。二十一世紀初的顏色革命以及2010年中東的阿拉伯之春（Arab Spring），提醒了極權國家要採取有效的回應方式。他們一方面限制與外國關係密切的「無政府組織」（NGOs），另方面成立自己的無政府組織主動出擊。俄國成立一個青年組織 Nashi 動員青年來支持政府。中國最古老的無政府組織──「中國紅十字會」（The Red Cross Society of China）在新冠疫情期間向歐洲國家提供醫療器材。

兩件大事加速了非自由主義力量的成長，一是2008年的金融危機，二是2015年歐洲的移民危機。這兩件大事配合了「反秩序」（counter-order）運動，使衰退中的霸權雪上加霜，跨國性的網絡扮演了關鍵性的角色。這一運動在先進國家使政治更加分化和兩極化，減弱了對法治制度的支持。在美國的「川普主義」（Trumplism），就是一個反秩序運動最好的例子。

Conserving the U.S. System

大國競爭，西方家長式壟斷的結束，反對自由世界秩序運動的興起業已改變美國自從冷戰結束所主導的全球秩序。新冠疫情似乎進一步加速了美國霸權的衰弱，中國在「世界衛生組織」（WHO）和其他國際組織中都增加了影響力，中國和俄國在扮演對世界提供緊急救援和醫療物資的角色，遍及整個歐洲，包括美國。

美國再多的軍費也無法扭轉這種推動美國霸權裂解的過程，即使川普被拜登打敗，也無法停止這個裂解。

　　美國政策制定者如今能做的是提出一個後全球霸全世界的計劃，為了這個目的，美國首先應重振國務院的功能，善用美國的外交人才和資源。

　　美國既無意願，也無實力去長期壓制中國，美國應先整頓內政，美國仍可對世界秩序有其重大影響力，但必須了解，唯美國是尊的時代業已過去，而且一去不返了。

Alexander Cooley and Daniel H. Nexon, "How Hegemony Ends. The Unraveling of American Power", Foreign Affairs, July-August, 2020.

55 美國外交政策的過於重視軍事化（2020.7-8）

　　美國總統川普對新冠肺炎流行病的我行我素反應，只不過是美國全球領導地位衰退的最近表現而已。在此次病毒來臨之前，兩黨的共識便是減少對外承諾，專心致力於國內問題。這次流行病在經濟和社會上所造成的傷害，只會加強這種立場。許多美國人認為美國的盟國占了美國的便宜，美國領導世界的代價太大，對無止盡的戰爭和對外干預已失去了耐心。

　　以經濟和軍事條件而言，美國仍是世界最強大的國家，但從冷戰結束，美國面對多方面的挑戰。中國和俄國強化了他們的軍力，尋求擴大其全球影響力。北韓和伊朗的核武計劃造成區域不安。打了十九年戰爭後，成千上萬的美軍仍在阿富汗和伊拉克、伊斯蘭國（ISIS）繼續其恐怖行動，美國歐洲的強大盟國之間也貌合神離。

　　冷戰後，美國最根本的錯誤是過分依賴其軍事力量，並嚴重的疏忽了非軍事力量，美國如果不改善這種情況將很難說服美國人民支持美國的全球領導地位，但如果沒有美國的領導，世界將更加混亂。

　　在軍事上，重要的是何時和如何使用它，但必須要使用武力時，美國總統必須要明確界定其目標。如任務改變，在資源上有無確保無缺？是否會發生期望和實力不配合的情況？

　　由於對國內政治的敏感，總統們通常採取比較保守的作法，既不能失敗，也不要成功。但這種策略不但在戰略上錯誤，也不道德，美國軍人的生命是可如此浪費。

　　但當權者在對外行動時，往往有見獵心喜、得寸進尺的傾向，冷戰後的用兵多半是為了無辜人民受到屠殺，所以領導人先要決定美國的核心利益是否受到威脅，目標是否合乎現實狀況，是否能得到其他國家的幫助。干涉可能造成的傷亡和代價，以及如果事與願違，有什麼補救辦法？

　　通常左派人士傾向對人道的干預，右派人士傾向對軍事上的對抗。身為總統必須兩者兼顧，否則便會成為嘲笑的對象。

　　未充分計劃的軍事行動會造成一敗塗地，美國在 2011 年對利比亞（Libya）的干涉，我是反對的。歐巴馬總統犯了兩個錯誤：一、從北約的人道任務變成去推翻格達費政權（Muhammad al-Qaddafi）。二、未提出任何由國際組織參與的格達費時代的秩序重建計劃。

　　結果造成利比亞的內戰，給 ISIS 興起的機會，以及俄國介入的後果，一如美國在索馬利亞、海地、阿富汗和伊拉克所犯的同樣錯誤。美國在利比亞超出原來目標的結果是混亂而不是和平，這也是歐巴馬任內最大的一個失敗。

　　而且美國也未準備充份的經費，據稱原計劃是 2011-2014 年的 2.3 億美元，但實際開支在 2011 年 3-10 月便花掉了 1 兆美元。作者稱，如果要找一個任務和經費不成比例的例子，這就是一個。

　　事實上，美國有機會在利比亞以非軍事手段達到目標。美國在使用非軍事手段上通常是猶豫不決、經費短缺以及執行不力。

美國的問題是未能記取過去七十年的教訓，冷戰不是靠軍事打仗贏得的。在長達四十年美蘇對抗的過程中，雙方不但從未發生直接軍事衝突，因雙方敵對而致死的美軍不超過 200 人，這是標準的非軍事方式對抗成功的例子。

未來美國與中國的長期競爭中，美國更應重視非軍事力量，並且不斷創新和現代化。

正如軍事力量，外交是國家力量不可缺少的工具，只是多年來國務院的資源不斷減少。國務院本身也缺乏改革，但要強化美國力量，一個強大的國務院是當務之急。

美國的經濟力量是非軍事力量之外最有力的工具，美國不但主導國際經濟和貿易組織，而且在推動貿易和全球化上貢獻至大。但美國在 1990 年代，立場開始改變，國會不斷抵制自由貿易協定，而且美國以經濟制裁作為主要外交手段，川普發動貿易似乎要與全世界為敵。

冷戰結束後，美國對外援助也開始減少了。作者回憶他在 1993 年從 CIA 局長退職時，美國援外總署（USAID）的員工超過 15,000 人，但當他在 2006 年出任國防部長時，該署的員工只剩下 3,000 多人了。

萎縮的對外援助，代表美國又放棄了一個重要的權力工具，相對的，中國的「一帶一路」（BRI）在 2019 年，在 115 個國家中有合作計劃，估計經費超過 1 兆美元。

蘇聯解體後，美國另一個遭殃的權力工具是美國新聞總署（USIA）。在冷戰時期，該署建立了全球資訊網絡傳播美國文化和價值，其中「美國之音」（Voice of America）更為全球提供新聞和報導，發揮極大影響。但該署在 1999 年被裁撤，與目前的中國和俄國相比，美國可說已沒有任何傳播的有效戰略。

如今，各國流行網路戰，尤其俄國在 2016 年英國脫歐公投和美

國總統大選時、2017 年德國總統大選時，均以駭客（hacker）和假新聞（disinformation）來干擾，俄國也對愛沙尼亞（Estonia）、喬治亞（Georgia）、烏克蘭（Ukraine）等進行電子戰（cyberattack）。作者提醒美國在防止被電子戰侵襲之際，也應主動針對主要敵人採取攻擊（註：美國早在這方面成就非凡了，2013 年史諾登揭密揭發了美國的「最高機密」）。

美國擁有許多非軍事工具，但美國如不能重整其國安架構，仍不足應付未來的挑戰。美國 1947 年「國家安全法」（National Security Act）所成立的機構，早已過時。例如，在當前的架構中，竟沒有一個單位負責國際經濟政策，總統經常以「整個政府方式」（a whole of government approach）來處理問題，意思是所有政府相關單位集中資源來分擔責任，但這種集體行動大部分是鏡花水月、不切實際，政府事實上在協調這些非軍事能力工具上的能力十分有限。

在重建非軍事工具上，國務院是重心所在，國務院僵化的官僚體系使人失望也阻止了它的能力。國務院的資源分配極不平均，有不少優渥待遇的官員，在不重要的位置上，但特別重要的地方又欠缺人手。這種封閉的官僚文化不會有什麼創造力，這方面可以解釋一些國務卿寧可把自己和職業外交官「分割」起來。

國務院應成為整個非軍事力量的整合中心，面對中國「一帶一路」以及種種爭取開發中國家的政策，美國必須善用其經濟上的優勢條件爭取其他國家的友誼。中國可以花很多錢去幫助其他國家，但美國有龐大的民間企業，可以鼓勵他們在開發中國家擴大投資和從事經濟合作計劃。

在與中、俄非軍事的競爭中，美國應善用與盟國和國際組織的關係，美國沒有理由去疏遠他們，相反的，美國要更積極的來爭取他們，才能符合美國的利益。

美國在對外宣傳工作上顯然是失敗的，美國相關部門是各有一把號，各吹各的調，結果是失去了許多機會。在面對中、俄的競爭上，美國竟然未能喚起歐洲和其他地區的民族主義來抗拒中、俄對他們內政的干涉（註：這段話不但是言過其實，而且剛好相反，迄今有能力和有興趣干涉他國內政的只有美國）。

作者提到一件事，1999 年北韓發生飢荒，美國提供的食物援助超過世界的總合，比中國多出 3 倍，但這件事卻未能大肆宣傳，實為一大敗筆。

相對而言，後冷戰時代的美國總統對外使用軍力較多。美國今後在進行軍事干預時，應特別謹慎和克制。美國軍人的使命不是去改造其他國家的命運，也不是每一個令人憤怒的事、每一個侵略行為、每一個壓迫事件、每一個危機都需要美國採取軍事反應。

最後，多數美國人希望美國代表的不僅是軍力的強大和經濟的成功，而應是一個對自由最強大的支持者。美國應鼓勵朋友和敵人共同去擁抱自由和改革。在重組美國的資源後，美國的非軍事工具將成為一個可觀的協合力量。在與中國長期和多面向的競爭過程中，這個工具將極為重要，美國全國上下必須了解，美國的長期利益需要美國承擔全球領導的重任。

Robert M. Gates, "The Overmilitarization of American Foreign Policy: The United States Must Recover the Full Range of Its Power", Foreign Affairs, July-August, 2020.

56 川普在發動全面性的文化戰爭 (2020.7.5)

「黑人的命也是命」（BLM）運動引發了一年串的效應，包括刪減警察預算，禁用聯邦徽記、旗幟，推倒雕像……等，使川普大怒，

他在 7 月 1 日推文痛批，BLM 運動是「仇恨的象徵」。他說，我們偉大的始終保持中立的警察，被一個痛恨且不尊重他們的市長（指紐約市長白思豪）壓制、蔑視……，把錢花在打擊犯罪上吧！

南北戰爭時期的聯邦旗徽記，多年來被視為白人至上主義的象徵，眾院軍事委員會在 7 月 1 日通過 2021 年「國防授權法」修正案，禁止在國防部管轄的建築物上，展現此一徽記，川普揚言要否決，但已被共和黨人勸阻，擔心會影響共和黨參議員的選票。

7 月 3 日，川普在「總統山」（4 位前總統的拉什摩爾山，在南達克州）發表國慶前演說，他說，「我們的國家正在目睹一場抹殺歷史的無情運動，污衊我們的英雄，消滅價值及洗腦我們的孩子。憤怒的暴徒試著拆毀建國之父的雕像，破壞神聖的紀念碑，還在城市發動一波暴力犯罪。」

川普把這些示威者定義為「來自左派側翼的暴徒」，批評這些抗議分子的行為消滅了美國文化。

《紐約時報》指稱川普發表了一場「黑暗具分裂性的演說」，將他爭取連任定調成「對抗新極左法西斯主義」的戰鬥，川普利用國慶日發動一場「全面性文化戰爭」。《華盛頓郵報》則以「在 7 月 4 日前夕，川普消費種族和社會分裂」為題，報導川普的演說。

這場文化戰爭，雙方都有責任，在種族平權運動風潮之下，全美重新檢視歷史的聲浪幾乎席捲每個角落，從街頭到校園，許多建築被改名，許多銅像牌匾被拆除，這些人物與符號只因為代表的意義不符合當前的「政治正確」而被除名。面對破壞歷史的質疑，主張拆除的人辯稱，「德國沒有希特勒紀念碑，只有紀念被納粹迫害的地方，為什麼我們要保存迫害種族人士的銅像？」

平心而論，每個時代都有不同的背景，以單一角度去評斷過去也未盡公平，尤其不能走火入魔，否定一切，這樣只能使社會更加對立

和分裂，絕非人民之福。

　　歧視和偏見的消除不是一朝一夕的。

57 知名中國通對川普的建言（2020.7.5）

　　在今年美國國慶日前夕，7月3日有100多位美國知名的中國通在《華盛頓郵報》發表了一封致川普和國會議員的公開信，他們指出固然面對中國的崛起和強勢，美國必須做出堅決和有效的措施，但川普的許多作為也導致雙方關係的倒退，他們說中國是競爭的對手，但不是美國的敵人。

　　在美中關係正常化四十年來，這是第一次有這麼多有份量、有代表性的中國問題專家和學者，公開建議美國政府應調整對中國的政策，可見中國政治菁英對美中關係的憂心，及對川普政府對華政策的不滿。

　　參加連署的人士，包括學術界的傅高義、李侃如、傅泰林、史文、外交官的芮孝儉、包道格、卜睿哲、董雲裳等人。

　　這封「中國不是敵人」的公開信，主要內容為：

1. 美國必須堅定回應中國的挑戰，但當前的政策是適得其反。
2. 中國不是經濟上的敵人，或必須全面對抗的國安威脅。
3. 敵視中國和使其與全球經濟脫鉤，不符美國利益、角色和聲望，最後只會使自己孤立。
4. 無需誇大中國取代美國成為世界領袖的擔憂。
5. 軍備競賽並非良策，與盟邦合作維持威懾力。
6. 美國應鼓勵中國參與全球體制，零和作法有損西方利益。
7. 對中國戰略應著重與他國建立持久的聯盟，重拾有效競爭力。

58 說出真相，羞辱魔鬼（2020.7.7）

川普 7 月 4 日在拉斯摩爾山（Mount Rushmore）（南達卡達州 South Dakota）的美國四大總統石像（華盛頓、傑佛遜、林肯、羅斯福）發表國慶演說，結果又招致批評在挑撥種族主義。他說，「1776 年代表幾千年西方文明的成果，不僅是精神的勝利，也是智慧、哲學和理性的勝利……我們國家正看到一場無情的戰役，在抹殺我們的歷史，詆毀我們的英雄，消除我們的價值和洗腦我們的孩子。」

他這裡講的「我們」是美國白人，特別是白種男人。川普在告訴大家白種男人是美國人的祖先，他們應被感激，但如今卻成了攻擊的對象，這是忘恩負義（ingratitude）。

歷史上壓迫美國少數民族的人要撤回他們壓迫者的罪過嗎？他們要求公布整個事實嗎？他們要阻擋把不好的事變成被敬愛的事嗎？他們太大膽了吧！

川普對最近的抗議表達了他的看法：「這種左派的文化革命企圖推翻美國的革命，這種作法將會摧毀曾經拯救幾十億從貧窮、疾病、暴力、飢餓，把人類提升到一個有成就、新的發現和進步的文明。」

事實上，許多抗議者只是指出一些人的偽善，包括建國的先賢們，他們在為自由和英國戰鬥時，同時也在奴役黑人和屠殺美洲的原住民。

但川普，白人至上者，拒絕承認這些事實。他說，「反對一切社會法律和自然，我們的孩子在學校被教育去仇視他們自己的國家，讓他們相信建立我們國家的人不是英雄，而是壞人，對美國歷史的偏激偏激觀點是一片謊言──所有的觀點被抹殺，所有的美德被模糊，每一個動機被扭曲，每一個事實被歪曲，每一個錯誤都被放大，直到歷史被清算，紀錄被損毀到無法認清真相。」

事實上，紀錄並沒有被損毀，只是被更正。

　　川普又說，「這種運動是公然攻擊在拉斯摩爾山每一位偉人的事功，他們污辱華盛頓、傑佛遜、林肯和羅斯福的盛名。」

　　華盛頓是使用奴隸的，傑佛遜一生用了 600 名奴隸，他還與一位女奴生了個孩子。林肯與道格拉斯辯論時，曾說過，「他無意在白人和黑人之間建立政治和社會平等，因為他們生理上的不同……我在種族上擁有優勢地位。」羅斯福是白人至上主義者，他對美國原住民無耐心。

　　以上的事實是污辱這些先賢嗎？這不是污辱，只是更正一些錯誤的觀念。我們在說出真實（真相），我們早該這麼做了。有一句老話，「說出真相，羞辱魔鬼。」（Tell the truth and shame the devil.）

59 美國為何輸掉了貿易戰（2020.7.7）

　　諾貝爾經濟獎得主克魯曼（Paul Krugman）今天在《紐約時報》首頁寫了一篇「川普如何輸掉了他的貿易戰」（How Trump is losing his trade wars）。

　　他說在宣布貿易戰時，川普聲言「貿易戰是好的，很容易贏」（trade wars are good, and easy to win），將在歷史上和美國小布希時代副總統錢尼（Richard Cheney）的名言並列，「事實上，我們會像解放者的被歡迎」（we will, in fact, be welcomed as liberators）——指 2003 年入侵伊拉克——留下惡名。這將是傲慢和無知經常形成美國重大政策的證明。

　　事實是川普並沒有應得他的貿易戰，他的關稅傷害了中國和其他國家，但也傷害美國，估計美國每個家庭一年將因物價上升而增加 1,000 美元的開支。而且沒有證據顯示關稅戰可以達到川普預期的目的：壓迫其他國家改變重大政策。簡言之，美國自己的病是真實的，

但壓迫（制）雙方的效果並未發生。

即使川普宣稱勝利的修改 NAFTA，經仔細檢查，和原來的協議也大致相同。在最近 G20 高層會上，川普同意暫緩和中國的貿易戰，但除客套話之外，從中國也一無所穫。

為什麼川普的貿易戰不易成功，原因有三：

一、美國的自大和唯我主義（Solipsism）。美國有權勢的人不能理解不是只有美國才有獨特的文化、歷史和認同，在和其他國家打交道時，只取不予。如果美國要讓中國變成一種羞辱性的投降的交易，那是妄想的。

二、川普「關稅人」（Tariff Man）是過時的觀念，和現代經濟的現實脫節，這使人想起 1900 年初期美國麥金萊時代（William Mckinley）美國的金元外交。但在那個時代，什麼商品在何國製造十分清楚，以關說來報復較為有效。但今日是「全球價值鏈」（global value chain）的時代，產品是超越國界的。中國出產商品的成分來自許多國家，針對中國商品加徵關稅，相關產業也不會回到美國，只會轉移到工資更便宜的其他國家，如越南。

三、川普的貿易戰不會增加他的支持度，民調上已顯示這個趨勢，如此會使川普在外交上處於不利地位。中國在農產品市場上，對支持川普的農業州十分關鍵，川普必須要保住。川普本想把贏得貿易戰，轉變成對中國的政治消耗戰，但這方面他不是中國的對手。

總之，貿易戰可能不會有明顯的輸贏，但會留下持久的傷痕。川普的作法只會使大家變得更窮，何況還會傷害美國的信譽，弱化美國的國際秩序。

川普應記取麥金萊總統留下的箴言：商業戰是無利可圖的（Commercial wars are unprofitable），應該追求善意和友好的貿易關係。

60 王毅對美國的警告（2020.7.9）

王毅對蓬皮奧演說的「回答」：「中國的兩百萬軍隊不是擺設，而是中國的鋼鐵長城；中國的東風導彈也不是用來打靶的，而是用來打野狗豺狼的；中國的核潛艇不是用來在海底旅遊的，而是用來打擊不速之客的；中國核武器不是用來嚇唬誰的，而是用來自衛的。有誰想嘗嘗滋味兒，想好了你告訴我。」

7月9日，王毅為穩定中美關係的講話：「習近平主席多次強調，我們有一千條理由把中美關係搞好，沒有一條理由把中美關係搞壞。只要雙方都有改善和發展中美關係的積極意願，我們就能推動中美關係走出困境，重回正軌。」

61 美中有何非打不可的理由嗎（2020.7.11）

美中有非打不可的理由嗎？10個理由是否定的。

1. 一在西半球，一在東半球，沒有誰威脅誰的理由。
2. 在軍事、科技上，美國遙遙領先，沒有被迫一戰的必要。
3. 中國崛起，只求自保，並無挑戰美國的必要。
4. 美國主宰世界太久了，付出代價太大，應該改變為一「正常國家」了。
5. 美國的核心利益是什麼，可以無限上綱嗎？
6. 美國的安全受到中國的威脅嗎？
7. 美國有可能單獨挑起美中戰爭嗎？中國避戰，對美挑釁冷處理，但也會做最壞打算。但川普在大選中，蓄意以挑戰中國為競爭手段。但他必須要說服美國選民，他可以在經濟上制衡中國，以及他可以結合其他西方國家力量壓制中國。

8. 美國試圖激怒中國，製造一個危機，有利於川普選情，中國不會上美國的當，不隨美國起舞，但美國對中國的羞辱、打壓和挑動中國的底線，將換來什麼代價？

9. 美國當真要走上中美對決的不歸路（the point of no return）嗎？美國有必勝的把握嗎？美國要賭上美國的國運嗎？美國外交關係協會會長哈斯（Richard Haass）說，蓬皮奧（Mike Pompeo）讓美國選擇了一條注定失敗的道路。

10. 美國不會允許大陸以武力統一台灣，但由於大陸軍力的成長，美國有可能守護不了台灣。（John J. Mearsheimer）

62 美國貧富不均的惡化（2020.7.12）

兩位經濟學者祖克曼（Gabriel Zucman）和賽斯（Emmanuel Saez）對中國財富分配不均的問題在 2016 年做了深入的研究。

他們的研究結果估計，在美國收入前 0.1% 的人，控制美國 20% 的財富，是自 1929 年以來的最高點（美國人口 3.3 億，0.1% 約為 17 萬人），前 1% 的人，擁有 39% 的財富，而後 50% 的人的資產為負數。

祖克曼還發現全世界的富人在國外帳戶裡至少存放了 7.6 兆美元，占全球家庭財富的 8%，他的博士論文即是《列國的隱藏財富》（The Hidden Wealth of Nations）。

他對美國經濟分配不均擴大的原因歸諸於自 1980 年代一系列的政策變化：富人的減稅、勞工保障的弱化、反壟斷的不足、教育和醫療成本失控、最低工資停滯。

美國曾經認為對富人實施較低的稅率可刺激投資增加，加快經濟成長，但事實並非如此。美國自 1980 年來的經濟成長與法國、德國、日本不相上下，但其他國家的工人生活變得較好，而美國卻都原地不

動，因為成長的錢被最有錢的人給拿走了。

美國的跨國公司將幾乎一半的海外利潤轉移到避稅天堂：愛爾蘭、荷蘭、新加坡、瑞士和加勒比海地區，每年約 6,000 億美元。

針對這種現象，美國有人提出改進建議，民主黨的參議員華倫（Elizabeth Warren）主張開徵富人稅，他說美國已成為一個有錢有勢的人，把其他所有人踢出體系的怪物。另一財經鉅子達利奧（Ray Dalio）說，美國已進入緊急狀態，如果放任下去，將導致某種形式的革命。史坦福大學教授博尼卡（Adam Bonica）提出「碧昂絲法則」（Beyonce's rule），如擁有超出 5 億美元者就應徵收 100% 的稅。

63 川普的家醜外揚（2020.7.15）

川普的姪女瑪麗（Mary Trump）出版了一本書，把「家醜外揚」，書名是《太多而永遠不夠：我的家族如何造就這個全世界最危險的人物》（Too Much and Never Enough, How My Family Created the World's Most Dangerous Man）。

書中披露，川普家族幾代以來延續著貪婪、背叛、骨肉相殘等歪風，並造成川普嚴重扭曲的人格特質，對人的判斷是以財力為衡量」，「說謊成性就是他的生活方式」。

她說，川普從小就染上投機取巧的壞習慣，他考進賓州大學華頓商學院是花錢找槍手代考，他說川普完全符合自戀者的 9 項臨床標準。她指控，家族毀了父親，「不能讓川普毀了我的國家」。

書中也提到川普的姐姐瑪麗安（已退休聯邦上訴法院法官）認為川普是個沒有原則的小丑，她對福音派基督徒力挺川普感到匪夷所思，因為川普唯一一次上教堂，就是媒體鏡頭出現的時候。

身為臨床心理學家的瑪麗說，川普的自大已成為他自己與真實世

界之間的屏障。

64 美國如何在控制新冠疫情上失敗 (2020.8.8)

美國在先進國家中疫情最為嚴重，人口只占世界 4%，但死亡的人數卻高達因新冠肺炎致死的 22%。

為什麼會這樣？《紐約時報》作了一篇報導指出兩個主題：

第一，美國太重視個人主義，不重視政府管制，美國的自由主義傳統在集體行動上不易成功。

第二，政黨政治使公共衛生專家們無所適從，尤其是川普的言行，沒有任何其他高收入國家的政治領袖會與專家的建議，距離如此之大。川普曾說，病毒並不嚴重，預言將很快消失，並懷疑口罩的必要，鼓勵重開市場，還倡導錯誤的醫學知識。

一位美國流行病專家說，他很懷疑美國是否針對疫情有一個計劃或一個戰略，至少他未看到。

《紐約時報》針對美國的失誤和錯過機會，提出下列幾點：

一、缺乏有效的旅行管制。

二、在檢驗上一再失敗。

三、對口罩的爭議。

四、對病毒和經濟關係的誤解。

五、政府官員的信息不一致。

就第一點旅行管制來說，川普發布的第一個禁令是在 1 月 31 日對中國的旅客，包括外國人只要在中國停留兩個星期便不能入境美國，但兩個月後，約有 4 萬人由中國搭乘直航班機到達美國。

此外，在 2 月初，疫情便擴散在中國之外，大多數感染的旅客來自歐洲，直到 3 月美國才對歐洲禁令，但把英國排除在外，而英國是

當時感染最嚴重的國家。

在美國，口罩成為政治話題，由於川普拒絕戴口罩，共和黨人便跟著不戴，反而民主黨人多戴口罩。川普曾對一個戴口罩的記者說，那是「政治正確」（political correct）嗎？

在美國政治版圖上，自由派的東北部和西部，80% 以上的人戴口罩，相對的，保守派的東南部，戴口罩的人不到 50%。

對於封城和開放經濟問題，全國也不一致，首先發難的是喬治亞州的共和黨州長坎普（Brian Kemp），他在 4 月 30 日宣布解除居家禁令，因為該州的經濟已經不能再等。到底防疫情和救經濟哪個重要？芝加哥大學經濟學教授顧司比（Austan Goolsbee）說，疫情經濟學的第一規則是「最好恢復經濟的方法是控制疫情」。事實證明，美國開放愈早的地區，疫情愈嚴重。6-7 月，喬治亞的新增確認超過 125,000 人，在同一時期，超過加拿大、法國、德國、義大利、日本和澳大利亞的總合。

在政府官員的混亂和不一致，也沒有任何高收入國家和美國相比。其中最具代表的是川普自己的言行，他在疫情一開始說，「我們已完全控制疫情」，2 月底又說，「疫情很快就會消失，一天之內像奇蹟，就會消失」。不久，他錯誤的說，任何美國人都可得到檢測。7 月 28 日，他公開說謊，說美國大部分已沒有病毒。

紐約市疾病管制局一位官員說，「我們知道如何去做，但我們卻沒有去做。」

該文附有一張圖表顯示美國疫情的嚴重性。在過去一個月內，新增案例的人數：美國佛羅里達州 297, 200 人、德克薩斯州 271,300 人、喬治亞州 93,000 人、加州 255,700 人。同時間歐洲國家的新增人數，西班牙 52,300 人、法國 24,300 人、澳大利亞 10,300 人、日本 21,400 人。

David Leonhardt, "U.S. Is Alone Among Peers In Failing to Contain Virus", NYT, August 8-9, 2020.

65 川普被前親信指控「背叛」（2020.8.14）

又有一位川普親信出書揭發川普在 2016 年大選時勾結俄國和舞弊的經過。

這本書名《背叛：美國總統川普前私人律師的真實故事》（Disloyal: The true story of the former personal attorney to President Donald J. Trump），作者柯恩（Michael Cohen）曾為川普工作十多年，去年在參院審理川普彈劾案之前，曾在國會作證，直言川普是騙子和種族歧視者，柯恩因逃漏稅遭判刑三年，今年 5 月改為居家軟禁。

柯恩書中寫到，川普與俄國共謀在大選中舞弊，因為川普的商業模式和生活方式就是「不擇手段要贏」。他說，他自己比川普家人更了解川普，「因為我目睹一個真實的男人，在脫衣舞俱樂部哪裡、在見不得人的交易談判裡，還有當他毫無心防、顯露真面目的時刻，他其實就是一個作弊、說謊的冒牌貨，霸凌別人，充滿種族歧視，是個掠奪者，也是個大騙子。」

柯恩承認他不僅是川普崛起的目擊者，更是一個肩負積極任務的參與者，我知道川普的醜事藏在哪裡，因為我就是負責去藏的那個人。

66 「從未有過的戰爭？」（中國將對台動武）（2020.8.15）

美國中情局前副局長莫雷爾（Michael Morell）和參謀聯參會前副主席溫尼菲爾德（James A. Winnefeld）在期刊《議事錄》

（Proceedings）撰文「從未有過的戰爭」（The War that Never Was？），認為明年 1 月美國總統交接期間，中國會對台動武，甚至明確指出是 1 月 18 日傍晚，在三天解決台灣問題。

屆時，大陸將警告美國不要干涉，並對日本等國表示，任何對美軍的支援都將被視為對中國的敵對行動。

美軍事記者撰文做沙盤推演，美軍事先分享情報給台灣，台灣以飛彈先發制人，解放軍行動受阻，美將派航母來支援。

艾里森（Graham Allison）教授在今年兩次提出中國可能攻台的警告。一次是 1 月台灣大選之後，他說如果蔡英文太過自滿，尋求台灣獨立，我相信中國會武力回應。第二次是 4 月，他指出，如果美國無法有效控制疫情，中國可能升高強硬處理台灣問題的動機。

此文對共軍攻台做了詳細的沙盤推演，中國在 12 月中旬啟動「紅省行動」（Operation Red Province），在明年 1 月初在東海舉行大規模軍演。軍事行動首先奪取金、馬、澎湖，以潛艇封鎖台灣南北航路。任何在封鎖區內的艦艇都會被擊沉，同時以數千枚導彈飛彈和巡弋飛彈對準台灣關鍵設施，地面部隊將從西岸登陸。

1 月 20 日美國認為已來不及救援，21 日只能接受這個既成事實。

這篇文章是否危言聳聽，不可得知，但出自兩位如此高階情治和軍事將領之手，不得不嚴肅以待。

67 為什麼美國如此怕中國？（2020.8.18）

在美國對中國極限施壓和長臂管轄的霸凌之下，大家最關心的是中國的反應，也深怕雙方迫於形勢，擦槍走火，造成不可收拾的後果。

以當前的美中關係而言，挑釁的是美國，中國始終居於劣勢。美國如此盛氣凌人的原因是為了年底的大選，共和民主兩黨誰都不敢在

對抗中國上示弱，因為中國已被美國視為對美國安全威脅最大的敵人。蓬皮奧說，如果如美國不能「打敗」中國，世界將被中國統治。川普說，如果拜登當選，美國便會被中國占領。

看到美國如此氣急敗壞的樣子，也的確為美國感到悲哀。一個堂堂超級大國，迄今仍是全世界最強大的國家，為了一次選舉，竟長他人志氣，滅自己威風到如此地步，也可創下金世紀錄了。

最令人意外的是中國的冷靜和沉著，中國早就看出了美國的陰謀，決定不給美國利用的機會。今天報載中國外交部副部長樂玉成指出，中方要保持定力，確保中美關係「不失控、不脫軌」，並說中美對話溝通不能中斷。他說雙方有分歧是正常的，但需要以理性和務實的態度處理。

美中關係基本上是結構性的問題，美國是舊霸權，中國是新興強權，威脅了美國的地位；美國是民主體制，中國是集權體制；美國是白人種族優越感的文化，中國是民族平等、世界大同的文化。過去幾十年世界全球化的發展，使世界的重心由西方移向東方，而中國在這波全球化的過程中，業已彎道超車，給全世界其他國家提供了發展和成長的選擇，此次新冠疫情對世界造成的影響，可能又對中國有利。

美國想在中國超越美國之前「打垮中國」，如果中國不被打垮，屹然卓立，美國便要審時度勢，做一個「正常的國家」了。

68 為什麼拜登當選，中國將會擁有美國？
（2020.9.2）

美國總統大選，雙方大打口水戰，當然始作俑者是川普本人，他自大、狂妄、謊話連篇、辱罵他人，可以信口開河、不擇手段、顛倒是非，如果被他罵的人不予回應，真可應了謊言一千遍，也會使人相信。

　　他最近講的一句話是如果拜登當選，「中國將會擁有美國」。我實在想不出這句話的邏輯在哪裡？中國真的那麼厲害嗎？美國真的那麼弱嗎？一個國家的元首，可以如此危言聳聽嗎？可以如此貶低自己的國家嗎？可以講話是全不負責任嗎？

　　為了挽救對他不利的選情，川普猛打「中國牌」，將美國的防疫失敗、經濟無力、施政無能，一切歸罪給中國，並且把競選對手醜化為了當選可以出賣國家的利益，問題是美國人民會接受這種說法嗎？

　　據說，川普有 40% 左右的死忠支持者，這些是教育水準較低、生活較為貧困的白種人。他們在川普口中是美國過去民主黨政府推動全球化的受害人，是被中國占盡便宜，並「強暴」（rape）美國的犧牲者。川普為他們找到了出氣的管道，成為真正台語「賭爛」票的來源。

　　稍有知識的人應該不會接受川普的這種說法，但投票行為未必是理性的，川普的這些鐵粉的力量是不可小看的。但如果經過這近四年，川普的倒行逆施，胡作非為，美國選民仍然讓他連任，我只有說，美國是真正走向衰敗和沒落了。

　　我們從小都對美國懷有好感，強大、富裕、人民品質高、生會秩序好。中學時看了一本程天放先生寫的《美國論》，更是對美國崇拜不已。在美國留學四年，經歷美國反越戰的高潮時期，也感受到美國社會自我癒合的能力，對美國仍保持樂觀。但從川普當選以來的美國，和我心目中的美國愈來愈遙遠了。

　　美國人有強烈的優越感，美國本身條件的優越是無可置疑的，代表美國優越感的是「美國的信念」（American creed）和「例外主義」（exceptionalism）。在世界上所有國家中，美國是最好的，有些事美國可以做，別的國家就不能做。

　　這種自大和自滿，形成另一種文化，就是美國人十分討厭「非美」（un-American）的人和事，凡是不符合美國利益的或美國人不喜歡

的，一旦被冠上「非美」，便會在美國受到排斥和打擊，例如在十九世紀末，對華人的排斥（國會通過排華法案）。又如 1950 年代初期，對共產主義的極端仇視。當時的麥加錫參議員以美國政府受共產黨滲透為名，大肆整頓政府中的親共嫌疑人士，被美國後來稱之為「紅禍」（red scare）。他在參院還成立一個「非美調查委員會」（Un-American Activities Committee），可見「非美」在美國是多大的一個污點和罪名。

如今的美國已不再「美」了，我們看到的只有醜陋和下流，川普能代表美國的價值嗎？為什麼他可以憑說謊話就可以治國呢？為什麼對美國良好的文化和傳統，他可以完全背棄呢？

美國人民和政黨難道沒有自覺和反省的能力嗎？天佑美國！

69 川普會成為一任總統嗎？（2020.9.5）

川普會成為一任總統嗎？在一般人印象中，美國總統多數可連任，但事實並非如此。

在迄今 44 位美國總統中，只有 14 位完成兩任任期，如扣除在第二任內中風的威爾遜總統（Woodrow Wilson），則只有 13 位。

在過去 5 位總統中，有 4 位連任，即雷根（Ronald Reagan）、柯林頓（Bill Clinton）、小布希（George H.W. Bush）和歐巴馬（Barack Obama），只有老布希（George Bush）未能連任。

這種 5 位有 4 人連任的例子，在美國歷史上只有一次，便是開國時的華盛頓（George Washington）、傑佛遜（Thomas Jefferson）、麥迪遜（James Madison）和門羅（James Monroe），只有亞當斯（John Adams）未能連任。

第二次世界大戰後，未能連任的美國總統有甘迺迪（John Kennedy）被謀殺，詹森（Lyndon Johnson）因越戰而拒絕連任，

尼克森（Richard Nixon）當選連任後因水門案辭職，福特（Gerald Ford）接替尼克森未完成的任期，但競選連任失敗，卡特（Jimmy Carter）因未能解決伊朗挾持美國人質問題，而未能連任。

以目前民調來看，川普可能也是一位一任總統，他是否考慮到如果如此，他以前總統的身份還可以扮演什麼角色？

在過去，曾任總統而繼續從政者有兩位，一位是被彈劾下台的江森，當選參議員，但五個月後因心臟病去世。另一位是塔夫特（William Taft），先到耶魯大學任教，在 1921 年成為大法官。

這些工作，有哪一個會吸引川普？最值得川普學習的應該是卡特，在卸任總統後，他以一介平民從事民主、人權和疾病防治的工作，不遺餘力。他還在自己的家鄉喬治亞州平原市（Plains）擔任主日教學。

如果川普未能完成「使美國更偉大」的使命，他可以考慮以前總統的身份來從事「使美國更好」（to make America better）的工作。

以川普的經驗和歷練，他可以給窮人多蓋些房子，可以促進世界和平（和北韓談判的例子），以及基於他對聖經的尊重，可以擔任主日教學。

問題是，他會嗎 ?!

70 美國得了對中國的集體憂慮症（2020.9.6）

最近有關中美關係緊張，美國對中國極限施壓，並大打「台灣牌」，希望刺激中國做出不理性的反應，來證實美國對中國的指控。中國深思熟慮決心不上美國的當，儘量放低身段，能忍則忍，不隨美國起舞。同時，全力埋首從事國內建設，以內循環帶動外循環，力保經濟穩定和成長。

美國之瘋狂「反中」主要是大選議題，川普近四年的施政，乏善

可陳，也被反對派（民主黨）批判的體無完膚。川普只好拿中國當擋箭牌，把美國今日的落後和不振，都怪罪給中國，只有對中國強硬才能扭轉形勢。民主黨雖然較為理性和溫和，但也不敢大意，在中國議題上失分太多，讓川普占盡便宜。

就國際政治和國家利益的觀點來看，美中兩國並非只有一戰的選擇。美國一再強調，過去四十年對中國政策的失敗，養虎為患，引狼入室，所以必須改採全面對抗，甚至經濟「脫鉤」的激烈手段，這種立場充分說明了美國的色厲內荏和承認自己的無能和失敗。如果美國過去四十年對中國的政策是錯誤的、是失敗的，美國還有什麼資格去指責中國，因為與美國對照，中國是正確的和成功的。川普的外交政策是講「零和」（zero-sum）的，一方之贏就是對方之輸。

問題是美國輸的不甘心，也不服氣。當年美國看不起中國，如今卻面對中國的挑戰，不但手足無措，而且根本上失去了鬥志，只能做些表面功夫來掩飾自己的無能為力。從打台灣牌，到國防部長去訪問帛琉（人口只有 2 萬人），可見美國狼狽到什麼程度，難道美國只剩下這些家當了嗎？

長期而言，美中的對抗、競爭和鬥爭將主導二十一世紀的國際社會，一個衰退的美國面對一個崛起的中國，過程必然險惡。雙方的決策者都會準備各種應對方案，對自己的傷害減到最小。但世事難料，擦槍走火也不是不可能，端看雙方在處理危機管控上的設計和規劃能否有效發揮作用。

最近看到的一些文章，發現美國已得了集體憂慮症，甚至一些知名的學者也去了理性分析和客觀論述的能力，寫出來的文章矛盾百出，不知所云，他們基本的論點是：

1. 美國錯估中國，中國強大了，但沒有民主化。
2. 美國對外軍事干預的浮濫和失敗。

3. 蘇聯解體後，美國建立新秩序的失敗。

4. 中國趁機崛起，挑戰美國的霸權。

5. 美國要全力遏制中國，結合一切可以結合的力量。

6. 對中國的野心、侵略，要全面打擊和阻止。

7. 針對中國本身的弱點和缺失，要全力去揭發，去擴大。

8. 要堅持對中國進行「政權改變」，只有讓中國的共產黨下台，中國才能成為「正常國家」。

9. 要在中國邊境地帶，製造衝突，要鼓勵亞太國家結盟，共同對抗中國。

10. 美國必須堅持民主、自由的基本價值。

畢竟世上還有一些頭腦清楚的人，對美國這種機械化的反智言論，適時予以反駁。

英國《經濟學人》（The Economist）說，美國圍堵中國，不會有效。中國國家資本主義發展，不但頂住疫情的衝擊，也會反彈凌厲。在科技創新的推動下，展現中國強大的優勢。中國外貿只占其 GDP 的 17%，外部打壓反而刺激內需增加。而美國經濟仍在低迷與衰退，此消彼長，中國很容易就會超過美國。

美國《紐約時報》指出，今日中國各地幾乎都全部恢復正常，到處人頭攢動，從青島的海灘到北京的酒吧都是人擠人，經濟上的復甦，中國已領先全球。

我的結論是：讓事實和數字來說話吧！讓時間來證明一切吧！

71 川普以顏色（紅藍）來處理疫情（2020.9.19）

川普真是個怪人，當美國疫情日趨嚴重，死亡人數屢創新高，他居然說，「如果把藍州（民主黨執政）拿掉，我們（紅州）的等級

（死亡人數），我不認為有任何人可以和我們相比，我們真正在一個很低的等級。」（If you take the blue states out, we're at a level that I don't think anybody in the world would be at. We're really at a very low level.）

這段話等於在說，他只是美國紅州的總統，而不是全美國的總統。在疫情、移民、犯罪和暴亂等問題上，川普對支持他的州和不支持他的州的確有不同的待遇，他會獎勵紅州，責備藍州，他經常說，「民主黨的城市」和「管理不善的藍州」。

這種完全站在黨派立場治理國家的總統實屬罕見。曾任共和黨賓州州長和布希政府時代國土安全部長的李奇（Tom Ridge）說，「這不是總統的作為，超過了卑劣，沒有靈魂。」他說，新冠病毒是超黨派的，以政治立場來分化國家是無法令人理解的。

參議院民主黨領袖舒默（Chuck Schumer）說，這是多麼丟人的事，簡直是可怕的，沒有一點同理心，沒有一點傷感，我們到底有什麼樣的總統。

白宮發言人出面反擊說，川普支持所有的美國人，為一切不同背景的人而奮鬥。但又補充說，一些民主黨治理的州和市的確在反疫和提升經濟上表現不佳。

紐約州長顧謨（Andrew Cuomo）是經常被川普指責的人，顧謨說在藍州和紅洲之間在進行「經濟內戰」，川普把住宅從紐約搬到佛羅里達，他也鼓勵他人離開紐約。

共和黨參議員羅姆尼（Mitt Romney）的幕僚史蒂芬斯（Stuart Stevens）說，川普從未認為他是美國的總統，他只是一個幫派的頭子，不是他幫派的分子，就是敵人。

川普對各州的偏見，也可從他出訪的紀錄看出來，紅州和藍州之比約 4 比 1。美國西部的火災，從加州、奧克蘭到華盛頓州，都不是

支持他的州，他都不屑一顧。最後他終於花了不到兩個小時到加州聽取簡報，他對記者說，他接到加州州長紐桑（Gavin Newsom）的電話，立刻就趕過來了，還宣布加州進入緊急狀況，紐桑州長也表示對川普的感謝。

ABC 新聞在費城（Philadelphia）的一個市政會議上，記者問川普為什麼一直談到民主黨的州？並說他們也是美國的州。川普回答說，不是，民主黨統治的州是做得不好的州。

川普這樣說也有他的依據，根據《紐約時報》的分析，在 2016 年不支持川普州的死亡人數是 103,918 人，支持川普州的死亡人數為 91,525 人。如果以州長的藍紅之比，差距更大，為 116,782 人和 78,661 人，以人口計算，藍州的死亡率高出紅州的 25%。

但這種分析很難界定因果關係，因從外國進入美國的人均是從東西兩岸藍州，而且人口密度也高。曾擔任美國食品和藥品管理局（FDA）局長的漢堡（Margaret A. Hamburg）女士說，從未想過公共衛生會成為政黨問題，她對川普的說法感到震驚，無法理解，她認為新冠疫情應該是促進美國團結的機會。

72 大選前呈現的不祥之兆（2020.9.30）

想到今年 11 月 3 日的大選，就會使人不寒而慄，這是一位《紐約時報》專欄作者布魯尼（Frank Bruni）的觀察，他寫了一篇專欄，題目是「美國在可怕的危險中」（The United States is in the terrible danger）。

因為他看到川普支持者已在動員企圖破壞選舉，因為在民調上川普落後拜登很多，他們開始製造一種氣氛，認定這是一個不公平的選舉。例如，在關鍵的州，他們已號召上萬的志工，製造一種恐

怖的壓力（威脅），川普給他們祝福和鼓勵。他在《福斯新聞》上吹噓所有的警長（sheriffs）和執法人員都會為他監票，在北卡（North Carolina）的一個聚會上，他對支持者說，「去投票時要監視投票現場，要監視對方的偷竊和搶劫行為。」

上週，川普被問到如果敗選，他會和平轉移政權嗎？他說不會，他將對郵寄投票和選舉舞弊提出訴訟，「坦白說，不會有權力轉移，將會繼續做下去。」（There won't be a transfer, frankly. There will be a continuation.）

作者問到，我們到底是誰？（Who the hell are we anymore?）美國是世界上最富有、最強大的國家，但卻陷入如此可悲的地步。上週美國新冠肺炎的死亡人數已超過 20 萬人，成為世界第一，美國還有什麼資格認為自己的「例外主義」（exceptionalism）？

上週三，《大西洋月刊》在它 11 月號的封面故事特別談到川普的繼續在位（continuation），指出川普可能以繼續在位的方式來挑戰選舉的結果，不論美國人民的立場。該刊主編格特伯（Jeffrey Goldberg）對此十分重視，該文作者蓋里曼（Barton Gellman），普立茲獎（Pulitzer）得主，寫到，「決策的機制已有破壞的危險，對選舉法律和秩序的人士認為這種情況將會造成憲政危機，使得國家權威結束，我們對此一災難並無防範辦法。」

早先，《紐約客》（New Yorker）也有類似看法，作者圖賓（Jeffrey Toobin）指出，民主、共和兩黨人士爭相監票將造成混亂，互相提告也會耽誤計票流程。

蓋里曼的文章發表後不久，加州大學教授哈森（Richard Hasen）撰文表示，從未對美國的民主如此憂慮過像當前一樣；密西根大學教授普里慕斯（Richard Primus）告訴作者說，自 1870 年以來，美國從未遭受如此自己製造的危險，他說川普只重視自己的權力，而且不計

代價，他說對川普來說，國家的生存是不具意義的。

部落（Tribal）、認同政治（identity politics）、假新聞（fake news）和欺騙（hoax）已造成主流辭彙，難以形成共識，此外「陰謀論」（conspiracy theories）充斥，造成懷疑和憤怒，這把火正在燃燒，大家不知道 11 月 3 日會發生什麼事，雙方都不認為對方會誠實的贏得選舉，也不認為新的政府具合法性。川普是這股力量的發動者，即使選舉失利，他希望以訴訟程序打到最高聯邦法院，因為在那裡他有 6：3 的優勢。

哈森在今年 2 月曾出版一本《選舉敗壞：奧步、不信任、對美國民主的威脅》（Election Meltdown: Dirty Tricks, Distrust, and the Threat to American Democracy），已預見當前美國的亂象。

73 川普的財務狀況（2020.10.3）

在伍華德新書《怒火》（Rage）中，提到川普「通俄門」（Russia gate）一事，令人不解的是為什麼川普對普丁（Vladimir Putin）那麼友善？雖然穆勒（Robert Mueller）特別檢察官的調查無法證據川普有罪，但美國人多不相信，尤其情報系統幾年來都認為俄國曾介入美國 2016 年總統大選。國家情報總監柯茨（Dan Coats）始終認為，川普和普丁有某種特別關係。

《紐約時報》對川普的債務和報稅的報導也無法證明川普和俄國有任何金錢往來，但川普的前私人律師柯恩（Michael Cohen）說，川普認為普丁是世界上最有錢的人，或者川普需要普丁的紓困（bail out）。

英國《泰晤士報》（The Times）報導，川普的個人債務為 4.21 億美元，大多數將在四年內到期，他還有一筆與國稅局（IRS）的 1

億美元欠債。從 2014 年，川普已出清其股票，但直到今年 6 月，他還有 873,000 美元尚未賣出，《泰晤士報》說川普的財務十分不好。

根據《富士比》（Forbes）期刊調查，在 2016 年大選時，川普計劃在莫斯科建一個川普塔大廈（Trump Tower），估計可賺到 3,500 萬美元。

在 2016 年之前，川普就從俄國執政者得到好處。2004 年川普以 4,135 萬美元在佛羅里達買了住宅，在 2008 年以 1 億美元賣給俄國富豪 Dmitry Rybolovlev，根據柯恩的說法，真正的買主是普丁。

《泰晤士報》透露川普發現與俄國做生意容易賺錢。川普在 2012 年和 2014 年舉辦的世界小姐選美大會都賠錢，只有 2013 年在俄國舉辦的賺了 230 萬美元。該報又說川普在白宮可以全力賺錢，他可從遊說團體、外國官員，及希望接近他得到好處的人們那裡收取金錢。與外國，他可以特許方式收受好處，如菲律賓 300 萬美元、印度 230 萬美元、土耳其 100 萬美元。

川普家族計劃興建兩個連鎖旅店 Scion 和 American Idea，去年已經動工。儘管經常舉辦活動，但在華府的川普國際大飯店到 2018 年已虧損 5,550 萬美元，新冠疫情對川普的事業打擊很大。

川普結交外國政要喜歡做私人人情，如沙烏地阿拉伯王儲賓沙曼（Mohammed bin Salman）涉嫌殺害《華盛頓郵報》專欄作者卡舒奇（Jamal Khashoggi），川普不予追究，還向伍華德吹噓，他有本事讓國會放他一馬。

Michelle Goldberg，"Does Donald Trump Need a Bailout?", NYT,2020.10,3-4.

74 美國權威醫學刊物譴責川普防疫失敗
（2020.10.7）

川普對疫情處理不當，引起全民公憤，連一向不涉及政治的醫學界也公開譴責川普失職。

創刊 200 多年的美國權威醫學期刊《新英格蘭醫學期刊》於 10 月 7 日以社論，譴責川普處理新冠肺炎疫情失當，呼籲美國人民用選票把他趕下台。這是該刊兩百多年來，首次對美國總統大選表達意見。

社論題為「瀕死於權力真空」，指出這個危機是一個領導能力的考驗，美國的領袖未能通過考驗，把危機變成悲劇。該刊指出，當前的議題是關於事實，而不是意見，已經發生了許多錯誤，不只是愚蠢，而是魯莽。舉例來說，口罩、社交距離、隔離和單獨分隔都有用，試圖暗示，這些方法沒用，是虛構的和危險的。

文章引用約翰霍布金斯大學的統計，中國的病故率約百萬分之 3，美國為百萬分之 500 以上。許多民主國家防疫的成果遠超過美國，美國雖有醫療科技優勢，但政府卻沒有善盡領導的防疫之責，川普政府不相信醫療專業，衛生主管單位的政策，屈服於政治壓力而非科學事實。

75 川普是傳播病毒的超人（2020.10.8）

時至今日，川普從他與新冠病毒的對決中學到了什麼？川普是一種從不學習，也從不忘記的人。問題是我們人民學到了什麼？川普的支持者學到了什麼？

有關川普的辯論已經結束，結果是他自認是「超人」（superman），但事實上，他是一個「超級傳染者」（superspreader），不僅是病毒，而是他對這一流行病毒的看法。這是一個對他自己對我

們國家非常危險的事，如他連任將是我們集體瘋狂。

川普對疫情的輕忽是不可勝計的，他的錯誤認知為：在流行病上表現男子氣概不是力量，拒絕戴口罩不是保障自由，封城不是剝奪我們的權利，科學家不是政客，政客也不是科學家，不是所有的事都是政治，來速爾（Lysol）是清潔劑，不是治療肺炎的藥品。我們的選擇不是口罩或工作，而是為了工作必須戴口罩，戴口罩的人愈多，才能維持正常的生活和工作。

川普的錯誤之一是面對流行病時缺乏領導力，病毒是生死的大事，但他始終沒有一套明確的政策和指示。迄今已證明他在處理疫情上是表現最差的領導者，也是在道德上不負責任的領導者。

一位專家塞德曼（Dov Seidman）分析說，面對病毒有三種人，一是不幸被感染的人，二是第一線救護的人，三是完全不遵守規則的人，但最重要的是有權力可以執行命令的人，最壞的是不重視疫情的嚴重性，不相信科學，不尊重專業的領袖人物。這就是川普，人民不知道該相信什麼，也不知道誰可以信賴。

川普最大的錯誤之二是不尊重「大自然」（mother nature），在流行病時，人們應問自己三個問題：一、你謙恭嗎？你重視病毒嗎？二、你會和我合作，共同解決問題嗎？三、你的回應在科學上，而不在政治上，否則你會失敗的。但川普似乎沒有這種體會，事實上，他是反其道而行，結果使我們的國家付出了慘重的代價。

我們希望支持川普的人能從以上學到一些知識，不能再盲目的支持川普，許多美國人民的生命和生活將依賴這些教訓。

Thomas L Friedman, "Trump's Not Superman. He's Superspreader", NYT, 2020.10.8.

76 什麼是川普的最怕？（2020.10.9）

川普最怕的是示弱（He was afraid of looking afraid）。

從醫院出來後他推文說，「不要害怕新冠病毒。」一個拍馬屁的眾議院 Matt Gaetz（Florida）推文說，「川普總統不是從新冠康復，而是新冠比須從川普總統消失。」

川普的作風在證明美國的積弱要靠他來拯救，他喜歡展示力量，他特別喜歡看摔跤運動。

越戰時，他以骨刺逃避兵役，他說在那個時代他經常睡不同的女人，和軍人打仗一樣的勇敢。

他說，「不要讓病毒主宰你的生命」，他認為因病毒而死的多為弱者。他曾嘲笑共和黨資深參議員馬侃（John McCain）說，「我不喜歡被捕的人」（I like people who wasn't captured）。

可能因為民調落後，他要放手一搏，他強調人一定要對抗病毒。

Michael Sokolove, "For Trump, what is the real fear?" NYT, 2010.10.9

77 季辛吉論美中關係（2020.10.10）

現年 97 歲的季辛吉（Henry Kissinger）在 10 月 7 日一場視頻研討會上發出警告，他表示美中必須為日趨激烈的競爭設立「交往規則」（rules of engagement），否則會擦槍走火，走上第一次世界大戰的悲劇。

他說，美中應為兩國關係中出現的威脅畫出紅線。「我國與中國必須討論，超越什麼界線後，彼此將不再進一步威脅對方，以及如何定義那個界限。」他認為，這樣的對話應長期開展，且應該是跨越兩

黨的共識。

「你可以說這完全不可能，但如果是那樣的話，我們將墜入類似第一次世界大戰前的局面。」季辛吉認為美國需要「換一種新的思維方式」來理解當前複雜的世界，因為「沒有任何國家可以享受在戰略和經濟上都不受其他國家威脅的單方面優勢。」

季辛吉指出，美國的決策者應該考慮「確保從純經濟的領域來說，沒有任何國家有能力勒索美國，但實現這個目標並不意味著，必須要針對與削弱其他國家的任何潛在技術能力。」

季辛吉這番話是在提醒美國不應以舉國之力去阻止中國的發展，為了維護自己的霸權去全面封殺中國。

季辛吉是當年推動美國與中國關係正常化的主要人士，對中國一向友好，從 1971 年迄今已訪問大陸 80 多次。他對川普上台後的美中關係十分悲觀，他曾在 2019 年說過，美中關係再也回不到從前了。

78 目前美國大選的民調（2020.10.11）

好友謝復生（現任教美國），寫了一篇有關美國大選民調的分析文章，很有參考價值。

他說從今年初，在民調上，拜登一直維持領先，領先的幅度在 6-7 月間為 9-10%，隨後在 6-7% 之，大選辯論之後，已回到 8-9%。

川普感染新冠肺炎，有人認為會增加些同情票，但實則不然，雙方差距已拉到兩位數，65% 的民意認為如川普能嚴肅面對疫情，他本人可能不會得病。

Real Center Politics 的資料顯示，拜登已握有 226 張選舉人票，川普僅有 125 張，如加上關鍵州的票數，拜登有 374 票，川普有 164 票。這一比對，拜登已經勝選，超過選舉人票的 270 張門檻。

美國選民關心的是內政問題，Survey USA 剛公布的民調中，選民最關心的議題依序是，經濟（15%）、疫情（12%）、醫療健保（9%）、維護民主（6%）和 BLM（黑人的命也是命運動）（5%）。

川普唯一可以打的牌只剩下經濟一項，但經濟和疫情息息相關，很難突破，川普政府中，有人強烈主張打中國牌（甩鍋中國或在兩岸製造危機），但美人對此興趣不大。

川普一再強調他對中國立場強硬，而拜登軟弱，但 9 月初公布的哈佛／哈里斯民調，54% 認為拜登更能解決美中問題，川普只有46%。

79 7-4 個州決定選舉成敗（2020.10.15）

美國有 50 個州，每州按人口比例分配選舉人票，許多的州對民主、共和兩黨各有偏愛，自由派多集中在東部新英格蘭地區和西部的加州，保守派多集中在中西部和南部地區。近年來以紅色代表共和黨，藍色代表民主黨，在地圖上，一目瞭然。選舉時，兩黨各自固守自己的地盤，真正決定勝負的是一些所謂的搖擺州，就是可紅、可藍，而且差距不大，變成了兵家必爭之地。

由於選票不等於選舉人票，所以才會出現 2016 年希拉蕊在選票上贏了 300 萬票，但在選舉人票上卻輸給了川普。美國當初這種制度的設計是為了保障小州的地位，不會被大州壟斷選舉的結果。

所以在選舉策略上，贏得選舉人票比一般選民票重要。2016 年，川普的勝選就是鎖定 7 個關鍵州，即威斯康辛、俄亥俄、密西根、賓夕法尼亞、北卡羅林那、佛羅里達和愛荷華。如果再縮小一些，就是佛羅里達、賓夕法尼亞、俄亥俄和北卡羅林那。這幾個州，雙方差距都不大，但卻可決定選舉的成敗。

這麼大的美國，決定選舉成敗只在 7-4 個州，可見選舉策略有多麼重要。

80 美國沒有理由要這麼強大（2020.10.18）

一篇好文章，「美國沒有理由要這麼強大」。

八十年前，美國做了一個悲劇性的決定，去追求全球主宰地位，如今這個計劃已超越了他原來的目標。冷戰過後，美國事實上沒有一個共同接受的全球目標，美國在中東的戰爭不僅在當地造成了混亂，也引發了國內的暴力，美國的國債更是驚人，是怎麼造成的呢？

美國最浪費的開支便是要維持一個強大的軍事力量，來確保國家安全，但美國的國家安全是全世界性的。今天美國強大的軍力已超過原來的目的，並成為美國與世界唯一有關聯性的工作，其結果，使得美國無法真正面對當前的問題。事實上，美國的軍事至上已妨害了和腐化了參與國際社會的原始目的。

美國得天獨厚，自足又自保，不會擔心被外國入侵，但當歐洲發生戰爭，美國又擔心自己成為孤島。美國的帝國主義者，一方面要決心阻止歐洲的專制力量主宰世界，另方面強調自由世界也需要更大的生存空間。結果，就是經由參加兩次世界大戰，走上帝國主義並成為世界的超級強權。

美國以半個世紀的時間完成了自己設定的目標，冷戰結束時，美國已認為世界上沒有任何國家可以挑戰美國的地位，甚至認為美國可以做任何它想做的事。這方面在小布希政府時表露無遺，所以才會有2003 年在毫無證據下，攻打伊拉克的敗筆。

如今美國仍在 170 個國家駐軍，反恐戰爭涉及 40 幾個國家，被美國制裁的國家有幾十個，美國一個國家的軍費為其次 16 個國家的

總合。

是不是過分了！美國近年國內有人呼籲要終止這種「無休止的戰爭」，但面對中國的崛起，美國又找到了「新的敵人」，而且是非白人的敵人。美國副總統潘斯（Mike Pence）和國務卿蓬皮奧（Mike Pompeo）都已向中國「宣戰」，因為對抗暴政、確保自由是美國時代的使命。

但中國既不是德國也不是蘇聯，中國對外開放，為世界最大的貿易國，中國並無對外侵略的紀錄，更不可能攻打美國，甚至日本和南韓，美國到底在擔心什麼？

美國只擔心一件事，自己的霸權地位不保！

作者 Stephen Wertheim 為 Quincy Institute for Responsible Statecraft 的副所長，新書為 Tomorrow, the World: The Birth of U.S. Global Supremacy。

81 《紐約時報》呼籲唾棄川普（2020.10.19）

10 月 19 日，《紐約時報》以社論——終止國家危機——呼籲美國人民，唾棄川普。全文內容摘要如下：

川普毀滅性的任內已嚴重傷害了美國和世界，他濫用權力，否定政治上反對者的合法權利，破壞長期使國家團結的制度，把自己的利益凌駕在公共利益上，他表現出對美國人民和自由令人痛心的冷漠，他不配當美國總統。

本報社論不輕易對一民選的總統做出判決，在川普任期內，我們曾指控他是種族主義者和排外主義者，我們曾批評他破壞了自第二次世界大戰以來的共識、聯盟體系和全球關係，這些是美國犧牲了許多生命去建立和維持的，我們也一再沉痛表示他以分化的言辭和惡意的

攻擊對待美國人民，當美國參議院對他的濫權和阻撓司法調查拒絕判定時，我們只能把憤怒寄望在選票上。

11 月 3 日是一個轉淚點，這是一攸關美國未來的選舉，以及美國公民要選擇什麼道路。

美國民主的韌性已經歷了川普第一任期的痛苦考驗，再四年，傷害可能是無可挽回的。

當美國人民在等候投票時，川普正在聲嘶力竭的攻擊民主程序的正當性。史無前例的，他將拒絕權力的和平轉移，意思是說，他的勝選是唯一合法的結果，如果他選輸了，他將在法院、在街頭來挑戰美國人民的判斷。

在美國總統的近代史上，川普的作風是史無前例、無出其右。2016 年大選時，他以痛斥美國的病態，激發選民的熱情反應。但過去四年的教訓，是他不能解決我們國家的問題，因為他就是我們國家最迫切的問題。

在一個日益多元的國家中，他是一個種族主義者；在一個相互連結的世界中，他是一個孤立主義者。他是一個表演者，永遠在吹噓他沒有做到的事，承諾他不會做到的事，他對建設無興趣，只會做一大堆破壞的事，他就是一個把事情搞砸的人。

當世界對因應氣候暖化已有時不我予之際，他不僅不採取行動，放棄國際合作，還打擊對排放二氧化碳的限制。

他沒有提出一個合理的移民政策，但卻對合法和非合法的移民進行殘忍的打壓。

當代總統也有非法或做出錯誤的決定，如尼克森用國家權力對付其政敵，雷根對 AIDS 的輕忽，柯林頓因說謊和阻撓司法而被彈劾，小布希在沒有證據下去攻打其他國家。但川普在一個任期內的胡作非為便已超越幾十年其他總統的總合。

川普是一個沒有人格的人，他一再違反他的誓約——維持、保護和防衛美國的憲法。

當前，在此危險時刻，將由美國人民由選票來決定、來維護、保護和防衛美國的憲法，即使支持共和黨總統的人們。

82 習近平重批美國（2020.10.24）

中國終於反擊美國了，習近平在 10 月 23 日「抗美援朝七十週年」紀念大會上，重批美國「任何搞霸權、霸道、霸凌的行徑都是根本行不通的，而是最後必然是死路一條。」他引用毛澤東的話，「中國人民已經組織起來了，是惹不得的。如果惹翻了，是不好辦的。」並稱「任何勢力侵犯和分裂祖國的神聖領土，中國人民必將迎頭痛擊。」

習近平說，「對待侵略者，就得用他們聽得懂的語言同他們對話，這就是以戰止戰、以武止戈，用勝利贏得和平、贏得尊重。中國人民不惹事也不怕事，在任何困難和風險面前，腿肚子不會抖，腰桿子不會彎，中華民族是嚇不倒、壓不垮的！」

習說，抗美援朝戰爭是是雙方力量懸殊下的一場近代化戰爭，當時，中美兩國國力相差巨大，在這樣極不對稱、極為艱難下，中朝軍隊打敗了武裝到牙齒的對手，打破了美軍不可戰勝的神話，迫使不可一世的侵略者在停戰協定上簽字。

習近平以「三個行不通」批美，他說，「世界面臨的困難和挑戰需要各國人民同舟共濟、攜手應對，和平發展、合作共贏才是人間正道。當今世界，任何單邊主義、保護主義、極端利己主義，都是根本行不通的！任何訛詐、封鎖、極限施壓的方式，都是根本行不通的！任何我行我素、唯我獨尊的行徑，任何搞霸權、霸道、霸凌的行徑，都是根本行不通的！不僅根本行不通，最終必然是死路一條。」

習近平重申，中國永遠不稱霸、不擴張，堅決反對霸權主義和強權政治。「我們決不會坐視國家主權、安全、發展利益受損，決不會允許任何人任何勢力侵犯和分裂祖國的神聖領土。一旦發生這樣的嚴重情況，中國人民必將予以迎頭痛擊。」

83 波頓《事發之室：白宮回憶錄》的讀後感
（2020.10.31）

這是一本奇書，一本難懂的書，但絕對是一本好書。

這本書是作者波頓（John Bolton）在美國白宮，擔任川普總統的國家安全顧問（National Security Advisor）一年半（2018.3.22-2019.9.10）的回憶錄。作者是外交政策專家並有豐富的從政經驗（曾在雷根、老布希和小布希政府工作），這個工作是他花了 15 個月爭取得來，他非常珍惜。他十分認真工作，全力貢獻自己的專業。從本書中，可以看到他對參與的重大決策，記載得非常詳盡。尤其每次討論的過程和變化，川普的個人風格和表現，他都有真實和生動的敘述，並引用很多川普的講話。這應該是本書最有價值的內容。

令我們驚奇的是看到美國在外交政策形成上或處理重大危機時的過程中竟然是如此的混亂，不僅雜亂無章，根本可說是毫無章法。難怪在川普任內，在外交上，迄今非但一事無成，而且還製造了更多的問題，在我看來美國今日的處境像隻無頭蒼蠅，甚至是焦頭爛額。其中最主要的原因就是川普的任性、善變，對制度的不尊重、對專業的不重視，以及「公私不分」，甚至「以私害公」。這一點在他處理烏克蘭事件上表露無遺，這是導致波頓最後決定走人的關鍵。因為他看到了川普追求的不是美國的國家利益，而是他個人的政治目的和家族利益。

作為一位專業的外交專家，波頓已盡了全力希望協助川普推動有效的外交工作，他是位鷹派，強硬、好戰，也敢於採取果斷措施。但最後均被團隊成員破壞或稀釋，或被川普突然改變。波頓的挫折感是可想而知的，但他是一位「戰士」，不輕易放棄，也全力爭到底，但決定權不在他，只能徒呼負負。他幾次都想辭職，但基於責任感和使命感，又忍了下來。

傳統上，美國外交政策的形成是由國安會議提出政策建議由總統決定，國安顧問是總統的最高外交顧問。當年尼克森總統的季辛吉和卡特總統的布里辛斯基均扮演了恰如其分的角色，總統對他們充分的信賴和授權，他們也殫精竭慮的為總統分憂解勞，傳為政壇佳話。為何川普在三年不到換了四位國安顧問（接替波頓的是歐布萊恩 Robert O'Brien），和波頓合作一年半，便反目成仇，而且迫使波頓寫出了這本書來告訴大家，到底白宮發生了什麼事？

批評波頓的人，認為他不夠厚道，被川普趕走的親近幹部不知凡幾，但如此直白的描述白宮亂象的人，也只有波頓一人。在任內和波頓相處很好的國務卿蓬皮奧（Mike Pompeo）在波頓出書後，公開指責波頓「背叛」川普。但我看完此書後，我不認為波頓背叛川普，而是川普背叛了美國。他為了個人的野心和利益，不顧，甚至犧牲了美國的重大利益，這種例子在書中俯拾皆是，不勝枚舉。

波頓是一位積極任事、專業而敬業的一位外交專家，在川普當選後，他也曾是國務卿的人選之一，他鍥而不捨的爭取國安顧問一職，終於在 15 個月後如願以償。他是抱著滿懷的熱誠和無比信心上任的，但一年半親身的經歷，使他從失望到絕望，最後不得不捨棄了他最愛的工作。對他來說，這是一個悲劇。

我說這本書是奇書，因為我們很難看到美國的白宮權力運作的分析。波頓幾乎以以鉅細靡遺的方式，把這些過程呈現給我們，使我們

眼界大開。

其次，我說這本書是難懂的書，因為看得十分辛苦。作者為了求真，不但敘述詳盡，而還盡量保留現場氣氛。他的敘述是跳耀式的，因為這是川普的風格，討論時有專業的堅持，如軍方：有鷹派如波頓，有鴿派如梅努欽（財政部長），但最後還是川普的決定。大多數給大家帶來的是驚奇、失望和挫折感，連我們看書的人都能體會他們內心的感受。有時對事情的轉折和變化又難以捉摸，要花時間去「倒帶」，才能找到「分歧」的原因和出處。

最後，我肯定這是一本好書，一是作者的專業和敬業，二是他已盡量做到了平衡的報導，三是他對國家的忠誠不容置疑，川普不要他，是川普的不幸，也是美國的損失。

84 川普不可承受之壞（2020.11.13）

川普是一個從不認輸、失敗或不是第一的人。在新任總統就職前，沒人會知道他會有什麼花樣。他的律師朱利安尼（Rudy Giuliani）已在記者會上宣布川普不接受敗選。共和黨人在鋪天蓋地的尋找對拜登不利的證據，朱利安尼說將會有許多有關選舉舞弊的證人。整個川普抗拒選舉結果的作為是令人不恥的，他們以電子郵件安撫他們的支持者說勝利已經在望。川普的兒子 Eric Trump 說已找到丟棄在水溝中的選票。並宣布已成立專戶接受捐款，帳戶是「正式選舉防衛基金」（Official Election Defense Fund）。

川普忙著處理國防部人事，軍方會同意「政變」嗎？「行政服務總署」（General Services Administration）也不與拜登團隊配合。國務卿蓬皮奧聲言，川普的第二人將會順利交接，他似乎在與朱利安尼爭寵。總檢察長巴爾（Bill Barr）下令司法部調查選舉不法情事。

Gail Collins, "Pick the Worst of Trump's Worst", NYT, 2020.11.13.

85 只能贏不能輸的川普？（2020.11.30）

川普的最大特點是要贏，為了要贏，所以不能輸，為了不能輸，所以用盡一切辦法，包括說謊、造謠、作弊，甚至厚著臉皮指鹿為馬，以假當真。他罵人最常用的字眼，就是說他人為「魯蛇」（loser）。

在 1980 年代為川普管理大西洋賭場的歐唐納說，「輸家是川普最常拿來攻擊別人的用辭，在他的世界裡，最糟糕的就是變成輸家，為了避免被稱為輸家，他願意做任何事，或說任何話。」

川普在這次大選中成了輸家，但他不斷指控對手選舉舞弊，並在推文上稱「我贏了大選」、「我們大獲全勝」、「拜登不可能拿到 8,000 萬票，這次選舉 100% 被人操縱」。

謊言說了一千遍也會使人相信，這可能也是川普的策略，由於他有 8,000 萬以上的推文追隨者，所以相信他的人還是很多，最近路透社的民調顯示，共和黨人半數認為川普「理應當選連任」，68% 的共和黨人認為選舉被操縱。

川普前私人律師柯恩說，川普為了贏而作弊的例子，2014 年 CNBC 舉辦全球 25 位最有影響力的人物票選，川普排名為 187 名，他命令柯恩讓他進入前 10 名，柯恩花錢購買網路給川普灌票，把川普擠上第 9 名，CNBC 發現作弊，將川普除名，但川普對外仍宣稱他是第 9 名。

柯恩說，川普的邏輯是「如果不是贏家，就是輸家，現實是次要的，別人的看法才重要。」

86 美國總統的魔咒（2020.12.1）

　　林一平教授寫了一篇「美國總統的魔咒」的文章，又增長了我的見識。

　　文章說 1812 年美國第二次獨立戰爭時，印第安的一位酋長特庫姆塞（Tecumseh）和英國結盟，對抗美軍，這位酋長名列美洲十大印第安酋長之一，一生奔走結合各部落，希望成立統一的國家，抵抗美國白人的擴張和侵略。在和美軍將領哈里森（William Harrison）決戰之前，他散盡家產給族人，但自己戰死沙場。他在死前留下有名的「帝珀卡努詛咒」（Curse of Tippecanoe），他說，「哈里森如成為美國總統，將會死在任上，而且每二十年選出的總統都會死在任上，這樣會讓每個人記住我們印第安人民的死亡。」

　　果然，凡在尾數為 0 的年當選的總統多死在任上，哈里森就任後一個月過世，接下來就是 1860 年的林肯、1880 年的加菲爾德、1900 年的麥金利、1920 年的哈定、1940 年的小羅斯福、1960 年的甘迺迪、1980 年的雷根遭到槍擊，難逃一劫。2000 年的小布希順利任滿，2020 年的拜登，希望再次破除魔咒，祈求天佑美國。

87 美國經歷了一次最危險的經驗（2020.12.3）

　　川普無所不用其極的想保住連任，對選舉的手段極盡破壞，作法是：

1. 以陰謀論來攻擊拜登，並結合俄國、中國和烏克蘭的力量來散播假新聞。
2. 攻擊和詆毀「郵寄投票」（mail-in ballots）的合法性。
3. 在投票時威脅選民。

4. 派出大批訴訟當事人去干擾計票。

幸運的，川普的這些作為並沒成功，反而使這次選舉成為美國歷史上最安全和最乾淨的一次選舉。選民的投票率創下最高的紀錄，美國各州政府官員嚴守法律，作業透明，功不可沒，也沒有發生重大暴力事件，美國的民主總算穩住了。

Susan E. Rice, "US Suffers a near-death experience", NYT, 2020.12.3.（作者曾在 2013-2017 年擔任國家安全顧問和美駐聯合國大使。）

|88| 川普大戲的結局：狂怒和否認（2020.12.7）

川普輸了大選，但他仍堅持說在防止疫情上他是對的，專家是錯的。不顧國家的危險和人民的安全，川普開始論功行賞和懲罰對他不忠的部屬，而且仍在奴役共和黨員為他效命。

他一直揚言他贏得了選舉，指控民主黨以欺騙手段操弄選舉，並說他將贏得選舉（They cheated and rigged our presidential relection, but we'll still win it），他宣稱將壓迫共和黨的州長去推翻結果，「我們需要有些人有勇氣去做他們該做的事」（We just need some body with courage to do what they have to do）。

川普是自 1869 年以來第一位現任總統拒絕參加新任總統就職的總統。《華盛頓郵報》調查 249 位共和黨議員，只有 27 人公開承認拜登的勝選，川普在推文上說，「我們不可能輸掉選舉」（No way we lost this election），「我們在密西根州大勝」（We won Michigan by a lot），川普企圖以這種手法來挑戰拜登當選的合法性，他說，「在這種情況下，如果他就職，他不可能被認為是總統」，他說拜登只是一個總統職位的占據者（presidential occupant）。

川普在到喬治亞（Georgia）州之前打電話給州長坎普（Brian Kemp）要求他召開臨時會重新計票，在公眾集會中，川普批評坎普說，「你們的州長可以很容易阻止，如果他知道他在做什麼的話。」（Your governor could stop it very easily if he knew what the hell he was doing）他又推文給坎普和亞利桑那（Arizona）州州長說，「對抗我們比偏激的左派民主黨還努力。」（Fight harder against us than do the Radical Left Dems）

川普對被上訴的案子一一被駁回至為憤怒，他說，「他們知道那是真實的，他們知道誰贏了選舉，但他們拒絕說你是對的，我們國家需要有人來說，你是對的。」（They know it's true. They know it's there. They know who won the election, but they refuse to say you're right. Our country needs somebody to say "you're right"）

支持川普言論的人很少，但他拒絕認輸，他說，「我永遠不會認輸」（I'm never, ever going to conced）。威爾遜（Jeffrey Wilson），《Shakespeare and Trump》的作者，結論說，「當到達故事結尾的時候，往往是災難來臨的地方。」（We're approaching the end of the play here and that's where catastrophe always comes.）

Peter Baker, "The Final Act of the Trump Drama: Rage and Denial", NYT,2020.12.7.

89 川普和川普主義的危險性（2020.12.17）

美國左派重要人物 Alexandria Ocasio-Cortez、Bernie Sanders、Noam Chomsky 視川普為一位極權主義者（authoritarian），如果當選連任，將永遠摧毀美國的民主。但另一種左派的看法，認為川普的法西斯（fascistic）姿態只是純粹的表演，他的治國無能使他的危險性

比小布希（George W. Bush）還小。

政治理論家羅賓（Corey Robin）著有《反動的心態：從柏克到鮑林》（The Reactionary Mind: Conservatism from Edmund Burke to Sarah Palin）指出，與共和黨其他幾位總統尼克森、雷根和老布希相比，川普在改變（transformation）上，遠遠不及，他的歷史地位（legacy）也差得很遠。

在選舉人團確定拜登（Joe Biden）當選後是驗證這一辯論的適當方式。川普試圖推翻選舉的結果，共和黨中有不少人支持他，但他失敗了。他不可能接受支持他的人的主張，像他的愛將前國安顧問弗林（Michael Flynn）主張宣布「戒嚴法」（martial law）。

問題是如何評估川普的意識形態和他執行的能力。很明顯的，川普主義（Trumpism）是法西斯的。法西斯主義（Fascism）擔心成為被犧牲品，受屈辱，以及他們崇拜力量的衰退。他們指望有一位領袖可以達成他們的歷史使命。他們對這位領袖直覺（instincts）的優越感，超過抽象的普世理性，這一點便足以形容川普運動了。

但川普只是間斷的把這種運動（movement）轉化為政府的行為。他的國安團隊大多時間是他的反對者，而不是他的工具。司法部門調查總統的政敵，但多無結果；軍隊被用來對付抗議者，但只一次而已。

川普造成的災害可能會被恢復。在推文（Twitter）上，老布希改變的政府遠比川普多，如訂立《愛國法》（Patriot Act），成立「國土安全部」（Department of Homeland Security）。相對比，川普留下來的是破壞性的。

最大的本事，是川普挖空了大眾認知的真實，但他把他的支持者增加在他謊言世界中的能力是無人可比的。小布希以謊言去攻打伊拉克，使大家把這個戰爭視為災難已形成共識，但對川普來說，卻不會有這種結果。儘管他濫用權力，對疫情處理不當，或選舉失敗，他留

下的只是一個沒有方向的國家。

　　共和黨對民主比過去更加敵視，川普和小布希使美國敗壞，只有川普能使近一半的美國看不到這些。

　　去年 5 月莫恩（Samuel Moyn）預測，如果拜登當選，美國法西斯化的恐懼將會消失，但他的說法過於樂觀。川普未能奴役美國，但他已經不可挽回的破壞了美國。

　　Michelle Goldberg, "Just How Dangerous Was Trump?", NYT, 2020.12.17.

90 2020 年是最壞的一年嗎？（2021.1.2）

　　世人很容易說出去（2020）年因為新冠疫情肆虐造成上百萬人死亡，也影響經濟發展，全世界除了中國之外，經濟都是負成長，加上民粹主義當道，給社會平添了許多動亂，凡此種種，說 2020 年為近百年來最壞的一年，實不為過。

　　但歷史學者卻持不同看法，他們指出 1348 年全球死於黑死病者達 2 億人。納粹德國在 1940 年代不但對外發動戰爭，單是俄國就死亡 2,400 萬人，加上對內屠殺猶太人 600 萬人。

　　近幾十年來世界也發生了一些危機，如 1960-1970 年代的越戰、2001 年恐怖主義分子攻擊美國世貿大樓。美國歷史上的對印第安人的「種族滅絕」、南北戰爭、經濟大蕭條、兩次世界大戰，都使人民付出了慘重的代價。

　　瑞典史學家諾伯格對 2020 年更有完全不同的看法，他說，「2020年是人類歷史上對瘟疫大流行最好的一年。」因為在十五年前，「信使核糖核酸」（mRNA）尚未發明，否則就不會有科技的疫苗。1990年前網路尚未普及，1976 年前還沒有基因排序，加上全球人民識字率

大幅提升，人民財富快速累積，這些因素都可減少疫情對人類的傷害。

碰到新冠肺炎這種傳染病，當然是不幸的事，但科技的進步已減少了不少的傷害，套用一句英語 It could be worse（它可能會更糟）。重要的是政府的治理能力，中國大陸便是一個成功的例子。反觀美國，由於川普的處理不當，加上信口開河，誤導美國人民，造成在疫情上的「美國第一」，實在有夠諷刺！

91 為什麼美國人相信陰謀論（2021.1.5）

2001 年的「九一一事件」後，美國社會一直有一種陰謀論，說這一事件是美國政府的「監守自盜」。對此又有兩種說法：一是美國知道恐怖分子的計劃，但卻沒有阻止；二是美國政府的直接策劃，雙子星大廈事前已安置了大量的炸藥，當天有數千名猶太人沒有去上班。另根據 PEW（皮優研究中心）的民調，有 25% 的美國人相信新冠病毒是中國製造，刻意來削弱美國的國力。

美國加州查普曼大學（Chapman University）教授貝德爾（Christopher Bader）在 2016 年進行「第三次全國恐懼調查」（National Survey of Fears, Wave 3），訪問超過 1,500 人。發現迄今有一半的人對「九一一事件」的真相表示懷疑。在貝德爾的研究中，美國其他的陰謀論包括：外星人的存在、全球暖化是騙局、歐巴馬總統不是美國人、甘迺迪被刺殺的真相不明等。

研究調查問到，美國人害怕什麼？前三名是 1. 政府的腐敗，2. 恐怖攻擊，3. 沒有足夠的錢過日子。最容易受陰謀論影響的人是低收入、基督教、教育程度低的共和黨人，這些人就是最支持川普的人。

在川普任內，這種陰謀論大為盛行，其原因有三：一是在川普的支持者中，有大量「匿名者」（Q Anon），他們相信美國內部存在一

個由菁英權貴組成的「深層政府」（Deep State），他們長期掌控美國的政治和政府，造成美國的腐敗，川普就是要打破這一惡勢力，來保護美國的善良本質。

二是社會媒體的「演算法效應」（Algorithm），只要聽過一次陰謀論的說法，以後就會源源不斷、鋪天蓋地，讓愈來愈多的人，愈陷愈深，成為「真實信徒」。

三是川普以謊言治國，這是他的專長，對川普來說，真相並不重要，人民相信什麼才重要。他只對他的支持者講話，對不支持他的人，他不屑一顧。美國東西兩大州紐約和加州是民主黨的大本營，川普對他的支持者說，要這兩個州下地獄。

難道科技業愈發達，真相離人民愈遠，美國的陰謀論，竟有 40% 人相信它。馬克吐溫（Mark Twain）有句名言，「當謊言跑遍半個世界後，真相還在穿鞋子。」（A lie can travel halfway around the world while the truth is still putting on its shoes.）

92 美國歷史上最黑暗的一天（2021.1.12）

美國國會於 1 月 6 日確認選舉人團的投票結果，川普公開號召支持者到華府抗議，極右組織如「驕傲男孩」已在 5 日在華府集結，共和黨參議員克魯茲（Ted Cruz）等至少 12 名參議員也表明要挑戰大選結果。川普透過推文表示，他將親自參加此一抗議活動，說那將是「歷史的一天」。

川普 6 日上午在華府面對川粉群眾，對他們發出開拔令，他說，「走上賓夕法尼亞大道，我們去替那些勇敢（對選舉結果提出異議）的參議員與眾議員喝采鼓掌，因為軟弱永遠不能拿回我們的國家。」對於興奮上路的群眾，川普又說，「我會看著（I'll be watching），

因為歷史會被創造。」他又說，「如果你們不全力奮戰，我們就沒有這個國家了。」

在川普發言之前，他的律師朱利安尼鼓勵大家要從「戰鬥中試煉」，他的大兒子小唐納川普則警告那些反對川普的國會議員說，「我們來找你們了。」

當國會 6 日下午進行認證各州選舉人團大選投票結果時，川普支持者攻入國會大廈，現場一片混亂，槍聲和咆哮聲交錯，暴徒和警察擠成一團。警方施放催淚彈，但暴民互相以清水沖洗身體，繼續前進。川粉在一小時後突破警方圍堵，闖入國會西區，他們打碎窗戶，用力拍打大門。警方提醒議員和員工躲在椅子下，趴著找掩護，儘可能疏散到更衣室，部分議員還戴上防毒面具。

進入國會大廳的暴民，大喊大叫，「川普贏了選舉」、「川普是我們的總統」，扛著邦聯的旗子，像逛大街一樣，有人跳上雕像自拍，一名暴徒躺在眾院議長佩洛西的座位上，還留下一張紙條，寫著，「我們不會撤退」。

在暴民攻擊國會之際，川普拒絕動用聯邦政府力量，否決了哥倫比亞特區要求國民兵保護的要求。身陷風暴中心的副總統潘斯直接聯絡國防部出動 1,100 名國民兵，支援國會警力，才壓制了這場暴亂。當晚 8 時，國會繼續開會，在次日凌晨 4 時完成確認選舉結果。

在暴亂中，一名女性川粉遭警方擊斃，3 人送醫不治，14 名警察受傷，另 52 名示威者被捕。在暴民叫囂之際，共和黨眾議員金辛格推文說，「這是圍堵政變。」參院多數黨領袖麥康諾（Mitch McConnell）警告共和黨同僚，逕自推翻選舉結果將使民主陷入「死亡螺旋」。眾院共和黨領袖麥卡錫（Kevin McCarthy）也說，「這是非美國的作法，必須停止。」

拜登在暴民闖入國會時說，「這不是示威，而是叛亂。」麥康諾

在重新開議後也說，這是一場「失敗的叛亂」。主持會議的潘斯說，「我要對今天在國會造成混亂的人說，你們並沒有贏，暴力從未勝出，自由贏得勝利。」

這個讓美國民主蒙羞的一日完全是川普在一手導演，和川普共事多年的前川普顧問柯恩（Michael Cohen）早在 2018 年 3 月在國會證詞中就說過，如果 2020 年，川普不能贏得連任，將不可能有和平的政權轉移。去年 7 月 19 日在《福斯新聞》訪問中，川普表示拒絕公開承諾會接受大選結果，因為通訊投票充滿了舞弊。8 月 21 日，他指控民主黨以通訊投票操弄選舉，造成大選後可能數個星期，甚至數個月，才會產生結果。9 月 23 日，在白宮記者會上，他又指郵寄投票是一場災難，對承諾和平移交政權之事，他說要看會發生什麼事。

去年 11 月 3 日大選後，川普便不斷以言詞煽動他的支持者。11 月 4 日，臉書上就出現「停止竊取」（stop the steal）的專頁，粉絲人數迅速增加，每 10 秒就增加 100 人，但在人數增加到 32 萬人時被臉書停權，之後川粉轉向其他社群媒體。

川普在去年 12 月 19 日推文昭告，「1 月 6 日在華府舉行大示威，要來，會很狂野！」一名川粉在臉書宣告，「如果你們沒準備好以武力抵抗文明，那就準備接受野蠻。」

自大選後，川普頻繁推文聲稱選舉舞弊，向支持者喊話，「不要讓勝選被偷走」，還不斷提醒，「1 月 6 日華府見」。

暴動前，川普中午在白宮發表了 70 分鐘演說，鼓吹大家走上街頭，走到國會，助共和黨一臂之力，他強調，「我們永不放棄，永不認輸。」

事件發生後，媒體首先發難，CNN 大罵川普「無恥」；《華盛頓郵報》社論指川普的行為已對美國造成重大威脅，應被免職；英國《衛報》稱此為「政變」；《紐約時報》指這是川普時代的暴力結局；

佛里德曼（Thomas Friedman）說川普的共和黨已成為「邪教」，走上地獄；BCC稱發生這種事件就是「失敗國家」。

　　三位前總統也痛斥川普的暴行，歐巴馬說，這是美國「重大恥辱和蒙羞的時刻」；柯林頓說，這種攻擊是「四年的毒藥」政治的結果；小布希說，他感到厭惡和心碎。

　　川普的首任國防部長馬提斯說川普應成為一個沒有國家的人，前國安顧問波頓認為川普做的太超過，對此他感到非常悲哀。

　　在國會鬧事之後，川普發布了一個一分鐘左右的影片，他呼籲他的支持者「回家」，但花了40秒表達對他們的同情。他說，「我愛你們，你們非常特別，我了解你們的痛，知道你們很受傷。」隨後，他又推文稱這個這個事件應該歸咎於「粗魯又惡毒」的選舉結果，更進乎威脅的說，「永遠記得今日」。

　　幾個小時後，推特和臉書封鎖了川普的帳戶。推特以12小時的禁止令，譴責川普的言論違背其公司的信念。臉書宣布封鎖到川普下台，指出「讓總統繼續使用我們服務的風險，實在太高。」

　　川普在推特禁令到期後（12個小時）發布一則影片，首次承認拜登勝選，並稱將「保障順利、有序無縫的政權轉移，因為此刻的美國需要『治癒與和解』」。他也一改態度，嚴詞譴責攻陷國會的支持者，說「你們不代表我們的國家，那些違反法令者，你們會付出代價。」

　　《路透社》11日引述眾議院少數黨領袖麥卡錫的說法，川普對1月6日的事件，表示自己的確要負「部分責任」，但他抱怨那些「反法西斯主義」（Antifa）的人士闖入國會。

　　有報導稱，川普對潘斯當日的表現感到失望和難過，甚至指責潘斯「背叛」了他。但兩人11日晚在白宮會面，聽說有良好的交談。

　　10日發布的ABC和益普索（Ipsos）的民調顯示，56%的受訪者認為應將川普免職，但共和黨人中，支持彈劾川普的比例僅有13%。

　　針對川普挑起的這場暴亂，國會準備提案彈劾，更有人主張動用憲法第 25 條增修條文，由潘斯率領內閣宣布，川普「無法履行其義務的權力和職責」經國會兩院 2/3 的多數通過，立即解除總統的權力。

93 支持川普的偏激組織（2021.1.13）

　　支持川普最偏激的分子（團體）有兩類，一是「Q Anon」（匿名者 Q），另一是「驕傲男孩」（Proud Boys）。

　　「匿名者 Q」是起於美國論壇 4 Chan，他們相信美國存在一個「深層政府」（deep stste）組織，由一些社會菁英控制，他們散播不實的謠言，說這些社會菁英以新冠病毒來消滅人類，川普是對抗他們的正義使者，據估計，有超過一半川普的支持者相信這種說法。

　　「Q Anon」不是組織，而是一股潮流，一個運動。三年前還是一個美國本土的線上運動，如今已在線下蓬勃發展，成為川普最強的啦啦隊，這次還有兩位對陰謀論深信不疑的共和黨員當選眾議員。

　　「驕傲男孩」主張西方沙文主義，仇視穆斯林、多元主義者、非白人移民。

　　FBI 已發出警告，宣揚要挑起美國內戰「加速主義」（Accelerationism）運動的「布加洛」（Boogaloo）正企圖挑起新一波暴力。「布加洛」從 2012 年起出現在美國極端網路論壇 4 Chan，支持任何能加速美國內戰或社會崩解的運動。「布加洛」也正在 Telegram 宣稱，現在是他們的時刻。

94 懲不懲罰川普的兩難（2021.1.14）

　　必須啟用憲法修正案第 25 條宣布現任總統不能適任，美國「全

國製造業協會」（National Association of Manufacturers）要求副總統潘斯結合和啟用憲法修正案使川普去職來保護民主。

許多民主黨眾議員主張對川普彈劾，當前情勢的嚴峻這兩種方法都應同時進行。川普任期只有兩個星期了，為什麼我們要這樣做？因為我們必須為美國人民捍衛我們的民主，不僅為了現在，也為了將來。

川普犯法的證據已經不少，當他要求喬治亞州州務卿雷芬斯伯格（Brad Raffensperger）去為他找出 11,780 票時，他已經觸犯了《陰謀法》（Federal Conspiracy law）和喬治亞州的選舉法了。一位前司法部的檢察官說，這是我聽過最嚴重的政治犯罪，但極可能又無法使他負責認罪。

對川普的目無法紀，兩位民主黨眾議員劉雲平（Ted Lieu）和賴斯（Kathleen Rice）要求調查局長瑞伊（Christopher Wray）進行犯罪調查。在亞太蘭大（Atlanta）富爾頓縣（Fulton County）地區檢察官公開表示，在他的轄區內違反該州法律一定會追究到底。

但在眾議院對彈劾川普似乎興趣不大，雖然大家認為理應如此。民主黨的黨團說，「我們要向前看，不要向後看」（We're not looking backwards, we're looking forward），拜登也不願太主動，因為有許多正面的事要做，如加強防疫和重振經濟。

檢察官們知道川普做的事不對，但他們知道川普不是一個一般的人，「他是一個相信自己講的謊言的人」（He seems to believe a lot of the lies that he's telling）。

起訴一位前任總統的確有政治上的困難。有些人會說，他已經不在位了，不會有事了，我們不要再浪費資源了。在技術上，拜登就職前三個星期去進行彈劾的成功率很低，反而會使川普在媒體上更受注意。

對一位欺騙的總統無法可管，只能鼓勵犯罪。但美國政治的結構，

小州和農業選民的強大力量，使得民主黨投鼠忌器，這也是共和黨有恃無恐的原因之一。

對彈劾川普，共和黨人是既不為川普辯護，也不願對川普懲罰，他們說不喜歡川普，讓他落選就夠了。問題是川普落選了，但支持川普的人又拒絕接受，很明顯的，可能靠選舉去懲罰破壞選舉的人，只有法律才能做到，即使有許多不便。

Michelle Goldberg, "To Defend Democracy, Investigate Trump", NYT, 2021.1.6.

95 為什麼民調又被打臉？（2021.1.15）

四年前，美國民調一致看好希拉蕊，但開票的結果川普贏了。這次大選，從去年 3-4 月起，民調也一直顯示拜登領先，領先的幅度在 6-7% 或 8-9% 之間，直到投票之前，拜登仍遙遙領先川普。但開票之後，又使民調機構幾乎跌破眼鏡，雙方的差距遠比事先預測的小。民調本來被視為十分科學化的，但顯然，選民不是那麼「科學化」。

在政治立場分明的地區，民調是派不上用場的，如美國的紐約和西部的加州是民主黨的基本盤；相對的，美國廣大的中西部和南部則是共和黨的鐵票區。故兩黨相爭的只是幾個搖擺州，可紅（共和黨）、可藍（民主黨），在雙方選情緊繃的情況下，這幾個關鍵州便決定了選舉的結果。

選舉如作戰，不但要知己知彼，還要有戰略和戰術，戰略是選定爭取勝選的州，戰術是集中優勢兵力，全力以赴。選舉最忌諱的是備多力分，搞得遍地烽火，尤其不能把自己占優勢的地區，所託非人，拱手讓對方突破。

以美國城市大選來看，主流媒體一直低估了川普的基層實力，他

經營的推特和臉書都有數千萬的追隨者，這些人也是反主流媒體的，所以在民調上，他們是隱性的。

在經營選戰上，川普的團隊（主要是他的女婿庫什納）有他們獨特的作法。首先，他們有自己三個不同的民調機構，追蹤支持他們選民的動向。其次，他們不以登記的選民為對象，只針對熱心支持他們的選民，不斷提供對他們有利的資訊，強化他們的信心。

在策略上，川普團隊選定幾個關鍵州，俗稱「鏽帶」，是美國在全球化受害最大、民怨最深的地方，從北到南是威斯康辛州、俄亥俄州、密西根州、賓州、北卡和佛羅里達州，加上中西部的愛荷華州共七個州。2016 年當川普選情低迷時，有人給他介紹了一個選舉天才巴農（Steve Bannon），他的建議就是鎖定這七個州，才能逆轉勝。

巴農另一個建議是只爭取選舉人團票，在普選票上，川普很難後來居上，只能爭取幾個大州的選舉人團票，才有機會突圍，如賓州、佛羅里達、俄亥俄和北卡，結果又證明他的策略成功了。

川普此次大選，原則上還是使用 2016 年那套戰法，事實證明他沒有失敗，他的選票 7,400 萬票比 2016 年的 6,200 萬還多出 1,200 萬張。只不過沒想到拜登能拿到超過 8,000 萬票，他們兩人雙雙創下了美國總統大選得票的紀錄。支持拜登的人喜出望外，支持川普的人不肯認輸，並一口咬定對方作票。但這些指控，經查均無證據，都被法院駁回，川普企圖翻盤無望，但支持他的這股力量，不會輕易散去，畢竟他們也代表了美國一半的選民。如果拜登不能化解他們的怨氣，美國將繼續分裂，這是一大隱憂。

民調機構如何來解決這種現象，如何去進一步了解選民心態，可稱之為任重道遠，責無旁貸。

96 川普製造了宗教內的戰爭（2021.1.16）

川普敗選和 1 月 6 日攻擊國會之亂，引發美國宗教界的爭論，有人支持，有人反對。

四年來民調一直平穩的川普，一下掉了約 10%，保守派的《華爾街日報》（WSJ）以社論，要求川普辭職。

川普主義的核心特性是它強迫你出賣你可能擁有的其他承諾，如真理、道德、神的號召（the sermon on the mount）、保守主義的原則、憲法。失敗後，有些人最後仍不願放棄對川普的崇拜。

我們看到的分裂不是神學上或哲學上的，而是脫離現實和存在於現實社會之間的分裂。因此，這不是一種爭論，你不能與他們心中已有定見的人去爭論，你不能與有「集體自戀」（group narcissism）的人爭論。因為他們自認高人一等，不能被外來的人（alien groups）污染。

這是一個純粹的權力鬥爭，武器是恐嚇、口上攻擊、死亡威脅和暴力。

問題是如何使這些人回歸現實？一種方法是將叛亂者從大眾隔離，繩之以法；另一種方法是告訴大家，維持現狀的規則，他們必須了解，所有的真理都是上帝的真理。

對左派而言，領導者和組織要起身來支持公開的質問，面對邪惡的暴民。對右派而言，難度較大，這種非理性的是邪惡的，它不僅會吞噬自己的政黨，也將毀滅你們的國家和宗教。

David Brooks, "Trump Ignites a War Within the Church", NYT, 2021.1.16-17.

97 為什麼團結？讓美國繼續分裂吧！
（2021.1.17）

當眾議院要彈劾川普時，一些共和黨員說美國需要團結，不必多此一舉。問題是一週前，共和黨還在指責選舉不公，並公然破壞國會，那時他們為什麼不說，選舉已經結束了，需要療傷止痛，要團結。

團結的意義是什麼？美國從未真正團結過。當年美國人民約 1/3 不支持越戰，但美國還是打了十幾年。1965 年美國熱心於登陸月球，但支持的人只有 39%。

美國人只有在受到外國人攻擊時（如九一一事件）或遭遇重大災難時（如卡崔娜風災），或發生全國性的悲劇時（如 Sandy Hook 之死），才會產生一時的團結，但一旦政治介入，就會發生不團結。

在 2020 年大選剩一個月時，根據 PEW 的調查，在登記選民中，10 個人有 8 個人表示與對方的差別在美國的核心價值上，另 10 個人有 9 人，是擔心對方的勝利會對美國造成長期的傷害。

這是可以理解的，政治的兩極化使美國非白人的比例到 2045 年時，與美國白人的比例將是各半。

不止於此，平等在美國的歷史上也是分裂的，從解放黑奴到賦予黑人民權是一條漫漫長路，但對黑人平等地位仍然缺乏共識。馬丁路德金恩（Martin Luther King）是公認的黑人領袖，但在他被謀殺前，他在美國人民的支持度也只有 1/3。

林肯總統在他第一任的就職演說中，在結論時指出：「我們不是敵人，而是朋友，我們絕不能成為敵人，雖然熱情（passion）有時會使我們緊張，但我們一定不使我們結合在一起的情感（affection）破裂。」

對我來說，美國的「團結」，經常是被壓迫者的無言和壓迫者的

安撫的結合。

Charles M. Blow, "What Unity? Let the U.S. Be Devided", NYT, 2021.1.15.

98 川普不可避免的結局（2021.1.21）

眾議院司法委員會的彈劾報告中，引述川普在 1 月 6 日對他的支持者的講話。

「我們必須去掉這些懦弱的國會人員，他們不是好人，像錢尼（Liz Cheney）這種人，我們必須要去掉他們。」他又說，「懦弱永遠不會拿回我們的國家，你們必須表現力量，你們必須強壯。」

一週後，眾議員錢尼，眾院共和黨的第三號人物，和其他 9 位共和黨眾議員支持彈劾案。她說，「美國總統號召暴民，結合暴民，點燃了這次攻擊之火，從來沒有一位美國總統對他的職位和對憲法的誓詞做出這麼大的出賣（背叛）。」

川普成為美國歷史上第一個被兩次彈劾的總統，這一次和第一次不一樣，這一次有兩黨共識，而且這一次是川普終於面對廣大社會對他應得的排斥。

這一群暴民被總統挑動攻擊國會，造成 1 人死亡，多人受傷，等於揭穿一個面具。突然之間，大多數有政黨立場的人不得不承認川普就是平常抨擊他的人的作風。

一時之間，銀行拒絕和他往來，主要社交媒體公司拒絕他使用，他的組織中的一個法律事務所也退出服務，美式足球新英格蘭愛國隊（New England Patriots）的教練拒絕接受川普頒贈的自由獎章（Medal of Freedom），美國高爾夫球協會（PGA）把川普的高爾夫球場除名，大學取消了給他的名譽學位，一些大的公司包括美國的商會（business of commerce）也承諾不再捐錢給支持暴民的國會議員。紐約市宣布取消川普關係企業經營的兩個溜冰場和其它的一些合作事業，一年約幾百萬美元的收入。

拉斯金（Jamie Raskin）是民主黨領銜彈劾人說，「這是對政府的武裝暴力叛亂，而且危機尚未解除」，「我們必須用一切方法去確保憲法政府能控制混亂和暴力」。

攻擊政府對川普來說不是脫軌，而是正常。多年來，他一直告訴大家，他不會接受一個輸的選舉。多年來，他一直鼓勵他的追隨者使用暴力。2019 年，他曾說，「我有很強悍的人民，但他們尚未表現出來，除非到達一個點，那將是非常不好，非常壞的局面。」

1 月 6 日不是川普第一次鼓動對政府武裝進攻，今年春天反對封城的暴民曾襲擊密西根政府，並揚言要綁架該州州長惠特謨（Gretchen Whitmer），川普推文說，「我的意思是，我們必須了解那是不是一個問題，對不對？人民有權說，那是個問題，或者不是。」在大選辯論時，他拒絕承諾和平轉移政權，並告訴支持他的偏激分子「驕傲男孩」（Proud Boys）要有所準備。

國土安全部的一位資深官員說，川普四年來只做一件事，就是哄騙這些人。這位官員曾寫過一個報告，說右派極端分子在招募人士，包括退伍軍人。在川普執政下，對極右派的政治壓力是減弱的。2019年在 El Paso 沃爾瑪（Walmart）連鎖店一個種族主義者槍殺 23 個人之後，FBI 的官員告訴《華盛頓郵報》該局在調查白人種族主義時受到干擾，川普對他的支持者顯然極為偏護。這種現象不自今日起，但在川普任內，只有變得更為猖狂。

這種現象不會因川普下台而散去，甚至會變得更壞。最近一份情報單位刊物指出，「國內暴力極端主義者」（domestic violent extremism, DVE）非常可能在增加。

如今，華盛頓有如戰區（war zone），眾議員梅傑（Peter Meijer），10 位支持彈劾案的共和黨員之一，說他們已感受到生命受到威脅。

拉斯金說，當你看到他們在破壞法律之時，也就是暴君和暴政要結束的時候了。他說川普被他的部屬給寵壞了，使得美國到了如此危險的邊緣。諷刺的是川普主義一面講法律和秩序，另一面卻視法律如無物。紐約大學歷史學教授班蓋亞特（Ruth Ben-Ghiat）說，這就是集權政權的中心思想：對真相的矛盾。她引述墨索里尼（Mussolini）對法西斯主義的定義是「對反動的革命」（revolution of reaction）。法西斯主義對推翻現狀有強烈的衝動，他們說，「要解放極端主義，不守法，同時也宣稱要成為帶來社會秩序的反動。」

川普的祕訣便是破壞規則但不受懲罰。班蓋亞特說，關鍵是必須要大家知道，他不能知法犯法，而不受處罰。

這是第二次彈劾案的目的之一，拉斯金曾任憲法學教授，他明知彈劾案成立不易，但他義無反顧，他說他一生都為了保護民主和人民而努力。一些知名的法律事務所均不願為川普辯護，川普為補償他四年來對國家帶來的傷害和仇恨，他應該，承認犯罪，自行辭職。

Michelle Goldberg, "Trump's Inevitable End", NYT, 2021.1.19.

99 佛里德曼的感慨（2021.1.23）

我們經歷了真正瘋狂和恐怖的四年，一位總統四年來沒有羞恥，被一個沒有骨氣的政黨支持，被一個沒有正義的網路擴散和放大，不斷放出沒有任何事實根據的陰謀論。不講倫理的用「社交媒體」去洗腦人民，即使新冠疫情再嚴重，他也不會有任何憐憫之心。

但奇怪的我們的制度居然沒有崩潰，只是引擎已經過熱了，只是

上週我們已發現這個機器的鎖鏈已經鬆掉了。川普對我們國家公眾的生活，制度承受傷害的能力有多大，一時尚難以斷定，這真是一個可怕的經驗。

這不是川普從未做過任何好事，而是他留給我們國家的是更加分裂、更為衰弱。加上現代歷史上從未有過的「陰謀論」（conspiracy theories），我們全國人民都需要去重新發現我們是誰，以及如何來團結我們。

川普最令人驚奇的特點是經年累月的反面教材（down side），他破壞規範，以謊言和惡毒感染他能接觸的人，他從未從正面（up side）來反省自己，或對他反對的人說些好話。

性格決定命運，但也決定我們的命運。如果我們每一個人都從正面做事，我們就可以重新站起來，未來不是命運，而是選擇，讓未來埋葬過去吧！

讓我們給拜登一個機會來重新團結美國，我們可以和他一同發誓：「我鄭重發誓，我將盡我最大的努力來保衛、保護和防禦美國的憲法。」

Thomas L. Friedman, "The End of a Failed Presidency", NYT, 2021.1.21.

100 川普對新聞自由的破壞（2021.1.25）

川普留下的罪惡之一是對新聞自由的傷害，破壞媒體在公眾的信任感。

川普一上任，便以「假新聞」為名，肆意謾罵批評政府的媒體。疫情爆發時，他說 CNN 故意製造恐慌，他支持福斯新聞（Fox News）和 Briebart.com 製播片面消息，分化民眾。PEW 在 2019 年

調查，共和黨支持者相信主流媒體的只有 14%（2002 年為 50%）。

在川普眼中，媒體是人民公敵和低級假新聞的製造者。川普在接受 CBS 專訪時，說他「猛烈抨擊新聞，貶低並抹黑記者」，川普更將白宮、政府和國會組成攻擊媒體的聯合陣線，並動用政府機關，如司法部追查匿名消息來源，以起訴威脅。2017 年，川普曾以吊照威脅 NBC，因為 NBC 報導川普在國防部曾說過，「想把核武存量提升到 10 倍」被前國務卿提勒森斥為「白痴」。

川普最愛罵媒體「假新聞」，事實上，他自己才是「假新聞」最大的製造者。《華盛頓郵報》報導曾統計，川普任內三年中，共製造了 36,241 則「假新聞」。

川普利用網絡直接訴諸支持者，並迎合選民，投其所好。在社媒世界裡，他可為所欲為，毫無顧忌，編織了「後真實」世界。

據統計，在 2015-2019 年間，川普使用了 1,900 個推文攻擊記者，平均每天 1 條。其中 400 條鎖定特定 30 家媒體的 100 多名記者，不止如此，主流媒體還經常遭受威脅，包括炸彈。

結論

　　傳統上，美國是最反對社會主義的國家，甚至把社會主義和共產主義劃上等號。在成為世界強權之前的美國，美國人對自己的民主制度充滿了信心。美國得天獨厚、地大物博、南北無強國、東西有大洋屏障，可以遠離歐洲和世界其他地區的紛擾和戰爭，人民可以享有安居樂業、富裕繁榮的生活。1823 年美國宣布門羅主義，宣稱整個西半球（北、中、南美洲）是美國的勢力範圍，不准非美國人染指，美國也不會介入歐洲的事務。美國樂於享受在孤立主義之下，資本主義的安逸和幸福，何需社會主義？美國之介入國際事務和成為世界霸權是兩次世界大戰的結果，美國成為全球主義者，並以民主、自由、人權的利他主義，包裝美國主導世界秩序，確保美國主宰世界的優勢地位。

　　曾幾何時，美國也開始走上社會主義，此次大選中，民主黨社會主義的傾向已愈加明顯，在總統初選時，桑德斯（Bernie Sanders）和華倫（Elizabeth Warren）曾來勢洶洶，他（她）們都是社會主義分子。拜登出線是政治妥協的結果，他的勝選至少代表了美國選民已不排斥社會主義，這一、二十年美國貧富差距的不斷擴大，社會公平和正義之不被重視，也使美國自由主義的民主體制受到懷疑和排斥。

　　此次美國大選不僅造成了國內更進一步的分裂，也暴露了政府治理能力的不足，固然這些現象可簡化為川普的個人因素，但美國在制度上的缺失積弊已深。從 2008 年金融危機以來，經濟上貧富差距的

不斷擴大、社會上的不平等和政治上的不正義都在腐蝕這個國家。美國大企業為了擴大市場和利潤，造成國內產業的空洞化；美國軍工組合（military-industrial complex）為了維持美國的霸權地位，在海外製造敵人，窮兵黷武，造成美國龐大的財政赤字，美國政府放任這種作法是符合美國廣大人民的利益嗎？

去年一整年的新冠疫情給美國上了寶貴的一課，季辛吉（Henry Kissinger）在去年 4 月便說，「新冠疫情將永遠改變世界秩序」，言外之意，便是美國主導的國際秩序將會消失。他又說，「美中過去的關係將永遠回不去了」，言外之意，今後將是美國和中國鬥爭的時代了。

從 2015 年起，美國對中國便採取對抗和敵對的立場。同一年兩本書，前副總統錢尼（Richard Cheney）的《例外的：為什麼世界需要一個強大的美國？》（Exceptional: Why the World Needs a Powerful America）和白邦瑞（Michael Pillsbury）的《2049 百年馬拉松》（The Hundred-Year Marathon: China's Secret Strategy to Replace America as the Global Superpower），這兩本書在同一年出版，不約而同的對中國企圖追上美國的野心，予以「擴大渲染」和「極限攻擊」。到了川普時代，他本人對中國還維持表面溫和，但卻放任他手下，如副總統潘斯（Mike Pence）和國務卿蓬皮奧（Mike Pompeo）對中國發表近乎「宣戰」的演講和惡毒的攻擊。川普自稱是對中國最強硬的人，並調侃他的對手拜登對中國軟弱，如拜登當選，「中國將擁有美國」。使得民主黨上下也不得不對中國展示強硬和敵視，使得總統大選成為「仇視中國比賽」，也激起美國民意 70% 對中國的敵視。使得美國有識之士，不得不為美國這個「自導自演」的「仇中大戰」感到憂心和擔心。在去年美國國慶日的前一天（2020.7.3）有 100 多位知名的中國通在《華盛頓郵報》，聯名發表了一封致川普和國會議員的公開信，

他們指出固然面對中國的崛起和強勢，美國必須做出堅定和有效的措施，但美國政府的作為也導致雙方關係的倒退，他們強調中國是美國的競爭對手，但不是美國的敵人。

在美國去年疫情失控之後，還企圖把責任推給中國，川普公開說他不對疫情擴散負責，因為疫情是來自中國。川普甚至把自己敗選的原因也怪罪於中國。

美國對中國的不滿、仇視和敵對，真正的原因只有一個，就是中國的崛起和強大威脅了美國的霸權地位。美國外交政策的一大盲點便是為了自己的利益而刻意去忽視其他國家的重大利益。換言之，美國只接受自己強大，而不允許其他國家強大，美國曾享有這種絕對優勢的地位（1990-2003 年），但以美國當前的國力，這是做不到的，如果美國堅持，只能給自己帶來不幸。

面對中國的快速發展和壯大，美國已不知如何自處，美國一些鷹派人士主張先把中國在經濟上打垮，但發動貿易戰的結果是得不償失。也有人主張在台海或南海和中國製造衝突，阻止中國軍力的擴張，但根據美國國防部和智庫所做的近二十次兵棋推演，美國沒有勝過一次。

美國以舉國之力打壓中國電信公司華為，只因華為在 5G 領先了美國，美國還在全世界發動阻止使用華為 5G 設備，說是有安全顧慮。但早在 2013 年美國的史諾登（Edward Snowden）便已公布美國 CIA 對全世界國家進行監聽，美國只是為了獨享這種情報來源，才會全力打擊華為。美國政府對這種指控的立場一貫是「否認，否認，再否認」，看起來，川普的說謊習慣是和美國的基本國策是一致的。

根據哈佛大學教授艾利森（Graham Allison）在去年《外交事務》3-4 月一期中的文章，他建議美國應承認中國在亞洲的勢力範圍。第二次世界大戰後，美蘇曾在歐洲劃分勢力範圍，既使冷戰結束後，美國仍尊重此一立場。二十一世紀前二十年，世界權力平衡的重大改變

是令人難以置信的。美國 GDP 占世界的比例，從 1950 年的 1/2，到 1990 年的 1/4，到如今的 1/7。中國今日擁有 3 兆美元的外匯儲備，在「一帶一路」投資 1.3 兆美元，美國相對的在「印太戰略」上只能投資 1.13 億美元。過去三十年，中國 GDP 以「購買力平價」（PPP）計算，與美國相比，已從 1991 年的 20%，成長為當前的 120%，而且這個趨勢還在繼續下去。

在過去四年，美國已錯失機會去鞏固其盟國關係來共同抗抗衡中國，美國需要盟國，拜登將會努力恢復美國與盟國的關係。但今後，盟國與美國的關係將和過去不同，中國無意也不會在軍事上和美國對抗，中國對熱戰或冷戰均無興趣。

美國今後的困境是中國無意與美國為敵，而美國偏要想把中國當作敵人，問題是其他國家的看法是否和美國一樣呢？除了「五眼聯盟」，還有多少國家願意加入呢？其他國家有什麼理由必須在美中之間選邊呢？這個世界上，難道只有美國的文化和價值，就不能有其他國家的文化和價值嗎？

美國應重新思考自己在世界的角色了，川普一再說美國不應再當世界警察了，他代表了美國一半的選民。美國的當急之務是團結國內，而不是分裂世界，在全球主義和孤立主義之間，美國應找出一個平衡點來撫平國內的對立和分裂，美國應在 1823 年門羅主義、1947 年杜魯門主義之後，設計一個新的大戰略。

（註：艾利森教授是研究國際衝突的專家，他的名著是《決策的本質：還原古巴導彈危機的真相》（Essence of Decision: Explaining the Cuban Missile Crisis, 1971）和近來《注定一戰：如何使美中避免走上修昔底德陷阱》（Destined for War: Can America and China Escape Thucydides's Trap?, 2017）據說，他是拜登的好友，希望他能為美國今後的外交提供有益的建議。）

「當謊言跑遍半個世界後，真相還在穿鞋子。」——馬克吐溫

"A lie can travel halfway around the world, while the truth is putting on its shoes." —— Mark Twain

歷史與現場299

川普和川普主義：分裂的美國

作　　者　　關中
主　　編　　謝翠鈺
封面設計　　陳文德
美術編輯　　趙小芳

董事長　　趙政岷
出版者　　時報文化出版企業股份有限公司
　　　　　108019 台北市和平西路三段二四○號七樓
　　　　　發行專線｜(○二)二三○六六八四二
　　　　　讀者服務專線｜○八○○二三一七○五｜(○二)二三○四七一○三
　　　　　讀者服務傳真｜(○二)二三○四六八五八
　　　　　郵撥｜一九三四四七二四時報文化出版公司
　　　　　信箱｜一○八九九　台北華江橋郵局第九九信箱
時報悅讀網　　http://www.readingtimes.com.tw
法律顧問　　理律法律事務所｜陳長文律師、李念祖律師
印刷　　勁達印刷有限公司
初版一刷　　二○二一年四月二十三日
初版二刷　　二○二一年五月十二日
定價　　新台幣四八○元

缺頁或破損的書，請寄回更換

川普和川普主義：分裂的美國 / 關中著. -- 一版. -- 臺北市：
時報文化, 2021.04
　　面；　公分. -- (歷史與現場；299)
ISBN 978-957-13-8873-1(平裝)

1.川普(Trump, Donald, 1946-) 2.元首 3.政黨政治 4.美國政府
752.27　　　　　　　　　　　　　　110004986

ISBN 978-957-13-8873-1
Printed in Taiwan